高等教育"十三五"应用型规划教材·法学系列

劳 动 法

主编　郑瑞平　邹华锋

北京交通大学出版社

·北京·

内 容 简 介

本书根据法学专业课程的要求，参照劳动法的体系，并从人力资源管理工作的实际需要出发，构建课程项目内容，收集大量实际业务资料和最新案例，体现专业性和实用性相结合的特色，符合课程改革方向。主要内容包括劳动法基础、劳动关系协调、劳动条件和保障、劳动权利救济四大项目。

本书内容编排力求准确、新颖、实用，体现"项目导向、任务驱动"的教学特色。通过有目的地设置任务，让学生具有探索的渴望。大量案例的导入和分析，使理论学习有的放矢、生动具体，充分调动学生学习的积极性，使理论知识得到巩固和提高。在理论学习和技能训练上，充分考虑满足人力资源管理工作的需要，注重开展实训教学，培养工作技能。

本书既适用于本科和高职高专层次专业教学，也适用于社会相关从业人员的岗位培训和自学进修。

图书在版编目（CIP）数据

劳动法／郑瑞平，邹华锋主编. —北京：北京交通大学出版社，2016.12（2019.7 重印）
ISBN 978-7-5121-3136-1

Ⅰ. ① 劳…　Ⅱ. ① 郑…　② 邹…　Ⅲ. ① 劳动法-中国-教材　Ⅳ. ① D922.5

中国版本图书馆 CIP 数据核字（2016）第 322976 号

劳动法
LAODONGFA

责任编辑：叶　霖

出版发行：北京交通大学出版社　　　　电话：010-51686414　　http：//www.bjtup.com.cn
地　　址：北京市海淀区高梁桥斜街 44 号　邮编：100044
印刷者：北京时代华都印刷有限公司
经　　销：全国新华书店
开　　本：185 mm×260 mm　印张：18　字数：496 千字
版　　次：2016 年 12 月第 1 版　　2019 年 7 月第 3 次印刷
书　　号：ISBN 978-7-5121-3136-1/D·212
定　　价：48.00 元

本书如有质量问题，请向北京交通大学出版社质监组反映。对您的意见和批评，我们表示欢迎和感谢。
投诉电话：010-51686043，51686008；传真：010-62225406；E-mail：press@bjtu.edu.cn。

前　言

本书在编写的过程中强调课程的应用性和教学创新，重视对学生应用能力的培养，体系结构主要适应"项目导向、任务驱动"的教学模式。在每个项目任务开始之前，把任务的学习目标，包括知识目标和能力目标，进行充分的揭示。同时，有目的地设置任务情景、引导案例和课堂提问，激发学生探索的渴望，围绕问题和任务展开学习。同时在每个大任务之后，再设置综合训练。这就使任务的完成结果被不断地加以检验和总结，让学生处于一种积极的学习过程中。而对于理论性较强，同时又比较有应用价值的理论知识，则设置"拓展阅读"模块，既可以在课堂分组讨论，也可以留给学生课后阅读和思考。本书改变以往以传授知识为主的传统教学理念，采用探究式学习方式，使学生积极、主动地进行案例分析、课堂讨论和理论探究，完成既定的学习任务。同时，把枯燥和深奥的法学理论，通过大量现实、生动的案例予以呈现，进行剖析，使学生不仅能有效地破解理论学习的难点，还能学以致用。让学生在自主的案例分析探讨中，能应用理论知识解决现实问题，巩固知识，同时产生学习动力和兴趣。通过一些强调运用能力培养的综合训练题的练习，不仅能检验学生任务完成的效果，还能培养其实际应用和操作能力。

在教学项目的设置上，根据劳动法课程教学要求，按照劳动法的体系，从人力资源管理的实际需要出发构建课程项目内容，侧重选取应用性较强的理论知识，同时也不放弃理论性较强且具有应用价值的知识内容。本书收集大量实际业务资料和案例，针对学生对实际情况了解不足和分析解决实际问题的能力较为薄弱的特点，充实实践模块的内容，不仅体现在设置大量的引导案例上，还在综合训练中设置比较大型的实训项目，让学生在每个项目完成之后，有较充分的实践检验和训练的机会，符合课程实用性特点和教学改革导向。该书的主要内容包括劳动法基础、劳动关系协调、劳动条件和保障、劳动权利救济四大项目模块，从项目模块安排上可以明显看出是按照实际的劳动管理实务设置的。

本书由重庆广播电视大学郑瑞平、东华大学邹华锋担任主编，重庆城市管理职业学院白晓宁、河套学院任小青、郑州轻工业学院侯圣伟、天津农学院张二红、天津公安警官职业学院郑晓萍担任副主编，全书由郑瑞平、邹华锋统编定稿。具体编写分工如下：项目二任务一、任务二、任务五由郑瑞平编写；项目一任务一、任务二、任务三，项目四任务四由邹华锋编写；项目二任务四、项目三任务二由白晓宁编写；项目二任务三、项目三任务三由任小青编写；项目三任务四、项目四任务一由侯圣伟编写；项目四任务二、任务三由张二红编写；项目三任务一、任务五由郑晓萍编写。

本书内容编排上的思路是，力求准确、实用、新颖。在教学内容上，强调法律规定的更新及最新理论热点的选编，力求全面、严谨和准确。本书内容的编排不局限于高深的理论论述，而是在按照正规教材编写的基础上，突出实用性、生动性和新颖性，力图让学生对这门课产生学习兴趣。编者有多年的教学经验，在实训教学方面也进行了多年的教学实践探索。

由于经验的限制，本书难免有些不妥之处，恳请专家学者提出宝贵意见。

编　者
2016. 8

目　　录

学习目标

◆ **知识目标**

① 了解劳动法的产生和发展状况；

② 熟悉并理解劳动法的调整对象和适用范围，劳动法律关系的构成；

③ 掌握劳动法、劳动关系、劳动法律关系等基本概念，劳动者的权利与义务等内容。

◆ **能力目标**

① 能运用劳动法基础概念和理论理解劳动关系和劳务关系的区别，为订立劳动合同和劳动维权的深入学习打好理论基础；

② 能运用劳动法律关系理论，从更专业的法律角度和方法去理解和思考即将开始学习的劳动合同法的内容。

任务一 劳动法概述

任务情景

李某系郑州某大学学生，因大四没课，遂于2013年4月（此时李某未毕业）进入A公司从事技术工作，与A公司签订了劳动合同，待其毕业后继续在该公司上班，合同约定：合同期限是两年，试用期为6个月，月薪1000元，但是，上班两个月后，李某在平时下班回家的路上发生交通事故，经交警认定，李某是无过错一方。2015年6月李某正式毕业，伤愈后的李某多次向公司交涉，认为双方既然签订了劳动合同，其身份属于公司员工，应该享受工伤待遇。但遭到公司拒绝，无奈之下，李某只好向劳动行政部门提出认定劳动工伤申请，同时公司也向当地劳动争议仲裁委员会提出仲裁申请，要求确认公司与李某签订的劳动合同无效。而李某针对公司的仲裁申请提起反诉，请求确认劳动合同约定试用期为6个月、试用期月薪 1 000 元等条款违法，要求月薪按社会平均工资标准执行。

问题提出：

① 未毕业的大学生是劳动者吗？李某和 A 公司之间有无劳动关系？

② 李某在回家途中受伤是否应当认定为工伤？

③ A 公司在试用期内所支付的工资 1 000 元是否太低？合法吗？

拓展思考： 假如李某在毕业前与 A 公司签订了就业协议，并在 7 月份毕业后来到这家单位上班。但是工作不久，他感觉自己的身体状况很难适应单位高强度的工作方式，而且现有的工作也不适合其今后的发展定位，于是在 8 月底向单位提交了解除协议申请。虽然单位答应了他的离职要求，却以违约为由，要求其必须缴纳 5 000 元人民币的违约金。李某觉得很委屈，身体不好无法胜任工作是客观原因，再说现在还处于试用期，没有签订劳动合同，凭什么说自己违约？自己在公司已经一个多月了，一分钱的工资都没有拿到，反而还要交 5 000 元？由于刘某不肯交违约金，单位就拒绝帮助其办理离职手续，双方的僵持让刘某感觉损失很大。

请问：

① 在这种情形下，作为毕业生的李某是劳动者吗？他和 A 公司之间有无劳动关系？

② 李某该不该缴纳违反就业协议的违约金呢？

◎ **课堂提问**

① 你还没有毕业，如果参加勤工俭学，是劳动合同的合法主体吗？

② 你知道劳动法是怎样产生的吗？你了解劳动法的独特性吗？

一、劳动法的概念

劳动法是国家为了保护劳动者的权益，调整劳动关系，建立和维护适应社会主义市场经济的劳动制度，促进经济发展和社会进步，根据宪法而制定的法律，有广义与狭义之分。广义的劳动法，也即实质意义的劳动法，是指调整劳动关系以及与劳动关系有密切联系的其他社会关系的法律规范的总称。它不仅包括劳动法典，还包括宪法中的相关规定、国务院颁布的行政法规、人力资源和社会保障部颁布的部门规章、地方性劳动法规、各部门联合颁布的规章等。涵盖了劳动合同法、劳动基准法、促进就业法、社会保险法、职业培训制度等。其内容包括：劳动者的主要权利和义务；劳动就业促进制度；劳动合同的订立、履行、变更、解除和终止程序的规定；集体合同的签订与执行办法；工作时间与休息时间制度；劳动报酬制度；劳动卫生和安全技术规程等。狭义的劳动法，即形式意义上的劳动法，是指由国家最高权力机关制定并颁布的全国性的、综合性的法典式的劳动法，即 1994 年 7 月 5 日第八届全国人民代表大会常务委员会第八次会议通过，1995 年 1 月 1 日起施行的《中华人民共和国劳动法》。2009 年 8 月 27 日，第十一届全国人民代表大会常务委员会第十次会议对该法进行了修正，2009 年 8 月 27 日起施行修正后的《中华人民共和国劳动法》。

劳动是人类社会生存和发展的最基本条件。一般意义的劳动，是指人们在物质生产和精神生产过程中，使用劳动力，动用劳动资料，改变劳动对象，创造使用价值以满足人们需要的有意识、有目的的活动。劳动法上的劳动有其特定含义，专指职工为谋生而从事的，履行劳动法律、法规，集体合同和劳动合同所规定义务的集体劳动。

它具有以下特点：第一，劳动具有权利义务性。它是基于劳动合同来履行劳动法律义务，必然受到劳动法的制约，而其他劳动则不受劳动法调整。第二，劳动具有有偿性和职业性。它是作为谋生手段，目的在于取得报酬，并且在一定的劳动岗位上所从事的职业劳动。它区别于无偿的义务性劳动。第三，劳动者具有特殊身份性，从而具有集体性和从属性。它是劳动者以职工即单位内部成员身份从事的劳动，劳务关系下的劳动者的劳动不受劳动法调整。而这种特殊身份决定了劳动必然是集体劳动，这就需要劳动者在用人单位的安排下进行劳动，要服从单位的指示，服从管理，从而具有从属性。它区别于劳务关系下的劳动，如著作人和出版社签约写书的劳动。

二、劳动法调整对象和适用范围

引 导案例

2014 年 12 月，甲经人介绍，到乙开设的冲件厂从事冲床操作工作，工资实行按件计酬。2015 年 8 月 15 日，甲因自己操作的冲床有故障，在征得企业主乙的同意后，改用另一冲床。临近中午，甲在试机过程中不慎被冲床压伤，经当地医院治疗，甲左手中指、无名指截肢，治疗期间甲的医疗费由乙全额支付。2015 年 10 月 25 日，甲经劳动鉴定委员会定为七级伤残，甲遂向乙索要伤残费，在与乙协商未果的情况下，甲向劳动仲裁委员会提起申诉，要求乙承担工伤赔偿责任。劳动仲裁委员会受理后经调查发现，乙的企业雇用了 9 名以上劳动者，自成立以来一直从事铁制工艺品的生产，但该企业未办理工商营业执照。

问：本案是否能适用劳动法相关规定进行处理？为什么？

（一）劳动法的调整对象

劳动法的调整对象是劳动关系，以及与劳动关系有密切关联的其他社会关系。在劳动法所调整的社会关系中，劳动关系是主要的调整对象。

◎ 课堂提问

务农的农村劳动者属于劳动者吗？农民工属于劳动者吗？

1. 劳动关系

（1）劳动关系的定义

人们在劳动过程中，不仅与自然发生关系，还与其他人产生社会关系，这种社会关系非常广泛，并不是所有与劳动有关的社会关系均由劳动法调整，有些与劳动有关的社会关系由其他法调整，如民法中的承揽关系等。

劳动法调整的劳动关系是下面所定义的狭义的劳动关系：劳动力所有者与劳动力使用者

之间在实现劳动过程中发生的关系。即劳动者与用人单位在劳动过程中发生的社会关系。如劳动者与用人单位之间在工作时间、休息时间、劳动报酬、劳动安全、劳动卫生、劳动纪律及奖惩、劳动保护、职业培训等方面形成的关系。

劳动关系作为劳动力与生产资料相结合以实现劳动过程的社会关系，只有在劳动力和生产资料通过一定社会关系结合的条件下才会产生。如果劳动力和生产资料同属于一个主体，如一个人通过自己的劳动用砖瓦水泥等盖一栋房子、农村村民的联产承包、个体劳动者的劳动，则不产生劳动关系，不能纳入劳动法的调整范畴。只有在劳动力和生产资料分别归属于不同主体的前提条件下，才能形成劳动关系。

（2）劳动关系的特征

劳动关系是一种兼具平等性和从属性，且统一于人身关系和财产关系的社会关系，具有以下几个特征。

第一，劳动关系的存在以劳动为目的。用人单位与劳动者建立劳动关系，是为了实现劳动过程，为社会生产或社会产品提供服务。劳动者的劳动成果归属于用人单位，也就是说，劳动者是在用人单位组织指挥下，为了最终实现用人单位的利益而劳动的。相应的用人单位须为劳动者实施劳动行为提供有利条件和物质保障，并向劳动者支付合理的报酬。

第二，劳动关系的主体即当事人双方是特定的，且具有排他性。一方是劳动者，另一方是劳动使用者（用人单位），劳动关系只能产生于劳动者与用人单位之间，劳动者与其他社会主体之间发生的社会关系不能称为劳动关系。而劳动者和劳动使用者的范围都是由劳动法规定的，并非所有参与劳动的人和使用劳动的人都能成为劳动关系的主体。例如，公务员就有专门的公务员法调整，不适用劳动法。同时，劳动关系具有一定的排他性，一个员工在同一时间内只能同一家用人单位建立劳动关系。但当员工从事非全日制工作时，法律允许并支持双重乃至多重劳动关系的存在。

第三，劳动关系是在社会劳动过程中发生的社会关系。劳动者提供劳动能力，包括体力劳动能力和智力劳动能力，劳动使用者提供劳动过程所需要的生产资料（包括劳动条件等），双方在直接的劳动过程中发生了统一于人身关系和财产关系的社会关系。没有劳动过程便不可能形成劳动关系。因此，从严格意义上讲，劳动法所涉及的范围只限于劳动过程之中，不应包括未形成劳动关系之前的就业过程。但是，由于我国是一个劳动力资源大国，就业问题成为一个社会问题。在今后相当长的一段时期内，就业问题都关系到社会经济的发展和稳定。同时，就业与劳动关系又有特别紧密的联系。因此，《中华人民共和国劳动法》（以下可简称为《劳动法》）将就业纳入自己的调整范围，是出于对我国实际的考虑，不能因此将就业也归于劳动关系的范畴。

第四，劳动关系的内容与劳动过程紧密相连，统一于人身关系和财产关系的社会关系。首先，这一社会关系具有身份性质，不仅表现为劳动关系缔结后劳动使用者对劳动者的劳动行为进行管理和控制，而且还表现为劳动者的一切活动均以用人单位的成员身份或名义进行，因此具有从属性。同时，劳动者有偿提供劳动力，用人单位向劳动者支付劳动报酬，两者缔结的社会关系就必然具有财产关系性质。

第五，劳动关系兼具平等性和从属性。主体在缔结、变更和解除或终止双方关系和维护各自经济利益的过程中，双方的地位是平等的。双方必须遵守《劳动法》规定的平等和自愿原则。在双方缔结了劳动关系后，就存在管理和被管理关系，即劳动者要依法服从经营者的管理，遵守用人单位的规章制度。例如，民法中的承揽关系、著作人和出版社的关系就没有这一特殊的从属人身关系性质，因此不受《劳动法》的调整。

（3）劳动关系的分类

① 按不同所有制的关系，分为全民所有制、集体所有制、个体经营、联营企业、股份制、外商投资等劳动关系；

② 按职业类别，分为企业劳动关系、国家机关劳动关系、事业单位劳动关系；

③ 按资本的组织形式，分为国有控股公司、私营企业、外商投资、有限公司等劳动关系；

④ 从工人运动角度，分为利益冲突型劳动关系、利益一体型劳动关系、利益协调型劳动关系；

⑤ 从集体谈判制度，分为个别劳动关系和集体劳动关系。

2. 与劳动关系有密切关联的其他社会关系

作为劳动法的调整对象，与劳动关系有密切关联的其他社会关系虽非劳动关系，但它们有的基于劳动关系而产生，有的为了维护劳动关系的合法性而产生等，与劳动关系具有密切的联系。如管理劳动力方面的关系；社会保险关系；处理劳动争议所发生的某些关系；工会组织和单位行政之间的关系；有关国家机关对执行劳动法进行监督检查而发生的关系等。一般采取以下两种分类方法。

第一，列举式方法。即将一些主要的与劳动关系有着密切联系的社会关系列出。

① 国家进行劳动力管理中的关系。如国家劳动行政部门与单位或职工之间因就业、培训等问题而发生的关系。

② 社会保险中的某些关系。如生育保险是劳动关系存续期间发生的关系。

③ 工会组织与企业在执行劳动法、工会法过程中发生的劳动关系。

④ 处理劳动争议过程中发生的一些关系。

⑤ 其他有关管理机构在监督劳动法执行过程中发生的一些关系。

第二，区别式方法。即按照与劳动关系不同的关系分为以下几种。

① 这些关系是劳动关系产生的前提条件，如劳动就业中的某些关系。

② 这些关系是劳动关系的直接后果，如社会保险中的养老保险关系。

③ 这些关系是劳动关系附带产生的，如职业培训中劳动者与培训机构产生的关系。

拓 展阅读

劳动关系与劳务关系

相同：都是当事人一方提供劳动力给另一方使用并获得另一方给付的劳动报酬，均以劳动的给付为目的；均以当事人的意思表示一致而成立；均为双务有偿合同。

区别如下。

① 主体性质及其关系不同。前者的双方主体间不仅存在着财产关系，还存在人身关系，

劳动者除提供劳动之外，还要接受用人单位的管理，服从其安排，遵守其规章制度，成为用人单位的内部职工；但后者双方主体之间只存在财产关系，不存在行政隶属关系，一方提供劳务服务，另一方支付劳务报酬，各自独立。这是两者最本质的区别。

②主体资格不同。前者的主体的一方是法人或组织，即用人单位，另一方则须是劳动者个人即自然人；后者的主体双方当事人可同时为法人、组织、公民。

③用人单位对当事人在管理方面不同。前者中用人单位对劳动者有违章违纪的处理权；后者中的一方不存在给另一方处分的权利。

④当事人的权利义务不同。前者中的劳动者除获得工资报酬外，还有保险、福利待遇等，而后者中的自然人一般只获得劳动报酬。劳动合同的订立和履行贯穿着国家干预，为避免劳动者给予用人单位过多义务，须为劳动者缴纳养老保险、医疗保险、失业保险。这是用人单位必须履行的法定义务。而劳务合同的雇主则无义务为雇工缴纳养老保险、医疗保险等。

⑤报酬的性质和支付方式不同。因前者产生的劳动报酬具有分配性质，不完全和不直接随市场供求情况变动，其支付形式往往是一种持续、定期的工资支付；因后者而取得的劳务报酬与市场的变化直接联系，按市场原则支付且多为一次性支付。

⑥合同内容受国家干预程度不同。前者所赖以存在的劳动合同的内容，国家常以强制性法律规范来规定；但后者所依据的劳务合同受国家干预程度低，合同内容一般由双方当事人协商确定，除非合同违反法律、法规的强制规定。

⑦适用法律不同。前者主要由《中华人民共和国劳动法》和《中华人民共和国劳动合同法》调整；而后者主要由《中华人民共和国民法通则》和《中华人民共和国合同法》调整。

⑧法律救济手段不同。若是因劳动合同的履行发生纠纷的，当事人须先向劳动争议仲裁委员会申请仲裁，对仲裁不服的，才能向人民法院起诉。也就是说，仲裁是人民法院受理的前置程序，且当事人向劳动争议仲裁委员会申请仲裁的时效为1年；因劳务合同的履行发生纠纷的，当事人可以直接向人民法院起诉，诉讼时效为2年。

⑨责任后果和承担的不同。劳动合同不履行所产生的不仅有民事责任，还有行政责任；而劳务合同不履行一般会产生违约责任和侵权责任。前者是劳动者以用人单位的名义工作，劳动者提供劳动的行为属于职务行为，构成用人单位整体行为的一部分，由用人单位承担法律责任；而后者是提供劳务的一方以本人的名义从事劳务活动，独立承担法律责任。

（二）劳动法的适用范围

劳动法的适用范围是指我国劳动法适用于什么地域、什么时间和什么人，即我国劳动法的效力范围。

1. 空间适用范围

根据制定劳动法律规范性文件的机关不同，适用的地域范围也不同。

2. 时间适用范围

（1）生效时间

一种方式是法律规范性文件本身规定了从其通过或公布之日起生效；另一种方式是通过或公布之日并不立即生效，而是规定了施行日期。

（2）失效时间

一种方式是法律规范性文件本身规定了终止生效的特定时间或条件；另一种方式是国家

制定与旧法律规范性文件内容相同的新的法律规范性文件，在新法律规范性文件中明文指出旧法律规范性文件失效。劳动法在时间上的生效和失效时间，即劳动法的时间效力，在颁布时采取两种方式规定。《中华人民共和国劳动法》1994 年 7 月 5 日公布，1995 年 1 月 1 日起施行，2009 年 8 月 27 日，第十一届全国人民代表大会常务委员会第十次会议《关于修改部分法律的决定》对其进行了修正，2009 年 8 月 27 日起施行修正后的《中华人民共和国劳动法》。

3. 对人的适用范围

《劳动法》第 2 条规定："在中华人民共和国境内的企业、个体经济组织和与之形成劳动关系的劳动者，适用本法。国家机关、事业组织、社会团体和与之建立劳动合同关系的劳动者，依照本法执行。"

根据劳动法的规定，劳动法只适用于建立了劳动关系的用人单位和劳动者。具体的适用范围如下：

① 在我国境内的企业、个体经济组织和与之形成劳动关系的劳动者；

② 国家机关、事业组织、社会团体的工勤人员；

③ 实行企业化管理的事业组织的非工勤人员；

④ 其他通过劳动合同（包括聘用合同）与国家机关、事业组织、社会团体建立劳动关系的劳动者。

4. 适用范围的排除

我国劳动法不适用于下列五类人员：

① 公务员和比照实行公务员制度的事业组织和社会团体的工作人员。公务员依法行使国家职权的行为，不是履行合同约定义务，而国家职权不能作为合同的对象，从而不能把公务员视为雇员。我国当前采取的是公务员和非公务员分别立法的模式，公务员劳动关系由《中华人民共和国公务员法》和其他法律加以规范。比照实行公务员制度的工作人员也不适用《中华人民共和国劳动合同法》（以下可简称为《劳动合同法》）。

② 农村劳动者（乡镇企业职工和进城务工、经商的农民除外）。毫无疑问，农民属于劳动者的范畴，但农民劳动关系是否由《中华人民共和国劳动合同法》调整，争议很大。现在立法的态度是，农村劳动者通过家庭联产承包合同确定其权利和义务，农业劳动多以家庭的组织形式进行，国家对家庭内的劳动关系不予干预。农民与村民委员会之间不属于劳动关系，不受《中华人民共和国劳动合同法》调整。但若作为乡镇企业的职工或进城务工经商的农民与相应的企业、雇主之间形成的劳动关系，仍应是《中华人民共和国劳动合同法》的适用范围。

③ 现役军人。正在服役的军人肩负着保卫祖国和人民安全的重任，这是符合服役条件的公民应尽的义务，故现役军人不适用《中华人民共和国劳动合同法》。

④ 具有家庭雇佣劳动关系的家庭保姆。家庭保姆是否适用《中华人民共和国劳动合同法》，各国规定不同，有的国家规定家庭保姆适用，但大多数国家规定家庭保姆不适用，我国规定家庭保姆不适用《中华人民共和国劳动合同法》。

⑤ 在我国境内享有外交特权和外交豁免权的外国人等。

◎ **课堂提问**

下列情形中，属于劳动法调整的有哪些？

① 李某雇赵某照顾自己患病的母亲，李某与赵某就报酬发生争议。

② 大学生刘某利用暑假时间到某公司勤工俭学，刘某就工资问题与公司发生争议。

③ 某公司股东与该公司就年终分红问题发生争议。

④ 国家机关与实行劳动合同制的工勤人员之间的关系。

⑤ 劳动者甲与劳动者乙发生借款关系。

⑥ 某公司向职工集资而发生的关系。

⑦ 某公司与其职工因补发津贴问题而发生的关系。

⑧ 某民工被个体餐馆录用为服务员产生的关系。

三、劳动法的基本原则、渊源和体系

引 导案例

吴某于9月4日与本市一外资大酒店签订了4年的劳动合同，任秘书职务。12月7日，吴某在医院的一次妇科检查中发现自己已怀孕，但未将此事告诉单位。此后的一段时间，吴某上班经常发生迟到早退现象，酒店经理得知吴某怀孕这一事实后决定开除吴某。次年3月20日，吴某因妊娠反应到医院就诊，医院开具的病休证明休假2周，而吴某却直到4月7日才上班。当天该酒店便以吴某上班经常迟到早退且旷工18天，触犯了酒店的《就业规则》中的丙类过失规定：旷工两周以上应予以除名的条款，作出开除吴某的决定。吴某不服，诉诸市劳动仲裁委员会。仲裁机构查实，吴某上班迟到早退确有其事，据医院证明休假两周合法，因而只构成4天的旷工事实。假若你是仲裁员的话，该如何仲裁？

（一）劳动法基本原则

1. 劳动法基本原则的概念

劳动法基本原则是指制定劳动法律规范和劳动法律制度，并在调整劳动关系及密切相关的社会关系时所必须遵循的指导思想和基本准则。它具有很强的指导性、纲领性、稳定性和权威性，具有重要的指导作用和补充作用。首先，这不仅是正确理解具体条文的关键，对于认识劳动法的本质有指导意义，有助于对劳动法的理解、解释，以深刻理解、应对非常复杂的劳动关系的事实状况和动态多变的劳动关系，还指导立法机关对劳动法律的制定、修改和废止，维系和保证各项劳动法律制度的统一、协调和稳定，指导审判机关正确适用法律，防止出现偏差。例如，针对种类繁多的劳动法律渊源和多层次立法主体导致的具体规定，难免出现不统一甚或冲突的现象，基本原则就可以起到积极的统领和指导作用，以保证劳动法的正确适用；其次，当法律缺乏对某个问题的具体规定而难以确定某行为是否违法时，可以根据基本原则来认定和判决。例如，在处理劳动争议时，极有可能出现没有准确适用的法律条款，此时，劳动法的基本原则可直接适用，补充劳动法律制度的不足。

2. 劳动法基本原则的内容

根据《中华人民共和国宪法》和《中华人民共和国劳动法》的有关规定，并针对劳动法所调整的劳动关系的特殊性，可以将劳动法的基本原则归纳如下。

1）保护劳动者权益原则

此原则体现在《中华人民共和国宪法》第2章"公民的权利和义务"的一系列规定中。而《中华人民共和国劳动法》第1条中就开宗明义地提出"保护劳动者的合法权益"，这也是各国劳动法所奉行的首要立法宗旨。劳动者权益是指劳动者在劳动领域依法所享有的各种权利和利益，包括劳动权（即劳动就业权）、劳动报酬权、休息休假权、劳动安全卫生保护权、物质帮助权、依法组织和参加工会权、民主管理权、职业技能培训权、享受社会保险和福利权、提请劳动争议处理权等。对劳动者保护包括如下几点。

（1）基本的保护

表现在对劳动者劳动权的保护上。这是由劳动者的基本人权特别是其中最首要的生存权所决定的。劳动权是指凡是具有劳动能力的公民均有获得参加社会劳动和切实保障按劳取酬的权利，它在本质上是生存权，是公民生存权利的基础。劳动法中所规定的其他权利都是以劳动权的实现为前提的，整个劳动法是建立在劳动者的劳动权得以实现和保障的基础之上的。针对我国目前劳动就业问题的突出性、和谐稳定的劳动关系的必要性，保障劳动者的劳动权是劳动法最首要的基本原则。

（2）侧重的保护

这是由劳动关系所具有人身关系的从属性决定的。由于用人单位掌握了劳动力的支配权，可能会导致权利、义务的失当，出现损害劳动者权益的情况，从而危及劳动者的健康和生命。劳动者处在一个相对较弱的地位，因此劳动法应将保护的重心放在劳动者这一面。此原则主要是通过提供劳动者的就业机会或基本生活需要，保障劳动者在生产过程中的健康和安全，防止过度劳动的伤害，在劳动者部分或全部丧失劳动能力时给予物质帮助来实现的。劳动法的侧重保护突出表现在4个方面：

① 在权利义务的规定中偏重劳动者的权利和用人单位的义务；

② 以强制性规范规定保障劳动者的基本权益，如《中华人民共和国劳动法》第48条的最低工资保障，第62条规定的女员工产假不得少于90天等都是强制性规定，单位须遵照执行；

③ 对单位的劳动合同解除权进行限制，而劳动者的合同解除权则宽松得多；

④ 一般只把用人单位作为劳动监察的对象。

（3）平等的保护

平等的保护是指所有劳动者不因其民族、种族、性别、年龄、文化程度、财产状况、宗教信仰、职业、劳动关系的性质有何不同，其法律地位是平等的，其合法权益一律平等地受我国劳动法的保护，不应有任何歧视或差异。但这种平等保护并不排斥对特殊劳动者群体如未成年工、女工等的特殊保护。平等保护对构建和谐社会意义重大而深远。而社会和谐正是作为"社会法"的劳动法所追求的目标。

（4）综合的保护

即对劳动者合法权益进行全方位的保护，既保护劳动者的法定权利，也保护劳动关系双方当事人的约定权利。既保护劳动者的人身权利，也保护劳动者的财产权利；这种保护既存在于劳动过程的始终，也存在于与劳动关系有关的任何环节。如采用基准化与合同化结合。劳动关系基准化是指劳动关系的调整，应由国家通过劳动立法，制定劳动基准，明确劳动条件，约束和保障劳动权利与义务而进行。根据其他国家的立法经验，我国对国有企业、集体企业、三资企业等所有用人单位规定最低劳动标准，使劳动者得到最基本的保护，同时也保证用人单位劳动力使用的自主权；劳动关系的合同化调整主要体现在劳动合同制度上。劳动关系的调整既要依靠基准化手段（公法手段），又要依靠合同化手段（私法手段），将其纳入两者相结合的社会化调整的轨道中来，以体现劳动法不同于私法，也有异于公法的"社会法"特质。

2）劳动关系协调原则

即由代表政府的劳动行政部门、代表职工的地方总工会和代表用人单位的企业代表组织（企业联合会、企业家协会、商会等）三方协商机制，实际上是一种平等对话的机制，政府、企业组织和工会组织三方的职能不能替代，各有侧重和相互独立，相互没有隶属关系，切实代表基层组织和会员的利益。体现在以下几点。

① 在立法活动中由政府、工会和企业组织代表共同参与，在政府主导的同时听取工会和企业组织的意见和建议。

② 签订集体合同。在劳动行政部门指导下，集体合同双方当事人自行协商签订集体合同，劳动行政部门依法审查集体合同。

③ 三方共同监督劳动法的执行。政府通过劳动行政部门监督劳动执法，依法进行劳动监察和劳动仲裁，正是其国家权力的体现；工会通过三方协调机制，监督劳动法律、法规的具体执行情况；企业通过三方协调机制也可监督劳动法的执行情况。

④ 三方对日常出现的重大劳动争议和突发性事件进行协调和斡旋。随着我国市场经济的发展，不可避免地会在一定范围内发生一些重大劳动争议和突发性的劳动事件，解决不好，会影响到我国政治、经济的稳定，通过三方协调和斡旋，使其得到化解，避免社会动荡。

3）劳动力资源合理配置原则

劳动关系作为劳动力与生产资料相结合的社会关系即劳动力资源配置的社会形式，说明劳动法也是劳动力资源配置法，故其应以实现劳动力资源合理配置为己任。劳动法的任务是促成和发展劳动力市场，确立和完善以市场配置机制为主，以行政配置机制为辅的劳动力资源配置体制。劳动法对劳动力资源的配置，采用"配置是否合理的标准是能否兼顾效率和公平"的双重价值取向。劳动法对劳动力的合理配置是从宏微观两个方面加以规范的。

① 劳动力资源宏观配置。是指社会劳动力在全社会范围内各个用人单位之间的配置。劳动法在这个方面所起的作用有：发展劳动力市场，维护市场配置机制的运行秩序；提供包括就业介绍和失业保障在内的就业服务并促进劳动力自由流动、自主择业、竞争就业和用劳动合同确立劳动关系等。

② 劳动力资源的微观配置。是指用人单位内部对劳动者的劳动岗位、劳动时间和劳动量的科学合理的安排，并建立良好的职业培训制度，充分调动劳动者的积极性，以提高劳动效率，同时要处理好劳动者利益和劳动效率的关系。

（二）劳动法的渊源

劳动法的渊源是指劳动法律规范的具体表现形式。主要有以下几个方面。

1. 宪法

宪法是国家的根本大法，具有最高的法律效力，是劳动法的立法依据。宪法中有关劳动法所依据的原则和规定，如关于所有权的规定、关于民事主体的基本权利和义务的规定等，既是劳动法的立法依据，也是调整劳动法关系的法律规范。

2. 法律

即全国人民代表大会及其常务委员会制定并颁布的规范性文件。如 1994 年 7 月 5 日由第八届全国人民代表大会常务委员会第八次会议通过，并于 1995 年 1 月 1 日正式实施，2009 年 8 月 27 日修正的《中华人民共和国劳动法》，是劳动法这个法律部门中的基本法，是劳动法主要的、基本的表现形式。还有专门调整劳动关系的法律，如《中华人民共和国工会法》及《中华人民共和国全民所有制工业企业法》，其中就规定了许多关于企业劳动者和企业工会以及职代会的权利和义务等内容。

3. 行政法规

即由国务院制定的规范性文件，由香港、澳门特别行政区行政长官制定的规范性文件等。

4. 地方性法规和部门规章

地方性法规是由省、自治区、直辖市的人民代表大会及其常务委员会制定的规范性文件，部门规章是由国务院所属部门制定的规范性文件。

5. 地方规章

即由省、自治区、直辖市以及较大的市人民政府制定的规范性文件。

6. 司法解释

司法解释是指由最高人民法院在审理劳动争议案件中对于如何正确适用劳动法律规范所作的解释。最高人民法院对劳动法律作出的司法解释，是一种具有普遍约束力的解释，对全国的劳动争议案件审判工作具有指导意义，是全国各级人民法院审理劳动争议案件的依据。因此，最高人民法院对劳动法律规范的解释，也是劳动法渊源的组成部分。

7. 我国政府批准生效的国际劳动公约

我国是国际劳工组织的成员国，凡经我国政府批准的国际劳工公约在我国就具有法律效力，成为我国劳动法的组成部分，因而也是我国劳动法的表现形式之一。如 1987 年 9 月我国批准了《残疾人职业康复和就业公约》。

（三）劳动法的体系

劳动法的体系是指各类劳动法律规范按照一定的调整对象、规格和逻辑所组成的统一整体。劳动法律规范作为"实在法"的"细胞"，以法律渊源的方式，纵向展开，可视为劳动法的表现形式；以法律制度的方式，横向展开，则视为劳动法的具体内容。将劳动法的具体内容和劳动法的表现形式加以综合，就形成了劳动法的体系。简而言之，劳动法体系是劳动法的各项具体劳动法律制度的构成和相互关系。我国劳动法的体系还是一个有待研究的课题。

一般认为，我国劳动法的体系由以下劳动法律制度构成。

1. 劳动关系法律制度

这是调整劳动关系最基础的法律制度，主要是指劳动合同法和集体合同法。在市场经济条件下，劳动关系主要通过劳动者与用人单位订立劳动合同来建立。由于劳动者个人相对于企业而言总是处于弱势地位，在劳动合同中容易出现一些对劳动者不利的条款，这就需要通过集体合同来矫正，以提高企业的整体劳动条件和职工的工资福利待遇。集体合同一旦签订，对企业及劳动者都具有法律效力，个人与企业签订的劳动合同与集体合同条款相冲突的，以集体合同为准。

2. 劳动基准的法律制度

劳动基准的法律制度主要指国家制定的关于劳动者最基本劳动条件的法律法规，包括最低工资法、工作时间法、劳动安全与卫生法等。其目的是改善劳动条件，保障劳动者的基本生活，避免伤亡事故的发生。劳动基准属于强制性规范，用人单位必须遵守执行。

3. 劳动力市场法律制度

劳动力市场法律制度主要是指调节劳动力市场、促进劳动就业的法律制度，包括就业促进法、职业培训法、就业服务法等。就业是民生之本，促进就业是现代国家的基本责任。国家必须采取各种宏观调控手段，创造就业机会，实现劳动者充分就业。

4. 社会保险法律制度

社会保险法律制度主要对劳动者基本生存条件的保障以及生活质量的提高进行规定，具体包括养老保险法、医疗保险法、失业保险法、工伤保险法、生育保险法等。

5. 劳动权利保障与救济法律制度

劳动权利保障与救济法律制度主要包括劳动监察法和劳动争议处理法。由于劳动关系具有身份属性，劳动者与用人单位之间形成了管理与被管理的关系，用人单位往往会忽视甚至侵犯劳动者的劳动权利。故劳动监察对劳动法律制度的实施和劳动者劳动权的实现起着至关重要的作用。在劳动关系存续中，劳动争议是难以避免的，关键是要建立起有效的解决劳动争议的制度，以此作为解决纠纷、保障当事人合法权益的最后屏障。目前，我国劳动争议处理包括调解、仲裁和诉讼三种方式。

四、劳动法的特征、地位和作用

劳动法作为一个独立的法律部门，有其鲜明的特点、独特的定位和不可替代的作用。

（一）劳动法的基本特征

1. 调整对象的独特性——公法与私法的兼容，并采用"侧重保护"的基本原则

公法和私法是根据不同调整对象来划分的。公法调整的是"形式上不平等实质上也不平等"的社会关系，如行政法上行政主体和行政相对人之间的行政关系；私法调整的是"形式上平等实质上也平等"的社会关系，如民商法上的民事合同关系；而社会法调整的是"形式上平等实质上不平等"的社会关系，在这种表面上平等的社会关系中，双方的实力不对称，一方是强势主体，另一方是弱势主体。属于社会法的劳动法调整的正是两个形式上平等实质上不平等的劳动者和雇主之间的劳动关系，若由私法来调整，奉行契约自由原则，那么将会出现"经济上的强者利用契约为欺压弱者的工具"之情形，从而造成灾难性的社会后果，危及社会稳定。如：在还没有劳动法的资本主义原始积累阶段，劳动关系被视为民事关系，劳动合同被视为民事合同，奉行完全的契约自由原则，但事实上工人只是依法"享有"要么挨饿要么接受资本家残酷剥削的自由，出现雇主任意延长工作时间，远远超过了道德和生理的界限，再加上恶劣的劳动条件，伤亡事故和职业病经常发生，死亡率不断上升，工人平均寿命日趋缩短。而后来的"工厂立法"直至劳动法的产生就是要解决"形式上平等实质上不平等"的劳动关系中，由于双方实力不对称所导致的实质不公平问题，从而实现实质正义。表面上看起来，劳动法对劳动关系的双方实行了不平等的差别待遇，在劳动法上劳动者享有较多的权利、承担较少的义务，而雇主承担较多的义务、享有较少的权利，但这种立法上的不平等正是针对社会关系本身存在的不平等采取的矫正措施，实际上属于"形式上不平等而实质上平等"。

2. 调整本位的独特性——在侧重对劳动者保护的前提下，维护劳动者权益与维护社会劳动秩序的统一

劳动法既是劳动者保护法，又是劳动者管理法，是两者的统一。它最突出的特点就是对劳动者的倾斜性保护，体现了劳动法的基本价值取向，这是基于劳动关系是一种不平等的关系，资本的巨大支配力很容易把劳动者变成它的附属，必须通过法律的强制来弥补劳动者的弱势地位而设计的。但这并不意味着不保护资本者或经营者的利益，一方面，劳动法的制度设计也是为了建立稳定、和谐的劳动关系，为了保护用人单位的利益，劳动法也规定了劳动者的许多义务；另一方面，资本者或经营者的利益可以通过其他的法律得到保护，如物权法、合同法、公司法、知识产权法等。劳动法对劳动关系的调整既不是单纯采用私法的约定方式，也不是单纯采用公法的约定方式，而是综合运用公法和私法的调整方式，创造出了一种独特的"立体调整机制"——"法定限制约定，团体约定限制个体约定"，即"劳动基准限制合同，集体合同限制劳动合同"。

3. 调整机制的独特性——强制性规范与任意性规范相结合，以强制性规范为主

劳动法大多属于强制性规范，尤其是劳动基准法，它是国家对用人单位设定的义务，用人单位必须严格遵守，不能降低标准，只能在最低标准之上给予劳动者更好的劳动条件和工资福利待遇。即使是调整劳动合同关系的任意性规范，也与调整一般民事合同关系的任意性规范不同。例如，在劳动合同关系中，合同自由原则既要受法定劳动基准的限制，还要受集体合同的限制，凡是与法律相冲突或低于集体合同标准的条款都无效。从这一特征也可以看出，劳动法不属于以意思自治为核心理念的私法，而是典型的社会法。

4. 规范配置的独特性——实体法和程序法的统一

实体法和程序法是一种互为依存的关系，有一定的实体法，就有与之对应的程序法，例如民法与民事诉讼法、刑法与刑事诉讼法。劳动法则不然，其本身既有实体性法律规范，也有程序性法律规范，并不像其他法律那样属于单纯的实体法或程序法，它兼有实体和程序两种性质的条文。这是由劳动法的特殊性所决定的。由于劳动争议具有复杂性和特殊性，劳动争议的解决程序也有不同于普通民事纠纷和商事仲裁的特点，故须专门作出规定，这就使得劳动法既有实体法的内容又有程序法的内容。例如，在劳动关系的订立方面，有招工程序和劳动合同订立程序的规定，在劳动争议处理上有劳动争议调解和仲裁程序的规定，还有劳动监察方面的规定等都属于程序性规定。在众多的劳动法规中，实体性规定和程序性规定兼而有之。

（二）劳动法的地位和作用

法的地位是指该法是否是一个独立的法律部门，它与其他法律部门之间的关系，以及它在社会经济运行中所起的作用。劳动法的上述基本特征，决定了它构成我国法律体系中的一个独立的法律部门，并且是最重要的法律部门之一。若忽视劳动法的地位和功能，我们必将付出沉重的政治、经济和社会代价。目前，劳动法制不健全导致的一些社会问题，如失业、劳资冲突、社会保障缺失、贫困、贫富悬殊等问题，在我国仍然比较突出。因此，劳动法也是我国最需要加强的一个法律部门。近年来，我国对劳动法重要地位和作用的认识正逐步加强，劳动领域的立法也获得较大的发展。

1. 劳动法的地位

1）劳动法是独立的部门法

法的部门一般是以法的调整对象为划分标准的。是否构成独立的法的部门要看该法有无独立的调整对象，不同的独立的调整对象构成不同的法的部门。"劳动关系"作为劳动法的调整对象，本身就具有能区别于其他法律部门调整对象的本质特征，是其他法律部门所无法包容调整的：劳动关系既非公法（如行政法）调整对象，也非私法（如民商法）调整的社会关系，而是独一无二的"劳动者和用人单位之间的劳动关系"。

劳动法成为独立的法律部门是物质条件决定的。资本主义阶段之前，大量的劳动关系尚未出现，到了资本主义阶段，资本家占有生产资料，劳动者一无所有，资本家靠雇佣劳动者进行生产，劳动者靠出卖劳动来谋生。大量的劳动关系通过雇佣劳动关系形式出现了，资本主义国家为此颁布了一系列强制劳动的法律。由于劳动力是商品，劳动关系表现为商品关系，所以最初劳动法规也是属于资产阶级民法的范畴。但是，劳动关系毕竟不同于商品关系，它涉及劳动者劳动权利如何实现和保护劳动者权益的问题。因此，劳动者不断地开展对资本家的斗争，以达到限制压迫和剥削的目的。经过无产阶级的斗争，资产阶级国家为了整个资本家利益，不得不适当地限制每个资本家的压迫和剥削条件而颁布工厂法，于是就出现了调整资本主义劳动关系的资本主义独立法律部门——劳动法。

2）劳动法与其他部门法的关系

（1）劳动法与民法的关系

劳动法与民法的联系：劳动法是从民法中分离独立出来的，是民法社会化的产物，即是社会发展过程中用传统民法理念无法解决劳动者与用工方冲突的产物。作为劳动法调整对象的劳动关系源于传统民法调整对象的雇佣关系；劳动法中的制度设置来自传统民法中的债法；劳动法的重要内容劳动合同法仍有相当程度的私法性质；既然劳动法首先是特别债法，所以平等自愿和诚实信用都是劳动法和民法共同的基本原则，民法以"平等主体"为观察和评判公正合理的视角，而劳动法则假设劳动者本身在任何劳动关系场合中都处于弱势地位，其倾斜保护的目的是实现劳动者获得如民法中民事主体那样的"平等地位"，实现"实质上的公平"，实现社会整体上的公平。劳动法又与传统民法存在很大区别。

第一，调整对象不同。民法调整平等主体之间的财产关系和与财产关系有密切联系的人身关系。劳动法调整的是劳动关系以及与劳动关系密切的其他社会关系，劳动关系是一种形式上平等而实质上隶属的人身关系。另外，劳动法虽然有一部分也涉及财产关系，如工资报酬和人身关系，如职业安全，但这些关系是基于双方主体的劳动关系而产生的。

第二，主体不同。民法的主体是具有广泛性的平等主体的自然人、法人和其他社会组织。劳动法的一方必须是劳动者，另一方为用人单位。

第三，权利本位不同。民法属于个人权利本位法，以形式平等为价值追求。劳动法属于劳动者权利本位法，是特殊的个人权利本位法，以实质平等为价值追求。

第四，法律性质不同。民法属于纯私法，以个人利益为核心，以人的平等和自治为理念。劳动法属于社会法，兼具公法和私法性质。例如：德国著名的劳动法学家 W. 杜茨认为，劳动合同不是传统意义上的关于给付和对等给付的债权合同，相反它是一种带有很强人身权色彩的，关系到雇员生存基础的法律关系，因此无论如何应该被寄予希望，获得社会保护。

第五，调整的原则不完全相同。民法以平等、等价有偿为原则。劳动法除一般性双方平等原则外，对某些主体还有特殊保护原则，如女工与未成年工的特殊保护。劳动法的某些关系也不可能是等价有偿的，如社会保险中的一些关系，再如劳动法规定的节假日上班双倍工资等。在民法中，民事责任以过失原则为主，而劳动伤害责任则因保险制度的存在，表现为"结果主义"。

第六，调整模式不同。传统民法采用自治的调整模式，而劳动法采用自治与强制的兼容模式。

（2）劳动法与行政法的关系

两者的联系是：劳动关系是行政法具体实施的领域之一，行政法对劳动关系的调整及劳动法的实现起到了保障和协助作用。两者的区别如下。

第一，本位差异。行政法属于纯公法，以国家利益为本位。调整对象是行政管理关系，是一种"形式上和实质上都不平等"的关系，劳动法属于社会法，兼具公法和私法性质，劳动法以社会利益为本位。劳动法调整的是劳动关系以及与劳动关系密切的其他社会关系，劳动关系是一种形式上平等而实质上隶属的人身关系。

第二，价值差异。行政法具有单方性和主动性，突出效率价值，而劳动法则以实质公平为主要价值追求。

第三，调整模式差异。行政法律关系中内部行政关系以隶属上下级管理为主，外部的以行政职权的强制为主，而劳动法则综合运用个体自治、团体自治以及国家强制的调整模式。

（3）劳动法与经济法的关系

两者的联系是：劳动法和经济法都具有公法的性质，都体现国家的干预，两者联系是非常密切的。它们不乏共同的目标，比如实现较高的劳动就业率也是国家经济政策和经济法的重要目标之一，而劳动者的社会保障、最低工资标准等，都影响经济政策和法律的制定。两者的区别如下。

第一，调整对象不同。劳动法调整的社会关系是劳动关系以及与劳动关系有密切联系的其他关系；经济法调整的经济关系的范围非常广泛，这些经济关系的调整是为了对国家经济活动的宏观调控和加强经营管理，显然与劳动法调整雇佣与被雇佣的劳动关系是不同的。

第二，主体不同。劳动法关系的一方须是劳动者，另一方为用人单位，双方之间的关系兼有平等性和不平等性；经济法主体范围广泛，具有多种多样的类型，是实现经济自由和发展的保障；经济法主体地位不对等，具有层级性，又是保障经济秩序和稳定的需要；经济法主体角色的变动性，则充分体现了经济生活对各种经济主体之间和谐互动的一种需要。

第三，目的和原则不同。劳动法以保护劳动者的利益为目的，其基本原则包括保护劳动者合法权益原则和劳动力资源合理配置原则等；经济法以协调国家宏观经济与微观经济的关系为目的，其原则主要有平衡协调原则、维护公平竞争原则、责权利相统一原则等。

（4）劳动法与社会保障法的关系

劳动法与社会保障法的联系是：二者产生的社会背景相同，都是社会法，而且社会保障制度建立的前提是劳动法。两者的区别如下。

第一，功能不同。劳动法主要协调劳动关系的运行，而社会保障法则是为了预防和补偿社会风险所导致的损害。

第二，调整模式不同。劳动法以个体自治的调整模式为主，以团体自治和国家干预为辅；而社会保障法则是以国家干预为主，以个体自治和团体自治为辅。

2. 劳动法的作用

劳动法的作用既由劳动法的性质决定，又由社会对劳动法律制度的需要所决定。主要表现如下。

1）保护劳动者的合法权益

这是劳动法的首要作用。劳动法确认了劳动者所应享有的各项基本权利，如劳动权、劳动报酬权、劳动保护权、休息权、获得物质帮助权、民主管理权等，并为这些权利的实现提供了切实的物质保障。劳动法对妇女、未成年人等特殊劳动者的权益保护规定了特别的措施。通过最低工资制、劳动条件的最低标准等规定，为劳动者的生产和生活提供了最低保障。现代市场经济客观上亟须制定劳动法，以保护劳动者的合法权益。一方是现代化企业拥有强大经济实力，在劳动关系中处于优势地位；另一方是劳动者以分散的个体出现，且作为生产要素之一的劳动力通常供大于求，又由于劳动与劳动报酬对于劳动者的生存和发展的意义，导致劳动关系双方事实上的非均衡性，劳动者处于弱势地位，使劳动者在市场活动中容易受到伤害。为维护公平，体现社会正义，劳动法应当把保护劳动者的合法权益作为首要的作用。

2）协调劳动关系，维护社会稳定，促进生产力发展

一方面，社会稳定是社会政治、经济、文化发展的前提。劳动法正是在劳资关系的矛盾加深和工人运动的兴起、发展的历史背景下，为了协调劳动关系，维护社会稳定，保证正常生产秩序而产生的。它诞生于人类社会完成工业革命，进入资本主义社会的 19 世纪初叶，在此之前的资本主义原始积累时期，资本主义各国曾制定了很多劳动法规，但这种劳动法规不是为了保护劳动者，而是迫使劳动者进入工厂成为廉价劳动力，并从事极其繁重的劳动，从而使资本家获取高额利润。随着工人阶级的成长和壮大，逐渐开展了有组织的运动并组成工会，这也就形成了社会力量。工人的斗争，社会力量的作用使资本家妥协，资本主义国家为了维护社会的稳定和发展，开始积极地进行立法，并以英国 1802 年的《学徒健康与道德法》为开端，诞生了劳动法。我国是社会主义国家，劳资关系的矛盾是非对抗性矛盾，是人民内部矛盾。但我们应当看到，在我国社会主义市场经济建立的过程中，劳动争议的发生确实在一定程度上影响了社会的安定。另一方面，发展生产力是作为发展中国家的我国的根本任务。生产力主要是由人的因素和物的因素组成。二者结合的社会形式就是生产关系，在生产活动中就是产权关系、劳动关系和分配关系。劳动法所调整的劳动关系就是作为生产力要素的劳动力和劳动资料、劳动对象的结合关系，是生产关系的重要组成部分，是生产力要素形成的重要条件。劳动法所规定的劳动规则是生产力运行规则的重要组成部分，故劳动法对生产力的作用具有直接性。劳动法对生产力的作用还表现为劳动法对生产力的间接作用。劳动法通过维护和发展劳动关系促进生产力发展。劳动法的本质和任务归根结底在于保护、解放和发展生产力，这也是劳动法的价值取向。

3）维护劳动力市场秩序，促进劳动力市场和社会经济的发展

社会主义劳动力市场是社会主义市场的重要组成部分。资本主义市场经济的形成过程已经表明，只有在劳动力成为商品，劳动者作为劳动力所有者进入市场的条件下，才会有发达的市场经济。然而在市场经济中，劳动力市场是一种不同于一般商品市场的特殊市场，因而在用民法、经济法来规范劳动力市场，以保持劳动力市场与整个市场体系相统一的同时，还必须针对劳动力商品和劳动力市场的特殊性，用劳动法进行规范，以保护劳动者在劳动力市场上的合法权益，并维护劳动力市场的运行秩序，进而促进劳动力市场和社会经济的发展。

五、劳动法的产生和发展

劳动法产生须以其调整对象——大量的现实劳动关系的产生为前提。虽然在 14 世纪资本主义原始积累阶段就已产生了大量的劳动关系，但现代意义的劳动法却是在 19 世纪随着资本主义的发展和工人运动日益壮大而产生。经过了 200 余年的漫长历程，劳动法才日益发展完备。

（一）劳动法产生的前提——劳动力和生产资料分别归属于不同的主体

只有当劳动力与生产资料分别属于不同的主体，双方主体为实现劳动过程才会形成劳动关系。换言之，只有当劳动者有人身自由且用人单位有自主用工权时，才有可能产生劳动关系，进而产生劳动法。因此，在氏族成员既是劳动力所有者又是生产资料所有者的原始社会和生产资料劳动力都归奴隶主所有的奴隶社会，不可能产生劳动关系；而封建社会也不可能产生大量的劳动关系，因为农奴与封建主有人身依附关系。至于封建社会中小农经济，则是以自己的劳动力，运用自己的少量生产资料所进行的。只有到了资本主义原始积累时期，农民被驱逐出土地而成为除劳动力以外一无所有的自由无产者，只有靠出卖自己的劳动力来维持生计；资本家为使资本增值，以支付工资的方式购买无产者的劳动力，使之与其生产资料相结合，以实现劳动过程，劳动关系才得以大量产生，进而就产生了对劳动关系进行法律调整的需求。

（二）经济法的产生

对劳动关系的法律调整，经历了"劳工法规"调整阶段和"工厂立法"与民法共同调整阶段，最终产生了经济法。

1. "劳工法规"调整阶段

在 14 世纪至 18 世纪末资本主义原始积累阶段，为了加速资本主义生产关系的形成和发展，资本主义国家颁布了"劳工法规"。第一个早期劳工法规是由英国国王爱德华三世于1349 年颁布的，之后，英国等欧洲许多国家相继制定了许多"劳工法规"。这些"劳工法规"的特点是：国家用强制手段迫使被剥夺土地的农民到资本家的工厂做工，即强迫劳动者同资本家建立雇佣劳动关系；规定最低工时和最高工资，强化雇佣剥削。可见，"劳工法规"实际上是反劳工法规，这同后来的以保护劳工为主旨的劳动法正好相反，因而不能认为是劳动法的起源。

2. "工厂立法"与民法共同调整阶段

资产阶级任意延长工作时间的做法，远远超过了道德和生理的界限，再加上恶劣的劳动

条件，大大伤害了工人的健康，伤亡事故和职业病经常发生，死亡率不断上升，工人的平均寿命日趋缩短。无产阶级为了保卫自身的生存权利，发起了同资产阶级轰轰烈烈的斗争，促使资产阶级政府被迫制定了一些限工作时间和对女工及童工进行保护的法律。18 世纪末至 19 世纪初，无产阶级反对资产阶级的斗争由自发性的运动发展到了有组织和自觉的运动，工人群众强烈要求废除原有的"劳工法规"，缩短工作时间、增加工资、禁止使用童工等，工人运动的浪潮为劳动法的产生创造了外部条件。资产阶级为了缓和社会矛盾、巩固统治，开始改变传统策略和手段，制定限制雇主剥削、改善工人劳动条件的法律。最早的"工厂立法"是英国 1802 年的《学徒健康与道德法》。该法规定，禁止纺织工厂使用 9 岁以下学徒，并规定 18 岁以下的学徒，其劳动时间每日不得超过 12 小时；禁止学徒在晚 9 时至第二天凌晨 5 时之间从事夜工。这个法规显然在改善童工处境方面只是迈出了一小步，但它改变劳工法规都是为剥削而制定的性质，从此揭开了立法史上新的一页。因为在此之前，资产阶级颁布的"劳工法规"都是为了加强对劳动者的剥削而制定的，而这项法律是为了保护工人的利益而制定的，从此，劳动法从规定工人的义务转化为规定工人的权利。因此，它意味着现代劳动法的产生，对劳动法的诞生具有重要的意义。此后，英国的劳工法规不断发展。但是，相关规定都是只针对某一产业的劳动法规，并未涉及各行各业的工人。直到 1864 年，英国才颁布了适用于一切大工业的工厂法，后续又制定了关于工业的一般法令，对工人的劳动时间、工资给付的时间及地点等出台了详细的规定，英国的"工厂立法"由此逐步具备一定的规模，并在世界上产生了巨大影响。在英国劳动立法的影响下，法国、德国、意大利等也相继制定了有关工厂的立法。

在此时期，劳动关系同时受"工厂立法"（其特点是保护劳动者的立法，它通过规定工资上限和工资下限以限制资本家的剥削程度）与民法调整。而在资本主义社会中，劳动关系主要表现为雇佣关系，是由获得人身自由的工人与占有生产资料的资本家之间发生的关系，工人与资本家表面上有了平等的关系。可是由于劳动力是商品，这使劳动关系成为一种劳动力的买卖关系，故很多资本主义国家把调整雇佣关系的法律规范列入民法的债篇之中。

随着民法中"劳动力租赁"的内容与"工厂立法"的内容融为一体，逐渐形成了特有的兼具"当事人平等协商"和"国家干预"以保护劳动者为主旨的独立法律部门——劳动法。故"工厂立法"被公认为劳动法的起源，英国的《学徒健康与道德法》则是劳动法产生的标志。

（三）劳动法的发展

1. 自由资本主义中后期的劳动立法

19 世纪中期以后，随着资本主义经济的发展和各国工人运动的普遍高涨及各国"工厂立法"的不断推出，国家对劳动关系的干预作用愈加明显，自由资本主义中后期劳动立法在内容和范围上，较之初级阶段有了较大的进展，具体表现如下。

1）进一步缩短了劳动时间并扩大了适用范围

如英国的相关法令规定，纺织工业的女工和童工实行每日 10 小时工作制。1867 年和 1878 年把以前《工厂法》的规定推广到雇佣 50 人以上的所有工业企业，也就是说"工厂立法"的适用范围逐渐扩大。同一时期法国、德国等也颁布了类似的法律。

2）增加了改善劳动条件的一些规定

如法国的《劳动保护法》、俄国的《雇佣童工、童工劳动时间和工厂检察机构法》等，规定了限制童工、女工从事夜间工作，改善工厂、矿山的安全卫生条件，建立工厂检查制度等内容。这在一定程度上反映了"工厂立法"内容的不断充实化。

3）出现了工资保障法律

首先是限制资本家对工人任意罚款和扣发工资，后来发展到实行最低工资法。如英国在20世纪初设立劳资协商会来议定某些产业和地方的工人的最低工资标准；澳大利亚和新西兰也相继采用由仲裁委员会决定最低工资的办法。

4）有了承认工会组织合法地位的法律

英国议会早在1824年就废除了禁止工人组织工会的法律，承认工人有组织工会和罢工的权利。后又三次修正和补充有关工会和罢工的法律。法国于1864年解除了罢工的禁令，1884年承认工人有组织工会的自由。其他一些国家也有了类似规定。

5）出现了社会保险法

社会保险成为劳动法的内容是从德国率先开始的。1883年，俾斯麦政府为了缓和国内阶级矛盾，分化国际工人运动，颁布了《劳工疾病保险法》，次年又实行了《工人赔偿法》，其内容包括对劳动者疾病保险和老年保险、雇主对工人伤亡事故承担直接责任等。

6）出现了解决劳资纠纷的法律

新西兰于1890年通过立法，第一个开始对劳资纠纷实行强制仲裁。其他先进的工业国家也先后在劳动立法中规定了解决劳资纠纷及处理纠纷的法律程序。

这一时期劳动法的特点：工厂立法的使用范围越来越广，内容越来越充实，逐步在摆脱资本主义经济发展初期工厂立法的范畴。但发展进程缓慢且很不平衡，也不稳定，不但劳动法的范围不广泛，而且对劳动法的贯彻实施有限，缺少必要的保障，实施效果并不理想。

2. 垄断资本主义时期的劳动立法

19世纪末20世纪初，进入垄断资本主义时期后，雇佣劳动与垄断资本之间的矛盾更加激化，不断高涨的工人运动迫使资产阶级不得不做出让步，以改良主义作为主要方法，资产阶级劳动法得到广泛而迅速的发展。垄断资本主义时期，劳动法的内容和范围比以前有进一步的充实和扩大，过去的"工厂立法"多半带有不全面性，只涉及劳动关系的一些主要方面，这时的劳动法的内容逐步增加，基本上包括了劳动关系的一切方面。如劳动合同、集体谈判与集体协议、学徒培训、劳动报酬、工作时间、女工与童工、安全与卫生、社会保障、工会组织、劳动纠纷的处理等方面均有了相应的法律。过去的"工厂立法"主要适用于工业无产阶级，这时的劳动法一般都扩大了适用范围，包括了所有经济部门，如工业、交通、商业等部门人员。这样就使劳动法成为一个内容比较完备、范围比较广阔的独立法律部门。第二次世界大战期间和以后的一段时间，资产阶级劳动法的发展经历了一个曲折和反复的过程。当工人运动高涨时劳动法就得到重视和发展，在工人运动受到镇压处于低潮时，资产阶级国家则通过立法剥夺和限制劳动者的权利。特别是进入20世纪六七十年代以来，由于经济的发展和安定的社会环境，一些主要资本主义国家相继制定和修改了一系列改善劳动条件的法律。

当代西方市场经济国家劳动法呈现出以下特点。

① 19世纪工业革命以来，劳资冲突相对缓和，逐渐形成以合作为本质的劳资关系体

制，劳、资、政三方合作，共同提升劳动条件和劳动待遇。

② 劳资关系以社会保障体系为基础，使得社会保障体系的建立成为劳资关系和谐发展的首要前提。在 21 世纪全球化与信息化的时代中，高度竞争、变动巨大的劳资关系，使得社会保障体系的建立成为劳资关系和谐发展的首要前提。

③ 经济全球化对劳动法的发展形成冲击和挑战。在全球化的时代环境中，不但国际经济竞争激烈，国内市场也向世界开放。全球经济一体化带来的资本、劳动力的跨国、跨地区流动，对过去以国内为基础范围的各国劳资关系，形成诸多冲击和挑战。

④ 信息化造成结构性影响。信息化的推进，劳动者的劳动场所更加分散、工作时间更为灵活，雇佣关系逐渐复杂，深刻影响劳资关系的组成与结构，工会的组织动员方式、劳资关系的运行规则、劳动合同制度，产生较明显的变化，松散而自由的劳资关系成为信息化时代常见的形态。如放松劳动法的管制政策在西方国家劳动法实践中已成为现实。经过两个世纪的历程，劳动法在目前越来越为各国所重视，在世界各国的法律体系中占据了重要的地位。

（四）中国的劳动立法

中国的劳动立法出现于 20 世纪初期。中华民国时期，北洋政府农商部于 1923 年 3 月 29 日公布了《暂行工厂规则》，内容包括最低的受雇年龄、工作时间与休息时间、对童工和女工工作的限制，以及工资福利、补习教育等规定。国民党政府在 1929 年 10 月颁布了《工会法》，其实际上是限制与剥夺工人民主自由的法律。在中国共产党领导下的革命根据地，才产生了真正代表职工利益的劳动立法。1931 年 11 月 7 日，中华工农兵苏维埃第一次全国代表大会通过了《中华苏维埃共和国劳动法》。抗日战争时期，各边区政府也曾公布过许多劳动法令。1948 年 8 月第六次全国劳动大会通过了《关于中国职工运动当前任务的决议》，对解放区的劳动问题提出了全面的、相当详尽的建议，对调整劳动关系提出了基本原则。各个解放区的人民政府，也曾先后颁布过不少劳动法规。这一切都为中华人民共和国的劳动立法提供了丰富的经验。1950 年 6 月，《中华人民共和国工会法》问世，同年，《关于劳动争议解决程序的规定》出台，1951 年 2 月，《中华人民共和国劳动保险条例》问世（1953 年 1 月经修正后重新公布），1952 年 8 月，《关于劳动就业问题的决定》出台。1954 年 7 月，《国营企业内部劳动规则纲要》出台，1956 年 6 月，《关于工资改革的决定》问世，1956 年，《工厂安全卫生规程》《建筑安装工程安全技术规程》和《工人职员伤亡事故报告规程》出台。在全面进行社会主义建设阶段，中国的劳动立法有了进展。1958 年，国务院公布了《关于工人、职员退休处理的暂行规定》等 4 项重要规定。1966—1976 年，劳动立法基本处于停滞状态。1978 年 5 月，全国人民代表大会常务委员会原则上批准了国务院《关于安置老弱病残干部的暂行办法》和《关于工人退休、退职的暂行办法》；同年 5 月，国务院发布了《关于实行奖励和计件工资制度的通知》。

1982 年 2 月，国务院发布了《矿山安全条例》《矿山安全监察条例》《锅炉压力容器安全监察暂行条例》。1982 年 4 月，国务院发布了《企业职工奖惩条例》。1986 年 7 月，国务院发布了《国营企业实行劳动合同制暂行规定》《国营企业招用工人暂行规定》《国营企业辞退违纪职工暂行规定》和《国营企业职工待业保险暂行规定》。1986 年 9 月，《全民所有制工业企业职工代表大会条例》问世。1987 年 7 月，《国营企业劳动争议处理暂行规定》问世，同年《关于禁止招用童工的通知》问世。1988 年 7 月，国务院颁布了《女职工劳动保护规定》。1992 年 4 月，第七届全国人大五次会议通过了新的《中华人民共和国工会法》。1993 年 5 月 1 日，《中华人民共和国矿山安全法》施行。1993 年 7 月，国务院颁布了《企业劳动争议处理条例》。1994 年 2 月，国务院发布了《关于职工工作时间的规定》。这些劳动法律、法规在调整劳动关系方面发挥了积极作用。

1995 年 1 月 1 日，《劳动法》的施行标志着中国劳动法制进入一个新的历史阶段。2009 年 8 月 27 日，第十一届全国人民代表大会常务委员会第十次会议对《劳动法》进行了修正，2009 年 8 月 27 日起施行修正的《劳动法》，共 13 章 107 条，包括总则、促进就业、劳动合同和集体合同、工作时间和休息休假、工资、劳动安全卫生、女职工和未成年工特殊保护、职业培训、社会保险和福利、劳动争议、监督检查、法律责任和附则。《劳动法》为劳动法制建设奠定了基础。

任务二　劳动法律关系

任务情景

小王 2012 年大学毕业后与北京宏成公司签订了为期 3 年的劳动合同，岗位为财务经理。2015 年 6 月 30 日合同到期后，双方均没有提出续订劳动合同，但一直保持劳动关系至 2015 年 10 月。2015 年 10 月 26 日，宏成公司准备缩减人员，发现小王的劳动合同到期后没有续签，就书面通知其双方的劳动关系将于 2015 年 10 月 31 日终止。小王经咨询劳动法专业人士后，认为双方已经形成事实劳动关系，据北京市的规定，双方至少还应签订为期一年的劳动合同；但宏成公司则认为双方当时没有劳动合同，可以随时终止劳动关系。

问题提出：

① 未及时续订或终止劳动合同，劳动关系能否随时终止？

② 用人单位如果要终止你的合同，你怎么维权？

③ 如果用人单位故意迟迟不与你续订劳动合同，你又该怎么维权呢？

◎ 课堂提问

你知道什么是"劳动者"和"用人单位"的资格吗？你了解"用人单位"的范围吗？你对劳动者的权利有哪些认识？

一、劳动法律关系概述

（一）劳动法律关系的概念

劳动法律关系是指劳动法律规范在调整劳动关系过程中形成的法律上的劳动权利和劳动义务关系。它是劳动关系在法律上的表现，是劳动关系为法律规范调整的结果，是当事人之间发生的符合劳动法律规范、具有权利义务内容的关系。劳动法律关系是一种权利义务关系，用人单位和职工之间根据劳动法各自享有法律上的权利与义务。对劳动者一方，劳动法赋予劳动者享有按劳取酬、劳动保护等权利，但同时要求职工必须承担遵守劳动纪律的义务。对用人单位一方，劳动法赋予其接受劳动者参加工作、分配任务等权利，同时又要求用人单位必须承担支付职工劳动报酬等义务。

劳动关系转变为劳动法律关系的条件是：① 存在现实的劳动关系；② 存在调整劳动关系的法律规范，体现了国家意志的干预。如果没有国家意志的干预，劳动关系就完全根据当事人双方的意志形成，是纯粹的双方的行为。近现代社会倡导意思自治，契约自由，只要雇员与雇主意思表示一致，双方合意，即可以形成劳动关系。劳动关系的存在及其运行并不以劳动法律规范是否存在为前提条件。只要生产的客观条件与主观条件产生分离，要进行劳动，两者必须结合起来。在劳动力与生产资料结合的过程中，必然形成劳动关系。劳动关系不过是劳动的社会形式，因此，劳动关系的产生是以劳动条件的分离为条件。但是由于在劳动关系的运行中，劳动关系当事人的不同目标和必然产生的利益差异导致劳动关系运行的冲突，在利益冲突普遍化的状态下为保持必要的秩序，使其处于一种有序的状态，才需要法律加以规范，即国家意志的干预，这可从劳动法的形成和发展历史过程得以印证。

（二）劳动法律关系的特点

① 劳动法律关系的当事人一方固定为劳动力所有者和支出者，称劳动者；另一方固定为生产资料占有者和劳动力使用者，称用人单位。其中，劳动者在劳动过程中及其前后都是劳动力所有者，并且在劳动过程中还是劳动力支出者；用人单位以占有生产资料即劳动力吸收器，作为其成为劳动力使用者的必要条件。

② 劳动法律关系是人身关系属性和财产关系属性相结合的社会关系。由于劳动力的存在和支出与劳动者人身不可分离，劳动者向用人单位提供劳动力，实际上就是劳动者将其人身在一定限度内交给用人单位，故劳动关系就其本来意义说是一种人身关系。由于劳动者是以让渡劳动力使用权来换取生活资料，故用人单位要向劳动者支付工资等物质待遇，这是一种按商品等价物交换原则的等量相互交换。就此意义而言，劳动关系同时又是一种财产关系。

③ 劳动法律关系的主体双方具有平等性和隶属性。劳动法律关系一方主体是劳动者，另一方是用人单位。在劳动法律关系建立之前，劳动者和用人单位是平等的主体，双方是否建立劳动法律关系，以及建立劳动法律关系的条件，由其按照平等自愿、协商一致的原则依法确定。此后，双方也可以通过平等协商来延续、变更、暂停、终止劳动关系。在双方订立劳动合同，确立劳动法律关系之后，劳动者就成为用人单位的职工，用人单位就成为劳动力的支配者和劳动者的管理者，双方形成领导与被领导、指挥与服从的隶属关系。

④ 劳动法律关系是对抗性质与非对抗性质兼有的社会关系。劳动者与用人单位在利益目标上存在冲突，前者追求工资福利最大化，后者追求利润最大化，这在一定意义上是成本与利润的矛盾。因此，双方之间的对抗性非常明显，这种对抗性在一定条件下还会酿成社会危机。但是，双方之间也是一种利益伙伴关系，彼此的利益处于相互依存的共生状态，甚至有的利益目标，如劳动者的就业保障目标与用人单位的发展目标之间，具有相对的一致性。在劳动关系中，对抗性与非对抗性处于此消彼长的不断变动状态，对抗性表明协调劳动关系的必要性，非对抗性表明协调劳动关系的可行性。

⑤ 劳动法律关系具有国家意志为主导、当事人意志为主体的特性。劳动法律关系是按

照劳动法律规范规定和劳动合同的约定形成的，既体现了国家意志，又体现了双方当事人的共同意志。劳动法律关系具有较强的国家干预性质，因此，劳动法律关系体现的国家意志和当事人的意志并不是平等的。当事人的意志是劳动法律关系的主体意志，但它必须符合国家意志并以国家意志为指导，国家意志在劳动法律关系中居于主导地位。

⑥ 劳动法律关系的内容以劳动力所有权与使用权相分离为核心。在劳动关系中，劳动力所有权以依法能够自由支配劳动力并且获得劳动力再生产保障为基本标志；劳动力使用权则只限于依法将劳动力用于同生产资料相结合。一方面，劳动者将其劳动力使用权让渡给用人单位，由用人单位对劳动力进行分配和安排，以同其生产资料相结合；另一方面，劳动者仍然享有劳动力所有权，用人单位在使用劳动力的过程中应当为劳动者提供保障劳动力再生产所需要的时间、物质、技术、学习等方面的条件，不得损害劳动力本身及其再生产机制，也不得侵犯劳动者转让劳动力使用权的自由和在劳动力被合法使用之外支配劳动力的自由。

⑦ 劳动法律关系是在社会劳动过程中形成和实现的。劳动法律关系形成的现实基础是劳动关系。只有劳动者同用人单位提供的生产资料相结合，实现社会劳动过程，才能在劳动者与用人单位之间形成劳动法律关系。没有劳动关系就没有劳动法律关系。因此，劳动法律关系是在社会劳动中形成并且得以实现的。

（三）劳动法律关系的种类

1. 按生产资料所有制形式划分

① 全民所有制单位（包括企业、事业、机关、团体）劳动法律关系；
② 集体所有制单位的劳动法律关系；
③ 个体经营单位的劳动法律关系；
④ 私营企业的劳动法律关系；
⑤ 中外合资经营企业、中外合作经营企业劳动法律关系；
⑥ 外商独资经营企业劳动法律关系；
⑦ 民办非企业单位劳动法律关系。

2. 按劳动者人数划分

① 个人劳动法律关系，即劳动者个人与用人单位间的劳动法律关系；
② 集体劳动法律关系，即劳动者集体与用人单位的劳动法律关系。

二、劳动法律关系的构成

劳动法律关系通过其构成要素和运行规则将现实的劳动关系固定下来。其构成要素如下。

（一）劳动法律关系主体

劳动法律关系主体是指在实现社会劳动过程中依照劳动法律规范享有权利并承担义务的当事人。它是劳动法律关系的参加者，具有特定性。一方为劳动者，另一方为用人单位。关于劳动法律关系主体的规定，其实也就是关于劳动法适用范围的规定。

1. 劳动者

1）劳动者的含义

劳动法意义上的劳动者，也称职工，是指具有劳动权利能力和劳动行为能力并已依法参与劳动法律关系的自然人。包括本国公民、外国人。

劳动者，作为一个法律概念，有广义、狭义之分。广义的劳动者是指具有劳动主体资格（即具有劳动权利能力和劳动行为能力但并不一定已参与劳动关系）的公民；狭义的劳动者仅指职工（即劳动关系中的劳动者）。职工亦有广义、狭义之分，其广义是指具有劳动权利能力和劳动行为能力并已依法参与劳动关系（但并不一定为劳动法律关系，还有公务员法上的关系）的公民，此即一般法律意义上的职工；其狭义仅指具有劳动权利能力和劳动行为能力并已依法参与劳动法律关系的自然人，此即劳动法意义上的职工，即《劳动法》第2条规定的与企业、个体经济组织有劳动关系的劳动者，以及与国家机关、事业单位、社会团体有劳动合同关系的劳动者。包括企业、个体经济组织的劳动者，国家机关、事业组织、社会团体的工勤人员，实行企业化管理的事业组织的非工勤人员，其他通过劳动合同与国家机关、事业组织、社会团体建立劳动法律关系的劳动者。

2）劳动者的分类

① 按劳动类型和工作岗位，分为职员和工人。

② 按劳动岗位和用工形式，分为正式工和临时工。

③ 按劳动关系之确定方式，分为固定制工和劳动合同制工。

④ 按户籍，分为城镇合同制工和农民合同制工。

⑤ 按用工形式，分为正式工和派遣工。

⑥ 按工作时间和付酬方式，分为全日制工和非全日制工。

3）劳动者资格的确认——劳动权利能力和劳动行为能力

劳动者的资格是指成为劳动者须具备的法定前提条件。内容包括劳动权利能力和劳动行为能力。只有具备相应的劳动权利能力和劳动行为能力，才有资格成为劳动法律关系的主体。

（1）劳动权利能力

劳动权利能力是指依法享有劳动权利和承担劳动义务的资格和能力。即"成为权利和义务载体的资格和能力"。劳动权利能力实质上是指公民享有参加劳动的机会，并领受劳动报酬的资格。它表明公民依法可以成为哪些劳动权利的享有者和哪些劳动义务的承担者。根据我国现行法规和政策的规定，自然人的劳动权利能力要受一定因素的制约具体如下。

① 户籍限制。它对劳动权利能力的制约表现在两个方面：其一，户籍性质的限制，如用人单位只招用非农业户籍的劳动者；其二，户籍区域的限制。

② 职数限制。即允许各个公民同时从事职业的数目。我国以往一直实行"一人一职"原则，即一个公民在一定期间只能成为一个用人单位的职工，亦即只允许参与一个劳动关系。

③ 制裁限制。因违法或违纪而受到的制裁中，有的含有限制劳动权利能力的内容或后果。如违法者不得担任某一职务。

拓 展阅读

劳动权与劳动权利能力

劳动权是宪法赋予公民获得有酬职业劳动的基本权利，劳动权利能力则是指依法享有劳动权利和承担劳动义务的资格和能力，二者有诸多不同。

① 根据不同。劳动权直接以宪法为根据；劳动权利能力则直接以有关劳动法规定为根据。

② 内容不同。劳动权即劳动机会保障权，其内容包括就业权和择业权；劳动权利能力的内容则与公民在劳动力市场上和劳动过程中的各项权利和义务相一致。

③ 意义不同。劳动权只是意味着公民有以劳动谋生并要求国家和社会为其提供劳动机会的权利；劳动权利能力则是公民具体实现劳动权的必备法律资格的一个方面。

劳动权利能力与劳动权的区别：

① 根据不同。劳动权利能力只直接以有关劳动法规为根据；劳动权的直接根据除了有关劳动法规外，还有劳动合同、集体合同和用人单位内部劳动规则。

② 属性不同。劳动权利能力是劳动者法律资格的一个方面；劳动权则是劳动法律关系内容的一部分。

③ 意义不同。劳动权利能力只是界定公民能够参与哪些劳动法律关系和享有哪些权利、承担哪些义务的范围；劳动权则主要是公民参与劳动法律关系之后实际享有的各项具体权利。

（2）劳动行为能力

引 导案例

某制砖厂需招用一批卸砖工，张某（15岁）的父亲得知此消息便将张某送来应招。厂方起初不同意，经其父亲请求才答应先试用半个月。半个月后，该厂见张某体力尚可，便与其签订了三年期限的劳动合同。半年后，张某在一次事故中左手被制砖机带住，五个手指全被绞掉，造成终身残疾。厂方承担了全部医疗费用后解除了与张某的合同，张父认为制砖厂还应负担张某今后的生活费用，遭到拒绝，张父遂申请仲裁，本案应作如何处理？

劳动行为能力是指公民依法能够以自己的行为行使劳动权利和履行劳动义务的资格。它表明公民依法可以成为哪些劳动权利的行使者和行使哪些劳动义务，并受以下因素影响。

① 年龄标准：第一，起始年龄，即就业年龄。《劳动法》规定，凡年满16周岁、有劳动能力的公民是具有劳动权利能力和劳动行为能力的人。对有可能危害未成年人健康、安全或道德的职业或工作，最低就业年龄不应低于18周岁。用人单位不得招收已满16周岁不满18周岁的未成年人从事过重、有害、有毒的劳动或危险作业。第二，结束年龄，即退休年龄。男年满60岁，女年满55周岁的应当办理退休。

② 体力标准。就是健康标准。这是从体力方面衡量公民是否具备劳动能力。主要包括两方面：第一，劳动关系建立前的体力标准。主要包括3个方面的限制：a. 疾病的限制，各种岗位的职工都不得患有本岗位所禁忌或不宜的特定疾病；b. 残疾人只能从事与其残疾状况相适应的职业；c. 女职工、未成年工禁忌劳动范围的规定。第二，劳动关系建立后的体力标准。在劳动关系建立后要确定是否丧失健康条件。总之，只有以上都合格的才能成为劳动者。

③ 智力标准。这是从智力方面衡量公民是否具备劳动能力。劳动法规定的智力标准包括精神健康状况、文化条件和职业资格。只有精神健康、具备相应文化条件和职业资格的，才能成为相应岗位的劳动者。

④ 行为自由标准。前 3 个标准主要是从是否具备劳动能力的角度来进行衡量，除此之外，还必须从是否有权支配劳动能力的角度进行衡量。其中最主要的是公民是否具有人身自由。只要具有人身自由，能独立支配自己的劳动力，就可以成为劳动者。

（3）我国公民的劳动权利能力和劳动行为能力的特点

① 根据《劳动法》的规定，公民的劳动权利能力和劳动行为能力，是从年满 16 周岁时开始的。《劳动法》规定，禁止用人单位招用未满 16 周岁的未成年人。即只有年满 16 周岁的公民才有劳动权利能力和劳动行为能力，才能行使自己的劳动权利和承担自己的劳动义务。

② 公民的劳动权利能力和劳动行为能力是同时产生的，二者是统一的，不可分割的。根据法律规定，只有同时具有劳动权利能力和劳动行为能力的年满 16 岁的公民，才能充当劳动法律关系的主体，成为某一用人单位的职工。劳动者丧失劳动能力，亦即没有劳动行为能力，也就不能享有劳动权利能力，就丧失了作为劳动法律关系主体的资格。

③ 公民的劳动权利能力和劳动行为能力只能由本人来实现。公民只有直接参加劳动，才能在劳动过程中实现自己的劳动权利能力和劳动行为能力，且劳动者的劳动数量和质量又决定其技术业务水平和实际贡献。故公民的劳动权利能力和劳动行为能力，只能由本人依法实现，不能由他人代替。

④ 某些劳动者的劳动权利能力和劳动行为能力受到一定的限制。根据《劳动法》的规定，有些职业或工种对劳动者的劳动权利能力和劳动行为能力有一定的限制。如禁止女职工和未成年工从事某些职业或工种劳动。限制的目的主要是保护他们的身体健康和体现政府关怀。

（4）有关劳动者的一些特殊规定

外国人在中国就业，应向中国有关部门申办就业许可证、职业签证、就业证、居留证，某些工作还要求具备中国政府承认的职业资格证书。但由我国政府直接出资聘请的外籍专业技术和管理人员，或由国家机关和事业单位出资聘请，具有本国或国际权威技术管理部门或行业协会确认的高级技术职称或特殊技能资格证书的外籍专业技术和管理人员，并持有外国专家局签发的《外国专家证》的外国人，则可不申办就业许可证和就业证。

2. 用人单位

1）用人单位的含义

用人单位是指依法招用和管理劳动者，形成劳动关系，并付给其劳动报酬的劳动组织，是与劳动者相对应的劳动法律关系的另一方主体，也是我国《劳动法》的特定概念。

2）我国用人单位的范围

（1）企业、个体经济组织、民办非企业单位等组织

企业是以营利为目的的经济组织，是用人单位的主要组成部分，是《劳动法》的主要调整对象。个体经济组织是指雇工 7 人以下的个体工商户。民办非企业单位是指事业单位、社会团体和其他社会力量即公民个人利用非国有资产举办的，从事非营利性社会服务活动的组织，如民办学校、民办医院、民办图书馆、民办博物馆、民办科技馆等。另外，还有会计

师事务所、律师事务所等，其组织形式比较复杂，不属于上述任何一类组织形式，但其招用助手、工勤人员等也要签订劳动合同。故也应适用《劳动合同法》。

（2）国家机关、事业单位和社会团体

据《劳动合同法》规定，国家机关、事业单位和社会团体和与其建立劳动关系的劳动者，订立、履行、变更、解除或者中止劳动合同，依照《劳动合同法》。

① 国家机关。包括国家权力机关、行政机关、军事机关、政协等。其录用的公务员和聘任制公务员不适用《劳动合同法》；国家机关招用工勤人员，应签订劳动合同，则适用《劳动合同法》。

② 事业单位。其是否适用劳动合同法可分为 3 种情况：第一种是具有管理公共事务职能的组织。如证券监督管理委员会、保险监督管理委员会、银行业监督管理委员会等，其录用工作人员不适用《劳动合同法》；第二种是实行企业化管理的事业单位。这类事业单位与职工签订的是劳动合同，适用《劳动合同法》；第三种是一般事业单位，如医院、学校、科研机构等。有的劳动者与单位签订的是劳动合同，就要按照《劳动合同法》执行，有的劳动者与单位签订的是聘用合同，就要按照《劳动合同法》第 96 条的规定执行，即法律、行政法规和国务院规定另有规定的，依照其规定，未作规定的，依照《劳动合同法》执行。

对事业单位编制外用工，凡是属于专业技术和管理岗位人员签订了聘用合同的，依照《劳动合同法》第 96 条规定（事业单位与实行聘用制的工作人员订立、履行、变更、解除或终止劳动合同的，法律、行政法规或者国务院另有规定的，依照其规定；未作规定的，依照本法有关规定执行）执行优先适用国家有关事业单位聘用合同制度的法规规章，没有规定的，适用《劳动合同法》；事业单位与其编制外用工签订劳动合同的，适用《劳动合同法》。

③ 社会团体。社会团体是指中国公民自愿组成、为实现会员的共同愿望、按照其章程开展活动的非营利性社会组织。社会团体的情况也比较复杂：有的社会团体如党派团体，除工勤人员外，其工作人员是公务员，按照《中华人民共和国公务员法》管理；此外，社会团体还有工会、共青团、妇联、工商联等人民团体和群众团体；文学艺术联合会、足球协会等文化艺术体育团体；法学会、医学会等学术研究团体；各种行业协会等社会经济团体，这些社会团体虽然公务员法没有明确规定参照管理，但实践中对列入国家编制序列的社会团体，除工勤人员外，其工作人员也是比照《中华人民共和国公务员法》进行管理的。除此以外的多数社会团体，如果作为用人单位与劳动者订立的是劳动合同，就必须依照《劳动合同法》进行调整。

3）用人单位资格确认——用人权利能力和用人行为能力

用人单位的资格（或称用人主体资格）是指成为用人单位所必须具备的法定的前提条件。其内容包括用人权利能力（或称用人单位劳动权利能力）和用人行为能力（或称用人单位劳动行为能力）。它决定着一定主体能否参与劳动法律关系，能参与哪些劳动法律关系，以及在劳动法律关系中能享有并行使哪些权利，承担并履行哪些义务。

（1）用人权利能力

用人权利能力是指用人单位依法享有用人权利和承担用人义务的资格。它是用人单位参与劳动关系成为合法主体的前提条件。用人单位不同，其劳动权利能力范围也不同。在我国现阶段，制约劳动权利能力范围的主要因素有以下几方面。

① 职工编制定员。这是从使用多少职工的角度限制用人权利能力的主要因素。国家确定市场经济体制的目标后，企业和个体经济组织的用人数量不受此限制，而国家机关、事业单位和社会团体仍要受此限制。

② 职工录用基本条件。这是从使用什么职工的角度限制用工权利能力的主要因素。如职工的年龄、户口、职业资格证书等条件，就是对单位用什么样的劳动者的制约因素，其中，诸如户口等不公平的用人条件将会逐渐消失。

③ 工资总额和最低工资标准。这是从分配劳动报酬数量的角度限制用人单位权利能力的主要因素。凡是其工资总额受国家控制的用人单位，实际发给职工的劳动报酬数额，不得超出由国家计划确定的或者按法定准则确定的工资总额；各种用人单位支付给每个职工的劳动报酬，都不得低于国家规定的最低工资标准。

④ 法定工时休假制度与劳动安全卫生标准。这是从如何使用劳动力的角度限制用人权利能力的主要因素。

⑤ 社会保险。用人单位必须按国家法律规定为劳动者支付各项保险基金。

⑥ 社会责任。在我国现阶段，法律虽赋予企业以用人自主权，但对于富余人员还不能一概辞退，而是要求企业内部消化；对于国家安置的退役军人也须接受并安排工作等。

（2）用人行为能力

用人行为能力是指用人单位能够以自己的行为实际行使用人权利和履行劳动义务的资格。用人单位作为一种组织体，它行使用人权利和履行用人义务的行为只能由一定的管理机构和管理人员代表其实施，这种机构和人员即是用人行为能力的实现者。用人行为能力主要表现为用人单位为职工提供劳动条件和劳动待遇的能力。首先，用人单位要有必要的独立支配的财产，其中主要的是生产资料；其次，要有一定的技术条件；最后，要有一定的工作场所和组织机构。用人行为能力的范围主要受下列因素的制约。

① 财产因素。用人单位只有具备一定的归自己独立支配的财产（其中最主要的是生产资料），才能够使用劳动力。这是吸收劳动力的先决条件。

② 技术因素。用人单位要用人、要组织生产，须以具备一定的技术条件，使生产资料与技术相结合为前提。

③ 组织因素。用人单位只有具有一定的工作场所和组织结构，才能将劳动力在一定分工和协作的条件下与生产资料相结合，从而完成劳动任务。

（3）我国用人单位资格的确认制度

① 由劳动力市场主管部门统一行使用人单位资格确认权。

② 以强制登记作为用人单位资格确认的基本方式。即只有经劳动力市场主管部门核准，符合用人单位法定必备条件而予以登记者，才能取得用人单位资格。

③ 职工编制受国家控制的用人单位须经职工编制主管部门批准。符合用人单位法定必备条件的企业分支机构经法定主管机关批准或特许，才可办理用人单位资格登记。

（4）用人权利能力与用人行为能力的特点（也即与用人单位民事权利能力与民事行为能力的差别）

① 用人权利能力与用人行为能力的运用受国家的干预较严格。这是由劳动力市场的特殊性和用人行为的社会性决定的。法律虽赋予了单位用人自主权，但这种自主权须在服从国家意志的前提下行使，包括录用、辞退、提供劳动条件和劳动待遇等，均须按照

法律规定行使。这与用人单位的民事权利能力与民事行为能力不同，后者相对来讲意思自治成分较大。

② 用人权利能力与用人行为能力在实现过程中所表现出来的法律后果特殊。用人单位的权利能力和行为能力是通过其法定代表人或代理人实现的，在民事法律关系中，用人单位只对其法定代表人或代理人在其职权范围或授权范围内的行为后果承担责任，超越其职权范围或授权范围所为的行为，后果由行为人自负。但在劳动法律关系中，用人单位对其法定代表人和其他工作人员以用人单位的名义进行活动所引起的后果负有完全的法律责任。如管理人员违章指挥或工作人员违章作业造成责任事故、致使职工受伤的，除追究责任人的相应责任外，用人单位须对受伤职工承担医疗费及其他补助费、赔偿金等经济责任。

③ 法律对用人单位资格的规定特殊。法律对用人单位资格和民事主体资格的要求不尽相同。具有民事主体资格者并非都能取得用人单位资格，如具有民事主体资格的农业集体经济组织、农村承包经营户、公民在我国都不是用人单位；具有用人单位资格者不一定能取得民事主体资格。如企业分支机构虽一般不能取得民事主体资格，但有的却具有用人单位资格；如符合用人单位法定必备条件的企业分支机构经法定主管机关批准或特许，可办理用人单位资格登记。

（二）劳动法律关系内容

劳动法律关系内容是指劳动法律关系主体所享有的权利和承担的义务。它是连接主体与客体的桥梁，也是劳动法律关系的核心和实质。劳动者与用人单位之间的劳动关系，只有通过权利义务形式表现出来才能成为劳动法律关系。

《劳动法》在劳动法律关系的内容设计上体现了对劳动者的"倾斜保护"，具体如下。

① 在对劳动关系双方权利和义务作出设定时，偏重于劳动者的权利和用人单位的义务。即对劳动者是权利，对用人单位就是义务。

② 在劳动者劳动利益方面，强制性地规范了只允许达到而不允许变更的标准。如劳动安全和卫生标准、最低就业年龄、最低工资、最高工时限制等，而对用人单位则无此规定。

③ 对用人单位解除劳动合同规定了许多禁止性和限制性条件，而对劳动者行使辞职权则不附加任何条件。

④ 为保护劳动者的合法权益，规定了许多权益保护的法律措施和方法，包括行政保护办法、民事保护办法、经济保护办法和刑事保护办法。

1. 劳动者的权利与义务

引 导案例

2015 年 5 月 30 日，刘某入职某服装厂裁剪车间，并与服装厂签订了一年的劳动合同，约定月工资 2 800 元。2015 年 7 月 1 日，某服装厂向刘某发出解除劳动合同通知书，称刘某在 2015 年 6 月份未完成工作定额，应当视为不能胜任工作，服装厂决定与刘某解除劳动合同。刘某收到服装厂的解除劳动合同通知书后，于 2015 年 7 月 1 日离开服装厂，未再回厂上班。后刘某向劳动人事争议仲裁委员会申请仲裁，要求服装厂支付违法解除劳动合同的经济赔偿金 2 800 元。劳动人事争议仲裁委员会支持了刘某的仲裁请求，某服装厂不服，向法院起诉，要求不支付该经济赔偿金。另查明：关于刘某的工作定额已在双方的劳动合同中做了注明，并约定刘某未完成工作定额的，服装厂可直接解除劳动合同。2015 年 5 月 30 日，与刘某一同招工入厂的其他人员均已完成了工作定额。

本案的关键问题是某服装厂以刘某未完成工作定额为由，与刘某解除劳动合同是否违法。若是违法解除，则应支付违法解除劳动合同的经济赔偿金；若是合法解除，则不应支付违法解除劳动合同的经济赔偿金。对此有两种不同的意见。第一种意见：用人单位制定工作定额是为了提高工作效率，同时劳动者也可以获得更高的收入，属于企业经营自主权范围，只要用人单位不是故意提高工作定额，使劳动者客观上无法完成，法院便无权予以干涉。因此，某服装厂以刘某未完成工作定额为由与刘某解除劳动合同，是合法解除。第二种意见：刘某没有完成工作定额，说明刘某的工作能力不强，某服装厂应当先对其进行业务培训或调整工作岗位，这是用人单位负有的协助劳动者适应岗位的义务。某服装厂直接解除劳动合同，是违法解除。问：你同意哪种意见呢？你认为刘某的劳动权利受到侵害了吗？你认为服装厂应该承担哪些义务？

劳动者的劳动权利是指劳动者依照劳动法律行使的权力和享受的利益。

劳动者的劳动义务是指劳动法规定的对劳动者必须作出一定行为或不得作出一定行为的约束，即指劳动者必须履行的责任。

权利和义务关系密切，具有统一性和对应性。劳动法律关系主体的权利和义务是相辅相成、互相联系的，共同存在于劳动法律关系之中，二者是统一的、不可分割的整体。不存在只享受权利不承担义务的主题，也不存在只承担义务不享受权利的主体。劳动法律关系主体双方的权利义务具有对应性：一方的权利是另一方的义务，一方的义务也是另一方的权利。劳动者依法享有的权利，就是用人单位对劳动者应尽的义务；劳动者应当承担的义务，也就是用人单位享有的权利。《劳动法》规定了劳动者的基本劳动权利和劳动义务。

1）劳动者的劳动权利

（1）劳动权

劳动权也称劳动就业权，是指具有劳动能力的公民有获得职业的权利。它是公民享有的各项权利的基础和核心。具体包括：

① 平等就业的权利。《劳动法》在总则第 3 条中作了基本规定，又在第 2 章促进就业第 12 条中规定："劳动者就业，不因民族、种族、性别、宗教信仰不同而受歧视。"第 13 条规定："妇女享有同男子平等的就业权利。在录用职工时，除国家规定的不适合妇女的工种或者岗位外，不得以性别为由拒绝录用妇女或者提高对妇女的录用标准。"

② 选择职业的权利。劳动者选择职业的权利是平等就业权利的体现。《劳动法》总则第 3 条作了规定，又在第 3 章劳动合同和集体合同一章中，通过第 17 条的规定，明确用人单位和劳动者在订立劳动合同时，应当遵循平等自愿、协商一致的原则，从而体现了通过相互选择建立劳动关系的精神；第 21 条规定劳动合同可以约定试用期，为劳动者和用人单位实现双向选择提供条件；第 31 条规定劳动者拥有辞职权，使劳动者自主择业的权利得到保障。

③ 特殊就业保障的权利。第 14 条规定："残疾人、少数民族人员、退出现役的军人的就业，法律、法规有特别规定的，从其规定。"充分体现了《劳动法》在坚持劳动就业权利

人人平等的前提下，对特殊群体的劳动者就业实行就业保障政策。

④ 保持职业稳定的权利。第 20 条规定："劳动者在同一用人单位连续工作满十年以上，当事人双方同意续延劳动合同的，如果劳动者提出订立无固定期限的劳动合同，应当订立固定期限的劳动合同。"此规定旨在避免用人单位用完职工"黄金年龄段"即行辞退的不合理用人行为，有利于保护老职工职业稳定。

⑤ 不被任意和非法解雇的权利。第 29 条规定，劳动者在患职业病或者因工负伤丧失或者部分丧失劳动能力时、患病或者因工负伤在医疗期内时，女职工在孕期、产期、哺乳期内时，法律、行政法规规定的其他情形下，用人单位不得依据劳动法第 26 条、第 27 条的规定解除劳动合同。第 30 条规定："用人单位解除劳动合同，工会认为不适当的，有权提出意见。如果用人单位违反法律、法规或者劳动合同，工会有权要求重新处理。"

⑥ 优先再就业的权利。第 27 条规定用人单位因经济原因裁减人员"在六个月内录用人员的，应当优先录用被裁减的人员"，使因"经济性辞退"而非"过失性辞退"的职工，在一定时期内享有再就业的优先权。为了保障这些具体权利的实现，《劳动法》第五条规定"国家采取各种措施，促进劳动就业"，从而为劳动者就业权的平等实现起了全面的保障作用。

（2）劳动报酬权

劳动报酬权是指劳动者依照劳动法律关系，履行劳动义务，由用人单位根据按劳分配的原则及劳动力价值支付报酬的权利。劳动报酬是指劳动者向用人单位提供一定劳动量而得到的全部工资收入。劳动报酬权是劳动者利益的集中表现，不仅对劳动者具有生活保障的意义，还是社会对劳动者劳动的承认和评价。具体包括：

① 同工同酬权。第 46 条规定："工资分配应当遵循按劳分配原则，实行同工同酬。"

② 最低工资保障权。第 48 条规定："国家实行最低工资保障制度""用人单位支付劳动者的工资不得低于当地最低工资标准。"这一权利的实现，要求用人单位无论是否盈利，只要劳动者提供了正常劳动，都必须依据《劳动法》的规定，支付劳动者的劳动报酬不得低于国家规定的最低工资水平。即使企业依法被宣告破产，也必须依照《中华人民共和国破产法》的规定，在破产清算时首先支付劳动者的工资。

③ 劳动者以货币的形式取得劳动报酬的权利。《劳动法》第 50 条规定："工资应当以货币形式按月支付给劳动者本人。"这项权利决定了用人单位不得以任何理由将劳动者的工资以商品或其他的物资折低。

④ 劳动者在法律规定的时间内领取劳动报酬的权利。第 50 条同时规定工资应当"按月支付"，"不得克扣或者无故拖欠劳动者的工资"。

⑤ 劳动者在法定休假日和婚丧假期间以及依法参加社会活动期间从用人单位获得工资的权利。第 51 条规定："劳动者在法定休假日和婚丧假期间以及依法参加社会活动期间，用人单位应当依法支付工资。"

（3）休息权

休息权是指劳动者为保护身体健康和提高劳动效率而休息和休养的权利。休息权和劳动权是密切联系的。劳动需要休息，休息是继续劳动必不可少的条件。休假是劳动者享受休息权的一种表现形式。我国《劳动法》第 3 条不仅将休息作为劳动者的一项基本权利加以确认，而且通过第 4 章的专门规定，建立了劳动者该项基本原则保证实现的具体法律制度。

① 享有法律规定的休息时间总量的权利。《劳动法》第36条规定："国家实行劳动者每日工作时间不超过八小时，平均每周工作时间不超过四十四小时的工时制度。"实现这一规定，每周其余的时间就构成了劳动者休息权的主要内容。

② 享有周休息日的权利。《劳动法》第38条规定："用人单位应当保证劳动者每周至少休息一日。"1995年2月修改的《国务院关于职工工作时间的规定》则明确职工每周有两个周休息日，每周工作时间40小时。

③ 享有法定节日休息的权利。《劳动法》第40条对元旦、春节、国际劳动节、国庆节等规定了用人单位应当安排劳动者休假。

④ 享有法律规定的带薪休假时间的权利。第45条规定："国家实行带薪年休假制度。劳动者连续工作一年以上的，享受带薪年休假。"《劳动法》还通过严格控制加班和延长工作时间的法律规定，保证劳动者休息权利切实实现。

（4）劳动保护权

劳动保护权是指劳动者在劳动过程中，其生命安全与身体健康依法受到保护的权利，即生命安全权和健康权。劳动者在安全卫生条件下进行劳动是生存权利的基本要求。在生产劳动过程中，客观地存在各种不安全、不卫生的因素，如果不采取必要的防范措施，就会危害劳动者的生命安全与身体健康。对任何一个劳动者来说，生命是行使劳动权利的前提。具体包括：

① 在安全卫生的生产环境中从事劳动权利。《劳动法》第52条规定："用人单位必须建立、健全劳动安全卫生制度，严格执行国家劳动安全卫生规程和标准。"第53条规定："劳动安全卫生设施必须符合国家规定的标准。"

② 取得劳动保护用品的权利。第54条规定，用人单位必须为劳动者提供符合国家规定的劳动安全卫生条件和必要的劳动防护用品。

③ 定期健康检查权。第54条和第65条规定，对从事有职业危害作业的劳动者和未成年工，用人单位应当定期进行健康检查。

④ 依法获得特殊保护的权利。第58条规定："国家对女职工和未成年工实行特殊劳动保护。"

⑤ 有权享有拒绝参加违反《劳动法》规定的劳动的权利。第56条规定："劳动者对用人单位管理人员违章指挥、强令冒险作业，有权拒绝执行。"根据《劳动法》第59条、第60条、第61条、第63条、第64条规定，用人单位安排女职工和未成年工从事国家规定禁忌范围劳动时，女职工和未成年工有权拒绝接受，这些都是劳动者拒绝权的具体表现。

（5）职业培训权

职业培训权也称职业技能培训权，是劳动者有要求接受职业技能的教育和训练的权利，并可根据这一权利享受相应待遇的权利。职业技能培训是指对具有劳动能力的未正式参加工作的劳动者和在职劳动者进行技术业务知识和实际操作技能的教育和训练。主要表现在劳动者在职培训方面，但是也包括就业前培训，内容较为广泛，主要有：

① 有获得参加各种职业技能培训的权利。《劳动法》第66条对此作了明确规定："国家通过各种途径，采取各种措施，发展职业培训事业，开发劳动者的职业技能，提高劳动者素质，增强劳动者的就业能力和工作能力。"

② 在职工培训中，劳动者在权获得规定的学习时间的权利。《劳动法》第68条规定，

用人单位应"根据本单位实际，有计划地对劳动者进行职业培训"。

③ 在培训经费方面的权利。《劳动法》第 68 条规定，用人单位应按照国家规定提取和使用职业培训经费，以用于劳动者的职业技能培训。

④ 进行特殊训练的权利。《劳动法》第 55 条规定："从事特种作业的劳动者必须经过专门培训并取得特种作业资格。"

⑤ 获得职业培训证书或职业资格证书的权利。《劳动法》第 69 条规定："国家确定职业分类，对规定的职业制定职业技能标准，实行职业资格证书制度。"

（6）社会保障和福利权

社会保障和福利权是指劳动者在年老、患病、工伤、失业和丧失劳动能力的情况下，有获得物质帮助和补偿的权利。社会福利是国家以提高劳动者物质文化生活水平，促进社会进步而设立的一项物质帮助权制度。享有社会保障和福利权是享受劳动报酬权的延伸和补充。包括：

① 参加权。《劳动法》第 72 条规定："用人单位和劳动者必须参加社会保险，缴纳社会保险费。"

② 享受权。《劳动法》第 73 条规定，劳动者在退休、患病和负伤、因工伤残或者患职业病、失业、生育情形下，依法享受社会保险待遇；死亡后其遗属依法享受遗属津贴。

③ 请求兴建公共福利设施，提供休息、休养和疗养条件的权利。《劳动法》第 76 条规定："国家发展社会福利事业，兴建公共福利设施，为劳动者休息、休养和疗养提供条件。"

④ 享受集体福利待遇的权利。《劳动法》第 76 条还规定："用人单位应当创造条件，改善集体福利，提高劳动者的福利待遇。"

（7）结社权与集体协商权

结社权与集体协商权是指劳动者参加和组织工会的权利。集体协商权，又称为集体谈判权，是工会代表职工与用人单位就有关劳动条件进行商谈，以签订对双方有约束力的集体合同的权利。结社权是我国宪法规定的公民基本权利之一。《劳动法》第 7 条规定："劳动者有权依法参加和组织工会。"工会代表并维护劳动者的合法权益，依法独立自主地开展活动。处于弱势地位的劳动者通过参加和组织工会，可以团结起来增强力量，并通过集体协商，用集体合同来矫正一些对劳动者不利的条款，从而更有效地维护自己的权利。

（8）民主管理权

民主管理权是指劳动者通过职工大会或职工代表大会等法律形式，就用人单位生产经营和人事管理等重大事项的决策行使参与、管理和监督的权利。《劳动法》第 8 条规定："劳动者依照法律规定，通过职工大会、职工代表大会或者其他形式，参与民主管理或者就保护劳动者合法权益与用人单位进行平等协商。"《中华人民共和国工会法》第 4 条规定："工会通过职工代表大会和其他形式，组织职工参与本单位的民主决策、民主管理和民主监督。"

（9）提请劳动争议处理权

提请劳动争议处理权是指劳动者在劳动过程中因权益问题与用人单位发生争议时，享有的请求有关部门对争议进行处理的权利。劳动争议是用人单位与劳动者之间发生的争议。这种争议最终表现为双方的权利争议。因此，法律赋予劳动者提请劳动争议处理的权利，实质就是劳动者享有的请求保护的权利。根据《劳动法》的规定，劳动者提请劳动争议处理的权利，具体包括以下内容：

① 争议处理方式选择权。即劳动者在行使提请劳动争议处理权时，依法享有对争议处

理途径和方式的选择权。《劳动法》第 77 条规定："用人单位和劳动者发生劳动争议，当事人可以依法申请调解、仲裁、提起诉讼，也可以协商解决。"

② 请求劳动争议处理机构合法、公正及时受理争议的权利。《劳动法》第 78 条规定："解决劳动争议，应当根据合法、公正、及时处理的原则，依法维护劳动争议当事人的合法权益。"

③ 控告权。《劳动法》第 88 条规定："任何组织和个人对违反劳动法律、法规的行为有权检举和控告。"

（10）法律规定的其他劳动权利

法律规定的其他权利，既包括《劳动法》本身规定的其他方面的权利，也包括其他有效的法律、法规规定的劳动者享有的权利。主要有：

① 依法解除劳动合同的权利；

② 参加社会义务劳动的权利；

③ 参加劳动竞赛的权利；

④ 提出合理化建议的权利；

⑤ 从事科学研究、技术革新、发明创造的权利；

⑥ 对用人单位管理人员违章指挥、强令冒险作业有拒绝执行的权利；

⑦ 对危害生命安全和身体健康的行为有权提出批评、检举和控告的权利；

⑧ 对违反劳动法的行为进行监督的权利等。

2）劳动者的劳动义务

① 完成劳动任务。首要义务是对工作尽心尽责，忠于职守，出色地完成任务。

② 提高职业技能。职业技能的高低直接影响着劳动生产率水平。要有强烈的事业心和责任感，刻苦学习专业知识，钻研职业技术，提高职业技能，掌握过硬本领。

③ 执行劳动安全卫生规程。在劳动中自觉执行各项安全生产法规制度、规程标准。

④ 遵守劳动纪律。在劳动中必须服从管理人员的指挥，遵守各项规章制度。

⑤ 遵守职业道德。职业道德是指从事一定职业的人们在其特定劳动中的行为规范和准则。遵守职业道德是维护社会主义市场经济秩序的保障。其基本要求是：爱岗敬业、诚实守信、办事公道、服务群众、奉献社会。

2. 用人单位的权利与义务

引 导案例

苏州某公司职工李某向公司提交申请："公司已告知我参加社会保险的事宜，并敦促提供相关资料，经本人慎重考虑，决定不参加社会保险。由此产生的责任及后果均由我本人承担。请将公司应承担之社会保险费随工资发放给本人。"为此该公司未为李某办理企业职工社会保险参保手续。后来李某因脑出血、肋骨骨折、肺挫伤在医院住院治疗共支付医疗费 6 万余元。李某申请公司支付相关医疗费。公司还有义务支付吗？

1）用人单位的权利——用人权利

① 录用职工方面的权利。有权按国家规定和本单位需要择优录用职工，可自主决定招

工的时间、条件、数量、用工形式等。

②劳动组织方面的权利。有权按国家规定和依自身生产规模、生产特点和实际需要确定和设置内部机构、编制和任职（上岗）资格条件；有权任免、聘用管理人员和技术人员，对职工进行内部调配和劳动组合，并对职工的劳动实施指挥进行监督。

③劳动报酬分配方面的权利。有权制定本单位的工资形式及奖金、津贴的分配办法；有权组织各种形式的考核，确定职工的工资级别和等级标准，有权通过民主程序制定职工工资晋升条件、标准和时间。

④劳动纪律方面的权利。有权制定和实施劳动纪律、规章制度；有权决定对职工的奖惩。

⑤决定劳动法律关系存续方面的权利。有权跟职工以签订协议方式续订、变更、暂停或解除劳动合同；有权在具备法定或约定条件时单方解除劳动合同，实现辞退权。

2）用人单位的义务——用人义务

用人单位作为劳动力市场的需求主体和劳动过程中劳动力的使用者，应承担对国家、工会和劳动者等多方面的用人义务。对国家的义务主要有：受国家劳动计划的指导，服从劳动行政部门以及其他有关国家机关的管理和监督的义务。对工会的义务主要有：按国家规定核拨工会经费，支持工会开展各项工作；与工会签订集体合同并认真履行之；支持工会参与民主管理，接受工会的监督等。用人单位对劳动者的义务主要有：

①公平平等录用员工的义务。不得因民族、种族、性别、宗教信仰等歧视、拒绝录用符合条件的劳动者。

②支付劳动报酬的义务。按法定或约定的标准和期限发放工资。

③保护职工的义务。建立符合要求的劳动卫生设施，提供足够的劳动保护。

④帮助职工的义务。建立各种社会保险，提供福利待遇，为劳动者及其亲属提供物质帮助。

⑤培训职工的义务。建立健全职业培训制度。

⑥依法管理的义务。包括执行劳动法规、劳动政策和劳动标准；合理使用职工；建立、完善和实施规章制度，不得剥夺或侵犯员工的休息休假权和正当劳动报酬权等。

（三）劳动法律关系客体

1. 劳动法律关系客体的概念

"客体"与"主体"相对，指的是主体的意志和行为所指向、影响、作用的客观对象。劳动法律关系的客体，是指劳动法律关系中主体的劳动权利和劳动义务所共同指向的对象。

2. 劳动法律关系客体的具体表现形态

劳动法律关系客体表现为一定的劳动行为和财物。依其在劳动法律关系中的地位和作用不同，可分为：

①劳动法律关系的基本客体——劳动行为。是指劳动者为完成用人单位安排的任务而支出劳动力的活动。

②劳动法律关系的辅助客体——劳动待遇和劳动条件。劳动待遇和劳动条件是指劳动者因实施劳动行为而有权获得的、用人单位因支配劳动行为而有义务提供的各种待遇和条件。如劳动报酬、劳动保险和福利、劳动工具、劳动保护设施、技术资料、休息条件、培训

条件等。这类客体中有的表现为行为，有的表现为物，有的表现为技术，有的则表现为行为、物、技术的结合。这类客体的主要特征如下。

• 从属和受制于劳动行为。即这类客体或者是实施劳动行为的必要条件，或者是实施劳动行为的必然结果，无一不从属于劳动行为而存在，并在种类、数量等方面受劳动行为的制约。

• 主要承载或体现劳动者的利益。这类客体一般由用人单位提供而归劳动者获取或支配，是劳动力再生产赖以正常进行的基础和条件。离开这类客体，劳动者的合法权益就无从落实。

三、劳动法律关系的运行

劳动法律关系的运行是指劳动法律关系形成和存续的动态过程。它表现为劳动法律关系的发生、延续、变更、中止、消灭等环节和在这些环节之间劳动者和用人单位相互的权利和义务的实现。

（一）劳动法律关系发生、延续、变更、中止、消灭

1. 劳动法律关系的发生

劳动法律关系的发生是指依法确立劳动法律关系，从而产生相应的劳动权利和劳动义务。亦即劳动者依法为用人单位所录用而成为用人单位的职工。它是劳动法律关系运行的起点，为双方当事人在劳动过程中开始行使权利和履行义务的前提。劳动法律关系发生的方式有：① 行政方式。即劳动者与用人单位按照有关行政机关的指令性具体行政行为的要求确立劳动法律关系。这是我国在实行计划经济体制时期普遍采取的确立劳动法律关系的方式。② 合同方式。即劳动者与用人单位经协商一致订立劳动合同以发生劳动法律关系。在计划经济时期仅有临时工采取这种方式发生劳动法律关系，而在市场经济时代已成为劳动法律关系发生的基本方式。

2. 劳动法律关系的延续

劳动法律关系的延续是指劳动法律关系有效期依法延长。其情形有：

① 职工在规定的医疗期、孕期、产假期或哺乳期内，若劳动合同期限已届满，则应顺延到医疗期、孕期、产假期或哺乳期届满时终止；

② 劳动合同所确立的劳动法律关系，在劳动合同依法续订后继续有效；

③ 劳动者与用人单位在劳动合同期限届满前依法订立承包合同，若承包期限超过劳动合同期限，劳动法律关系在劳动合同期限届满后应延续到承包期届满终止；

④ 劳动者担任工会特定职务的，其劳动合同期限自动延长至任期届满，但任职期间有个人严重过失或达到退休年龄的除外。

3. 劳动法律关系的变更

劳动法律关系的变更是指劳动法律关系在劳动关系主体不变的前提下，其权利义务内容因法律事实的出现而发生改变。一般是劳动者在本单位的岗位、职务、工种、工资等级等的变动。变更的情形，既可能是当事人双方协议或单方决定变更，也可能是由行政决定、仲裁裁决或法院判决变更。劳动法律关系的变更并不包括主体的变更，主体的变更不属于劳动法律关系的变更，而是原当事人劳动法律关系的消灭和新当事人劳动法律关系的发生。

4. 劳动法律关系的中止

劳动法律关系的中止是指劳动法律关系在存续的过程中，双方当事人之间的主要权利义务依法在一定期限内暂停行使和履行，待暂停期限届满后恢复以前的正常状态。在现实中，它主要在停薪留职、借调职工、职工涉嫌违法犯罪被暂时羁押等情况下发生。

5. 劳动法律关系的消灭

劳动法律关系的消灭是指既存的劳动法律关系因法律事实的出现而解除或终止。它意味着双方当事人之间权利义务依法消灭，是劳动法律关系运行的终点。其情形有：

① 因有效期限届满或目的实现而消灭；

② 因主体消灭或丧失一定资格而消灭；

③ 因辞职、辞退或协议而消灭；

④ 因行政决定、仲裁裁决或法院判决而消灭。

（二）劳动法律事实

1. 劳动法律事实的概念

劳动法律事实是指劳动法所确认的能够引起劳动法律关系的发生、延续、变更、中止和消灭的客观情况。劳动法律关系的发生、延续、变更、中止和消灭，都是通过一定的法律事实而引起的。劳动法律规范、法律事实和劳动法律关系之间的关系是：劳动法律规范是确认法律事实的依据；法律事实是引起劳动法律关系发生、延续、变更、中止和消灭原因；劳动法律关系则是劳动法律规范规定范围内法律事实的结果。

劳动法律事实的特征主要有以下几个。

① 劳动法律事实与劳动法律关系之间具有因果关系，而这种因果关系须以劳动法为根据。在现实中一种客观情况能否成为劳动法律事实，都应当以行动法律规范为根据。

② 劳动法律事实的构成具有复合性。即劳动法律事实一般由两种以上的客观情况所构成。

③ 劳动法律事实中含有特定程序。即劳动法律事实中的某一种或某几种行为，一般要按照特定程序实施才能导致劳动法律关系发生、延续、变更、中止或消灭。

2. 劳动法律事实的分类

按照劳动法律事实的发生是否以行为人的意志为转移，可分为行为和事件。

① 行为。是指受当事人（劳动者和用人单位）的意志支配的法律事实。即劳动法规定的，能够引起劳动法律关系产生、变更和消灭的人的意志活动，包括作为与不作为。按照行为的性质或主体的不同，可以将其分为合法行为与非法行为（包括法律有规定而违反的行为即违法行为，如采取欺诈手段，法律没有规定的行为即中性行为，如单方行为）合同行为、行政行为、调解行为、仲裁行为、劳动司法行为等。

② 事件。是指不以当事人（劳动者和用人单位）的意志为转移的法律事实。包括自然现象，如自然灾害；也包括劳动能力暂时或永久丧失，如患病、伤残、死亡等；还包括战争、动乱等社会现象。

应注意的是：

• 产生劳动法律关系的法律事实，只能是双方当事人一致的合法意思表示的劳动法律行为，即合法行为。如劳动者 A 表示愿意在单位 B 参加工作，B 经考核愿意录用，双方经真实意思表示并达成一致协议后签订劳动合同，特定的劳动法律关系才能产生，即劳动法律关系产生的根据只能是劳动者和用人单位之间的合法行为。非法行为（包括违法行为和单方的意思行为），都不可能产生劳动法律关系，这与产生民事法律关系的法律事实不同。民事法律关系产生的法律事实可以是双方意思表示一致的合法行为，也可以是单方的意志行为，还可以是违法行为。如立遗嘱行为可以引起财产继承的民事法律关系，损坏他人财产的行为可以引起损害赔偿的民事法律关系。

● 变更、消灭劳动法律关系的事实一般也需双方意思表示一致。但是在一些场合，单方的意思表示以及违法行为或事件也能使劳动法律关系变更或消灭。此外，事件也能引起劳动法律关系的变更或消灭。

四、附随劳动法律关系

（一）附随劳动法律关系的概念

附随劳动法律关系是指劳动法调整与劳动关系密切联系的其他社会关系时所形成的权利义务关系。

（二）附随劳动法律关系的种类

1. 劳动行政法律关系

1）劳动行政法律关系的定义

劳动行政法律关系是指劳动行政主管部门在实现劳动管理的过程中与劳动法律关系的一方当事人或双方当事人之间形成的权利义务关系。劳动行政法律关系的构成要素包括主体、内容和客体三项：

① 劳动行政法律关系的主体是劳动行政主体和劳动行政相对人双方；

② 劳动行政法律关系的内容是指劳动行政主体与劳动行政相对人之间关于宏观劳动管理的权利和义务；

③ 劳动行政法律关系的客体是指劳动行政主体和劳动行政相对人的权利和义务所共同指向的对象。

2）劳动行政法律关系的特点

① 以实现劳动关系为目的。各种劳动行政法律关系尽管其具体目的不完全一样，但都有一个共同目的，即促使和保障劳动者与用人单位缔结劳动关系并实现相互间权利和义务。

② 以保障公平、兼顾效率为价值取向。这是由劳动行政关系一般着眼于社会的宏观利益的特点决定的。在劳动力市场中，市场机制自发地倾向于效率而难于顾及公平，劳动行政法律关系，正是要弥补市场机制这一缺陷，保障公平并不断协调公平与效率的关系。

③ 以劳动法律规范为依据。劳动行政法律关系虽然适用行政法的基本原则和基本制度，但其构成和运行规则主要是由劳动法所规定的。

④ 以宏观劳动管理为基本内容。劳动行政关系着眼于社会的宏观利益，从全社会的角度指挥和协调个人活动，因此劳动行政法律关系的内容是劳动行政主体与劳动行政相对人之间关于宏观劳动管理的权利和义务。可以说劳动行政法律关系表现为行政法律关系的宏观劳动管理关系，在其内容中，劳动管理的专业性和技术性较强。

3）劳动行政法律关系的具体表现

① 劳动力资源开发与配置的管理法律关系；

② 劳动工资、劳动保护、社会保险等方面的管理关系；

③ 劳动争议仲裁法律关系；

④ 劳动监察法律关系。

2. 劳动服务法律关系

1）劳动服务法律关系的定义

劳动服务法律关系是指劳动服务机构在为劳动者和用人单位确立劳动关系，实现劳动过程及各自利益提供服务活动过程中，与劳动者或用人单位之间形成的权利义务关系。它是劳动关系赖以建立的必要前提，其目的是实现劳动过程。劳动服务机构提供失业登记、职业介绍、职业培训、社会保险等服务。

2）劳动服务法律关系的表现形式

① 就业服务法律关系；

② 职业培训服务法律关系；

③ 劳动保护服务法律关系；

④ 社会保险服务法律关系；

⑤ 社会福利服务法律关系。

3. 工会活动方面的法律关系

1）工会活动方面的法律关系的定义

工会活动方面的法律关系是指工会在实现其职能的过程中与劳动者和用人单位所发生的权利义务关系。工会是以维护和改善雇员劳动条件、提供雇员经济地位为宗旨的自愿联合组织和结社团体。

2）工会活动方面的法律关系的特征

① 是集管理因素与服务因素于一体的法律关系；

② 不以营利为目的，而且不许以营利为目的的法律关系。

3）工会活动方面的法律关系的表现形式

① 工会代表职工与用人单位签订集体合同而形成的劳动法律关系；

② 工会在监督用人单位执行劳动纪律、法规、劳动合同等方面形成的法律关系；

③ 工会在参与劳动争议调解、劳动争议仲裁方面与有关机关和当事人之间形成的法律关系；

④ 工会为职工提供劳动服务活动方面形成的法律关系。

任务三　综合训练

一、知识巩固

（一）单项选择题

1. 劳动法作为一个独立的法律部门，是自 19 世纪初大工业生产后，由于国家对雇佣关系的干预而从传统（　　）中独立出来的。

    A. 民法   B. 经济法   C. 行政法   D. 社会保障法

2. 历史上出现最早的劳动法规是（　　　）。

    A. 《学徒健康与道德法》   B. 《劳资关系法》

    C. 《疾病保险法》   D. 《关于禁止工厂女工夜间工作公约》

3. 下列关于《劳动法》对人的适用范围的表述，正确的是（　　　）。

    A. 家庭聘用的保姆适用《劳动法》

    B. 个体经济组织聘用的劳动者不适用《劳动法》

    C. 事业单位聘用的劳动者不适用《劳动法》

    D. 国家机关和与之形成事实劳动关系的劳动者适用《劳动法》

4. 下列劳动关系中，适用《中华人民共和国劳动法》的是（　　　）。

    A. 国家机关与其工作人员的劳动关系

    B. 工会与其工作人员的劳动关系

    C. 企业职工夜校与其教师的劳动关系

    D. 学校与其教师的劳动关系

5. 下列事项所形成的法律关系由劳动法调整的是（　　　）。

    A. 丙公司为其职工购房向银行提供担保

    B. 某国家机关招聘公务员

    C. 种粮大户李某每日支付给帮忙收割的邻居 50 元

    D. 女工赵某因怀孕被公司辞退

6. 下列权利主体适用于《劳动法》的有（　　　）。

    A. 国家机关公务员   B. 大型企业国务院稽查特派员

    C. 计算机公司硬件组装员   D. 家庭保姆

7. 下列劳动不属于劳动法中所指劳动的是（　　　）。

    A. 有偿性的劳动   B. 人们在争取与实现劳动权过程中的劳动

    C. 无偿性的劳动   D. 双方具有管理与被管理关系的劳动

8. 根据我国法律规定，劳动者的劳动权利能力和劳动行为能力一般开始的时间是在劳动者年满（　　　）周岁。

    A. 14   B. 16   C. 18   D. 20

9. 引起劳动法律关系产生的劳动法律事实是（　　　）。

    A. 合法行为   B. 合法行为与违法行为

    C. 合法行为和事件   D. 合法事件

10. 劳动者的劳动权利不包括（　　　）。

    A. 平等就业权   B. 休息休假权   C. 罢工权   D. 结社权

11. 以下是劳动者基本劳动义务的是（　　　）。

    A. 不断提高劳动技能   B. 接受职业培训

    C. 平等就业   D. 获取劳动报酬

12. 下列不属于劳动法律关系要素的是（　　　）。

    A. 劳动法律事实   B. 劳动法律关系客体

    C. 劳动法律关系主体   D. 劳动法律关系的内容

13. 下列有关劳动法律关系变更说法错误的是（　　）。

　　A. 变更是指变更原劳动合同中有关权利义务的内容

　　B. 劳动者被公司调换工作岗位就属于劳动法律关系变更

　　C. 通常是双方意思表示一致的合法行为

　　D. 可以是劳动法律关系主体一方的变更

14. 以下关于劳动关系的特征的说法，错误的是（　　）。

　　A. 劳动关系主体在维护各自经济利益的过程中，双方的地位是平等的

　　B. 劳动关系主体双方存在管理和被管理的关系

　　C. 承揽关系中的制作人和定做人的关系也具有劳动关系的特点

　　D. 劳动关系的主体双方，各自具有独立的经济利益

15. 能够产生劳动法律关系的法律事实（　　）。

　　A. 只能是主体双方的合法行为

　　B. 只能是主体双方的违法行为

　　C. 可以是主体双方的合法行为，也可以是违法行为

　　D. 事件

（二）多项选择题

1. 劳动法的调整对象是（　　）。

　　A. 所有与劳动有关系的社会关系

　　B. 劳动关系

　　C. 与劳动关系有密切联系的其他社会关系

　　D. 由各种劳动关系而发生的关系

2. 劳动关系从职业分类角度可以分为（　　）。

　　A. 企业的劳动关系　　　　　　　B. 国家机关的劳动关系

　　C. 事业单位的劳动关系　　　　　D. 外商投资企业的劳动关系

3. 劳动者要具有完全劳动权利能力与劳动行为能力应当具备的条件有（　　）。

　　A. 年满 18 周岁　　　　　　　　B. 具有劳动能力

　　C. 年满 16 周岁　　　　　　　　D. 身体健康、智力健全

　　E. 年满 15 周岁

4. 下列不属于劳动关系的是（　　）。

　　A. 个体劳动者与其家庭成员共同劳动的关系

　　B. 个体劳动者与其聘请的帮工之间关系

　　C. 农民在市场上出售自己的劳动产品

　　D. 劳动者与所在单位的关系

5. 下列不适用劳动法的人员是（　　）。

　　A. 个体经济组织中的佣工

　　B. 家庭保姆

　　C. 现役军人

　　D. 与事业单位订立劳动合同的工人

6. 根据我国有关劳动法的规定，适用最低工资制度的主体包括（　　）。

A. 农民　　　　　　　　　　　　B. 乡镇企业的职工

C. 军人　　　　　　　　　　　　D. 残疾劳动者

E. 国家机关和事业单位的职工

7. 下列有关劳动法律关系与劳动关系的区别，说法错误的有（　　）。

A. 劳动法律关系是以劳动为内容的

B. 劳动关系是以法定的权利和义务为内容的

C. 劳动法律关系的形成必须以劳动法律规范的存在为前提

D. 劳动关系的形成以劳动为前提，发生在现实社会劳动过程之中

E. 劳动关系的范围大于劳动法律关系的范围

8. 劳动法律关系主体的权利与义务具有（　　）。

A. 统一性　　　　　B. 对应性　　　　　C. 单一性　　　　　D. 权益性

E. 可能性

9. 下列关于我国劳动法渊源的说法中，正确的是（　　）。

A. 《中华人民共和国劳动保险条例》属于行政法规级别的渊源

B. 《女职工劳动保护规定》属于狭义上的法律级别的渊源

C. 《中华人民共和国矿山安全法》属于行政法规级别的渊源

D. 《反对一切形式歧视妇女公约》是我国劳动法的渊源

10. 以下社会关系属于劳动法调整的是（　　）。

A. 个体户与其家庭成员共同劳动形成的共同劳动关系

B. 计算机公司与该公司某程序设计员之间因劳动争议发生的关系

C. 工会与企业之间的关系

D. 有关国家机关对执行劳动法进行监督检查而发生的关系

E. 某位利用业余时间从事兼职工作的技术员与兼职单位之间的关系

11. 劳动法律关系具有（　　）特征。

A. 主体一方是劳动者，另一方是用人单位

B. 用人单位与劳动者之间形成管理与被管理、领导与被领导的关系

C. 其内容是劳动

D. 它是在社会劳动过程中形成并得以实现的，并且具有较强的国家干预性质

12. 区分与劳动关系有密切联系并由劳动法调整的社会关系的因素有（　　）。

A. 这些关系是劳动关系产生的前提条件

B. 这些关系是劳动关系的直接后果

C. 这些关系是劳动关系附带产生的关系

D. 这些关系不是劳动关系附带产生的关系

E. 这些关系与劳动关系有逻辑关系

13. 以下说法正确的是（　　）。

A. 劳动关系是属于上层建筑的范畴

B. 劳动关系是一种思想关系

C. 劳动关系是一种社会物质关系

D. 劳动关系是在劳动过程中发生的，有共同劳动存在就会有劳动关系的存在

E. 劳动关系是以劳动为内容的，不具有国家强制力

14. 按用人单位的性质为标准进行划分，劳动法律关系可以分为（　　）劳动法律关系。

A. 个体经济组织　　　　　　　B. 企业

C. 国家机关　　　　　　　　　D. 民办非企业单位

E. 事业单位

15. 下列选项中，可以引起劳动法律关系变更的是（　　）。

A. 因生产任务的需要，企业领导把职工安排到新的工作岗位上

B. 某公司的员工因打架滋事，经理决定将其调离原来的部门

C. 女工因为怀孕，不能从事原来的工作，被调到其他岗位

D. 劳动者与单位签订的劳动合同期限届满

E. 劳动者觉得单位薪酬低，于是辞职

（三）判断题

1. "工厂立法"是以保护劳动者为主旨的立法。（　　）

2. 在我国的劳动社会关系中，只有在企业、个体经济组织中从事劳动才能形成劳动关系。在国家机关、事业组织、社会团体中只有通过建立劳动合同才能形成劳动关系，这些劳动关系才受劳动法调整。（　　）

3. 劳动法律关系的客体是指主体在劳动过程中享有的权利和承担的义务。（　　）

4. 劳动法律关系属于社会的经济基础，劳动关系属于社会的上层建筑。（　　）

5. 公民的劳动权利能力和劳动行为能力是同时产生的，二者是统一的、不可分割的。（　　）

6. 妇女享有与男子平等的就业权利。用人单位在录用职工时，除认为不适合妇女的工种或者岗位外，不得以性别为由拒绝录用妇女或者提高对妇女的录用标准。（　　）

7. 未满 16 周岁的公民也可以成为劳动法律关系主体。（　　）

8. 企业分支机构一律不得具有用人单位资格。（　　）

9. 劳动者达到法定退休年龄，也不必然丧失劳动关系主体资格。（　　）

10. 取得法人资格即当然取得用人单位资格。（　　）

（四）问答题

1. 什么是劳动法？现代意义上的劳动法是如何产生的？

2. 劳动法调整的劳动关系的特征是什么？

3. 我国劳动法的适用范围是什么？

4. 劳动者有哪些权利？

5. 请简述我国劳动者应当履行的基本劳动义务。

二、知识运用与能力提升

（一）案例分析

1. 2010 年 11 月至 2015 年 4 月期间，某公司定期租用王某的车辆为公司商场的销售点送货，王某在约定的时间到单位打卡出勤，送货完毕后立即回家，超出约定的销售点送货公司另付费，车辆运营的相关费用由王某承担。租用后期，公司每月支付运费 3 200 元。2015 年 4 月，公司购买了货车后即与王某解除了雇佣关系。王某向劳动争议仲裁委员会申诉，要

求公司支付解除劳动合同经济补偿金 16 000 元，并由公司支付未提前通知的代通知金 3 976.96 元。同年 6 月 20 日，劳动争议仲裁委员会作出裁定，裁定公司支付解除劳动合同的经济补偿金 16 000 元。公司不服上诉。公司诉称：双方属于劳务关系，并非劳动关系。解除劳务关系后不应当支付补偿金。王某辩称：

① 公司所述其在公司处工作的时间、带车并负担车辆运营费用等工作方式属实；

② 超出约定的销售点送货时，公司另付费实为加班工资；

③ 公司同王某虽未签订劳动合同，但是实际上属于事实劳动关系，应当在解除劳动关系后支付王某补偿金。你认为公司应该支付解除合同的经济补偿金吗？

2. 2015 年 3 月，某科学院为配合北京大学生运动会召开，决定对院内环境进行整顿，院内需拆除几处房屋建筑，研究院即与某劳动服务公司签订承包合同，由劳动服务公司负责组织人员拆除，研究院支付劳动服务公司劳务费用 10 万元。某劳动服务公司雇用了 5 名工人工作，并签订了劳动合同。在拆除房屋过程中，工人孙某不慎从房顶坠落受伤，需住院治疗，医院要求支付住院押金 1 万元，研究院垫付。后孙某住院期间的医疗费及仍需继续治疗的费用，劳动服务公司与研究院都不同意支付。劳动服务公司对孙某说，你是为研究院拆房时受伤的，应由研究院为你支付医疗费。该名工人即以研究院为被告，向劳动争议仲裁委员会提出仲裁申请，要求认定为工伤，并享受工伤待遇。问题：孙某与研究院是否存在劳动法律关系？

3. 张某等 6 人系某县中学教师，自 1996 年起即在该中学任教，与学校未签订劳动合同，也一直未转正式编制。2014 年 2 月县政府为减少财政压力，发布《关于清退机关事业单位临时用工的通知》，某中学根据这一通知，将张某等 6 人辞退。张某等 6 人认为自己任教多年，被辞退时某中学应按劳动法规定向 6 人支付经济补偿金，并认为多年来 6 人以民办教师身份任教，某中学给予的工资低于当地最低工资标准，应补足低于最低工资部分，即向县劳动争议仲裁委员会提出申诉，要求裁决该中学支付 6 人经济补偿金和补足多年来低于最低工资标准部分的劳动报酬。问：张某等 6 人与某中学之间的关系是否属于《劳动法》的适用范围？

（二）实训题

1. 训练题目

关注和收集当下劳动关系社会热点案例和问题，并选择其一进行分析和展开讨论。

2. 训练目的

通过训练，培养学生对解决劳动法课程的学习兴趣并自己发现缺乏哪些法律知识，激发学习的动力，同时逐步提高学生分析问题的能力、沟通能力、语言表达能力、组织协调能力和团队合作精神，提高学生综合素质。

3. 训练的内容、形式和要求

以小组为单位完成。全班同学每 8~9 人分为一组，每组推选一名小组长，组长对本组同学进行合理分工。训练任务在小组长的组织下展开，各组将分析和讨论情况加以整理和记录，并选派代表到讲台将本组讨论情况作主题发言。发言结束，老师对本次实训的各组表现进行点评，评价成绩，指出不足，提出改进意见和建议，和同学们一起总结还有哪些法律知识是模糊不清或完全不了解，为顺利开展进一步的劳动合同法等内容的教学做好准备。

项目二 劳动关系协调

学习目标

◇ **知识目标**

① 了解劳动合同的种类、《劳动合同法》的适用范围；用人单位劳动规章制度的种类；工会的职权、职工民主管理中的有关权利义务规定；熟悉劳动合同的内容、《劳动合同法》特别规定（集体合同、劳务派遣合同和非全日制合同）、与劳动合同相关的法律法规；工会和职工民主管理的相关法律法规。

② 理解劳动合同订立所遵循的原则；集体合同的作用和意义；用人单位劳动规章制度的制定原则和作用；工会的职能、职工民主管理的理论和意义等。

③ 掌握劳动合同的概念和特征、订立及效力要件、履行、变更、解除和终止，集体合同、劳务派遣合同和非全日制合同的特别法律规定；用人单位劳动规章制度概念、特征、制定程序、效力要件、执行和法律责任，劳动纪律的概念和内容；工会和职工民主管理的概念、性质和相关法律规定，职工民主管理的具体内容和实现形式等。

◇ **能力目标**

学会运用所了解、熟悉、理解和掌握的理论知识和劳动法律制度规定，分析和处理有关劳动合同和工会、职工民主管理的实际问题。

任务一 劳动合同法

务情景

苏素是上海某著名大学的毕业生，由于学习成绩较好，且在校期间又曾担任过学校的主要学生干部，因此短期内就收到了三家用人单位的签约通知。三家用人单位各有长处。苏素思考再三选择了一家虽然福利待遇不是很好，但是能够留在上海、个人拥有较大发展空间的中外合资信息技术公司。双方经过仔细协商，签订了《上海市高等院校毕业生、毕业研究生就业协议书》，就协议中的三个事项进行了约定：服务期限2年，试用期3个月，试用期工资2500元/月，试用期满工资为3000元/月，违约金为5000元。在签订就业协议时，苏素由于贪图方便，自作聪明将自己签好字又骗取学校盖好鉴证章的协议书交给用人单位。没想到第二天拿到单位盖好章的协议后发现工资栏多了一条"此工资为税前工资"。由于协议已经生效，苏素当时就有"哑巴吃黄连有苦说不出"的感觉。但是想到5000元的违约金也只能忍气吞声。在报到后她每天起早摸黑，勤勤恳恳，工作业绩也尚可，但公司始终没有提起签订劳动合同的事。在苏素的一再要求下，公司人事主管说："劳动合同要到试用期满以后再签。"苏素信以为真，但试用期满后公司还是没有签订劳动合同的意思，并说："当初签订的就业协议就是劳动合同，没必要再重复签订。"过了没多久公司即以苏素不能适应岗位要求为由将其辞退，并以没有签订劳动合同不存在劳动关系为由拒绝承担任何责任。苏素此时才知道自己上了用人单位的当，遂向劳动争议仲裁委员会提起了仲裁。

问题提出：

① 就业协议就是劳动合同吗？

②"劳动合同要到试用期满以后再签"的说法正确吗？

③ 苏素要如何维权？

拓展思考： 假如该公司同意订立劳动合同，与苏素签订一个单独的试用合同，在试用期合同期满后再决定是否正式聘用她。这样做合法吗？

◎ **课堂提问**

当你就业时，你能对签订劳动合同胸有成竹吗？你知道哪些项目是法定的吗？你了解劳动合同的各个项目的法律规定吗？

一、劳动合同概述

（一）劳动合同的概念

劳动合同，又称劳动契约、劳动协议，是劳动者与用人单位确立劳动关系，明确双方权利和义务的书面协议。劳动合同是产生劳动法律关系的基础和依据，是劳动者实现和维护劳动权利的重要保障，是用人单位进行劳动管理的有效手段。

劳动合同的法律特征如下。

① 劳动合同的主体具有特定性。劳动合同主体的一方是劳动者，另一方是用人单位。

② 内容具有劳动权利义务的统一性和对应性。劳动法律关系主体的权利和义务是相辅相成、互相联系的，共同存在于劳动法律关系之中，二者是统一的、不可分割的整体。不存在只享受权利不承担义务的主体，也不存在只承担义务不享受权利的主体。劳动法律关系主体双方的权利义务具有对应性：一方的权利是另一方的义务，一方的义务也是另一方的权利。

③ 劳动合同是双务、有偿、要式合同。劳动合同是双务合同，其双方当事人互负义务；劳动合同是有偿合同，劳动者通过向用人单位提供劳动力获取劳动报酬，用人单位通过劳动合同获得劳动者的劳动力；劳动合同是要式合同，其在形式上必须采取法定的书面形式。

④ 劳动合同的当事人在合同订立和履行中地位不同，既有平等性又有从属性。在劳动合同订立时，劳动合同的双方当事人劳动者和用人单位的法律地位是平等的，而在合同履行过程中，劳动者和用人单位之间是管理与被管理的关系，分别处于支配地位和从属地位。

⑤ 具有国家干预性和人身性。劳动合同是在国家干预下的当事人的意思自治，而民事合同是没有国家干预的，体现的是当事人之间的意思自治。也就是说，当两个人在签订民事合同时，只要合同的内容不侵犯国家利益、公共利益，也不侵害第三者的利益，基本上都不受国家的干预。但是劳动合同却不同，尽管用人单位和劳动者之间约定的是他们双方之间的事，他们也不可以随便约定合同内容。比如说，用人单位在跟劳动者约定工资条款的时候，就不可以把工资约定在当地规定的最低工资以下；在约定时间条款的时候，对于标准工时制的劳动者，用人单位不可以约定让其每天工作时间超过 8 小时；用人单位与劳动者建立劳动合同关系，目的是非常单纯的，就是为了使用劳动力。劳动力与劳动者人身密不可分，那么，签订劳动合同的劳动者要履行劳动义务，必须亲自到场，这样劳动合同就具有了人身性。

⑥ 涉及第三人的物质利益。劳动合同的内容不仅限于劳动者和用人单位的权利和义务，还涉及劳动者直系亲属在一定条件下应享有的物质帮助权，如职工子女就学、医疗费用等。

拓展阅读

劳动合同和劳务合同

劳动合同是劳动者与用人单位确立劳动关系，明确双方权利和义务的协议。劳务合同是平等主体的公民之间、法人之间以及公民与法人之间，以提供劳务为内容而签订的协议。

① 法律性质不同。前者是确立劳动法律关系的依据，属于劳动法的范畴；而后者是建立民事、经济法律关系的依据，属于民法、经济法的范畴。

② 主体的地位不同。前者签订后，劳动者成为用人单位的一员，与用人单位之间具有隶属关系；而后者的主体之间不存在隶属关系。

③ 合同主体不同。前者的主体一方是劳动者，另一方是用人单位；后者的主体既可以都是公民，也可以都是法人，或者是公民与法人。

④ 确定报酬的原则不同。在前者中，用人单位按照劳动的数量和质量及国家的有关规定支付劳动报酬；而后者中的劳务价格是按等价有偿的市场原则支付。

（二）劳动合同的分类

◎ 课堂提问

订立无固定期限劳动合同有什么意义？集体劳动合同可以代替个人劳动合同吗？

劳动合同按期限长短分为有固定期限劳动合同、无固定期限劳动合同和以完成一定的工作任务为期限的劳动合同。劳动合同期限是指合同的有效时间，它一般始于合同的生效之日，终于合同的终止之时。任何劳动过程，都是在一定的时间和空间中进行的。

（1）固定期限劳动合同

固定期限劳动合同，是指用人单位与劳动者约定合同终止时间的劳动合同。劳动合同双方当事人在劳动合同中明确规定了合同效力的起始和终止的时间，合同期限届满，双方当事人的劳动法律关系即行终止。如果双方同意，还可以续订合同，延长期限。固定期限劳动合同可以是较短时间的，如半年、一年、二年，也可以是较长时间的，如五年、十年，甚至更长时间。不管时间长短，劳动合同的起始日期和终止日期都是固定的。具体期限由当事人双方根据工作需要和实际情况确定。

固定期限劳动合同适用范围广，应变能力强，既能保持劳动关系的相对稳定，又能促进劳动力的合理流动，使资源配置合理化、效益化，是实践中运用较多的一种劳动合同。对于那些常年性工作，要求保持连续性、稳定性的工作，技术性强的工作，适宜签订较为长期的固定期限劳动合同。对于一般性、季节性、临时性、用工灵活、职业危害较大的工作岗位，适宜签订较为短期的固定期限劳动合同。根据《劳动合同法》规定，订立劳动合同应当遵循平等自愿、协商一致的原则。订立哪一种期限的劳动合同，应当由用人单位与劳动者双方共同协商确定。有的用人单位为了保持用工灵活性，愿意与劳动者签订短期的固定期限劳动合同。而有的劳动者为了能有一份稳定的职业和收入，更愿意与用人单位签订无固定期限劳动合同。无论双方的意愿如何，究竟签订哪一种类型的劳动合同，需要由双方协商一致后作出一个共同的选择。只要用人单位与劳动者协商一致，没有采取胁迫、欺诈、隐瞒事实等非法手段，符合法律的有关规定，就可以订立固定期限劳动合同。

（2）无固定期限劳动合同

无固定期限劳动合同，是指用人单位与劳动者约定无确定终止时间的劳动合同。劳动者在参加工作后，长期在一个企业等用人单位内从事生产或工作，不得无故离职，用人单位也不得无故辞退。这种合同一般适用于技术性较强，需要持续进行的工作岗位。为了充分保护劳动者的合法权益，《劳动法》特别规定"劳动者在同一用人单位连续工作满十年以上，当事人双方同意续延劳动合同的，如果劳动者提出订立无固定期限劳动合同，应当订立无固定期限劳动合同"，避免用人单位只使用劳动者的"黄金年龄"。

这里所说的无确定终止时间，是指劳动合同没有一个确切的终止时间，劳动合同的期限长短不能确定，但并不是没有终止时间。只要没有出现法律规定的条件或者双方约定的条件，双方当事人就要继续履行劳动合同规定的义务。一旦出现了法律规定的情形，无固定期限劳动合同也同样能够解除。有人错误地认为无固定期限劳动合同是"铁饭碗""终身制"。其实它也是劳动合同的一种类型，在履行过程中，当事人可协议解除或依法定条件单方解除劳动合同。还有人错误地认为无固定期限劳动合同是不能变更的"死合同"。其实，它和其他类型的合同一样，也适用《劳动法》与《劳动合同法》的协商变更原则。只要当事人协商一致，可以变更劳动合同约定的内容。除了劳动合同期限以外，双方当事人还可以就工作内容、劳动报酬、劳动条件和违反劳动合同的赔偿责任等方面进行协商与变更。

法 条链接

《劳动合同法》第14条规定："无固定期限劳动合同，是指用人单位与劳动者约定无确定终止时间的劳动合同。用人单位与劳动者协商一致，可以订立无固定期限劳动合同。有下列情形之一，劳动者提出或者同意续订、订立劳动合同的，应当订立无固定期限劳动合同：（一）劳动者在该用人单位连续工作满十年的；（二）用人单位初次实行劳动合同制度或者国有企业改制重新订立劳动合同时，劳动者在该用人单位连续工作满十年且距法定退休年龄不足十年的；（三）连续订立二次固定期限劳动合同，且劳动者没有本法第三十九条和第四十条第一项、第二项规定的情形续订劳动合同的。用人单位自用工之日起满一年不与劳动者订立书面劳动合同的，视为用人单位与劳动者已订立无固定期限劳动合同。

（3）以完成一定工作任务为期限的劳动合同

以完成一定工作任务为期限的劳动合同，是指用人单位与劳动者约定以某项工作的完成为合同期限的劳动合同。某一项工作或工程开始之日，即为合同开始之时，此项工作或工作完毕，合同即告终止。如某项科研，以及带有临时性、季节性的劳动合同。合同双方当事人在合同存续期间建立的是劳动法律关系，劳动者要加入劳动单位集体，遵守劳动单位内部规则，享受工资福利、社会保险等待遇。这种劳动合同实际上属于固定期限的劳动合同，只不过表现形式不同。一般在以下几种情况下，用人单位与劳动者可以签订以完成一定工作任务为期限的劳动合同：

① 以完成单项工作任务为期限的劳动合同；

② 以项目承包方式完成承包任务的劳动合同；

③ 因季节原因临时用工的劳动合同；

④ 其他双方约定的以完成一定工作任务为期限的劳动合同。

拓 展阅读

订立无固定期限劳动合同的意义

① 无固定期限劳动合同制度能更有效地保护劳动者的合法权益。无固定期限劳动合同制度对劳动者有很强的保护性，其制度设计的初衷就是保护劳动者的合法权益，限制用人单位对劳动者合法权益的肆意侵犯。劳动政策法规中规定，只要劳动者提出订立无固定期限劳动合同，用人单位对合同期限这一劳动合同中的必备条款将无协商的余地。这些都充分体现出对劳动者合法权益的保护。

② 无固定期限劳动合同制度有利于形成稳定和谐的劳动关系，使劳动者和用人单位实现双赢。虽然无固定期限劳动合同表面看更偏袒劳动者，其实用人单位在无固定期限劳动合同中同样能获得自己的利益。一方面，无固定期限劳动合同使劳动者无须担心自己"黄金年龄"过后的再就业问题，解除了后顾之忧。同时因企业好坏与劳动者利益休戚相关，劳动者为了长期与企业维持劳动关系，必然全力以赴地挖掘自己的能力。而对用人单位而言，劳动者在劳动过程中主观能动性得到充分的发挥，效率得到有效的提升，最终受益的还是用人单位，有利于用人单位不断提高劳动生产率和经济效益。另外，无固定期限劳动合同尤其适用技术性强和需要保守机密的行业以及单位的管理、业务骨干。它可避免频繁更换关键岗位的关键人员，从而有利于保守单位机密，稳定骨干队伍，保持工作的连续性。

③ 无固定期限劳动合同制度还可以保障经济和社会秩序的良好运行。一方面通过规范劳动者和用人单位的权利和义务，保护劳动者的合法权益，充分发挥其主观能动性，提高用人单位的劳动生产率和经济效益，使二者的经济利益达到一致性，形成稳定和谐的经济秩序；另一方面又可以减少纠纷，不至于因仲裁或诉讼而中断劳动关系，进而破坏经济秩序的稳定，增大社会成本，导致社会财富的减少。

劳动合同按照劳动者一方人数的不同，分为个人劳动合同和集体合同。

① 个人劳动合同。是指由劳动者个人同企业、个体经济组织、事业单位和国家机关等用人单位建立劳动关系、明确双方权利和义务的协议。

② 集体合同。也称为劳动协约、团体协约、集体协约，一般是指由工会代表劳动者与用人单位就劳动报酬、工作时间、休息休假、劳动安全卫生、保险福利等事项，通过集体协商达成的书面协议。集体合同与劳动合同不同，它不规定劳动者个人的劳动条件，而规定劳动者的集体劳动条件。

劳动合同按劳动合同产生的方式，分为录用合同、聘用合同和借调合同。

① 录用合同。是指用人单位在国家劳动部门下达的劳动指标内，通过公开招收、择优录用的方式订立的劳动合同。录用合同一般适用于招收普通劳动者。目前，全民所有制企业、国家机关、事业单位、社会团体等用人单位招收录用劳动合同的特点是：用人单位按照预先规定的条件，面向社会，公开招收劳动者；应招者根据用人单位公布的条件，自愿报名；用人单位全面考核、择优录用劳动者；双方签订劳动合同。

② 聘用合同。也叫聘任合同，是指用人单位通过向特定的劳动者发聘书的方式，直接建立劳动关系的合同。这种合同一般适用于招聘有技术业务专长的特定劳动者。如企业聘请技术顾问、法律顾问等。

③ 借调合同。也叫借用合同，是指借调单位、被借调单位与借调职工个人之间，为借调职工从事某种工作，明确相互责任、权利和义务的协议。借调合同一般适用于借调单位急需使用的工人或职工。当借调合同终止时，借调职工仍然回原单位工作。

劳动合同按照生产资料所有制的性质，分为全民所有制单位劳动合同、集体所有制单位劳动合同、个体单位劳动合同、私营企业劳动合同和外商投资企业劳动合同等。

劳动合同按用工制度种类，分为固定工劳动合同、合同工人劳动合同、农民工劳动合同、临时工（季节工）劳动合同等。

（三）《劳动合同法》的适用范围

① 我国境内的企业、个体经济组织、民办非企业单位等组织与劳动者建立劳动关系，订立、履行、变更、解除或者终止劳动合同。

② 国家机关、事业单位、社会团体和与其建立劳动关系的劳动者，订立、履行、变更、解除或者终止劳动合同。

③ 事业单位与实行聘用制的工作人员订立、履行、变更、解除或者终止劳动合同，但法律、行政法规或者国务院另有规定的除外。

二、劳动合同的订立

劳动合同的订立，是指劳动者与用人单位，为确立劳动关系，依法就双方权利、义务协商一致，签订劳动合同的法律行为。

（一）订立劳动合同应遵循的原则

1. 合法原则

合法原则是指必须遵守国家法律和政策的规定，劳动合同的形式和内容都不得与国家有关规定相冲突。合法是劳动合同有效的前提条件。首先，劳动合同的主体必须合法。即劳动合同的当事人双方必须具有法定的主体资格，包括劳动权利能力和劳动行为能力。其次，劳动合同订立的程序和形式必须合法。劳动合同订立的程序是指签订劳动合同必须履行的法律手续，要符合从"招收录用"到"签订合同"的不同于一般合同的一系列合法程序；劳动合同的订立形式要合法，如除非全日制用工外，劳动合同需要以书面形式订立，这是《劳动合同法》对劳动合同形式的要求。若不采取书面合同，则当双方发生争议，用人单位要承担不订书面合同的法律后果，如《劳动合同法》第82条规定，用人单位自用工之日起超过一个月但不满一年未与劳动者订立书面劳动合同的，应当支付劳动者二倍的工资。最后，劳动合同的内容更要合法。凡是法律、法规有具体明确规定的，尤其是对于禁止性规定，在订立劳动合同时都必须遵守，不得违反。凡是法律、法规没有明确规定的，双方当事人在从事订立劳动合同的行为时，也应该遵守最低限度的标准。如关于工作时间，不得违反国家关于工作时间的规定；关于劳动报酬，不得低于当地最低工资标准等。否则，不仅不受法律保护，当事人还要承担相应的法律责任。

2. 公平原则

公平原则是指劳动合同的内容应当公平、合理。就是在符合法律规定的前提下，劳动合同双方公正、合理地确立双方的权利和义务。劳动法律、法规往往只规定了一个最低标准，在此基础上双方自愿达成协议，就是合法的，但有时合法的未必公平、合理。如同一个岗位，两个资历、能力都相当的人，若工资收入差别很大或能力强的人收入比能力差的人还低，就是不公平。再比如用人单位提供少量的费用培训劳动者，却要求劳动者订立较长的服务期且在服务期内不提高劳动者的工资或不按照正常工资调整机制提高工资。这些虽不违反法律的强制性规定，但不合理、不公平。此外，用人单位不能滥用优势地位，迫使劳动者订立不公平的合同。公平原则是社会公德的体现，将公平原则作为劳动合同订立的原则，可以防止劳动合同当事人尤其是用人单位滥用优势地位，损害劳动者的权利，有利于平衡劳动合同双方当事人的利益，有利于建立和谐稳定的劳动关系。

3. 平等自愿原则

① 平等原则是指劳动者和用人单位在订立劳动合同时，在劳动合同的变更和解除阶段，在法律地位上都是平等的，不存在命令和服从、管理和被管理关系。虽然在订立劳动合同后的履行过程中，用人单位和劳动者的地位并不平等，雇主对劳动者有管理权和支配权，但劳动者的人格权不受非法侵犯。雇主不得使用暴力、威胁或强制方法强迫劳动者劳动，不得非法侵犯其姓名权、名誉权、肖像权、隐私权等，不得以不安全的生产条件和超过法定标准的职业性危害因素对劳动者健康和生命权构成侵害。在我国劳动力供大于求的形势下，多数劳

动者和用人单位的地位实际上做不到平等，但用人单位不得利用优势地位在订立劳动合同时附加不平等的条件。此外，劳动者只要具备劳动法规定的劳动权利能力和劳动行为能力，就享有与他人一样平等的就业机会。劳动者不应因民族、种族、性别、宗教信仰不同而受到歧视、非法辞退、降低劳动报酬的其他福利待遇。

② 自愿原则是指订立劳动合同完全是出于劳动者和用人单位双方的真实意志，是双方协商一致达成的，任何一方不得把自己的意志强加给另一方。包括是否订立劳动合同、与谁订都由双方自愿选择，合同内容由双方自愿约定等。依此原则任何单位和个人不得强迫劳动者订立劳动合同、双方当事人对于劳动合同的订立不得享有任何特权、用人单位也有权不与劳动者签订不符合法律规定或不符合用人单位录用条件的劳动合同。

4. 协商一致原则

协商一致就是用人单位和劳动者要对合同的内容达成一致意见。只有双方当事人就合同的主要条款达成一致意见后，合同才成立和生效，不允许采用胁迫方式，一方也不能凌驾于另一方之上，不得把自己的意志强加给对方等方式订立劳动合同。在实践中，常见的是用人单位事先拟好劳动合同，由劳动者作出是否签约的决定。根据《中华人民共和国合同法》的有关规定，采用格式条款订立合同的，提供格式条款的一方应当遵循公平原则，确定当事人之间的权利和义务，并采取合理方式提请对方注意免除或者限制其责任的条款，按照对方的要求，对该条款予以说明。格式合同文本对用人单位的权利规定得比较多，比较清楚，对劳动者的权利规定得少，规定得模糊。这样的劳动合同就很难说是协商一致的结果。

5. 诚实信用的原则

该原则是指在订立劳动合同时要诚实，有善意，讲信用，行使权利不得侵害他人和社会的利益。它是道德观念的法律化。如《劳动合同法》第 8 条规定，用人单位招用劳动者时，应当如实告知劳动者工作内容、工作条件、工作地点、职业危害、安全生产状况、劳动报酬，以及劳动者要求了解的其他情况；用人单位有权了解劳动者与劳动合同直接相关的基本情况，劳动者应当如实说明。双方都不得隐瞒真实情况、不得有欺诈行为。现实中，用人单位不如实告知劳动者职业危害、提供的工作条件与约定的不一样，劳动者提供假文凭、假简历、隐瞒真实情况、签订就业协议后不去报到等均构成违反了诚实信用原则。

（二）劳动合同的订立程序

劳动合同的订立程序，就是签订劳动合同必须履行的法律手续。按照合同的一般原理，合同订立的程序有要约和承诺两个阶段。劳动合同虽然是一种合同，但其订立程序与一般合同的订立程序有所不同。劳动合同的订立程序可以概括为以下两个阶段。

1. 招收录用

由用人单位提出要约邀请，寻找并确定劳动者。步骤如下。

1）公布招工简章或就业规则

用人单位依法获准招工以后，就应以法定方式或有关国家机关指定方式向不特定劳动者公布招工简章。在简章中应载明法定必要内容，主要包括两个方面：一是招工条件；二是录用后的权利、义务。另外，还有应招人员报名办法、录用（聘用）考核方式等事项以及涉及招工的工种或岗位、招收的名额、招收对象及条件、招工地区或范围、录用后的工资、福利待遇、劳动保护条件和应遵守的单位规章制度等。从法律角度看，招工简章或就业规则具有要约的法律效力。

2）自愿报名

劳动者按照招工简章的要求自愿进行应招报名并提交表明本人身份、职业技能、非在职等基本情况的证明文件。符合条件的劳动者自愿报名应招，是对公布内容的一种认可，表明愿意在此基础上与用人单位协商订立劳动合同。

3）全面考核

用人单位对报名的应招人员可进行德、智、体全面考核。具体考核内容可根据生产或工作的性质和需要有所侧重。如：招收学徒工人，可侧重文化考核；招收技术工人，可侧重该工种的技能考核等。

4）择优录用

用人单位对于经考核合格的应招者，择优确定被录用人员，并向其本人发出书面通知；还应公布被录用者名单，接受群众监督。

2. 签订劳动合同

完成要约和承诺的全过程，一般包括以下 5 个步骤。

1）提出劳动合同草案

用人单位向劳动者提出拟订的劳动合同草案，并说明各条款的具体内容和依据。

2）介绍内部劳动规则

在提出合同草案的同时，用人单位还须向劳动者详细介绍本单位内部劳动规则。

3）商定劳动合同内容

用人单位与劳动者在劳动合同草案和内部劳动规则的基础上，对合同条款逐条协商一致后以书面形式确定其具体内容。对劳动合同草案，劳动者可提出修改和补充意见并就此与用人单位协商确定。对内部劳动规则，劳动者一般只需表示接受与否即可，而不能与用人单位协商修改或补充其内容；不过，双方可以在劳动合同中作出不同于内部劳动规则某项内容或者指明不受内部劳动规则某项内容约束而对劳动者更有利的约定。

4）签名盖章

双方应在经协商一致所形成的劳动合同文本中签名盖章，以此标志意思表示一致的完成。凡属不需要鉴证的劳动合同，在双方当事人签名盖章后即告成立。

5）鉴证

按照国家规定或当事人要求而需要鉴证的劳动合同，应当将其文本送交合同签订地或履行地的合同鉴证机构进行鉴证。凡需要鉴证的劳动合同，经鉴证后才可生效。

（三）劳动合同订立的形式

◎ 课堂提问

用人单位招用劳动者未订立书面劳动合同，劳动关系是否成立？

订立劳动合同，除了非全日制用工之外，在形式上应当采用书面形式。

劳动合同法中的书面形式与合同法中的书面形式（有多种多样的方式）是不一样的，以书面形式订立劳动合同是指劳动者在与用人单位建立劳动关系时，直接用书面文字形式表达和记载当事人经过协商而达成一致的协议。用书面形式订立劳动合同严肃慎重、准确可靠、有据可查，一旦发生争议时，便于查清事实，分清是非，也有利于主管部门和劳动行政部门进行监督检查。另外，书面劳动合同能够加强合同当事人的责任感，促使合同所规定的各项义务能够全面履行。与书面形式相对应的口头形式由于没有可以保存的文字依据，随意性大，容易发生纠纷，且难以举证，不利于保护当事人的合法权益。

订立书面劳动合同是用人单位的义务。《劳动合同法》第10条虽然要求"建立劳动关系，应当订立书面劳动合同"，但未指明其主语，似乎订立书面劳动合同是双方当事人的义务。而对于未订立书面劳动合同的后果，《劳动合同法》做出了一方面使用人单位的风险和成本扩大化，另一方面使劳动者的利益扩大化的两极安排，即在开始用工后1个月内未订立书面劳动合同的，从次月起至第12个月内用人单位应当向劳动者支付两倍工资；在第12个月内未订立书面劳动合同的，从第13个月起即转化为无固定期限劳动关系，并且，若仍不订立书面劳动合同的，就构成应当订立无固定期限劳动合同而不订立的情形，用人单位应当向劳动者继续支付两倍工资。这表明，订立书面劳动合同只是用人单位的义务，而不是劳动者的义务。立法之所以如此安排，是因为在以往的实践中，书面劳动合同签订率低的主要原因在于用人单位，而加重对用人单位的压力，有助于提高书面劳动合同的签订率。

若用人单位招用劳动者未订立书面合同，但双方实际履行了劳动的权利和义务，便形成了事实劳动关系。用人单位造成劳动者损害的，应承担赔偿的法律责任。由此可见，虽然《劳动合同法》规定了书面合同是劳动关系确立的合法形式，但劳动合同并非确立劳动关系的标准。劳动关系确立的标准是用工。用人单位自用工之日起就与劳动者建立了劳动关系。

劳动合同的书面形式有主件和附件之分。主件为《劳动合同》，附件一般为《保密协议》《安全承诺责任书》等。

【课堂提问解析】

订立劳动合同，在形式上应当采用书面形式，是作为劳动合同成立的证据存在，避免劳动争议纠纷，同时其作用还在于使得劳动合同鉴证环节更为便捷。此外，还可以使劳动合同备案过程中，发现用人单位不法侵害劳动者合法权益的条款，从而更好地保护劳动者的合法权益。需要注意的是，我国《劳动合同法》并没有规定违反书面形式订立的劳动合同无效或者是不成立。故更为可行的方案就是，将书面形式看作用于证明存在劳动合同关系的证据，而并非将书面形式作为劳动合同订立的唯一形式。除了书面形式之外，还可以订立口头形式（我国《劳动合同法》第69条"非全日制用工双方当事人可以订立口头协议"）和默示形式的劳动合同。用人单位招用劳动者未订立书面劳动合同，但同时具备下列情形的，劳动关系成立：

① 用人单位和劳动者符合法律、法规规定的主体资格；

② 用人单位依法制定的各项劳动规章制度适用于劳动者，劳动者受用人单位的劳动管理，从事用人单位安排的有报酬的劳动；

③ 劳动者提供的劳动是用人单位业务的组成部分。

法 条链接

《劳动合同法》第69条规定："非全日制用工双方当事人可以订立口头协议。"《劳动合同法》第82条规定："用人单位自用工之日起超过一个月不满一年未与劳动者订立书面劳动合同的，应当向劳动者每月支付二倍的工资。"

（四）劳动合同的内容

劳动合同的内容是指劳动合同的条款，包括法定条款和约定条款两个部分。

若对劳动合同中应具有哪些内容缺少必要的知识和经验，随意签订了劳动合同，而合同的内容不规范、不完善，将会带来一系列问题，影响劳动关系的和谐稳定。法律规定了劳动合同的必备条款和可备条款，使劳动合同能明确、全面、具体，更好地规范双方的权利、义务。

1. 劳动合同的法定条款

它是劳动合同的必备条款，是劳动合同生效的法定要件。《劳动合同法》第 17 条规定，劳动合同应当具备以下条款。

1）用人单位的名称、住所和法定代表人或者主要负责人

为了明确劳动合同中用人单位一方的主体资格，确定劳动合同的当事人，劳动合同中必须具备这一项内容。

2）劳动者的姓名、住址和居民身份证或者其他有效身份证件号码

为了明确劳动合同中劳动者一方的主体资格，确定劳动合同的当事人，劳动合同中必须具备这一项内容。

3）劳动合同期限

这是双方当事人相互享有权利、履行义务的时间界限，即劳动合同的有效期限。劳动合同期限可分为固定期限、无固定期限和以完成一定工作任务为期限。签订固定期限劳动合同的比较普遍。固定期限劳动合同，应明确劳动合同的开始期限和终止期限。已经在同一用人单位连续工作 10 年以上的劳动者，可要求与用人单位签订无固定期限劳动合同，用人单位应当与其签订无固定期限合同。无固定期限劳动合同应明确劳动合同的开始期限及终止条件。签订劳动合同主要是建立劳动关系，但建立劳动关系必须明确期限的长短。劳动合同期限与劳动者的工作岗位、内容、劳动报酬等都有紧密关系，更与劳动关系的稳定紧密相关。合同期限不明确，则无法确定合同何时终止，如何给付劳动报酬、经济补偿等，引发争议。因此，一定要在劳动合同中加以明确双方签订的是何种期限的劳动合同。

4）工作内容和工作地点

工作内容是指工作岗位和工作任务或职责。这一条款是劳动合同的核心条款之一，是建立劳动关系的极为重要的因素。它是用人单位使用劳动者的目的，也是劳动者通过自己的劳动取得劳动报酬的来源。该条款应当规定得明确具体，便于遵照执行。若没有约定工作内容或约定的工作内容不明确的话，用人单位将可以自由支配劳动者，随意调整劳动者的工作岗位，难以发挥劳动者所长，也很难确定劳动者的劳动报酬，造成劳动关系的极不稳定。工作地点是劳动者从事劳动合同中所规定的工作内容的地点。它关系到劳动者的工作环境、生活环境及劳动者的就业选择，劳动者有权在与用人单位建立劳动关系时知悉自己的工作地点，这也是劳动合同中很重要的内容。

5）工作时间和休息休假

工作时间是指劳动者在企业、事业、机关、团体等单位中，必须用来完成其所担负的工

作任务的时间。一般由法律规定劳动者在一定时间内（工作日、工作周）应该完成的工作任务，以保证有效地利用工作，提高效率。这里的工作时间包括工作时间的长短、工作时间方式的确定，如是 8 小时工作制还是 6 小时工作制，是日班还是夜班，是正常工时还是实行不定时工作制，或者是综合计算工时制。在工作时间上的不同，对劳动者的就业选择、劳动报酬等均有影响，因此成为劳动合同不可缺少的内容。休息休假是指企业、事业、机关、团体等单位的劳动者按规定不必进行工作，而自行支配的时间。休息休假的权利是每个国家的公民都应享受的权利。

6）劳动报酬

劳动报酬是指劳动者与用人单位确定劳动关系后，因提供了劳动而取得的报酬。劳动报酬主要包括以下几个方面。

① 用人单位工资水平、工资分配制度、工资标准和工资分配形式。

② 工资支付办法。

③ 加班、加点工资及津贴、补贴标准和奖金分配办法。

④ 工资调整办法。

⑤ 试用期及病、事假等期间的工资待遇。

⑥ 特殊情况下职工工资（生活费）支付办法。

⑦ 其他劳动报酬分配办法。劳动合同中有关劳动报酬条款的约定，要符合我国有关最低工资标准的规定。

7）社会保险

社会保险是政府通过立法强制实施，由劳动者、劳动者所在的工作单位或社区以及国家三方面共同筹资，帮助劳动者及其亲属在遭遇年老、疾病、工伤、生育、失业等风险时，防止收入的中断、减少和丧失，以保障其基本生活需求的社会保障制度。社会保险由国家成立的专门性机构进行基金的筹集、管理及发放，不以营利为目的。一般包括医疗保险、养老保险、失业保险、工伤保险和生育保险。社会保险强调劳动者、劳动者所在用人单位以及国家三方共同筹资，体现了国家和社会对劳动者提供基本生活保障的责任。

8）劳动保护、劳动条件和职业危害防护

劳动保护是指用人单位为了防止劳动过程中的安全事故，采取各种措施来保障劳动者的生命安全和健康。劳动条件，主要是指用人单位为使劳动者顺利完成劳动合同约定的工作任务，为劳动者提供必要的物质和技术条件。如必要的劳动工具、机械设备、工作场地、劳动经费、辅助人员、技术资料、工具书，以及其他一些必不可少的物质、技术条件和其他工作条件。职业危害是指用人单位的劳动者在职业活动中，因接触职业性有害因素（如粉尘、放射性物质和其他有毒、有害物质等）而对生命健康所引起的危害。用人单位与劳动者订立劳动合同时，应当将工作过程中可能产生的职业病危害及其后果、职业病防护措施和待遇等如实告知劳动者，并在劳动合同中写明不得隐瞒或者欺骗。用人单位应当按照有关法律、法规的规定严格履行职业危害防护的义务。

这些内容对切实保证劳动者的健康和安全非常重要，用人单位要尽到如实告知、严格执行的义务。很多人在阅读劳动合同时往往不太注意这部分，实际上这部分恰好是劳动合同中非常重要的板块，涵盖面很广。

9）法律、法规规定应当纳入劳动合同的其他事项

2. 劳动合同的约定条款

1）试用期

试用期是指用人单位对新招收的职工进行思想品德、劳动态度、实际工作能力、身体情况等进行进一步考察的时间期限。用人单位与劳动者可以在劳动合同中就试用期的期限和试用期期间的工资等事项作出约定，但不得违反《劳动合同法》有关试用期的规定。

《劳动合同法》第 19 条对如何确定试用期作出了明确规定，限定能够约定试用期的固定期限劳动合同的最短期限，并且在劳动法规定试用期最长不得超过 6 个月的基础上，根据劳动合同期限的长短，将试用期细化。具体规定如下。

① 劳动合同期限在 3 个月以上的或者不是以完成一定任务为期限的劳动合同，才可以约定试用期。即固定期限劳动合同能够约定试用期的最低起点是 3 个月。以完成一定工作任务为期限的劳动合同或者劳动合同期限不满 3 个月的，不得约定试用期。设置试用期是为了考察劳动者是否胜任工作，但以完成一定工作任务为期限的劳动合同的工作任务往往无法确定完成的具体时间，且劳动合同的期限一般较短，只要劳动者按照劳动合同的要求完成了工作任务，就能说明劳动者胜任这份工作，无须约定试用期。

② 劳动合同期限 3 个月以上不满 1 年的，试用期不得超过 1 个月；劳动合同期限 1 年以上 3 年以下的，试用期不得超过 2 个月；3 年以上固定期限和无固定期限劳动合同试用期不得超过 6 个月。

③ 同一用人单位与同一劳动者只能约定一次试用期。这是由劳动合同中试用期的性质决定的。试用期是指用人单位对新招收的职工进行思想品德、劳动态度、实际工作能力、身体情况等进一步考察的时间期限。在录用劳动者的试用期内对这些情况要基本搞清楚。

④ 试用期包含在劳动合同期限内。其表面意思是：如果约定了试用期，劳动合同期限的前一段期限是试用期，试用期包括在整个劳动合同期限里。其深层含义是：试用期属于劳动合同期限的组成部分。一方面，劳动者在试用期间应当享有全部的劳动权利，包括取得劳动报酬的权利、休息休假的权利、获得劳动安全卫生保护的权利、接受职业技能培训的权利、享受社会保险和福利的权利、提请劳动争议处理的权利以及法律规定的其他劳动权利。还包括依照法律规定，通过职工大会、职工代表大会或者其他形式，参与民主管理或者就保护劳动者合法权益与用人单位进行平等协商的权利。不能因为试用期的身份而加以限制，与其他劳动者区别对待。比如用人单位在劳动合同期限内有缴纳社会保险费的法定义务，则在试用期限内，也必须为新员工缴纳社会保险费。另一方面，劳动合同双方当事人权利义务平等。如关于劳动合同的解除中规定，劳动者在试用期内可以通知用人单位解除劳动合同；劳动者在试用期内被证明不符合录用条件的，用人单位也可以解除劳动合同。

当然试用期也有其特殊性，在试用期内能做的一些事情，在一般的劳动合同期限内不一定能做。比如，在试用期内，用人单位可以以劳动者不符合录用条件为由解除劳动合同；而一旦过了试用期，就不能再以劳动者不符合录用条件为由解除劳动合同。再比如，劳动者在试用期内，只需提前 3 日通知用人单位就可以解除劳动合同；但过了试用期后，劳动者则须提前 30 日书面通知用人单位方可解除劳动合同。

⑤ 劳动合同仅约定试用期，劳动合同期限与试用期相同的，试用期不成立，该期限为劳动合同期限。《劳动合同法》第 20 条对试用期的工资作出了明确规定，即劳动者在试用

期的工资不得低于本单位同岗位最低档工资或者劳动合同约定工资的 80%，并且不得低于用人单位所在地的最低工资标准。

在试用期内，用人单位与劳动者之间的劳动关系尚处于不完全确定的状态。根据《劳动合同法》第 21 条规定，在试用期内，除劳动者被证明不符合录用条件外，用人单位不得解除劳动合同。用人单位在试用期解除劳动合同的，应当向劳动者说明理由。

2）培训

培训是指按照职业或者工作岗位对劳动者提出的要求，以开发和提高劳动者的职业技能为目的的教育和训练过程。职工培训一般是指企业按照工作需要对职工进行的思想政治、职业道德、管理知识、技术业务、操作技能等方面的教育和训练活动。企业职工培训应以培养有理想、有道德、有文化、有纪律、掌握职业技能的职工队伍为目标，促进企业职工队伍整体素质的提高。企业应建立健全职工培训的规章制度，根据本单位的实际对职工进行在岗、转岗、晋升、转业培训，对新录用人员进行上岗前的培训，并保证培训经费和其他培训条件。职工应按照国家规定和企业安排参加培训，自觉遵守培训的各项规章制度，并履行培训合同规定的各项义务，服从单位工作安排，搞好本职工作。

3）保守商业秘密

商业秘密是不为大众所知悉，能为权利人带来经济利益，具有实用性并经权利人采取保密措施的技术信息和经营信息。商业秘密的构成要件有：第一，商业秘密的前提是不为公众所知悉，该信息不能从公开渠道直接获取；第二，该商业秘密能为权利人带来经济利益，具有实用性；第三，权利人对该信息采取了保密措施。在经济条件下，企业用人和劳动者选择职业都有自主权，有的劳动者因工作需要，了解或掌握了本企业的技术信息或经营信息等资料，若企业事先不向劳动者提出保守商业秘密、承担保密义务的要求，有的劳动者就有可能带着企业的商业秘密另谋职业，通过擅自泄露或使用原企业的商业秘密以谋取更高的个人利益。若没有事先约定，企业往往难以通过法律讨回公道，从而遭受重大的经济损失。因此，用人单位可依《劳动合同法》第 23 条，在合同中就保守商业秘密的具体内容、方式、时间等，与负有保密义务的劳动者约定保密条款和竞业限制条款，防止自己的商业秘密被侵占或泄露。如约定在劳动合同终止前或该职工提出解除劳动合同后的一定时间内（不超过 6 个月），调整其工作岗位，变更劳动合同中的相关内容；规定掌握商业秘密的职工在终止或解除劳动合同后的一定期限内（不超过 2 年），不得到生产同类产品或经营同类业务且有竞争关系的其他用人单位任职，也不得自己生产与原单位有竞争关系的同类产品或经营同类业务，但用人单位应当给予该职工一定数额的经济补偿（在竞业限制期限内按月给予劳动者经济补偿）；若劳动者违反竞业限制约定的，应当按照约定向用人单位支付违约金。可见，在合同中订立保密条款和竞业限制条款是用人单位保护商业秘密的重要手段。

保守商业秘密的主体是企业董事、经理和组织经营需要的劳动者。对于企业董事与经理（即一般意义上的总经理）无须约定，在其任期内有着法定的义务；而对于劳动者可以根据《劳动合同法》的相关条款约定保密条款和竞业限制条款。竞业限制的主体只限于高级管理人员、高级技术人员和负有保密义务的人员。

4）补充保险

补充保险是指除了国家基本保险以外，用人单位根据自己的实际情况为劳动者建立的一种保险，它用来满足劳动者高于基本保险需求的愿望，包括补充医疗保险、补充养老保险等。补充保险的建立依用人单位的经济承受能力而定，由用人单位自愿实行，国家不作强制的统一规定，只要求用人单位内部统一。用人单位必须在参加基本保险并按时足额缴纳基本保险费的前提下，才能实行补充保险。因此补充保险的事项不作为合同的必备条款，由用人单位与劳动者自行约定。

5）福利待遇

福利待遇是指用人单位和有关社会服务机构为满足劳动者生活的共同需要和特殊需要，在工资和社会保险之外向职工及其亲属提供一定货币、实物、服务等形式的物质帮助。随着市场经济的发展，用人单位给予劳动者的福利待遇也成为劳动者收入的重要指标之一。福利待遇包括住房补贴、通信补贴、交通补贴、子女教育等。不同的用人单位福利待遇也有所不同，福利待遇已成为劳动者就业选择的一个重要因素。

三、劳动合同的效力

（一）劳动合同的效力的概念

劳动合同的效力，即劳动合同依法具有的对当事人和第三人的法律约束力。劳动合同法对劳动关系的调整以劳动合同效力为媒介，整个劳动合同法体系都是围绕着劳动合同效力的生成和实现而展开的，故劳动合同效力在劳动合同法中处于核心地位。依法成立的劳动合同，具有法律效力，在双方当事人之间形成劳动法律关系，对双方当事人具有法律约束力。合同当事人必须履行其合同义务，不得擅自变更或解除合同的法律约束力。

劳动合同成立并不意味着合同就必然有效。劳动合同成立是用人单位与劳动者之间达成建立劳动关系的合意，劳动合同成立的条件是：用人单位和劳动者双方意思表示一致，达成了协议。尽管劳动合同成立了，但是不一定符合生效的法律要件而具有对当事人的约束力。成立的劳动合同要符合国家意志和社会利益，即符合劳动法律规定的有效要件，才合法有效，有法律强制力。故劳动合同成立是一种对合同关系是否客观存在的事实的判断，即事实判断。而劳动合同有效是一种法律对该合同进行是否有价值的判断，即价值判断。

（二）劳动合同生效的要件

劳动合同要生效，应当具备法定的条件。这些条件主要有：

① 主体合格。即主体资格合法，具有相应的劳动权利能力和行为能力。根据我国劳动法律规定，劳动合同双方当事人一方的用人单位，须按照法律规定的程序注册登记，经审核设立才能取得合法的用工权利能力和行为能力。劳动合同当事人另一方即劳动者，须年满16周岁且须符合劳动法律对劳动者条件的规定，具备劳动权利能力和劳动行为能力。若当事人不具备法定的主体资格，则劳动合同不能生效。

② 意思表示真实。劳动合同法明确规定了签订劳动合同的基本原则之一就是"诚实信用"，这就要求当事人双方都须真实地表达自己的意愿而不能欺骗对方或采取办法使对方不能真实表达自己的意愿。若有此情况发生，劳动合同不能生效且要承担相应的法律后果。根据《劳动法》和《劳动合同法》的相关规定，采取欺诈、威胁等手段订立的劳动合同，因为违背了当事人的真实意愿，所以是无效的。另外，如果有证据证明当事人对合同内容有重大误解，这样的劳动合同也应无效。任何一方采用欺诈、胁迫等手段与另一方签订的劳动合

同是无效的。

③ 内容、形式和程序合法，不得违反法律的强制性规定或者危害社会公共利益。所谓强制性规定就是当事人不能任意约定，只能按照法律规定的权利义务。内容合法主要指劳动合同的内容不得违反法律、行政法规的强制性规定。如《劳动法》第 21 条明确规定："劳动合同可以约定试用期。试用期最长不得超过六个月。"在这里，"最长不得超过六个月"就是法律关于劳动合同试用期的强制性规定。假如某劳动者与用人单位签订的劳动合同约定的试用期为 10 个月，由于违背了上述"最长不得超过六个月"的强制性法律规定，显然是无效的。合同的订立形式必须合法。《劳动法》第 19 条和《劳动合同法》第 10 条都明确规定，劳动合同应当以书面形式订立。《劳动合同法》第 16 条规定，劳动合同由用人单位与劳动者协商一致，并经用人单位与劳动者在劳动合同文本上签字或者盖章生效。劳动合同文本由用人单位和劳动者各执一份。用人单位和劳动者应当在劳动合同上签字或盖章，未签字或者非本人签字的劳动合同也属于不能生效的。对于以口头、录音、录像等形式订立的劳动合同，均无效。根据《劳动合同法》第 35 条规定，变更劳动合同也应当采用书面形式。最后，订立合同的程序也必须合法，即签订劳动合同必须履行国家规定的法律手续。

（三）劳动合同的无效

1. 劳动合同无效的概念

劳动合同的无效是指当事人所订立的劳动合同不符合法律、法规规定，缺少有效要件，导致劳动合同全部或部分不具有法律效力。劳动合同无效分为全部无效和部分无效。

劳动合同无效是与劳动合同有效相对而言的概念，劳动合同依法成立，经双方当事人签字盖章即具有法律效力，对双方当事人都有法律约束力，双方必须履行劳动合同中规定的义务。而无效劳动合同不能发生当事人预期的法律后果，造成劳动合同无效的责任者还应承担相应的法律责任。法律规定劳动合同无效制度，主要是为了切实维护劳动者的合法权益，防止用人单位在订立劳动合同时利用劳动者求职时的弱势地位进行欺诈或作出显失公平的约定。

2. 劳动合同无效的情形

劳动合同有下列情形之一的，无效或部分无效：

1）以欺诈、胁迫的手段或者乘人之危，使对方在违背真实意思的情况下订立或者变更劳动合同的

双方应当在订立劳动合同、拟定劳动合同条款时出于自愿，要遵守诚实信用原则。欺诈、胁迫手段或者乘人之危使劳动关系的一方违背了他们的真实意愿。欺诈是指故意告知对方虚假情况或者故意隐瞒真实情况，致使对方当事人作出错误的意思表示。如某些岗位需要执业资格，而劳动者提供了虚假的资格证书，或者用人单位是非法成立的，伪造了用人单位注册文件等。胁迫是指劳动者或用人单位以给对方造成生命、身体、财产、名誉、自由、健康等方面的损害为要挟，强迫对方与之签订劳动合同的情况。

2）用人单位免除自己的法定责任、排除劳动者权利的

这属于显失公平的条款。劳动合同订立应遵循公平原则，核心含义就是要求劳动合同当事人的权利与义务相一致。为了保障劳动者的合法权益，用人单位免除己方法定责任的以下条款无效：用人单位与劳动者约定，由劳动者自己去缴纳社会保险；"一律不支付经济补偿

金";"生死病老都与企业无关";规定企业对劳动者的工伤等不负责任的"生死合同""买命合同"条款等。

3）违反法律、行政法规强制性规定的

如违反劳动法律、法规关于禁止使用童工的规定、关于女职工三期（孕期、产期、哺乳期）保护的规定等。再如口头形式的劳动合同无效，因为违反了"劳动合同必须采用书面形式"的法律强制性规定；有关劳动报酬和劳动条件等标准低于集体合同的也是无效的，因为违反了相关的法律规定。违反法律规定还包括：劳动合同的内容、形式和程序违法。

3. 劳动合同无效的认定

劳动合同是否无效及劳动合同是否部分无效，必须由劳动争议仲裁机构或者人民法院加以确认。其他机构如劳动行政部门、劳动争议调解委员会、工会等机构都不具有认定劳动合同效力的权利。

4. 劳动合同无效的法律后果和处理

1）劳动合同无效的法律后果

（1）自始无效；劳动合同部分无效，不影响其他部分的效力的，其他部分仍然有效

劳动合同被确认无效的，从订立的时候起就没有法律约束力，任何一方当事人不得根据无效的劳动合同要求另一方履行或承担违约责任，此为效力溯及既往原则。另外，因为劳动合同的各个条款之间在效力上具有相对的独立性，劳动合同部分无效不影响其他部分的效力。

（2）产生返还责任、缔约过失责任、侵权责任，甚至是行政责任、刑事责任

① 要承担私法责任：包括劳动补偿和返还责任、缔约过失责任甚至是侵权责任。

• 承担劳动补偿和返还责任。合同无效或者被撤销后，因该合同取得的财产，应当予以返还；不能返还或者没有必要返还的，应当折价补偿。但因为劳动合同的特殊性，劳动合同与劳动关系并不相同。只要用人单位对劳动者用工之日起就存在了劳动关系。劳动关系是一种既成的社会事实，劳动关系的特殊性在于劳动者向用人单位交付劳动后，无法收回。因此，民事合同无效中的自始无效，双方归于合同签订前的状态，在劳动合同中无法实现。劳动者已经完成的劳动是无法返还的。因此法律规定，对于已履行的部分，对劳动者付出了劳动的，用人单位应当相应地向劳动者支付劳动报酬。除此之外，劳动者因为劳动合同而获得的用人单位的财产，原则上应当返还。

• 承担缔约过失责任。合同法中的缔约过失责任，既不同于合同责任，也不同于侵权责任，是一种独立的法律责任，它是指缔约人故意或过失违反先合同义务时，给对方造成信赖利益的损失，依法承担的民事责任。所谓先合同义务，是指在合同订立过程中，缔约人依据诚实信用原则和交易惯例而负有的互相协作、照顾、保护、告知、诚实、保密等义务。体现了"诚实信用原则"和对劳动者在一定程度上的特殊保护。承担这个责任须具备以下4点：一是劳动合同被劳动仲裁机构或法院确认无效或部分无效；二是用人单位或劳动者对导致劳动合同无效或部分无效有过错，即违反劳动合同的先合同义务；三是因劳动合同被确认无效或部分无效而给无过错的当事人造成损害；四是当事人的过错与合同无效之间存在因果关系。

• 承担侵权责任。它是指劳动者在履行合同的过程中，发生工伤和职业病等人身伤害，甚至死亡时，用人单位（即使没有过失）应当承担赔偿责任。这是一种无过错责任。

② 要承担公法责任：劳动合同无效后，劳动行政部门和人民法院将会根据具体情况判定用人单位的行政责任甚至是刑事责任。

2）劳动合同无效的法律的处理

（1）撤销无效的劳动合同

在某些情况下，用人单位应当与劳动者订立劳动合同。根据《劳动合同法》的相关规定，以欺诈、胁迫的手段或者乘人之危，使对方在违背真实意思的情况下订立或者变更劳动合同的，无过错一方可以撤销劳动合同，其中，用人单位违反这项规定的，劳动者可以随时解除劳动合同，用人单位还应当支付经济补偿金。撤销合同的处理方式，适用于被确认全部无效的劳动合同。全部无效的劳动合同是国家不予承认和保护的，应通过撤销合同来消灭依据该合同而产生的劳动关系，即劳动合同整体被确认无效。如正在履行的合同，要停止履行。对于已履行的部分，劳动者付出了劳动的，用人单位应当相应地向劳动者支付劳动报酬，并应按照国家的有关规定为劳动者缴纳社会保险等费用。劳动报酬的支付，参照本单位相同或相似岗位劳动者的劳动报酬，按照同工同酬的原则确定。劳动合同全部无效而用人单位对此有过错的，若当事人双方都具备主体资格，劳动者要求订立劳动合同的，在撤销无效劳动合同的同时，用人单位应当与劳动者依法订立劳动合同。

（2）修改合同

劳动合同部分无效不影响其他部分效力的，其他部分仍然有效。修改合同的处理，适用于被确认部分无效的劳动合同及程序不合法而无效的劳动合同。劳动合同中的某项条款被确认无效，该项条款不得执行，应依法予以修改，如依劳动法和集体合同规定对该无效部分条款作出调整。修改后的合法条款应具有溯及力，溯及至该合同生效之时。

（3）赔偿损失

《劳动法》只规定由于用人单位原因订立劳动合同，对劳动者造成损失的，用人单位要承担损害赔偿责任。《劳动合同法》第86条进一步规定，无论劳动者还是用人单位，只要有过错，都要承担赔偿责任。最高人民法院还规定，因用人单位原因订立无效合同，给劳动者造成损害的，应当比照违反和解除劳动合同经济补偿金的支付标准，赔偿劳动者因合同无效所造成的经济损失，其中包括用人单位所应支付的经济补偿金。

因此，合同被确认无效后，用人单位有过错的，劳动者不仅可以要求支付劳动报酬、社会保险、经济补偿以及其他劳动者应享受的待遇，同时还要对其给予相应的制裁。因劳动者的过错导致无效，也应当赔偿用人单位的财产损失。此外，劳动者在履行合同的过程中，发生工伤和职业病等人身伤害，甚至死亡时，用人单位应当按无过错责任原则承担赔偿责任。

根据《劳动合同法》等相关法律、法规的规定，具体的赔偿内容有：

其一，由于用人单位的原因订立的无效合同，对劳动者造成损害的：

① 造成劳动者劳动保护待遇损失的，应按国家规定补足劳动者的劳动保护津贴和用品；

② 造成劳动者工伤、医疗待遇损失的，除按国家规定为劳动者提供工伤、医疗待遇外，还应支付劳动者相当于医疗费用25%的赔偿费用；

③ 造成女职工和未成年工身体健康损害的，除按国家规定提供治疗期间的医疗待遇外，还应支付相当于其医疗费用25%的赔偿费用。

其二，由于劳动者的过错对用人单位造成损失的，劳动者应赔偿用人单位下列损失：

① 用人单位招收录用其所支付的费用；

② 用人单位为其支付的培训费用；

③ 对生产、经营和工作造成的直接经济损失；

④ 用人单位可以不支付任何经济补偿而解除劳动合同。

（4）追究用人单位的行政责任和刑事责任

用人单位有下列情形之一的，依法给予行政处罚；构成犯罪的，依法追究刑事责任；给劳动者造成损害的，应当承担赔偿责任：

① 以暴力、威胁或者非法限制人身自由的手段强迫劳动的；

② 违章指挥或者强令冒险作业危及劳动者人身安全的；

③ 侮辱、体罚、殴打、非法搜查或者拘禁劳动者的；

④ 劳动条件恶劣、环境污染严重，给劳动者身心健康造成严重损害的。

四、劳动合同的履行和变更

（一）劳动合同的履行

1. 劳动合同的履行的概念

劳动合同的履行是指当事人双方按照劳动合同规定的条件，履行自己所应承担义务的行为。依法订立的劳动合同对双方当事人都具有法律约束力，当事人应当按照劳动合同的约定履行各自的义务。如用人单位应当按照劳动合同的约定和国家的规定，向劳动者及时、足额支付劳动报酬，应当严格执行劳动定额标准，不得强迫或者变相强迫劳动者加班等。

2. 劳动合同履行的原则

1）实际履行原则

实际履行是指除了法律和劳动合同另有规定或者客观上已不能履行的以外，当事人应按照劳动合同的约定完成义务，不能用完成别的义务来代替。这主要表现在两方面：

① 一方当事人即使违约，也不能以罚金或赔偿损失来代替合同标的的履行，除非违约方对合同标的的履行对另一方当事人已无实际意义；

② 一方当事人不履行合同时，另一方当事人有权请求法院或仲裁机构强制或敦促其履行。实际履行的原则要求，劳动合同一经订立，当事人就应该以自己的行为去完成合同规定的任务，实现合同约定的目标。劳动者要给用人单位提供自己一定数量和质量的劳动，以使企业生产经营活动正常开展；用人单位要为劳动者支付必要的劳动报酬和提供必要的劳动条件等，以保障劳动者正常的生活和工作需要。劳动合同的实际履行原则是由劳动合同的性质和特定作用决定的。劳动合同是用人单位和劳动者之间以实现劳动权利和义务为目的的协议，是劳动法律关系确立的前提。对用人单位来说，劳动合同得不到履行，它的一切活动和目标就难以实现；对劳动者来说，劳动合同得不到实际履行，劳动者的生活就没有保障。企业不按劳动合同履行约定义务，劳动者的生命健康就受到影响。所以，劳动合同的实际履行对于劳动关系双方当事人来说意义重大。

2）亲自履行原则

亲自履行原则是指劳动合同必须由当事人来履行，不允许由他人代替履行。劳动本身的特点即劳动合同的人身属性决定了劳动合同必须由当事人亲自履行。劳动合同双方当事人具有高度的人身信赖关系，双方当事人是经过慎重选择与对方订立劳动合同的，是双向选择。

用人单位选择了劳动者，就是选择了该特定劳动者本人的劳动能力，劳动者只能亲自履行劳动合同义务，另一方面，对于用人单位来说也是一样的，劳动合同也不能由其他的主体代为履行，必须由当事人亲自履行。亲自履行的原则要求，合同双方当事人要以自己的实际行为去完成合同规定的任务，亲自将合同规定的内容贯彻执行到自己的劳动和管理活动之中，实现合同约定的目标。

3）正确履行原则

也称全面履行原则，是指劳动合同的当事人要按照劳动合同的规定正确履行全部义务，即当事人在适当的时间，适当的地点，以适当的方式，按照合同中约定的数量和质量，履行合同中约定的全部义务。正确履行原则是实际履行原则和亲自履行原则的归纳和补充。它实际上包括三方面内容：一是实际履行；二是亲自履行；三是全面履行。此原则的意义在于指导和监督当事人保质、保量、按时、全面地完成合同义务，防止打折扣、改变合同某些内容和条款等违约情况的发生，以保护当事人的合法权益。按约正确履行原则是决定合同是否履行和是否违约的法律标准，是衡量合同履行程度和违约责任的尺度。正确履行原则的具体要求是：一是履行主体适当。即当事人一般应当亲自履行合同，不能由第三人代为履行，但是当事人另有约定的除外。二是标的适当。即当事人交付的标的物、提供的工作成果、提供的劳动符合合同的约定或者交易惯例。三是履行方式和履行地点适当。应按合同所约定的数量、质量、品种等全面履行，不得部分履行，部分不履行，否则，即构成违约。此外，正确履行还要求遵循诚实信用原则，履行劳动合同附随义务。这些附随义务主要是与劳动合同相伴而生，包括通知义务、协助义务、保密义务、提供必要的条件的义务、防止损失扩大等义务，还有一些是后续产生的，由于劳动合同是继续性合同，劳动合同的内容有不断扩张的自然倾向，劳动合同自然增加的义务，双方也应当履行。

4）协作履行原则

协作履行原则是指当事人不仅应当履行自己的合同义务，还应当基于诚实信用原则的要求在履行劳动合同的过程中协助对方当事人履行其义务的履行原则。依照民法的基本原理，债务人实施给付行为也需要债权人的积极配合，否则，合同的内容也难以实现。履行合同不仅是债务人的事，也是债权人的事，协助履行往往是债权人的附随义务。只有双方当事人在合同履行过程中相互配合、相互协作，合同才会得到适当履行。协作履行的原则要求双方当事人在合同的履行过程中要发扬协作精神，一方当事人在履行劳动合同时遇到困难，另一方当事人应在法律允许的范围内尽力给予帮助，以便双方尽可能地全面履行劳动合同。其主要内容如下。

① 任何一方都要保证自己能够实际、亲自、全面和正确地履行合同的内容和条款，为对方履行义务创造条件。任何一方完成自己的任务，就为合同的履行打下了良好的基础，也是协作的前提之所在。

② 在合同的履行过程中，双方当事人要相互关心并建立民主管理制度，进行必要的相互检查和监督；发现问题及时协商解决。

③ 发现合同没有得到正确的履行或发生不适当履行时另一方都要帮助对方纠正，包括说服教育劳动者，帮助其纠正；及时向用人单位反映问题并协助其纠正并设法防止、减少损失、防止损失扩大等。

④ 在履行过程中发生了劳动争议，当事人双方都应从大局出发，根据法律、法规的有

关规定，结合实际情况，及时协商解决，从而建立起和谐稳定的劳动关系。

（二）劳动合同的变更

1. 劳动合同变更的概念

劳动合同的变更是指劳动合同依法订立后，在合同尚未履行或者尚未履行完毕之前，经用人单位和劳动者双方当事人协商同意，对劳动合同内容作部分修改、补充或者删减的法律行为。劳动合同的变更是原劳动合同的派生，是双方已存在的劳动权利义务关系的发展。

双方当事人在订立合同时，有时不可能对涉及合同的所有问题都作出明确的规定；合同订立后，在履行劳动合同的过程中，当订立劳动合同所依据的主客观情况发生变化，使得劳动合同某些条款的履行成为不可能或不必要、难于履行或者难于全面履行，或者合同的履行可能造成当事人之间权利义务的不平衡或对当事人权益的实现带来影响，这就需要用人单位和劳动者双方对劳动合同的部分内容进行适当的调整。否则，在劳动合同与实际情况相脱节的情况下，若继续履行，有可能会对当事人的正当利益造成损害。

劳动合同的变更是对劳动合同全部或部分权利义务的重新约定，主要反映在4个方面：一是生产或者工作任务的增加或减少；二是劳动合同期限的延长或缩短；三是劳动者工种或职务的变化或变动；四是对劳动者支付劳动报酬的增加或减少。

2. 劳动合同变更的条件

平等自愿、协商一致是劳动合同变更的基本条件和要求。劳动合同的订立和变更，都必须遵守平等自愿、协商一致的原则。虽然主体双方存在管理和被管理的从属关系，但在劳动合同关系的法律地位上，双方是平等的，合同的变更也同样要遵守以上原则。一切有关劳动合同的变更事项都须经双方协商一致，任何单方行为都是违法的，但法律另有规定的除外。这种除外情形（即用人单位有单方面变更合同的自主权的情形）是：

① 劳动者患病或者非因工负伤，在规定的医疗期满之后不能从事原工作，此时用人单位可以自主变更劳动合同规定的工作岗位而给劳动者安排适当的工作；

② 劳动者不能胜任劳动合同约定的工作，此时用人单位可以自主变更劳动合同规定的工作岗位而给劳动者安排适当的工作。

在以上两种情形下，用人单位需要承担举证责任，需要对其行为提供充分合理的理由。

3. 劳动合同变更的形式和程序

变更劳动合同，应当采用书面形式。其程序是：

① 提出变更的要约。需要变更的一方要按规定时间提前向对方提出变更劳动合同要求，说明变更合同的理由、变更的内容及变更的条件，请求对方在一定期限内给予答复。

② 承诺。按期向对方作出答复。合同另一方接到对方的变更请求后应及时进行答复，明确告知对方是否同意变更。

③ 订立书面变更协议。当事人双方就变更劳动合同的内容经过平等协商，取得一致意见后签订书面变更协议，协议载明变更的具体内容，经双方签字盖章后生效。变更后的劳动合同文本由双方各执一份。

4. 劳动合同变更的情形

① 一般情况下，用人单位与劳动者协商一致，即可变更劳动合同约定的内容。首先，对于劳动合同约定的内容，只要是经双方当事人协商一致而达成的，都可以经协商一致予以

变更。其次，变更劳动合同必须遵循协商一致原则，采取自愿协商的方式，不允许合同的一方当事人未经协商单方面变更劳动合同。最后，劳动合同的变更只是对原劳动合同的部分内容做修改、补充或者删减，而不是对合同内容的全部变更。

②劳动合同订立时所依据的客观情况发生重大变化，致使劳动合同无法履行，经用人单位与劳动者协商，未能就变更劳动合同内容达成协议的，用人单位在提前三十日以书面形式通知劳动者本人或者额外支付劳动者一个月工资后，可以解除劳动合同。

"劳动合同订立时所依据的客观情况发生重大变化"是劳动合同变更的一个重要事由。主要是指：

● 订立劳动合同所依据的法律、法规已经修改或者废止。劳动合同的签订和履行必须以不得违反法律、法规的规定为前提。如果合同签订时所依据的法律、法规发生修改或者废止，合同如果不变更，就可能出现与法律、法规不相符甚至是违反法律、法规的情况，导致合同因违法而无效。

● 用人单位方面的原因。用人单位经上级主管部门批准或者根据市场变化决定转产、调整生产任务或者生产经营项目等。在这种情况下，有些工种、产品生产岗位就可能因此而撤销，或者为其他新的工种、岗位所替代，原劳动合同就可能因签订条件的改变而发生变更。

● 劳动者方面的原因。如劳动者的身体健康状况发生变化、劳动能力部分丧失、所在岗位与其职业技能不相适应、职业技能提高了一定等级等，造成原劳动合同不能履行或者如果继续履行原合同规定的义务对劳动者明显不公平。

● 客观方面的原因。这种客观原因的出现使得当事人原来在劳动合同中约定的权利义务的履行成为不必要或者不可能。这时应当允许当事人对劳动合同有关内容进行变更。主要有：第一，由于不可抗力的发生，使得原来合同的履行成为不可能或者失去意义。不可抗力是指当事人所不能预见、不能避免并不能克服的客观情况，如自然灾害、意外事故、战争等。第二，由于物价大幅度上升等客观经济情况变化致使劳动合同的履行会花费太大代价而失去经济上的价值。这是民法的情势变更原则在劳动合同履行中的运用。

5. 劳动合同变更的法律后果

劳动合同的变更是在原合同的基础上对原劳动合同内容作部分修改、补充或者删减，而不是对合同内容的全部进行变更，不是签订新的劳动合同。原劳动合同未变更的部分仍然有效，变更后的内容就取代了原合同的相关内容，新达成的变更协议条款与原合同中其他条款具有同等法律效力，对双方当事人都有约束力。

劳动合同变更与劳动合同解除不同，劳动合同变更一般并不涉及经济补偿金等方面的问题。但由于劳动合同的变更给对方造成损失的，提出变更的一方应当承担赔偿责任。如因不可抗力或国家政策的变化而引起的劳动合同的变更，可部分或全部免除赔偿责任。

《劳动合同法》第34条规定，用人单位发生合并或者分立等情况，原劳动合同继续有效，劳动合同由承继其权利和义务的用人单位继续履行。用人单位发生分立或合并后，分立或合并后的用人单位可依据其实际情况与原用人单位的劳动者遵循平等自愿、协商一致的原则变更、解除或重新签订劳动合同。在此种情况下的重新签订劳动合同视为原劳动合同的变更，用人单位变更劳动合同，劳动者不能依据《劳动法》第28条要求经济补偿。《劳动合同法实施条例》第10条规定，原用人单位已向劳动者支付经济补偿的，新用人单位在依法解除、终止劳动合同计算支付经济补偿的工作年限时，不再计算劳动者在原用人单位的工作年限。如原用人单位未向劳动者支付经济补偿的，劳动者在用人单位分立、合并前后的工作年限应合并计算。

在劳动合同没有变更的情况下，用人单位不得安排职工从事合同规定以外的劳动或工作。但下列情况除外：

① 发生事故或遇到灾害，需要及时抢修或救灾；

② 发生短期停工；

③ 因工作需要临时调动工作；

④ 单位行政依法任命、调动职工工作；

⑤ 法律允许的其他情况。

五、劳动合同的解除

◎ 课堂提问

1. 无固定期限劳动合同是铁饭碗吗？

2. 签订了无固定期限劳动合同后想辞职就必须支付企业违约金吗？

3. 在无固定期限劳动合同中约定"任何一方均可提前一个月书面通知对方解除劳动合同"的条款违反法律规定吗？

（一）劳动合同解除的概念和特征

劳动合同的解除是指在劳动合同有效成立后，履行期限届满之前因一定的事由终止劳动合同的行为。解除劳动合同是劳动合同从订立到履行过程中可以预见的中间环节，依法解除劳动合同是维护劳动合同双方当事人正当权益的重要保证。

劳动合同的解除具有以下特征：

① 被解除的劳动合同是依法成立的有效的劳动合同。劳动合同只有在生效以后，才存在解除，无效劳动合同不发生合同解除。

② 解除劳动合同的行为必须是在被解除的劳动合同依法订立生效之后、尚未全部履行之前进行。

③ 用人单位与劳动者均有权依法提出解除劳动合同的请求。

④ 劳动合同的解除可以是双方法律行为，即双方当事人通过协商解除劳动合同；也可以是单方法律行为，即单方解除劳动合同。而劳动合同的订立则必须是双方法律行为，必须经双方当事人协商一致。

⑤ 解除劳动合同的实质是提前终止合同的法律效力。即提前消灭双方当事人的劳动权利义务关系。劳动合同一经解除，劳动合同尚存的权利义务不再履行。

⑥ 用人单位和劳动者双方协商解除劳动合同，可以不受劳动合同中约定的终止条件的限制。

⑦ 劳动合同解除必须具备法律规定的条件。劳动合同一旦生效，即具有法律约束力，非依法律规定，当事人不得随意解除劳动合同。

（二）劳动合同解除的种类和条件

劳动合同的解除，按照解除方式的不同分为协议解除和单方解除（法定解除）。

1. 协议解除劳动合同

是指劳动合同双方当事人通过协商达成协议解除劳动合同的行为。协议解除劳动合同没有规定实体、程序上的限定条件，只要双方达成一致，内容、形式、程序不违反法律禁止性、强制性规定即可。我国《劳动合同法》第 36 条规定，用人单位与劳动者协商一致，可以解除劳动合同。如果劳动合同的解除是由用人单位向劳动者提出，并与劳动者协商达成一致的，用人单位应当向劳动者支付经济补偿。

2. 单方解除劳动合同

引 导案例

赵小伟在一家旅游公司工作了 4 年，工作辛苦，每天早出晚归，公司管理混乱，常拖欠工资，没有办理社会保险，最后赵小伟被迫提出离职，并按《劳动合同法》向公司要求经济补偿，在同公司协商不成的前提下赵小伟向劳动仲裁委提出了仲裁申请。

单方解除劳动合同，是指劳动合同当事人任何一方在具备法定情形时，可以不与对方协商，而是通过行使解除权解除劳动合同。单方解除劳动合同不当可能导致对劳动者权益的损害，立法上对此一般要求加以严格管理。单方解除劳动合同包括劳动者单方面解除和用人单位单方面解除。《劳动合同法》关于即时解除劳动合同，对劳动者或用人单位单方提出的情况都规定了解除条件；关于预告解除劳动合同，对劳动者单方提出的，没有规定条件，而对于用人单位单方提出的，则加以严格限制（对于用人单位的经济性裁员亦然）。

1）劳动者单方面解除劳动合同

劳动者单方面解除劳动合同，即通常所称的"辞职"。可分为以下几种情况：

（1）劳动者预告解除劳动合同

劳动者预告解除劳动合同，是指劳动者履行预告程序后单方面解除劳动合同。包括以下两种情形：

① 劳动者提前 30 日以书面形式通知用人单位，可以解除劳动合同。

② 劳动者在试用期内提前 3 日通知用人单位，可以解除劳动合同。

（2）劳动者随时通知解除劳动合同

劳动者在用人单位出现下列情形之一时，可以随时通知，而不必提前通知，即可解除劳动合同，而不必承担违约责任：

① 未按照劳动合同约定提供劳动保护或者劳动条件的；

② 未及时足额支付劳动报酬的；

③ 未依法为劳动者缴纳社会保险费的；

④ 用人单位的规章制度违反法律、法规的规定，损害劳动者权益的；

⑤ 因以欺诈、胁迫的手段或者乘人之危，使劳动者在违背真实意思的情况下订立或

者变更劳动合同，致使劳动合同无效的；

⑥ 法律、行政法规规定劳动者可以解除劳动合同的其他情形。

（3）劳动者无须通知即时解除劳动合同

劳动者在用人单位出现下列情形之一时可立刻解除劳动合同，不需要事先告知用人单位。

① 用人单位以暴力、威胁或者非法限制人身自由的手段强迫劳动者劳动的；

② 用人单位违章指挥、强令冒险作业甚至危及劳动者人身安全的。

对于劳动者可即时解除劳动合同的上述情形，劳动者无须支付违约金，用人单位应当支付经济补偿。

2）用人单位单方面解除劳动合同

用人单位单方面解除劳动合同，即通常所称的"辞退""解雇"或"解聘"，必须符合法定的条件，按法定程序办理。可分为：

（1）用人单位即时解除

用人单位在劳动者出现下列情形之一时，可以随时解除劳动合同：

① 在试用期间被证明不符合录用条件的；

② 严重违反用人单位的规章制度的；

③ 严重失职，营私舞弊，给用人单位造成重大损害的；

④ 劳动者同时与其他用人单位建立劳动关系，对完成本单位的工作任务造成严重影响，或者经用人单位提出，拒不改正的；

⑤ 因以欺诈、胁迫的手段或者乘人之危，使用人单位在违背真实意思的情况下订立或者变更劳动合同，致使劳动合同无效的；

⑥ 被依法追究刑事责任的。

（2）用人单位预告解除

用人单位在出现下列情形之一时，提前30日以书面形式通知劳动者本人或者额外支付劳动者一个月工资后，可以解除劳动合同：

① 劳动者患病或者非因工负伤，在规定的医疗期满后不能从事原工作，也不能从事由用人单位另行安排的工作的。所谓医疗期，是指企业职工因患病或非因工负伤停止工作治病休息不得解除劳动合同的时限。这里的医疗期，是指劳动者根据其工龄等条件，依法可以享受的停工医疗并发给病假工资的期间，而不是劳动者病伤治愈实际需要的医疗期。医疗期一般为3～24个月，以劳动者本人实际参加工作年限和在本单位工作年限为标准计算具体的医疗期。劳动者患病或者非因工负伤，有权在医疗期内进行治疗和休息，不从事劳动。但在医疗期满后，劳动者就有义务进行劳动。若劳动者由于身体健康原因不能胜任工作，用人单位有义务为其调动岗位，选择其力所能及的岗位工作。若劳动者对用人单位重新安排的工作也无法完成，说明劳动者履行合同不能，用人单位需提前30日以书面形式通知其本人或额外支付劳动者一个月工资后解除劳动合同，以便劳动者在心理上和时间上为重新就业做准备。

② 劳动者不能胜任工作，经过培训或者调整工作岗位，仍不能胜任工作的。这里所谓"不能胜任工作"是指不能按要求完成劳动合同中约定的任务或同工种，同岗位人员的工作量。但用人单位不得故意提高定额标准，使劳动者无法完成。劳动者没有具备从

事某项工作的能力，不能完成某一岗位的工作任务，这时用人单位可对其进行职业培训，提高其职业技能，也可以把其调到能够胜任的工作岗位上，这是用人单位负有的协助劳动者适应岗位的义务。如果单位尽了这些义务，劳动者仍然不能胜任工作，说明劳动者不具备在该单位工作的职业能力，单位可以在提前30日书面通知的前提下，解除与该劳动者的劳动合同。

③ 劳动合同订立时所依据的客观情况发生重大变化，致使劳动合同无法履行，经与劳动者协商，未能就变更劳动合同内容达成协议的。本项规定是情势变更原则在劳动合同中的体现。这里的"客观情况"是指履行原劳动合同所必要的客观条件，因不可抗力或出现致使劳动合同全部或部分条款无法履行的其他情况，如自然条件、企业迁移、被兼并、企业资产转移等，使原劳动合同不能履行或不必要履行的情况。此外依《劳动合同法》相关规定，用人单位因上述的劳动者的非过失性原因而解除合同的还应当给予劳动者相应的经济补偿。

（3）经济性裁员

是指企业由于经营不善等经济性原因，解雇多个劳动者的情形。是用人单位行使解除劳动合同权的主要方式之一。我国《劳动法》第27条规定，用人单位濒临破产进行法定整顿期间或者生产经营状况发生严重困难，确需裁减人员的可以裁减人员。对经济性裁员的可做以下几点理解：

① 经济性裁员属于用人单位单方解除劳动合同的一种情形。由于是用人单位单方解除劳动合同且劳动者并没有过错，故用人单位应依法向劳动者支付经济补偿。

② 进行经济性裁员的主要原因是经济性原因，而不是劳动者个人原因。这些经济性原因一般是：因经营发生严重困难或依照破产法规定进行重整；企业为了寻求生存和更大发展，进行转产、重大技术革新，经营方式调整等。

③ 经济性裁员只发生在企业中。《劳动合同法》第2条规定了适用范围，用人单位的范围比较广，包括各类企业、个体经济组织、民办非企业单位等组织。经济性裁员只能发生在企业中，只有企业才有可能进行经济性裁员。

④ 构成经济性裁员必须一次性解除法定数量的劳动合同。《劳动合同法》规定，一次性裁减人员20人以上或者裁减不足20人但占企业职工总数10%以上的，才是经济性裁员。

3）经济性裁员条件

进行经济性裁员必须满足以下法定条件：

（1）实体性条件

① 依照企业破产法规定进行重整。

② 生产经营发生严重困难。

③ 企业转产、重大技术革新或者经营方式调整，经变更劳动合同后，仍需裁减人员。

④ 其他因劳动合同订立时所依据的客观经济情况发生重大变化，致使劳动合同无法履行的。

（2）程序性条件

① 必须裁减人员20人以上或者裁减不足20人但占企业职工总数10%以上。

② 必须提前30日向工会或者全体职工说明情况，并听取工会或者职工的意见。

③ 裁减人员方案向劳动行政部门报告。

④ 进行经济性裁员必须遵循社会福利原则。《劳动合同法》规定，经济性裁员中优先留用人员时，主要从劳动合同期限和保护社会弱势群体角度出发，规定了三类优先留用人员：与本单位订立较长期限的固定期限劳动合同的；与本单位订立无固定期限劳动合同的；家庭无其他就业人员，有需要扶养的老人或者未成年人的。

⑤ 重新招用人员的，被裁减人员具有优先就业权。用人单位在裁减人员后6个月内重新招用人员的，应当通知被裁减的人员，并在同等条件下优先招用被裁减的人员。

（3）用人单位单方解除劳动合同的例外

是指"禁止预告辞退和经济性裁员的法定条件"。《劳动合同法》第42条规定，劳动者有下列情形之一的，用人单位不得依照《劳动合同法》第40条（非过错性解除）、第41条（经济性裁员）的规定解除劳动合同：

① 从事接触职业病危害作业的劳动者未进行离岗前职业健康检查，或者疑似职业病病人在诊断或者医学观察期间的。

② 劳动者在本单位患职业病或者因工负伤并被确认丧失或者部分丧失劳动能力的。

③ 劳动者患病或者非因工负伤，在规定的医疗期内的。

④ 女职工在孕期、产期、哺乳期内的。所谓孕期，是指妇女怀孕期间。产期，是指妇女生育期间，产假一般为90天。哺乳期，是指从婴儿出生到1周岁之间的期间。

⑤ 在本单位连续工作满15年，且距法定退休年龄不足5年的。

⑥ 法律、行政法规规定的其他情形。这是一个兜底条款，这有利于对劳动者的保护。

六、劳动合同的终止

◎ 课堂提问

劳动合同正常到期终止，企业是否需要支付经济补偿金？

（一）劳动合同终止的概念

劳动合同终止是指劳动合同在法律规定的事由（或称法定的事实）出现时，当事人之间权利义务关系消灭，法律效力终止。这里指的是狭义的劳动合同终止。广义的劳动合同终止是指当事人依法确立的劳动合同关系消灭，包括劳动合同的解除和狭义的终止。

如上所述，劳动合同终止是指劳动合同订立后，因出现某种法定的法律事实，导致用人单位与劳动者之间形成的劳动关系自动归于消灭，或导致双方劳动关系的继续履行成为不可能而不得不消灭的情形。对于法定终止，劳动合同终止不需要用人单位、劳动者单方或双方作出任何意思表示，只要出现法定事实，劳动合同就依法自行终止。

劳动合同终止后，用人单位应当在15日内为劳动者办理档案和社会保险关系转移手续。

（二）劳动合同终止的情形

《劳动合同法》第44条规定，有下列情形之一的，劳动合同终止：

① 劳动合同期满的；

② 劳动者开始依法享受基本养老保险待遇的；

③ 劳动者死亡，或者被人民法院宣告死亡或者宣告失踪的；

④ 用人单位被依法宣告破产的；

⑤ 用人单位被吊销营业执照、责令关闭、撤销或者用人单位决定提前解散的；

⑥ 法律、行政法规规定的其他情形。

（三）劳动合同终止的例外

劳动合同法在劳动合同终止的情况下对某些劳动者采取了特殊保护制度。

（1）续延

在劳动者有《劳动合同法》第42条规定的下列情形之一的，劳动合同到期也不得终止，应当续延至该情形消失时终止。具体如下。

① 从事接触职业病危害作业的劳动者未进行离岗前职业健康检查，或者疑似职业病病人在诊断或者医学观察期间的。

• 对于从事接触职业病危害作业的劳动者，在劳动合同到期时，用人单位未给劳动者做离职前职业病健康检查的，不得终止劳动关系。

• 对从事接触职业病危害作业的劳动者，在劳动合同到期时，用人单位为员工做了离岗前职业健康检查，经检查，没有发现患职业病的可以终止劳动合同，若发现员工是疑似职业病的，在劳动者诊断期间或者医学观察期的，不得终止劳动关系。

• 疑似职业病人在诊断或者医学观察期间被排除职业病的，劳动合同可以终止。如果经诊断被确诊为职业病的，属于7～10级的用人单位可终止劳动关系。5～6级的劳动者提出也可终止劳动关系。

② 劳动者在本单位患职业病或者因工负伤并被确认丧失或者部分丧失劳动能力的一级工伤的劳动者，劳动合同到期后，劳动合同不可终止；二级工伤的劳动者，劳动合同到期后，劳动合同经劳动者提出后可终止；三级工伤的劳动者，劳动合同到期后可如期终止。劳动者患病或非因工负伤的，若在法定的医疗期内劳动合同到期的，劳动合同的期限应当自动延续至医疗期期满为止。用人单位在实际操作中，要特别注意医疗期的期限及计算。

③ 劳动者患病或者非因工负伤，在规定的医疗期内的。劳动者患病或者非因工负伤的，如果在法定的医疗期内劳动合同到期的，劳动合同的期限应当自动延续至医疗期期满为止。用人单位在实际操作中，要特别注意医疗期的期限及计算。

④ 女职工在孕期、产期、哺乳期的。女职工在孕期、产期、哺乳期内，劳动合同期限届满时，用人单位不得终止劳动合同，劳动合同的期限应自动延续至孕期、产期、哺乳期期满为止。哺乳期应为12个月，即从婴儿出生之日起至满1周岁。

⑤ 在本单位连续工作满15年，且距法定退休年龄不足5年的。此种情况下劳动合同顺延的，必须满足两个条件：

• 劳动者必须在本单位连续工作满15年的，而非累计工作年限；

• 距法定退休年龄不足5年的。

⑥ 法律、行政法规规定的其他情形：

• 担任工会主席、副主席或委员的。专职人员延长期限等于其在工会职务任职期限，从任职之日起计算。非专职人员劳动合同期限顺延至任期期满。

● 担任平等协商代表的，劳动合同到期后延期到完成履行协商代表职责之时。

（2）工伤

如果劳动者有《劳动合同法》第42条第2项"在本单位患职业病或者因工负伤并被确认丧失或者部分丧失劳动能力的"情形的，劳动合同的终止必须按照国家有关工伤保险的规定执行。劳动者被鉴定为丧失、大部分丧失、部分丧失劳动能力，劳动合同终止的标准有所不同，具体规定如下：

① 劳动者因工致残被鉴定为1～4级伤残的，即丧失劳动能力的，保留劳动关系，退出工作岗位。换言之，劳动者被鉴定为丧失劳动能力的，无论其劳动能力是否恢复，用人单位都不得解除或终止劳动合同，直至劳动者达到退休年龄并办理退休手续。劳动者因工致残被鉴定为1～4级伤残的，享受以下待遇：一次性伤残补助金、按月支付伤残津贴、达到退休年龄并办理退休手续后，停发伤残津贴，享受基本养老保险待遇。

② 劳动者因工致残被鉴定为5级、6级残疾的，即大部分丧失劳动能力的，经工伤职工本人提出，该职工可以与用人单位解除或者终止劳动关系。换言之，劳动者被鉴定为大部分丧失劳动能力的，只要工伤职工本人提出，劳动合同就可以终止，但如果工伤职工本人没有提出，不管其劳动能力是否恢复，劳动合同就不得解除或终止。劳动者因工致残被鉴定为5级、6级残疾的，享受以下待遇：一次性伤残补助金、保留劳动关系的，由用人单位安排适当工作，难以安排的，由用人单位按月发给伤残津贴，职工与单位解除或终止劳动关系的，由用人单位支付一次性工伤医疗补助金和伤残就业补助金。

③ 职工因工致残被鉴定为7～10级伤残的，即部分丧失劳动能力的，劳动合同期满终止。原则上用人单位不得与劳动者解除劳动合同，但是劳动者可提出解除劳动、聘用合同，用人单位与受工伤的职工终止劳动合同的情形只能是在劳动合同期满时。换言之，劳动者被鉴定为部分劳动能力丧失的，不管其劳动能力是否恢复，劳动合同期满即可终止。职工因工致残被鉴定为7～10级伤残的，享受以下待遇：一次性伤残补助金、合同期满终止或职工本人提出解除劳动合同的，由用人单位支付一次性工伤医疗补助金和伤残就业补助金。

拓 展阅读

劳动合同解除与终止

1. 联系

劳动合同解除和终止的法律后果性质基本相同。

① 解除或终止之后，双方不再履行劳动合同，劳动关系消灭。

② 解除或终止之后，双方之间仍然存在法定的权利义务关系：

● 劳动合同终止后用人单位的法定义务。法律对于劳动合同的解除和终止，都规定了对劳动者的经济补偿；用人单位遵守相应的法条。《劳动合同法》第50条规定："用人单位应当在解除或者终止劳动合同时出具解除或者终止劳动合同的证明，并在十五日内为劳动者办理档案和社会保险关系转移手续。""用人单位依照本法有关规定应当向劳动者支付经济补偿的，在办结工作交接时支付。用人单位对已经解除或者终止的劳动合同的文本，至少保存二年备查。"必须对劳动者的保密义务和竞业禁止义务支付相应的报酬。

●　劳动合同解除或终止后，劳动者的法定义务或约定义务都遵守《劳动合同法》第50条规定：劳动合同解除或终止后劳动者应当按照双方约定，办理工作交接。交接工作中还包括归还劳动工具、证件和由其保管的物品等。此外都必须履行一定的附随义务或约定义务，如保密义务、竞业限制义务等。另外，对于违法解除或终止，用人单位承担同样的法律责任：劳动者要求继续履行劳动合同的，用人单位应当继续履行；劳动者不要求继续履行劳动合同或者劳动合同已经不能继续履行的，用人单位应当依照《劳动合同法》规定的经济补偿标准的2倍向劳动者支付赔偿金。用人单位支付了赔偿金的，不再支付经济补偿。

2. 区别

（1）劳动合同解除与终止的法定情形不同

上述列出的劳动合同解除与终止的法定情形很明显表明两者的区别。而且，导致劳动合同解除与劳动合同终止的情形都由法律规定，不容许当事人通过合同约定，约定的解除或终止条件无效。

（2）劳动者、用人单位的主观方面不同

劳动合同解除的，不仅需要具备法定事由（条件），而且需要由劳动者、用人单位单方或双方作出解除劳动合同的意思表示，两者缺一不可（协议解除的则不需要条件，只需要双方作出解除劳动合同的协议即可）。而劳动合同终止则只要出现法定事实，劳动合同则根据法律规定终止（即是自然终止），不需要一方或双方作出意思表示。

（3）劳动合同解除与终止的法律程序不同

解除劳动合同需要根据解除不同情形履行相应的法定程序，如未履行必要的法定程序，可能会导致劳动合同解除违法，因而不能出现当事人预想达到的解除效果，甚至事与愿违要承担相应的赔偿责任。如劳动者单方辞职的需要提前30日通知用人单位；用人单位因劳动者严重违反规章制度解除劳动合同时，需要通知劳动者，并出具解除劳动合同的书面文件；劳动者被迫解除劳动合同的，需要履行通知义务，尽管该通知义务既可以是口头的，也可以是书面的，但劳动者在其人身受到威胁的情形下，无须通知；用人单位因劳动者不能胜任工作等情形解除劳动合同的，应提前30日书面通知劳动者或支付一个月的代通知金作为补偿。而对于劳动合同终止是否履行相应的法定程序，以及未履行法定程序的法律后果，我国《劳动法》和《劳动合同法》均没有明确的规定，有待进一步明确规定。

（4）经济补偿金的条件和计算不同

①劳动合同解除。是否支付解除劳动合同经济补偿金需要根据解除方式（如合意解除、过失性辞退、经济性裁员等）不同按法律不同规定确定，并不是导致劳动合同解除的所有情形都要支付经济补偿金。据《劳动合同法》规定，解除劳动合同经济补偿金需分段计算，即2008年1月1日以后的工作年限按《劳动合同法》计算经济补偿金，2008年1月1日之前的工作年限是否支付经济补偿金及经济补偿金的金额则需要根据当时的法

律确定。

② 劳动合同终止。对于劳动合同终止经济补偿金的问题，《劳动合同法》之前的法律、法规规定，劳动合同自动终止的，用人单位无须向劳动者支付经济补偿金。而《劳动合同法》第46条对于此问题作了新规定，如固定期限劳动合同用人单位不续约的，用人单位应支付经济补偿金：

- 劳动合同到期，用人单位不愿意续签劳动合同；
- 劳动合同到期，用人单位同意续签劳动合同，但提供的劳动条件（劳动报酬、福利待遇、职位）低于原劳动合同标准，劳动者不愿意续签的。在劳动合同到期后，用人单位是否应该支付经济补偿金，举证责任在单位，用人单位要举证证明合同到期后是因为用人单位的原因不续签，还是用人单位维持或者提高了劳动条件提出续签劳动合同而劳动者不同意续签。

依《劳动合同法》规定的经济补偿金以2008年1月1日为分界点分段计算的原则，对于2008年1月1日后因劳动合同终止需要支付经济补偿金的，经济补偿金的计算年限，应自2008年1月1日开始计算，2008年1月1日之前的工作年限不属于经济补偿金计算范围。

七、经济补偿

引 导案例

某广告公司因业务发展，新招聘一名刚毕业员工王里作为客服人员，主要负责日常客户咨询事宜，后因王里在工作中小错不断，不是回复给客户的问题有误，就是被客户投诉。在王里入职1个月后，客服部经理找小王谈话，告知其不符合公司的录用条件，不适合客服工作，让其寻找其他公司。王里也明白，谈话的目的是让自己提出离职，之后王里通过邮件向公司提出离职申请："本人王里与部门经理谈话后，同意单位的协商解除合同并请单位做好人员招聘以便交接。"之后小王在办理离职手续时要求单位支付经济补偿金，单位回应，认为王里不符合公司录用条件，单位不应支付经济补偿金。这一说法正确吗？

（一）经济补偿和经济补偿金

经济补偿是用人单位解除或终止劳动合同时给劳动者的经济补偿。我国法律一般称作"经济补偿"。经济补偿是劳动法特有的一种体现国家对劳动者倾斜保护的独立的解约补偿方式和制度，不仅具有体现劳动贡献和进行社会保障的双重功能，还是一种针对用人单位的有效的利益机制和引导手段。首先，经济补偿制度补偿了劳动者对用人单位的贡献，维护了劳动者的权益。劳动者对用人单位的贡献不完全体现在用人单位支付给劳动者的劳动报酬中，还体现在用人单位的经营效益、持续发展能力和资产的积累等各个方面上。经济补偿金就是对劳动者过去劳动内容和成果的肯定和补偿。经济补偿制度在一定程度上避免了可能出现的失业期间劳动者及其家属的生活困难甚至不能维持的情况的出现，具有社会保障功能。同时，这一制度从经济利益上制约用人单位解除或终止劳动合同，引导用人单位长期使用劳动者，谨慎行使解除权利和终止权利。这客观上就促进和保持了劳动关系的和谐，促进社会稳定。从这意义上讲，经济补偿是国家调节劳动关系的一种经济手段。例如，实践中短期劳动合同一年一签的情况比较普遍，用人单位为了规避关于解除劳动合同支付经济补偿的规定，通过签订短期劳动合同，待劳动合同终止时，再结束劳动关系。《劳动合同法》通过规定劳动合同终止，用人单位依法支付经济补偿，可以防止用人单位钻法律的空子，按照企业实际需求，签订劳动合同。《劳动合同法》正是使用这一机制来解决短期劳动合同普遍化的问题。

（二）经济补偿的范围

《劳动合同法》第23条和第46条规定了用人单位必须支付经济补偿金的情形。《劳动合同法》第23条："用人单位与劳动者可以在劳动合同中约定保守用人单位的商业秘密和与知识产权相关的保密事项。对负有保密义务的劳动者，用人单位可以在劳动合同或者保密协议中与劳动者约定竞业限制条款，并约定在解除或者终止劳动合同后，在竞业限制期限内按月给予劳动者经济补偿。劳动者违反竞业限制约定的，应当按照约定向用人单位支付违约金。"《劳动合同法》第46条：有下列情形之一的，用人单位应当向劳动者支付经济补偿：

① 劳动者依照《劳动合同法》第38条的规定解除劳动合同的。用人单位有违法、违约行为的，劳动者可以随时或者立即解除劳动合同，并有权取得经济补偿。较劳动法的规定，本项经济补偿是劳动合同法增加的内容。劳动合同法第38条规定，在用人单位有违约、违法行为时，劳动者可以随时或者立即解除劳动合同。用人单位的违约、违法行为有：用人单位未依照劳动合同约定提供劳动保护或者劳动条件的；用人单位未及时足额支付劳动报酬的；用人单位未依法为劳动者缴纳社会保险费的；用人单位的规章制度违反法律、法规的规定，损害劳动者权益的；用人单位有《劳动合同法》第26条中欺诈、胁迫或者乘人之危等行为致使劳动合同无效或者部分无效的；法律、行政法规规定的其他情形。用人单位以暴力、威胁或者非法限制人身自由的手段强迫劳动者劳动的；用人单位违章指挥、强令冒险作业危及劳动者人身安全的。

② 用人单位依照《劳动合同法》第36条规定（向劳动者提出解除劳动合同并与劳动者协商一致的情形）解除劳动合同的。用人单位与劳动者可以协商一致解除劳动合同，但由用人单位首先提出解除动议的，应当支付经济补偿。较《劳动法》的规定，本项经济补偿范围有所缩小。《劳动法》第24条、第28条规定，用人单位与劳动者协商一致解除劳动合同的，用人单位应当依照国家有关规定给予经济补偿。在《劳动合同法》制定过程中，考虑到有的情况下，劳动者主动跳槽，与用人单位协商解除劳动合同，此时劳动者一般不会失业，或者对失业早有准备，如果要求用人单位支付经济补偿不太合理，因此对协商解除情形下，给予经济补偿的条件作了一定限制。

③ 用人单位依照《劳动合同法》第40条规定解除劳动合同的。《劳动合同法》第40条规定，劳动者患病或者非因工负伤，在规定的医疗期满后不能从事原工作也不能从事由用人单位另行安排的工作的；劳动者不能胜任工作，经过培训或者调整工作岗位，仍不能胜任工作的；劳动合同订立时所依据的客观情况发生重大变化，致使劳动合同无法履行，经用人单位与劳动者协商，未能就变更劳动合同内容达成协议的，用人单位可以在提前30日通知或者额外支付1个月工资后，解除劳动合同。也就是说，在劳动者有一定不足，用人单位没有过错，且实施了一些补救措施，但劳动者仍不符合工作要求的情况下，允许用人单位解除劳动合同，但为平衡双方的权利义务，用人单位须支付经济补偿。本项经济补偿与《劳动法》

的规定一致。

④ 用人单位依照《劳动合同法》第41条第一款规定进行解除劳动合同的。《劳动合同法》第41条规定的是经济性裁员的情形。在经济性裁员中，劳动者没有任何过错，用人单位也是迫于无奈，为了企业的发展和大部分劳动者的权益，解除一部分劳动者的劳动合同。为平衡双方的权利义务，在经济性裁员中，用人单位应当支付经济补偿。本项经济补偿与《劳动法》的规定一致。

⑤ 除用人单位维持或者提高劳动合同约定条件续订劳动合同，劳动者不同意续订的情形外，依照《劳动合同法》第44条规定终止固定期限劳动合同的。根据本项规定，劳动合同期满时，用人单位同意续订劳动合同，且维持或者提高劳动合同约定条件，劳动者不同意续订的，劳动合同终止，用人单位不支付经济补偿；如果用人单位同意续订劳动合同，但降低劳动合同约定条件，劳动者不同意续订的，劳动合同终止，用人单位应当支付经济补偿；如果用人单位不同意续订，无论劳动者是否同意续订，劳动合同终止，用人单位应当支付经济补偿。在《劳动合同法》制定过程中，本项规定引起了较大的争议。有的意见认为，劳动合同期满劳动合同自然终止，合同双方当事人的权利义务已经履行完毕，对这种情况劳动者有明确的预期，因此用人单位不应当支付经济补偿。有的意见认为，有些用人单位利用劳动者的青春期，在固定期限劳动合同终止时，不再续订劳动合同，劳动者的年龄和身体对再次求职已有很大影响，此时用人单位给予一定的经济补偿是合理的。有些劳动者在同一用人单位工作较长时间，这些劳动者的劳动合同到期终止不给经济补偿不合情理。为平衡劳动者与用人单位的权利义务，《劳动合同法》在保留劳动合同期满终止给经济补偿的规定外，也作了一定限制。较《劳动法》的规定，本项经济补偿是增加规定。

⑥ 依《劳动合同法》第44条第4款、第5款规定终止劳动合同的。《劳动合同法》第44条第4款规定，用人单位被依法宣告破产的，劳动合同终止。《劳动合同法》第44条第5款规定，用人单位被吊销营业执照、责令关闭、撤销或用人单位决定提前解散的，劳动合同终止。《中华人民共和国企业破产法》第113条规定，破产清偿顺序中第一项为破产人所欠职工的工资和医疗、伤残补助、抚恤费用，所欠的应划入职工个人账户的基本养老保险、基本医疗保险费用，以及法律、行政法规规定应支付给职工的补偿金。用人单位因有违法行为而被吊销营业执照、责令关闭、撤销时，劳动者是无辜的，其权益应该受到保护。劳动合同终止时，用人单位应支付经济补偿。

⑦ 法律、行政法规规定的其他情形。有些法律、行政法规中有关于用人单位支付经济补偿的规定。

（三）经济补偿支付的标准

经济补偿按劳动者在本单位工作的年限，每满一年支付1个月工资的标准向劳动者支付。6个月以上不满1年的，按1年计算；不满6个月的，向劳动者支付半个月工资的经济补偿。劳动者在单位工作的年限，应从劳动者向该用人单位提供劳动之日起计算。如果由于各种原因，用人单位与劳动者未及时签订劳动合同的，不影响工作年限的计算。如果劳动者连续为同一用人单位提供劳动，但先后签订了几份劳动合同的，工作年限应从劳动者提供劳动之日起连续计算，而不能理解为仅仅是连续几个合同的最后一个合同期限。

劳动者月工资高于用人单位所在直辖市、设区的市级人民政府公布的本地区上年度职工月平均工资 3 倍的，向其支付经济补偿的标准按职工月平均工资 3 倍的数额支付，向其支付经济补偿的年限最高不超过 12 年。月工资是指劳动者在劳动合同解除或者终止前 12 个月的平均工资。包括计时工资或者计件工资以及奖金、津贴和补贴等货币性收入。劳动者在劳动合同解除或者终止前 12 个月的平均工资低于当地最低工资标准的，按照当地最低工资标准计算。劳动者工作不满 12 个月的，按照实际工作的月数计算平均工资。

《劳动合同法》第 97 条规定："本法施行之日存续的劳动合同在本法施行后解除或者终止，依照本法第四十六条规定应当支付经济补偿的，经济补偿年限自本法施行之日起计算；本法施行前按照当时有关规定，用人单位应当向劳动者支付经济补偿的，按照当时有关规定执行。"

另外，为督促用人单位及时支付经济补偿，《劳动合同法》第 85 条规定，解除或者终止劳动合同，未依照本法规定向劳动者支付经济补偿的，由劳动行政部门责令限期支付经济补偿，逾期不支付的，责令用人单位按应付金额 50% 以上 100% 以下的标准向劳动者加付赔偿金。

实 操例题

实例 1：

2013 年 9 月 1 日，A 入职某公司，合同约定其月薪为 5 000 元，合同期限 1 年。A 每月社保及公积金个人部分缴费总计 900 元，所以实际"到手"4 100 元。2014 年 8 月 31 日，公司决定与 A 合同到期不续约。按规定，公司应支付 A 的经济补偿金额为多少？

实例 2：

小王于 2000 年 7 月 1 日入职某公司，劳动合同一年一签，2007 年 7 月 1 日，公司与小王又签订了一年期限的劳动合同，2008 年 6 月 30 日，劳动合同期满，公司决定不再续订劳动合同。

① 2008 年 6 月 30 日合同终止，公司如何支付经济补偿？

② 若 2008 年 5 月 30 日公司强行解除劳动合同，该如何支付经济补偿？

任务二　劳动合同法特别规定

任 务情景

2009 年 2 月 17 日，王某与北京某劳务派遣公司（下称用人单位）建立劳动关系，同日被派遣至美国某公司驻北京办事处（下称用工单位）。2014 年 2 月 15 日，用人单位与王某再续签为期 3 年的劳动合同，劳动合同第 2 条的第 3 款约定："乙方（劳动者）同意，用工单位或甲方（用人单位）据其工作表现和能力或经营需要而对其工作内容、工作岗位、工作地点进行调整。"2014 年 7 月 8 日，用工单位以王某的工作岗位不复存在为由将王某退回至用人单位，王某认为用工单位单方退工违法，拒绝用人单位的待岗决定，争议由此发生。

仲裁申请人王某称：我自 2009 年 2 月 17 日经用人单位劳务派遣至用工单位工作，任广告部经理职务，被退工前 12 个月平均月工资为 22 112.15 元。最后一份劳动合同的期限是 2014 年 2 月 15 日至 2015 年 1 月 14 日。2014 年 7 月 8 日，用工单位将我退回至用人单位，并将退工经济补偿金支付给用人单位。我认为用工单位退工违法，于 2014 年 11 月 8 日分别向用人单位和用工单位发出不认可退工通知书。2014 年 11 月 11 日我收到用人单位书面通知要求我待岗，按照 800 元的最低工资领取待岗工资，并要求我按照公司规章制度的要求每天去单位报到学习。由于处于与用工单位的劳动争议期间，我未到用人单位待岗，单位自 2014 年 7 月 9 日开始停发我的工资，我于 2015 年 2 月 28 日以公司拖欠工资，不提供劳动条件为由向用人单位发出解除劳动合同通知书，现在我请求仲裁：

① 确认我 2014 年劳动合同第 2 条第 3 款的自由退工条款无效；

② 裁决用人单位立即无条件返还用工单位因为退工支付给申请人的经济补偿金及 50% 额外经济补偿金。

③ 请求确认用工单位作出的退工决定违法，支付违法退工双倍经济补偿金差额部分。

④ 请求用人单位支付被迫解除劳动合同经济补偿金及 50% 额外经济补偿金。

⑤ 补发 2014 年 9 月 9 日至 2015 年 1 月 19 日的待遇及 25% 的经济补偿金。

被申请人用人单位辩称：

① 关于 2014 年劳动合同第 2 条的第 3 款是否有效问题。申请人在劳动合同上签字确认，应当认定该条款符合申请人的真实意愿，合法有效。

② 关于用工单位退工是否违法问题。由于申请人是我方派遣至用工单位的职工，和用工单位不存在劳动关系，不受劳动法调整。用工单位退工是否合法，完全取决于我方和用工单位是所签订的劳务派遣协议，本案中我方认可用人单位的退工行为。

③ 关于用人单位是否拖欠经济补偿金问题。我公司认为，申请人自 2014 年 7 月 9 日起不再提供劳动，且不按照公司安排执行待岗任务，依双方所签订的劳动合同，待岗期间乙方不按照规定到公司报到学习的，公司有权不发放待岗期间工资。故申请人以我公司拖欠工资为由单方解除劳动合同，解除理由不成立，我公司无须向其支付被迫解除劳动合同经济补偿金。

用工单位辩称：我单位按照与用人单位签订的劳务派遣协议，我方随时有权将王某退回用人单位，并依照合同约定向用人单位支付王某的退工安置费。我方退工合法，故请仲裁委驳回王某的全部仲裁请求。

如果你是仲裁员，你该如何裁决？

◎ **课堂提问**

1. 你了解我国集体合同签订的现状吗？你认为它有何意义呢？

2. 集体合同由谁去和企业签订？和个人劳动合同相比哪个效力大？

一、集体合同

（一）集体合同的概念、效力和特征

1. 集体合同的概念

也称为劳动协约、团体协约、集体协约，是指用人单位与本单位职工根据法律、法规、规章的规定，就劳动报酬、工作时间、休息休假、劳动安全卫生、职业培训、保险福利等事项，通过集体协商签订的书面协议。专项集体合同，是指用人单位与本单位职工根据法律、法规、规章的规定，就集体协商的某项内容签订的专项书面协议。用人单位与本单位职工签订集体合同或专项集体合同，以及确定相关事宜，应当采取集体协商的方式。集体协商主要采取协商会议的形式。集体合同与劳动合同不同，它不规定劳动者个人的劳动条件，而规定劳动者的集体劳动条件。县级以上劳动保障行政部门对本行政区域内用人单位与本单位职工开展集体协商、签订、履行集体合同的情况进行监督，并负责审查集体合同或专项集体合同。

2. 集体合同的法律效力

是指集体合同的法律约束力。《劳动法》第 35 条规定，依法签订的集体合同对企业和企业全体职工具有约束力。职工个人与企业订立的劳动合同中劳动条件和劳动报酬等标准不得低于集体合同的规定。《劳动合同法》第 54 条规定，依法订立的集体合同对用人单位和劳动者具有约束力。行业性、区域性集体合同对当地本行业、本区域的用人单位和劳动者具有约束力。故凡符合法律规定的集体合同一经签订和审查通过就具有法律效力。集体合同的法律效力包括如下几种。

（1）集体合同对人的法律效力

是指集体合同对什么人具有法律约束力。根据《劳动法》的规定，依法签订的集体合同对用人单位和用人单位全体劳动者具有约束力，表现在：

① 集体合同双方当事人（企业与全体职工）必须自觉地全面履行集体合同规定的义务；

② 企业处理劳动关系的劳动条件和各项劳动标准均不得违背集体合同中的规定。

劳动者个人与用人单位订立的劳动合同中有关劳动条件和劳动报酬、生活福利、社会保险待遇等标准不得低于集体合同的规定。任何一方都不得擅自变更或解除集体合同。若集体合同的当事人违反集体合同的规定就要承担相应的法律责任。

（2）集体合同的时间效力

是指集体合同从什么时间开始发生效力，什么时间终止其效力。集体合同的时间效力通常以其存续时间为标准，一般从集体合同成立之日起生效。若当事人另有约定的，应在集体合同中明确规定。集体合同的期限届满，其效力终止。

（3）集体合同的空间效力

是指集体合同规定的对于哪些地域、哪些从事同一产业的劳动者、用人单位所具有的约束力。

3. 集体合同的特征

它首先具有一般合同的共同特征，即是平等主体基于平等、自愿协商而订立的规范双方权利和义务的协议。但它也有其自身特征：

（1）集体合同最突出的特征是当事人的特定性

与一般劳动合同不同，当事人中至少有一方是由多数人组成的团体，是代表职工的工会组织或职工代表；另一方当事人也有可能与一般劳动合同不同，可以是多个用人单位组成的团体。

（2）集体合同具有明显的集体性

签订集体合同的目的，就是劳动者为了依托自己组织的集体力量，在更大程度上争取自身的权益，是规定全体职工与企业之间整体性的劳动权利和劳动义务的一种协议。集体合同内容主要反映生产过程中的劳动关系，包括劳动报酬、工作时间、休息休假、劳动安全卫生、保险福利等事项。在集体合同中，劳动标准是集体合同的核心内容，对个人劳动合同起制约作用。故通过集体合同可以确保劳动者的劳动条件和劳动待遇并试图参与民主管理。具有集体性质的集体合同是建立个人劳动合同的基础和准绳。

（3）集体合同内容上具有不均衡性，强调对劳动者的倾斜保护

集体合同双方当事人的权利义务是不均衡的，其基本上都是强调用人单位的义务，如为劳动者提供合法的劳动设施和劳动条件。

（4）集体合同有特别的要式性

个人劳动合同只要求采用书面形式，但集体合同除了必须采用书面形式外，其生效要经过特定程序。法律规定，集体合同双方当事人须就有关内容达成集体合同文本，并将文本报送劳动行政部门登记、审查、备案，劳动行政主管部门自收到该文本之日起 15 日内未提出异议，才具有法律效力。

（5）效力方式更多地表现为基准性

集体合同的直接目标不是约定单个劳动关系的权利义务关系，而是规定特定用人单位、特定行业、特定区域内劳动条件、劳动报酬等的基本标准。基准性体现如下。

① 对劳动合同约定的内容具有标准和依据效力

《劳动合同法》第 55 条规定，集体合同中劳动报酬和劳动条件不得低于当地人民政府规定的最低标准；用人单位与劳动者订立的劳动合同中劳动报酬和劳动条件等标准不得低于集体合同规定的标准。即集体合同效力高于劳动合同。这是由集体合同受到国家宏观调控计划制约的特殊性决定的。

② 对劳动合同缺失或约定不明确的递补适用效力

《劳动合同法》第 11 条规定，用人单位未在用工的同时订立书面劳动合同，与劳动者约定的劳动报酬不明确的，新招用的劳动者的劳动报酬按照集体合同规定的标准执行；没有集体合同或者集体合同未规定的，实行同工同酬。《劳动合同法》第 18 条规定，劳动合同对劳动报酬和劳动条件等标准约定不明确，引发争议的，用人单位与劳动者可以重新协商；协商不成的，适用集体合同规定；没有集体合同或者集体合同未规定劳动报酬的，实行同工同酬；没有集体合同或者集体合同未规定劳动条件等标准的，适用国家有关规定。

（6）集体合同当事人义务性质具有特殊性

从集体合同双方当事人义务的关联性看，它是双方当事人相互承担义务的合同。它规定由企业承担的义务都具有法律性质，若企业不履行义务，须负法律责任。而企业工会代表全体职工所承担的义务则具有道义和社会的性质，履行这些义务的保证是职工的觉悟程度和舆论的力量。若职工个人或部分职工不按合同规定履行义务，工会或职工代表不承担法律责

任，只承担道义和政治责任。

（二）集体合同的作用和意义

引 导案例

有一个企业的员工因为权益的问题与企业发生了激烈的矛盾，最后几百名员工以罢工来抗争。为了平息这场罢工，当地政府部门也派出相关人员出面协调企业与员工的关系。政府官员对企业的主要负责人说："召集企业的领导，和员工代表一起开个会，把问题都放在桌面上，由我们帮助你们协调。"企业的领导自然没有问题，他们很快就在会议室集合了。于是政府官员对企业员工说："现在你们要选出五位职工代表，与企业领导坐在一起开个会，这个会由我们来主持，大家共同商讨如何解决问题。"可是由于企业没有工会，谁是职工代表呢，怎么来推选职工代表呢？企业领导也很着急，没有职工代表，就无法坐下来商谈，也就意味着员工的罢工依然继续，企业面临的损失将会非常严重。于是企业领导对员工说："你们推选职工代表，咱们好商量一下如何解决问题。"职工说："我们每个人都只代表自己，要商量问题，就要找我们一个一个地谈。"面对这种情况，企业该怎么办？如果和职工一个一个地谈判，那么谈判的成本实在是太高了。在这个时候，企业应该明白工会的作用了。有些企业领导人认为工会和集体合同以保护职工的利益为目的，企业的权益必然受到限制，因此对工会和集体合同怀有抵触心理。但是如果企业不能保障员工的基本权利和权益，即使企业没有工会这样的组织，员工也会自动自发地抗议。所以，工会组织和集体合同虽然是保护职工权益，但是与企业利益并不矛盾，而且企业在面临诸如职工罢工、抗议等特殊情况时，也会大大降低谈判的成本。

劳动争议在我国已经成为一个无法回避的社会问题，其范围、规模正在不断扩大，激烈程度正在不断提高，挑战和考验着我国社会政治和经济的稳定性和社会的和谐性。建立完善的集体合同法律制度，不但事关广大职工的切身利益，而且对增进劳资双方的理解，防范劳资冲突，巩固执政党的执政基础，实现现代化的宏伟目标的实现都具有重要意义。实践也证明，凡是集体合同和劳动合同工作做得好的企业、集体合同和劳动合同制度推行得好的地区，劳动关系就和谐，内部凝聚力就强，职工上访就少，经济社会的发展就比较稳定。

具体来说，集体合同有以下作用：

① 对于劳动者来说，集体合同制度是维护自身劳动权益的一种合法而有效的手段。

在签订劳动合同时，单个劳动者处于弱势而不足以同用人单位相抗衡，故难以争取到公平合理的劳动条件。由工会代表全体劳动者同用人单位签订集体合同，能够在一定程度上使劳资双方在实力上取得基本的平衡，避免出现劳动合同对于劳动者的过分不公平等极端失衡的现象。集体合同里规定了企业全体职工应该享受的一些基本的权益或者福利，这些集体权益（包括劳动条件和劳动标准等）和福利，是本单位内的最低个人权益和福利。企业既然通过协商同意了职工的这些权益和福利就必须去执行，若企业无法执行合同，就构成了违约行为，企业所有的劳动者都会抗议。对于单独的一个劳动者的抗议，企业或许不放在心上，但企业所有的劳动者都进行抗议，企业就要慎重考虑了。集体合同还有利于职工参与民主管理。许多在劳动合同中难以涉及的职工整体利益问题，可以通过集体合同进行约定，如企业工资水平的确定、劳动条件的改善、集体福利的提高等。据工资方面的法律规定，用人单位在制定工资分配和工资支付制度时应听取工会和职工代表大会的意见，这实际上就是工资集体协商的基础。此外，一旦企业经营状况和社会经济形势等因素发生了较大变化，用人单位需要裁减人员，应征求全体职工意见，而在集体合同中已明确规定这方面的内容，实际上就将经济性裁员规范化，保障劳动者的利益，进而促进了企业和社会的稳定。

② 对于用人单位来说，集体合同制度有利于减少劳动力管理的成本。

通过集体合同（也称"母合同"）对劳动关系内容进行全面规定之后，劳动合同只需要就单个劳动者的特殊情况作出规定即可，这样就大大简化了劳动合同内容，也大大降低了签订劳动合同的成本。

③ 对于政府来说，实行集体合同制度，在劳动关系的调整上可以在国家劳动法律法规的调整与劳动合同的调整中增加集体合同的调整这一层次，实现对劳动关系的多方位、多层次的调整。

集体合同对劳动关系的调整，同一般的劳动法律、法规相比，对不同企业劳动关系的针对性比较强，同时也有利于消除或弥补劳动合同存在的某些随意性，给企业劳动关系的调整提供一种新机制。在用人单位实行集体合同，以法律的形式认可了劳资双方自主解决劳资纠纷的惯例，劳动者完全可以通过自己的力量维护自身权利，政府居中裁决，其压力也将大大减轻，从而改善劳资关系，促进社会的稳定和谐。

目前，我国仍然存在过分注重个人劳动合同而忽视集体合同的现象。劳动者权益得不到很好的保护，劳动争议不断出现。其实，劳动者与企业建立良好的集体劳动合同关系对劳动者维权和企业稳定和谐发展远远比建立个人劳动关系重要得多，这种意识应该得到增强。

（三）集体合同的内容

集体协商双方可以就下列多项或某项内容进行协商，签订集体合同或专项集体合同：

① 劳动报酬。包括用人单位工资水平和最低工资水平、最低工资保障的实施办法、工资分配制度、工资标准和工资分配形式；工资支付办法；加班、加点工资及津贴、补贴标准和奖金分配办法；工资水平增减原则和办法；试用期及病、事假等期间的工资待遇；特殊情况下职工工资（生活费）支付办法；其他劳动报酬分配办法。

② 工作时间。即劳动者根据法律和法规的规定，在企业、事业、机关、团体等单位中，用于完成本职工作的时间。包括用人单位的工时制度，包括标准工作班制、每天最长工作小时数及每周工作天数等；加班加点办法及限制；特殊工种的工作时间；劳动定额标准等。

③ 休息休假。包括日休息时间、周休息日安排、带薪年休假办法；不能实行标准工时职工的休息休假；其他假期。

④ 劳动安全与卫生。包括劳动安全卫生责任制；劳动条件和安全技术措施；安全操作规程；劳保用品发放标准；定期健康检查和职业健康体检；女职工的特殊保护。

⑤ 补充保险和福利。包括补充保险的种类、范围；基本福利制度和福利设施；医疗期延长及其待遇；职工亲属福利制度。

⑥ 女职工和未成年工特殊保护。包括女职工和未成年工禁忌从事的劳动，女职工的经期、孕期、产期和哺乳期的劳动保护，女职工、未成年工定期健康检查，未成年工的使用和

登记制度。

⑦ 职业技能培训。包括职业技能培训项目规划及年度计划；职业技能培训费用的提取和使用；保障和改善职业技能培训的措施。

⑧ 劳动合同管理。包括劳动合同签订时间；确定劳动合同期限的条件；劳动合同变更、解除、续订的一般原则及无固定期限劳动合同的终止条件；试用期的条件和期限。

⑨ 奖惩。包括劳动纪律、考核奖惩制度、奖惩程序。

⑩ 裁员。包括裁员的方案、裁员的程序、裁员的实施办法和补偿标准。

⑪ 集体合同期限。《集体合同规定》第 38 条指出，集体合同或专项集体合同期限一般为 1~3 年，期满或双方约定的终止条件出现，即行终止。

⑫ 变更、解除集体合同的程序。

⑬ 履行集体合同发生争议时的协商处理办法。

⑭ 违反集体合同的责任。包括集体劳动合同当事人违反合同时依其违约性质、情节、程度等情况的不同各自应承担何种责任，包括民事责任和行政责任；违法集体合同的免责条款有哪些；如何确认和追究集体合同的违约责任等。

⑮ 双方认为应当协商的其他内容。如对职工的培训目标和形式、培训后的安置与使用等加以具体规定。

（四）集体合同的订立、履行、变更、解除和终止

1. 集体合同的订立

1）集体合同订立的概念

是指工会或职工代表与企事业单位之间，为规定用人单位和全体职工的权利义务而依法就集体合同条款经过协商一致，确立集体合同关系的法律行为。

2）集体合同订立的程序

① 讨论集体合同草案或专项集体合同草案。集体合同应由工会代表职工与企业签订，没有建立工会的，由职工推举的代表与企业签订。一般情况下，企业应成立集体合同起草委员会或起草小组主持起草集体合同。起草委员会或起草小组由企业行政和工会各派代表若干人，推行工会和企业行政代表各一人为主席或组长和副主席或副组长。起草委员会或起草小组应深入进行调查研究，广泛征求各方面的意见和要求，提出集体合同的初步草案并将集体合同草案文本提交职工大会或职工代表大会审议。职工大会或职工代表大会审议时，由企业经营者和工会主席分别就协议草案的产生过程、依据及涉及的主要内容作说明，然后由职工大会或职工代表大会对协议草案文本进行讨论，作出审议决定。

② 通过草案。经双方协商代表协商一致的集体合同草案或专项集体合同草案应当提交职工代表大会或者全体职工讨论。职工代表大会或者全体职工讨论集体合同草案或专项集体合同草案，应当有 2/3 以上职工代表或者职工出席，且须经全体职工代表半数以上或者全体职工半数以上同意，集体合同草案或专项集体合同草案方获通过。

③ 集体协商双方首席代表签字或盖章。

④ 登记备案。集体合同签订后，应将集体合同的文本及其各部分附件一式三份提请县级以上劳动行政主管部门登记备案。劳动行政部门有审查集体合同内容是否合法的责任，如果发现集体合同中的项目与条款有违法、失实等情况，可以不予登记备案。

⑤ 公布。生效的集体合同或专项集体合同，应当自生效之日起由协商代表以适当的形式向本方全体人员公布。

2. 集体合同的履行

是指集体合同依法生效后，双方当事人全面按照合同的约定履行合同义务。集体合同的履行，要求企业行政与工会组织及全体员工，认真执行和严格遵守合同条款规定，全面落实合同中规定的各项措施、指标和标准。重视工会工作，建立健全平等协商、监督检查机制，采取履约与奖惩挂钩等促进履约的有效措施。

现实中，很多企业在履行集体合同过程中出现多种问题，如集体合同中主要劳动标准性条款难以兑现，特别是"三欠"现象较普遍，即欠工资、欠医药费、欠养老保险金；平等协商制度形同虚设，集体合同一旦签订后就再也没有根据情况变化对集体合同的条款经过平等协商后进行修改、变更；集体合同的监督检查轻描淡写，表现为"三无"：无检查、无报告、无整改措施；集体合同的续签普遍滞后，到期集体合同续签率不高等。

3. 集体合同的变更和解除

引 导案例

小刘是一家公司的销售经理，该公司集体合同因公司兼并与行业发展而使继续履行显失公平，小刘等人要求公司解除合同，公司强硬拒绝，并表示该集体合同已报送劳动行政部门备案，对企业和全体职工都具有法律约束力，不能予以解除。小刘向工会反映，工会代表与公司协商不成，依法申请仲裁解除集体合同。问：该主张能得到支持吗？

1）集体合同的变更和解除

集体合同的变更，是指集体合同生效后尚未履行完毕之前，由于主客观情况发生变化，当事人依照法律规定的条件和程序，对原集体合同进行修改或增删的法律行为。集体合同的解除，是指提前终止集体合同的法律效力。经双方代表协商一致，可以变更或解除集体合同或专项集体合同。

劳动法规定有下列情形之一的，可以变更或解除集体合同或专项集体合同：

① 用人单位因被兼并、解散、破产等原因致使集体合同或专项集体合同无法履行的；

② 因不可抗力等原因致使集体合同或专项集体合同无法履行或部分无法履行的；

③ 集体合同或专项集体合同约定的变更或解除条件出现的；

④ 法律、法规、规章规定的其他情形。

2）集体合同的变更或解除的程序

集体合同的变更或解除一般应经过当事人双方协商，但在某些情况下，也允许单方解除合同。集体合同的两种不同的变更或解除形式，其变更或解除程序也不同。

（1）双方协议变更或解除集体合同的程序

双方协议变更或解除集体合同的程序，与集体合同的签订程序有某些相似的地方。

① 一方提议，向对方说明需要变更或解除的理由；

② 双方协商，达成书面协议；

③ 协议提交职工（代表）大会通过；

④ 报登记机关备案。

变更或解除集体合同的建议或答复，应在集体合同规定或有关法律规定的期限内作出。

（2）单方变更或解除集体合同的程序

在特殊情况下，如工会解散、企业破产、不可抗力的现象发生等，允许无过错的一方单方面变更或解除集体合同，分别履行下列手续：

① 工会解散，应提供会员大会的决议书副本；

② 企业破产，应提供人民法院宣告企业破产的裁定书副本；

③ 因不可抗力的现象需要变更或解除集体合同，应提供有关部门的证明；

④ 因一方过错使原合同履行已毫无意义时，无过错一方要求解除合同应及时通知对方。

4. 集体合同的终止

是指因某种法律事实的发生而导致集体合同法律关系消灭。集体合同或专项集体合同期限一般为 1～3 年，期满或双方约定的终止条件出现，即行终止。集体合同或专项集体合同期满前 3 个月内，任何一方均可向对方提出重新签订或续订的要求。集体合同或专项集体合同签订或变更后，应当自双方首席代表签字之日起 10 日内，由用人单位一方将文本一式三份报送劳动保障行政部门审查。劳动保障行政部门自收到文本之日起 15 日内未提出异议的，集体合同或专项集体合同即行生效。

（五）违反集体合同的责任

违反集体合同的责任是指集体合同当事人由于自己的过错，造成集体合同不能履行或者不能完全履行时，依照法律或集体合同的规定必须承受的法律制裁。违反集体合同的责任，从承担责任的主体看，有企业与工会组织及职工。在执行集体合同的过程中，要定期对合同的执行情况进行检查。对于违反集体合同的行为，应当追究责任。

① 企业违反集体合同，应承担一定的法律责任。其主管人员既必须对上级机关负行政责任，同时也应该根据实际情况承担一定的经济责任，如根据情况由上级机关给予批评、教育或警告、记过、撤职、开除等处分，对责任人扣发工资、奖金，赔偿部分经济损失等。如果企业管理人员违反集体合同属于恶意，应当从重处罚，其行为触及刑律已构成犯罪时，司法机关应当追究其刑事责任。如果企业不履行集体合同的规定，侵犯工会与职工的物质利益时，企业应承担赔偿责任。

② 工会的基层组织不履行集体合同的义务，应对上级工会和工会会员负道义上的和政治上的责任，由上级工会给予批评、教育或纪律处分。

③ 职工不履行集体合同规定的义务，其行为违反了集体合同中的规定时，也应承担相应的违约责任。

法 条链接

《劳动合同法》第 55 条规定：集体合同中劳动报酬和劳动条件等标准不得低于当地人民政府规定的最低标准；用人单位与劳动者订立的劳动合同中劳动报酬和劳动条件等标准不得低于集体合同规定的标准。

《劳动合同法》第 11 条规定：用人单位未在用工的同时订立书面劳动合同，与劳动者约定的劳动报酬不明确的，新招用的劳动者的劳动报酬按照集体合同规定的标准执行；没有集体合同或者集体合同未规定的，实行同工同酬。

二、劳务派遣合同

引 导案例

什么是劳务派遣与服务外包？深圳某银行和广州某人力资源公司签订《电话银行业务呼叫服务外包协议书》，约定广州某人力资源公司承包深圳某银行的部分电话银行业务呼叫客户服务；深圳某银行按协议向广州某人力资源公司支付业务外包费用，提供服务场地、设备、设施，承担工作场地水电费、电话费、清洁费、保安费等日常运行费用；广州某人力资源公司安排服务人员到深圳某银行提供的场地工作，这些服务人员与深圳某银行之间不存在劳动合同关系，一切用工手续、工资发放、社会保险缴纳、人事档案及党团组织关系的管理等均由广州某人力资源公司负责；深圳某银行有权对广州某人力资源公司的电话银行业务呼叫客户服务工作情况进行监督管理，并对服务人员设置绩效考核指标并进行考核，包括出勤率、呼叫数、业务计划完成情况等。由于内部管理不规范，广州某人力资源公司未与部分员工签订劳动合同，与部分员工解除劳动合同时也未支付解除劳动合同经济补偿金，拖欠员工2008年1—5月工资。2008年6月，广州某人力资源公司员工苑某等40人向劳动争议仲裁委员会申请仲裁，要求广州某人力资源公司和深圳某银行支付补偿金17.58万元。

请问：

员工与深圳某银行存在劳务派遣关系吗？

（一）劳务派遣合同概念和法律特征

1. 劳务派遣合同的概念

劳务派遣合同是由实际用工单位和劳务派遣公司首先签订劳务派遣协议，之后由劳务派遣公司代替用工单位招聘员工进行派遣的合同，包括劳动者与劳务派遣单位签订的劳动合同关系和用工单位与劳务派遣单位之间的派遣合同关系。它涉及劳务派遣单位、劳动者和用工单位三方当事人。

如今所谓的劳务派遣早已不能和当初同日而语，随着市场经济的逐步完善，劳务派遣作为一种全新的用人模式，逐渐步入了我们的生活。那么究竟是什么因素促使劳务派遣呈现出强劲的发展态势，越来越受到各单位的欢迎呢？我国改革开放之初，由于外企没有人事权，须通过外企服务公司派出员工到公司服务这种方式来用工。近年来，劳务派遣迅速发展，原因有很多，比如它能降低用人成本和风险，包括降低人力资源管理成本（除了给工资和社保外只要给劳务派遣单位一定数量的管理费，而无须支付用人单位招聘员工的各项费用，如场地租用费、广告费、中介成功服务费等）、税收成本（使企业少交企业所得税）和解约成本（企业没有解除劳动合同给付经济补偿金的风险）；降低管理风险（如派遣员工在企业发生劳动纠纷，就会由派遣单位出面进行调解；若员工发生工伤、怀孕、生病及其他问题也将由派遣单位承担经济损失）；有利于改善企业灵活的用工机制，避免用工单位自行招进不符合要求人员造成的损失和处理的麻烦，还能短期用工应对季节性很强的业务；解决国有单位没有编制但又需要用人的困境等。

劳务派遣方式：

① 完全派遣：由派遣公司承担一整套员工派遣服务工作，包括人才招募、选拔、培训、绩效评价、报酬和福利、安全和健康等。

② 转移派遣：有劳务派遣需要的企业自行招募、选拔、培训人员，再由派遣公司与员工签订劳动合同，并负责员工的报酬、福利、绩效评估、处理劳动纠纷等事务。

③ 短期派遣：用工单位与劳务派遣机构共同约定一个时间段来聘用和落实被派遣人才。

2. 劳务派遣合同的法律特征

劳务派遣最显著的本质特征就是雇和用相分离。这也正是劳务派遣对标准劳动法律关系的最大革新和突破。在劳务派遣中，劳动合同关系并不存在于用工单位和被派遣劳动者之间，而是存在于派遣单位与被派遣劳动者之间，但劳动力给付的事实则发生于被派遣劳动者与用工单位之间。形成"有关系（劳动关系）没劳动，有劳动没关系（劳动关系）"或"雇而不用、用而不雇"的特殊形态。在劳务派遣合同关系中，劳动派遣机构作为与劳动者签订劳动合同的一方当事人，其特点，一是劳动者是派遣单位的员工，存在劳动合同关系，这与劳务中介、劳务代理不同；二是派遣单位只从事劳务派遣业务，不承包项目，这与劳务承包不同。

劳务派遣合同还具有以下其他特征：

1）不同于标准劳动关系只存在两个主体和一个劳动合同，劳务派遣合同关系具有三方主体，至少存在两个合同

它们分别是：劳务派遣单位、被派遣劳动者和用工单位；劳务派遣单位与被派遣劳动者之间订立的劳动合同；劳务派遣单位与用工单位之间订立的劳务派遣协议。劳务派遣是一种新的用人方式，可跨地区、跨行业进行，一方面，用工单位可以根据本行业的特点或自身工作和发展的需要，通过具有劳务派遣资质的劳动服务公司，寻找到所需要的各类人员，劳务派遣服务机构则根据用工单位的实际需求招聘员工，与员工签订劳动合同、建立劳动关系，并将员工派遣到用工单位工作，同时对员工提供人事行政、劳资福利、后勤保障等综合配套服务。实行劳务派遣后，实际用工单位与劳务派遣组织签订劳务派遣协议，劳务派遣组织与劳务人员签订劳动合同，实际用人单位与劳务人员签订劳务协议，用工单位与劳动人员之间只有使用关系，没有聘用合同关系。

2）劳务派遣一般在临时性、辅助性或替代性的工作岗位上实施

具体工作岗位由国务院劳动行政部门规定。在现实中，存在很多用工单位为降低用工成本，逃避劳动法的责任，任意使用劳务派遣工，使劳务派遣范围不断扩大，派遣劳动者人数也不断增加的不良现象。在一些行业和企业中，劳务派遣工甚至已占到一半以上，成为用工的主流形式。在一些有长年稳定需求的工作岗位，也使用劳务派遣工，如银行的前台柜员等。若不对这一用工形式加以规范，任其发展，劳务派遣很有可能在不久的将来成为所有企业用工的常态，劳动关系的基础将受到严重的挑战，劳动法的作用无法发挥，劳动者的合法权益将无法得到应有的保障，社会公平也将难以维护和实现。故劳动合同法明确规定了劳务派遣一般仅适用于临时性、辅助性或者替代性的工作岗位，以力图解决劳务派遣这种用工形式日益扩大的现象。

3）劳动关系的复杂性

劳务派遣合同关系涉及三方主体和至少两个合同，比一般劳动合同要复杂得多。派遣单位与受派遣劳动者的关系和用工单位与受派遣劳动者的关系都是不完整的劳动关系（前者是不完整的普通劳动关系，后者是特殊的实际劳动关系），二者结合起来构成完整的劳动关系，适用劳动法。派遣单位与用工单位的关系属于普通民事关系，适用民法。

（二）劳务派遣合同的内容

1. 劳务派遣单位与被派遣劳动者之间订立的劳动合同的内容

《劳动合同法》第58条规定："劳务派遣单位是本法所称用人单位，应当履行用人单位对劳动者的义务。劳务派遣单位与被派遣劳动者订立的劳动合同，除应当载明本法第十七条规定的事项外，还应当载明被派遣劳动者的用工单位以及派遣期限、工作岗位等情况。"

劳务派遣单位与被派遣劳动者订立的劳动合同应当具备以下条款：

① 用人单位的名称、住所和法定代表人或者主要负责人；

② 劳动者的姓名、住址和居民身份证或者其他有效身份证件号码；

③ 劳动合同期限；

④ 派遣期限；

⑤ 工作内容和工作地点；

⑥ 工作岗位；

⑦ 用工单位；

⑧ 工作时间和休息休假；

⑨ 劳动报酬；

⑩ 社会保险；

⑪ 劳动保护、劳动条件和职业危害防护；

⑫ 法律、法规规定应当纳入劳动合同的其他事项。

用人单位提供的劳动合同文本未载明劳动合同必备条款的，劳动者可向劳动行政部门投诉，由劳动行政部门责令改正；给劳动者造成损害的，用人单位应当承担赔偿责任。

2. 劳务派遣单位与用工单位之间订立的劳务派遣协议

《劳动合同法》第59条规定："劳务派遣单位派遣劳动者应当与接受以劳务派遣形式用工的单位（以下称用工单位）订立劳务派遣协议。劳务派遣协议应当约定派遣岗位和人员数量、派遣期限、劳动报酬和社会保险费的数额与支付方式以及违反协议的责任。"

（三）劳务派遣合同中当事人的权利和义务

1. 被派遣劳动者对劳务派遣单位的权利和义务

1）被派遣劳动者对劳务派遣单位的权利

《劳动合同法》对被派遣劳动者的劳动合同解除权、劳动报酬权和民主权利等作出了明确规定：

① 用人单位与劳动者协商一致，可以解除劳动合同。

② 未按照劳动合同约定提供劳动保护或者劳动条件的；未及时足额支付劳动报酬的；

未依法为劳动者缴纳社会保险费的；用人单位的规章制度违反法律、法规的规定，损害劳动者权益的等，构成法定解除劳动合同的事由。

③ 劳务派遣单位跨地区派遣劳动者的，被派遣劳动者享有的劳动报酬和劳动条件，按照用工单位所在地的标准执行。

④ 被派遣劳动者享有与用工单位的劳动者同工同酬的权利，用工单位无同类岗位劳动者的，参照用工单位所在地相同或者相近岗位劳动者的劳动报酬确定。

⑤ 被派遣劳动者有权在劳务派遣单位或者用工单位依法参加或者组织工会，维护自身的合法权益。

2）被派遣劳动者对劳务派遣单位的义务

被派遣劳动者对劳务派遣单位的义务即是劳务派遣单位对被派遣劳动者的权利。在劳务派遣关系中，劳动者负有双重义务：组织上隶属于派遣单位，工作上服从用工单位。对于派遣单位，劳动者的义务如下。

① 遵守劳动合同，完成劳动任务。

② 遵守职业道德和用工单位的劳动规章、执行其劳动安全卫生等各项规程。

③ 若有在试用期间被证明不符合录用条件的；严重违反用工单位的规章制度的；严重失职，营私舞弊，给用工单位造成重大损害的；劳动者同时与其他用工单位建立劳动关系，对完成本单位的工作任务造成严重影响，或者经用工单位提出，拒不改正的；以欺诈、胁迫的手段或者乘人之危，使对方在违背真实意思的情况下订立或者变更劳动合同的；致使劳动合同无效的、被依法追究刑事责任等情形，用工单位可以将劳动者退回劳务派遣单位，劳务派遣单位可依法与劳动者解除劳动合同。

2. 劳务派遣单位对被派遣劳动者的义务

① 劳务派遣单位应当履行用人单位对劳动者的义务。这一规定明确了劳务派遣单位与劳动者形成《劳动合同法》规定的正式劳动合同关系，劳务派遣单位要承担用人单位的全部权利和义务。这些权利义务在《劳动合同法》中已有明确规定。如派遣单位承担依法招用劳动者、与劳动者签订书面劳动合同以及解除劳动合同时支付经济补偿金、支付劳动报酬、参加社会保险并依法缴费等义务。

② 劳务派遣单位与被派遣劳动者订立的书面劳动合同，除了要有一般劳动合同的必备条款外，还要明确约定被派遣劳动者的用工单位以及派遣期限、工作岗位等情况。

③ 劳务派遣单位与被派遣劳动者至少要订立2年以上的固定期限劳动合同。

④ 劳务派遣单位应当将劳务派遣协议的内容告知被派遣劳动者，简称告知义务。

⑤ 劳务派遣单位不得克扣用工单位按照劳务派遣协议支付给被派遣劳动者的劳动报酬，简称工资支付义务。

⑥ 劳务派遣单位和用工单位不得向被派遣劳动者收取费用，简称禁止收费义务。

3. 用工单位对被派遣劳动者的义务和权利

1）用工单位对被派遣劳动者的义务

用工单位不是劳动法意义上的用人单位，尽管被派遣劳动者与用工单位之间并不存在劳动关系，但由于被派遣劳动者是向用工单位实际提供劳动，用工单位享有对劳动者的指挥监督权，双方实际上存在隶属关系与人身关系的结合，因此，用工单位同样对被派遣劳动者负有相应的义务。《劳动合同法》规定了其对劳动者负有的特殊保护照顾义务，内容主要包括：正确确定派遣期限；用工单位应当向被派遣劳动者提供安全卫生的工作环境和条件；应当保证被派遣劳动者的工资报酬不低于最低工资标准及与其他正式职工同工同酬；应当保护被派遣劳动者的一般人格权不受侵害等。具体包括：

① 用工单位应当根据工作岗位的实际需要与劳务派遣单位确定派遣期限，不得将连续用工期限分割订立数个短期劳务派遣协议。

② 用工单位应履行下列义务：

- 执行国家劳动标准，提供相应的劳动条件和劳动保护；
- 告知被派遣劳动者的工作要求和劳动报酬；
- 支付加班费、绩效奖金，提供与工作岗位相关的福利待遇；
- 对在岗被派遣劳动者进行工作岗位所必需的培训；
- 连续用工的，实行正常工资调整机制。用工单位不得将被派遣劳动者再派遣到其他用人单位。

③ 被派遣劳动者享有与用工单位的劳动者同工同酬的权利。用工单位无同类岗位劳动者的，参照用工单位所在地相同或者相近岗位劳动者的劳动报酬确定。

④ 被派遣劳动者有权在劳务派遣单位或者用工单位依法参加或者组织工会，维护自身的合法权益。

2）用工单位对被派遣劳动者的权利

① 按劳动合同约定向用工单位提供劳动的义务。

② 执行劳动安全规程的义务。

③ 忠实的义务，包括保守商业秘密和竞业限制等义务等。

4. 劳务派遣单位与用工单位之间的权利和义务

劳务派遣单位与用工单位之间依据劳务派遣协议成立民事合同关系，双方的权利义务应遵循私法意思自治的原则由双方在合同中自行协商确定。劳务派遣协议中只是劳务派遣单位与用工单位之间的双方协议，而对于第三方被派遣劳动者并不生效，被派遣劳动者仍可基于其与劳务派遣单位、用工单位分别形成的法律关系主张权利。

（四）相关法律责任及其划分

1. 劳务派遣单位与用工单位的违法劳动合同法的责任及其划分

劳务派遣单位违反劳动合同法规定应承担的法律责任包括行政责任和民事责任。《劳动合同法》第92条规定：劳务派遣单位、用工单位违反本法有关劳务派遣规定的，由劳动行政部门和其他有关主管部责令限期改正；逾期不改正的，以每人5 000元以上10 000元以下的标准处以罚款，对劳务派遣单位，吊销其劳务派遣业务经营许可证。用工单位给被派遣劳动者造成损害的，劳务派遣单位与用工单位承担连带赔偿责任。在民事责任承担方面，《劳动合同法》规定了承担赔偿责任的主体包括劳务派遣单位，还包括用工单位，即用工单位承担连带赔偿责任。这是基于劳动派遣的特殊性而做出的特殊规定。劳务派遣的"有关系没劳动，有劳动没关系"的特征导致劳务派遣过程中容易出现损害劳动者的合法权益，如同工不同酬、责任分担不清、对被派遣劳动者权益造成损害后相互推诿等问题。这一规定有效防止了用工单位不实际承担用工责任，劳务派遣单位实际承担不了用工责任的不良后果的产生，最大化地保障被派遣劳动者受损的权益得到赔偿。

2. 劳务派遣职务侵权责任承担

《中华人民共和国侵权责任法》增加了劳务派遣职务侵权责任承担的内容，规定被派遣劳动者因执行工作任务造成他人损害的，实际用工单位应承担侵权责任，劳务派遣单位承担相应的补充责任。

此外，如果被派遣劳动者对用工单位产生侵权责任时，劳务派遣单位可以把这种员工的责任转化为派遣服务机构的责任，再由派遣单位对被派遣劳动者行使追偿权。劳动者若因过错损害到用工单位的合法权益且造成经济损失须承担赔偿责任。但其经济承受能力有限将导致用工单位的经济损失很难得到完全弥补。因此可以在派遣协议中约定：派遣服务机构应教育自己的员工遵守用工单位的规章制度。劳动者违反用工单位的规章制度造成用工单位损失的，视为劳务派遣单位违反约定，应承担违约责任。派遣单位对用工单位承担违约责任后，可以适当追究劳动者的责任。这样，既避免了侵权责任的难以认定，也强化了派遣服务机构的雇主责任，还可以最大化地弥补用工单位的经济损失。

（五）劳务派遣中应注意的法律问题

1. 劳务派遣机构的资质

目前许多职介机构开始从事劳务派遣服务，有些经过政府许可，但有些是擅自开展，需要提醒劳动者注意。签订劳动合同之前要查明劳务派遣机构的资质。若与有资质的派遣机构签订劳动合同则该合同受法律保护。若与非法的派遣机构签订劳动合同则合同无效，视为劳动者通过职介机构直接向用人单位提供劳务，法院将根据情况确定劳动者与用人单位之间存在劳动关系还是劳务关系。

2. 解除劳动合同的经济补偿金

据《劳动法》第24、26、27条规定解除劳动合同的，用人单位应支付经济补偿金。解除劳动合同而引起的劳动争议，只能发生在劳动合同订立双方之间，故劳动者应向与自己签有劳动合同的对方主张经济补偿金。

3. 劳动者工资的支付

一般情况下，劳务派遣合同及劳动合同中对工资支付的标准、方式均作了明确约定。

若约定由用工单位向劳动者支付工资，当劳动者因工资支付标准、数额等产生争议时可以将用工单位作为被申诉人（或被告），将派遣单位作为第三人。若未明确约定由哪方发放工资，因劳动者是与派遣单位形成劳动关系，向劳动者支付劳动报酬是派遣单位的主要义务，故劳动者应将派遣单位作为被申诉人（或被告），将用工单位作为第三人。

4. 社会保险金的缴纳

在劳务派遣关系中，就社会保险金的承担、缴纳问题作了特别约定的，从其约定。若未特别约定的，应本着"谁用工，谁受益"的原则，由实际用工单位承担缴纳社会保险金的责任。

5. 工伤事故责任的承担

作为劳动者的实际用工单位，负有为劳动者提供劳动安全卫生保障的义务，劳动者在劳动过程中发生工伤事故的，可以把用工单位作为被申诉人（被告），派遣单位作为第三人。

6. 是否同工同酬

在劳务派遣中，同工不同酬普遍存在，不可否认这也是某些企业选择劳务派遣方式的本意，即降低用工成本。由于用工单位与劳动者之间不存在现行劳动法调整的劳动关系，只能界定为一般民事关系，在法院审理阶段，对同工不同酬做出认定和处理比较困难。故劳动者在选择劳务派遣方式就业前，应全面了解双方的权利义务、被派遣单位的实际情况，签合同时对劳动报酬适当限定。

7. 未签合同如何认定劳动关系

劳动者未与任何一方签订书面合同时，一般情况下，应认定劳动者与用工单位形成事实劳动关系。实践中，劳动者工资由职介机构发放而劳动者无异议的，若职介机构与用工单位确有劳务派遣口头或书面协议，且职介机构有劳务派遣资格的，可以推定为劳务派遣关系，认定劳动者与职介机构形成劳动关系。

三、非全日制合同

引 导案例

老王多年前下岗失业，为了养活一家人，不得不四处找工作。但由于年龄较大又没有一技之长，老王一直找不到合适的工作。不久前，街道办事处给老王介绍了一个工作，到一家公司做保洁。看到工资等待遇都不错，老王就开始上班了。公司人力资源部的负责人告诉老王，他做的保洁工是非全日制的临时工，每天工作8小时，主要工作是保持工作环境整洁及主管安排的其他工作，不上保险，工资按月发放；他在公司应当遵守公司的规章制度，服从主管人员的指挥，好好地完成工作。同时，该人力资源部要求老王签订了一份劳务合同，并向老王解释说，非全日制用工人员与公司是劳务关系，所以签劳务合同。老王刚上班不久，却发生了意外。一天，老王在擦楼梯时，一不小心踩空，从楼梯上摔了下来，造成骨折，花去医药费8 000多元。伤愈后，老王回到公司上班，却被告知他与公司的劳务关系已经解除了，老王很纳闷，决定找到人力资源部的负责人理论。但人力资源部负责人对老王说："你是非全日制用工，与公司是劳务关系，你没给公司做好工作，我们还没找你呢，你还来找我们要说法！"老王非常气愤，却感到公司说得似乎也有道理，毕竟合同白纸黑字都写好的，只好忍气吞声、自认倒霉。

非全日制用工与全日制用工有哪些不同？

（一）非全日制用工的概念和法律特征

1. 非全日制用工的概念

《劳动合同法》第68规定："非全日制用工，是指以小时计酬为主，劳动者在同一用人单位一般平均每日工作时间不超过四小时，每周工作时间累计不超过二十四小时的用工形式。"非全日制用工是随着市场经济的就业形式多样化而发展起来的灵活用工形式。与全日制用工相比，非全日制用工更为便捷、灵活，既有利于用人单位灵活用工，节约用工成本，也有利于创造更多的就业机会，促进劳动者就业。

2. 非全日制用工的法律特征

① 非全日制用工形成的是一种特殊劳动关系，而非劳务关系，这是其本质特征。非全日制用工是一类特殊的用工形式。全日制用工的本质是一类用工形式，因此在非全日制用工

中，用人单位和劳动者之间形成的是劳动关系，而非民事劳务关系；双方达成的协议是劳动合同，而不是民事劳务合同，例如，"小时工"就是一种劳务关系，并不适用《劳动合同法》中关于非全日制用工的规定，因为用工的家庭和个人不具备用人单位资格。既然非全日制用工形成的是劳动关系，就适用《劳动法》和《劳动合同法》的一般原则和一般规定；同时，这种劳动关系又具有特殊性，非全日制用工还遵循一些特别的法律规定。如非全日制用工双方当事人不得约定试用期；非全日制用工劳动报酬结算支付周期最长不得超过 15 日；非全日制用工一般只缴纳工伤保险等。

② 灵活性是非全日制用工的一个显著特征。与全日制用工相比，它形成相对宽松的劳动关系。非全日制用工的灵活的法律特征体现在以下几个方面。首先，劳动合同形式最为宽松，既可以采用书面形式，也可以采用口头形式。其次，劳动关系存续时间不确定，合同双方均可以随时解除劳动关系，不必提前通知，用人单位无须支付经济补偿；劳动关系双重甚至多重，允许同一个劳动者同时存在两个或者两个以上的劳动关系。而对于全日制劳动用工，我国《劳动法》规定，劳动者只能与一个用人单位建立正式的劳动关系。如果劳动者在正式的工作之外还为其他用人单位服务，则只能算作兼职，而不能视为正式劳动关系，不能缴纳社会保险费。而非全日制劳动关系不是标准的劳动关系，因而不受这一规定的约束。但是我国《劳动合同法》第 69 条规定，后订立的劳动合同不得影响先订立的劳动合同的履行。

③ 非全日制用工计酬单位的特殊性。非全日制劳动合同是以小时为单位建立劳动关系，而普通的劳动关系是以日、月、年为单位建立劳动合同的；相应地，计酬单位也是小时。而且，与一定的以小时为计算单位的工作时间限制作为与全日制区分的标准，即非全日制用工的实质标准是：在同一单位平均每日工作不超过 4 小时，每周工作时间累计不超过 24 小时。这里的工作时间应理解为劳动合同约定的工作时间，用人单位可以根据实际业务需要，偶尔要求劳动者加班，凡超出约定工作时间以外的，用人单位应支付加班工资，但禁止用人单位长期要求劳动者加班。

（二）非全日制用工的特殊法律规定

1. 非全日制用工的劳动合同订立

非全日制用工既可以订立书面协议，也可以订立口头协议。《劳动合同法》第 69 条规定，非全日制用工双方当事人可以订立口头协议。从事非全日制用工的劳动者可以与一个或者一个以上用人单位订立劳动合同；但是，后订立的劳动合同不得影响先订立的劳动合同的履行。

劳动者以非全日制的形式就业，在一个单位的工作时间和收入少于全日制职工，必然出现与不同的用人单位建立双重或多重劳动关系的现象。允许从事非全日制用工的劳动者可以与一个以上用人单位分别订立劳动合同，建立双重或多重劳动关系，使得劳动者可以增加收入，用人单位可以降低用人成本，有助于充分利用稀缺人才的特殊才能，有助于使劳动者得到多方面的锻炼成为复合型的高素质人才。劳动合同法在此的限制规定是：订立一个以上劳动合同的，后订立的劳动合同不得影响先订立劳动合同的履行，不得侵害到先订立的劳动合同。

2. 非全日制用工不得约定试用期

《劳动合同法》第 70 条规定，非全日制用工不得约定试用期。《劳动合同法》第 17 条规定，用人单位与劳动者可以协商约定试用期，将试用期作为劳动合同的约定条款而非必备条款；而第 70 条则针对非全日制用工的特殊性对劳动合同法第 17 条做出了限制性的规定，明确禁止非全日制用工约定试用期。因为试用期内劳动报酬往往相对较低，用人单位很可能会把试用人员当成廉价劳动力且利用非全日制用工劳动关系相对不确定性较强，即劳动关系可以随时终止且无须支付经济补偿金的弱点，走马灯式地更换试用人员，以廉价使用，侵害劳动者的权益。故法律严格控制试用期，加强对非全日制劳动者的保护。

用人单位违反法律规定与非全日制用工劳动者约定了试用期的，应当承担相应的法律责任。按《劳动合同法》第 80 条规定由劳动行政部门责令改正，违法约定的试用期已履行的，由用人单位以劳动者试用期满月工资为标准，按已履行的试用期期限向劳动者支付赔偿金。

3. 非全日制用工的终止用工

《劳动合同法》第 71 条规定，非全日制用工双方当事人任何一方都可以随时通知对方终止用工。终止用工，用人单位不向劳动者支付经济补偿。"终止用工"既包括因劳动合同期届满而导致的终止，也包括劳动合同期没有届满而解除劳动合同的情形。非全日制用工的劳动者和用人单位任何一方都可以随时提出终止用工，终止用工应该通知另一方。通知可以采用书面形式，也可以采用口头通知的形式。任何一方提出终止用工都不用向对方支付经济补偿。非全日制用工的灵活性的特征，决定了劳动合同法对非全日制用工的终止做出了比全日制用工更为宽松的规定，以促进这一用工形式的发展，更好地利用非全日制用工的灵活性，从而促进就业，促进劳动力资源的优化配置。该规定也是对非全日制用工不得约定试用期的一种救济性规定。对用人单位来说，弥补了不得约定试用期就不能以劳动者在试用期间被证明不符合录用条件而与劳动者解除劳动合同的遗憾；对劳动者而言，在试用期情况下可以随时通知用人单位解除劳动合同的权利也通过这一条规定得到了救济。

4. 非全日制用工的劳动报酬

《劳动合同法》第 72 条："非全日制用工小时计酬标准不得低于用人单位所在地人民政府规定的最低小时工资标准。非全日制用工劳动报酬结算支付周期最长不得超过十五日。"

5. 非全日制用工的社会保险

从事非全日制工作的劳动者应当参加基本养老保险，原则上参照个体工商户的参保办法执行。对于已参加过基本养老保险和建立个人账户的人员，前后缴费年限合并计算，跨统筹地区转移的，应办理基本养老保险关系和个人账户的转移、接续手续。符合退休条件时，按国家规定计发基本养老金。从事非全日制工作的劳动者可以以个人身份参加基本医疗保险，并按照待遇水平与缴费水平相挂钩的原则，享受相应的基本医疗保险待遇。参加基本医疗保险的具体办法由各地劳动保障部门制定。用人单位应当按照国家有关规定为建立劳动关系的非全日制劳动者缴纳工伤保险费。从事非全日制工作的员工发生工伤依法享受工伤保险待遇；被鉴定为伤残 5～10 级的，经员工与单位协商一致可一次性结算伤残待遇及有关费用。

情景分析

（一）如果劳务派遣公司在与被劳务派遣劳动者的劳动合同中规定："劳动者本人同意，用工单位有权随时退工，劳务派遣单位有权随时调岗"，并经劳动者签字认可。请问，该劳动合同条款有效吗？

《劳动合同法》第35条规定，用人单位与劳动者协商一致，可以变更劳动合同约定的内容。变更劳动合同，应当采用书面形式。变更后的劳动合同文本由用人单位和劳动者各执一份。《劳动合同法》第40条规定："有下列情形之一的，用人单位提前三十日以书面形式通知劳动者本人或者额外支付劳动者1个月工资后，可以解除劳动合同：（一）劳动者患病或者非因工负伤，在规定的医疗期满后不能从事原工作，也不能从事由用人单位另行安排的工作的；（二）劳动者不能胜任工作，经过培训或者调整工作岗位，仍不能胜任工作的；（三）劳动合同订立时所依据的客观情况发生重大变化，致使劳动合同无法履行，经用人单位与劳动者协商，未能就变更劳动合同内容达成协议的。"据此，劳动合同法对变更劳动者工作岗位有特殊规定，变更应当与劳动者协商一致或者劳动者有符合《劳动合同法》第40条的规定。如果劳务派遣单位在与被派遣劳动者签订劳动合同时，事先在合同里面约定"劳动者同意用工单位或者用人单位有权对劳动者工作岗位有自主调动"，该约定显然排除了劳动者在将来面对用工单位或者用人单位单方调岗时自己的选择权，减少了用人单位调动员工工作岗位时应当承担的法定义务。根据《劳动合同法》第26条之规定，下列劳动合同无效或者部分无效：用人单位免除自己的法定责任、排除劳动者权利的；违反法律、行政法规强制性规定的。因此，这样的条款依法应当被认定为无效条款。

（二）如果劳务派遣协议中约定用工单位有权"随时将劳动者退回用人单位"有效吗？

《劳动合同法》第59条、第60条明确规定，劳务派遣单位派遣劳动者应当与用工单位订立劳务派遣协议，劳务派遣协议应当约定派遣岗位和人员数量、派遣期限、劳动报酬和社会保险费的数额与支付方式以及违反协议的责任，劳务派遣单位应将协议的内容告知被派遣劳动者。然而，一些不法的劳务派遣公司并不按照法律的规定将劳务派遣协议内容告知劳动者，并与用工单位私自约定用工单位随时有权将劳动者退回。实践中，一些理论观点也为劳务派遣公司这种做法提供理论依据，认为用工单位和劳动者没有劳动关系，用工单位将劳动者退工是基于劳务派遣协议，而劳务派遣协议仅是用人单位和用工单位之间的民事合同，没必要受劳动法关于调动劳动者工作岗位规定的约束，据民事合同的意思自由原则，合同双方可自由约定劳动者被退回的条件，而劳动者本人不是该协议当事人，无权对该劳务派遣协议的约定提出异议。《中华人民共和国宪法》第51条规定，公民在行使权利的时候，不得损害国家的、社会的、集体的利益和其他公民的合法的自由和权利。《中华人民共和国民法通则》第58条和《中华人民共和国合同法》第52条规定，恶意串通，损害国家、集体或者第三人利益的合同无效。据此，劳务派遣单位和用工单位的劳务派遣协议并不因为具有民事合同的性质而可以对所有的条款任意签订，如果该条款损害了第三人的利益，该合同条款无效。而劳务派遣单位与用工单位若签订劳务派遣协议约定"用工单位有权随时将劳动者退回至用人单位"损害了第三人——被劳务派遣劳动者的利益，《劳动合同法》规定，劳动者工作岗位不得被随意改变是法律赋予劳动者的一项权利。因此，该约定依法应当认定为无效，用工单位不能依据该无效约定退工。

任务三　用人单位劳动规章制度

任务情景

刘某自 2012 年 3 月起在重庆某制药公司（以下简称制药公司）从事机修工作。2014 年 1 月，双方签订劳动合同。2013 年 8 月 22 日，制药公司工会经职工代表大会审议表决一致通过后作出决议：该公司制定的《员工工作行为规范》从即日起执行。其中，《员工工作行为规范》规定，违反国家法律、法规，并被司法部门追究刑事责任或治安责任者解除劳动关系，并不给任何经济补偿。制药公司对上述规章制度等内容组织了全体职工培训和考试。2015 年 1 月 13 日 21 时许，刘某上班时在制药公司厂房内对正在上班的女职工覃某强行抱住，进行猥亵。公安机关查实后对刘某行政拘留 7 日。同年 2 月 4 日，制药公司根据《员工工作行为规范》等规定，并经工会同意，决定辞退刘某。同年 2 月 20 日，制药公司通知刘某：制药公司依据《中华人民共和国治安管理处罚法》第 44 条，决定自 2015 年 1 月 13 日起解除与刘某的劳动合同。刘某不服，申请仲裁，同年 9 月 2 日，劳动仲裁委员会认为，该决定适用法律不当，裁决撤销制药公司解除刘某劳动合同的决定。同月 18 日，制药公司通知刘某：解除与刘某劳动合同的适用法律变更为《员工工作行为规范》等。同月 25 日，制药公司诉至法院，请求解除与刘某的劳动合同关系，并不支付刘某经济补偿金。

课堂提问

有《劳动法》《劳动合同法》了，也确定了集体合同和个人劳动合同了，企业规章制度还有用吗？三者效力关系是怎样的呢？哪个效力最高？

一、用人单位劳动规章制度概述

（一）用人单位劳动规章制度的概念、种类和相关法律规定

1. 用人单位劳动规章制度的概念

用人单位规章制度是用人单位制定的组织劳动过程和进行劳动管理的规则和制度的总和，也称为内部劳动规则，是企业内部的"法律"，也被称为"家法"。用人单位劳动规章制度主要内容，通常由管理制度、操作规程、劳动纪律和奖惩办法等组成。

用人单位劳动规章制度大量产生的背景，是由于现代自由经济制度的蓬勃发展所引起的资本集中化、生产规模化和社会化及劳动分工的日益精细化。用人单位为了统一规范所有劳动者的行为，提供一套可供遵循的准则以维护整个用人单位的纪律，大量规章制度因此

而生。

我国《劳动法》第4条规定，用人单位应当依法建立和完善规章制度。可见，制定规章制度既是用人单位的法定权利，也是用人单位的法定义务。用人单位作为一种社会组织，从其依法成立之日起就被国家授予制定本单位规章制度的权利，用人单位制定规章制度是一种授权性的"立法"。用人单位制定规章制度要严格执行国家法律、法规的规定，体现权利与义务一致、奖励与惩罚结合，在督促劳动者履行劳动义务的同时，保障劳动者的劳动权利。

2. 用人单位劳动规章制度的种类

① 综合性规章。如《员工守则》《劳动人事管理制度》等。

② 单项性规章。如《薪酬制度》《劳动安全卫生管理制度》《劳动定额制度》《保密制度》《职工奖惩制度》等。

③ 专门性规章。如《保安人员管理制度》《饭堂管理制度》《质检人员工作规范》等。

3. 用人单位劳动规章制度的相关法律规定

虽然劳动规章制度是用人单位内部的劳动规则，但为防止用人单位滥用权利，损害劳动者的权益，各国都通过法律对其加以规范。我国目前尚无规范用人单位劳动规章制度的专门法律、法规，关于用人单位劳动规章制度的法律规范表现在以下法律、法规及规范性文件中。

（1）宪法

第53条规定："中华人民共和国公民必须遵守宪法和法律，保守国家秘密，遵守劳动纪律，遵守公共秩序，尊重社会公德。"宪法将"遵守劳动纪律"作为公民的基本义务之一，意在加速社会主义现代化建设，保障劳动者有秩序地完成生产工作任务，提高劳动生产率。

（2）劳动法

《劳动法》第3条规定："劳动者应当完成劳动任务，提高职业技能，执行劳动安全卫生规程，遵守劳动纪律和职业道德。"《劳动法》第4条规定："用人单位应当依法建立和完善规章制度，保障劳动者享有劳动权利和履行劳动义务。"这表明遵守劳动规章制度是劳动者的义务；制定劳动规章制度是用人单位的法定义务。《劳动法》第89条规定："用人单位制定的劳动规章制度违反法律、法规规定的，由劳动行政部门给予警告，责令改正；对劳动者造成损害的，应当承担赔偿责任。"该规定明确了劳动规章制度的制定主体，明确规定劳动规章制度应当符合法律、法规的规定，其效力是以合法为前提的。

（3）劳动合同法

《劳动合同法》第4条规定："用人单位应当依法建立和完善劳动规章制度，保障劳动者享有劳动权利、履行劳动义务。用人单位在制定、修改或者决定有关劳动报酬、工作时间、休息休假、劳动安全卫生、保险福利、职工培训、劳动纪律以及劳动定额管理等直接涉及劳动者切身利益的规章制度或者重大事项时，应当经职工代表大会或者全体职工讨论，提出方案和意见，与工会或者职工代表平等协商确定。在规章制度和重大事项决定实施过程中，工会或者职工认为不适当的，有权向用人单位提出，通过协商予以修改完善。用人单位应当将直接涉及劳动者切身利益的规章制度和重大事项决定公示，或者告知劳动者。"本条集中规定了劳动规章制度的制定主体——用人单位；内容——劳动报酬、工作时间、休息休假、劳动安全卫生、职工福利、职工培训、劳动纪律以及劳动定额管理等；民主程序——直接涉及劳动者切身利益的规章制度，其制订过程要先经过集体讨论，征求意见程序，再与工会和职工代表平等协商确定的程序。最后还要公示或告知劳动者。《劳动合同法》第74条规定："县级以上地方人民政府劳动行政部门依法对下列实施劳动合同制度的情况进行监督检查：（一）用人单位制定直接涉及劳动者切身利益的规章制度及其执行的情况……"以此规定了劳动规章制度的行政监督。《劳动合同法》第80条规定："用人单位直接涉及劳动者切身利益的规章制度违反法律、法规规定的，由劳动行政部门责令改正，给予警告；给劳动者造成损害的，应当承担赔偿责任。"明确规定劳动规章制度应当符合法律、法规的规定。

（4）相关主体法律法规的规定

《中华人民共和国全民所有制工业企业法》等有关主要法律、法规，都赋予了企业作为企业经营管理自主权的重要组成部分的制定劳动规章制度的权利，并对劳动规章制度的制定程序作出了相应规定。国有企业、集体企业制定重要劳动规章制度必须经职工（代表）大会审议决定，其他企业制定重要劳动规章制度时，应当听取工会和职工的意见。例如，《中华人民共和国公司法》第18条第3款规定，公司研究决定改制以及经营方面的重大问题、制定重要的规章制度时，应当听取公司工会的意见，并通过职工代表大会或者其他形式听取职工的意见和建议。除了上述法律法规外，我国还有一些司法解释和规范性文件涉及用人单位的劳动规章制度。2001年最高人民法院《关于审理劳动争议案件适用法律若干问题的解释》第19条规定："用人单位根据《劳动法》第四条之规定，通过民主程序制定的规章制度，不违反国家法律、行政法规及政策规定，并已向劳动者公示的，可以作为人民法院审理劳动争议案件的依据。"因此，用人单位制定的劳动规章制度作为审理劳动争议的依据须具备3个条件：

① 必须是由用人单位的行政管理机关依法制定，内容必须符合劳动法及有关法律法规；

② 必须经过职工代表大会或其他民主程序通过，未设职工代表大会制度的用人单位，由股东大会、董事会等权力机构或者依相应的民主程序通过制定；

③ 必须要明确告知劳动者，用人单位未尽告知义务的，不能作为处理劳动争议案件的依据。

（二）用人单位劳动规章制度的特征和作用

1. 用人单位劳动规章制度的特征

1）制定主体的单方性

劳动法规定制定劳动规章制度的主体是用人单位，因此制定劳动规章制度是单方法律行为，即用人单位单方的意思表示。尽管其在制定过程中可能要征求单位员工的意见和建议，劳动者的参与并没有改变规章制度的单方法律行为的性质。

2）效力的局限性

用人单位劳动规章制度的效力仅局限于本单位范围内。这区别于政府强制推行的劳动法律。

3）内容和程序的合法性

用人单位劳动规章制度须依法制定，首先是内容合法，不能违反法律和法规的规定，否则该规章自始无效。《劳动法》第89条、《劳动合同法》第80条等条款都规定用人单位制定的规章制度必须内容合法。其次是程序合法，须经职工代表大会或其他民主程序通过，未设职工代表大会制度的用人单位，由股东大会、董事会等权力机构或者依相应的民主程序通过制定；须明确告知劳动者。其法律依据是《劳动法》第8条规定，《劳动合同法》第4条和最高人民法院《关于审理劳动争议案件适用法律若干问题的解释》第19条。

4）程序上采用自己主导和职工参与，是用人单位自主性和劳动者民主性的结合

用人单位劳动规章制度是用人单位用工自主权和劳动者民主管理权相结合的产物。一方面，用人单位制定劳动规章制度，是行使其用人自主权的法律行为；另一方面，职工也参与劳动规章制度的制定，劳动规章制度的内容经职工一方同意方能确定，体现了职工的参与权和监督权。

5）目的是规范劳动行为和用工行为

用人单位劳动规章制度是劳动者和用人单位在劳动过程中的行为规范，是双方履行其义务，实现其权利的保证。

2. 用人单位劳动规章制度的作用和意义

用人单位劳动规章制度是法律法规的实施细则，是企业管理措施的具体化，是企业进行人力资源管理的重要依据。劳动规章制度不仅是一种规定，用于规范劳动和用工，还赋予职工以权利和义务，从而产生积极的正面效应，对企业的正常运营、生产、长远发展具有重大作用。完善和实施劳动规章制度对于企业具有深远的意义。其具体作用表现为：

1）用人单位劳动规章制度是法律法规的实施细则和法律法规空白点的有效延伸

例如，《劳动合同法》第39条明确规定，劳动者严重违反了用人单位的规章制度的，用人单位可以解除劳动合同。劳动者严重失职，营私舞弊，给用人单位利益造成重大损害的，用人可以解除劳动合同。在实施时，就必须界定什么是"严重违反"用人单位的规章制度。"重大损害"的标准是什么？再比如，法律规定了带薪年休假，但带薪年休假如何安排，年休假期间享受什么待遇？于是，法律授权给用人单位，由用人单位结合本单位的实际情况在规章制度中将法律的授权进行细化、补充。用人单位在制定规章制度时，需要将法律授权给用人单位进一步细化的条款找出来，重点针对这些条款进行细化、补充与完善，防止管理的任意性，使用人单位的劳动管理行为规范化，从而排除用人单位任意发号施令，乱施处罚权，保障劳动者合法权利，降低用工风险，减少劳动争议的发生，满足职工公平感的需要，培养职工对于单位的归属感，从经济效益上看，通过保障企业的运作有序化、规范化，能有效降低企业经营运作成本，促进企业的发展。

2）用人单位劳动规章制度的引导和警诫作用

用人单位劳动规章制度通过合理地设置权利义务责任，对职工行为产生有效正面指导和引导作用，能使职工预测到自己行为和努力的后果，激励员工为企业的目标和使命努力奋斗，满足职工成就感的需要。另外，也有反面警诫作用。劳动规章制度会规定违反规章制度的后果，使员工能预知自己的不良行为将会得到什么的惩罚，从而在劳动生产过程中自觉抑制违规行为的发生。而运用规章制度实际对员工作出惩处，也能起到警诫和教育的作用。

3）用人单位规章制度可以作为裁判案件的依据

用人单位制定的合法规章制度是具有法律效力的。《关于审理劳动争议适用法律若干问题的解释》第19条规定，用人单位根据《劳动法》第4条规定，通过民主程序制定的规章

制度，不违反国家法律、行政法规及政策规定，并已向劳动者公示的，可以作为人民法院审理劳动争议案件的依据。

二、用人单位劳动规章制度的制定原则、程序和法律效力

（一）用人单位劳动规章制度的制定原则

1. 有效性原则

即要求制定主体合法、程序合法和内容合法。指的是劳动规章制度必须符合法律规定的有效要件，才具有法律效力。这是最重要、最基础的原则。它要求劳动规章制度符合以下有效要件：制定主体合法、程序合法和内容合法。制定劳动规章制度应当体现权利与义务一致，奖励与惩罚结合，不得违反法律、法规的规定，这是法律有效性的最基本的要求。有些用人单位规定，入职几年内不得结婚，或者不得生育，入职需要交纳保证金，需要扣押劳动者的某些证件等，这就是违反法律规定的，是无效的。劳动规章制度是用人单位单方面制定的，虽然有很多程序上的限制，但企业仍然享有比较大的自主权。故在衡量规章制度是否合法有效时，司法机关往往会综合考虑单位用人自主权与保障职工权利的平衡点，凡是应由双方协商确定的与职工切身利益直接相关的重要事项，若没有经过协商，而由单位单方面在规章制度中进行规定时，一般情况下都不会作为审理案件的依据。因此制定劳动规章制度时，在程序有效的细节上要充分重视，不仅确实按法定程序进行，还要注意进行证据固定，才能确保制度的有效性。

2. 明确性原则

要求目的明确，内容具体，不具歧义。首先，明确规章制度的设定目的，权利义务职责条款应服务于制度的目的；确保权利义务责任一致，有权利必有义务、有义务必有责任。直接牵涉职工利益的内容如：工资标准、劳动定额标准、处罚标准、解除劳动关系标准要具体，可以计算和量度；表述要准确，不能存在多种解释；条款清晰、前后一致、不矛盾，符合逻辑规律；术语、名词要规范，对难以穷尽事项用技术性术语概括规定。例如，根据法律规定，在处理、结束职工劳动关系这一问题上，可以采取不同方式，比如开除、除名、解除劳动合同、解除劳动关系、擅自离职。不同的处理方式针对的行为、处理的程序、适用的法律不同，结果自然也有所区别。只有弄清不同术语的法律含义，单位才能合法有效地处理员工。此外，劳动规章制度的制定明确规章制度的效力范围；与其他规章制度的衔接；明确规章制度的解释和执行部门等。

3. 实用性原则

劳动规章制度在很大程度上可以看作是用人单位约束员工的"游戏规则"，旨在维护公司的正常经营秩序，规范员工的行为，而如果内容不完善或只有原则性的条文，是很难起到实际的规范作用。首先，在内容上，不仅要有规范性的规定，还必须有相应的处罚规定。否则就形同虚设，起不到实际效果。公司规章中可以规定的对于员工的处罚方式通常有：书面警告、记过、扣工资或奖金、降级或降职、降薪、停工等。由于处罚往往触动员工的个人利益，若处理不好极易引发劳动争议。因此违纪员工的处罚应建立在既合法又合理的基础之上，且在实际规章制度的制定上细化可操作性内容，并切实推行。如一名职工连续旷工10 天，企业的制度规定是"连续旷工时间超过 10 天，或 1 年以内累计旷工时间超过 15 天，

企业可解除劳动合同"作为处罚的基础，企业有义务证明员工旷工事实的存在，一旦发生劳动争议考勤记录就会成为案件的焦点，它可能会存在以下几个问题：第一，考勤制度是否符合内容合法、民主制定和公示告知制度 3 个要件；第二，考勤制度所依托的工作时间安排是不是合理合法；第三，考勤制度所确定的考勤范围是否包括所解除劳动合同的劳动者；第四，考勤制度有没有真正实行。若考勤制度经不住以上推敲，败诉的风险将大大增加。

4. 适时修改原则

实践证明，不适当的内容应及时修改完善。规章制度既要符合法律、法规，也要合理，符合社会道德。工会或职工认为不适当的，有权通过协商作出修改完善。

（二）用人单位劳动规章制度的制定程序

1. 用人单位劳动规章制度和重大事项的民主协商程序

职工参与民主管理是顺应时代发展和现代企业管理规律的必然要求，是构建和谐企业的强大动力，是企业降低交易成本、提高劳动生产率的必然要求。劳动规章制度的大多数内容与职工的权利密切相关，对于直接涉及劳动者利益的重大事项，劳动者有权参与决策，这是民主管理的一种体现。让广大职工参与劳动规章制度的制定，可以有效地杜绝用人单位独断专行，防止用人单位利用规章制度侵犯劳动者的合法权益和不和谐安定因素的出现，确保劳动规章制度的科学性和民主性。

1）平等协商的内容

直接涉及劳动者切身利益的劳动报酬、工作时间、休息休假、劳动安全卫生、保险福利、职工培训、劳动纪律以及劳动定额管理等规章制度或者重大事项，规章制度如工作时间、休息休假、劳动安全卫生、劳动纪律以及劳动定额管理等规章制度，重大事项如劳动报酬、保险福利、职工培训等。

2）用人单位劳动规章制度的具体制定程序

具体制定程序分为两个步骤，第一步是经职工代表大会或者全体职工讨论，提出方案和意见；第二步是与工会或者职工代表平等协商确定。一般来说，企业建立了工会的，与企业工会协商确定；没有建立工会的，与职工代表协商确定。这种程序，可以说是"先民主，后集中"。

2. 规章制度的异议程序

用人单位的规章制度既要符合法律、法规的规定，也要合理，符合社会道德。实践中有些用人单位的规章制度不违法，但不合理、不适当。如有的企业规章制度规定一顿饭只能几分钟吃完；一天只能上几次厕所，一次只能几分钟等。这些虽不违反法律、法规的规定，但不合理，也应有纠正机制。故在规章制度实施过程中，工会或者职工认为用人单位的规章制度不适当的，有权向用人单位提出，通过协商作出修改完善。

3. 规章制度的告知程序

规章制度是劳动合同的一部分，要让劳动者遵守执行，应当履行告知程序。直接涉及劳动者切身利益的规章制度应当公示或告知劳动者。为避免司法机关在处理劳资纠纷时对规章制度公示效力认定的困难，建议用人单位进行证据固定。通常采用的告知方式有：

① 发放员工手册；

② 内部培训法（留存资料内容包括：培训时间、地点、参会人员、培训内容、与会人员签到登记）；

③ 劳动合同约定法（将规章制度作为劳动合同的附件，在劳动合同书里明确写明"劳动者已知悉规章制度的内容"）；

④ 考试法（开卷或闭卷，保留试卷）；

⑤ 传阅法（阅读后签字确认）；

⑥ 入职登记表声明条款（留存有员工签名的登记表）；

⑦ 意见征询法（留存员工意见的签名和书面资料）；

⑧ 公告栏，宣传栏张贴（进行拍照、录像保存证据）。尽量避免的公示方式是：一是网站公布；二是电子邮件告知。采用这些方式，一旦发生劳动争议不易举证。

4. 审核备案

为加强对用人单位遵守国家劳动保障法律法规的监督检查，预防违法行为的发生，劳动保障部门建立了对用人单位劳动规章备案审查制度。用人单位劳动规章备案审查，是指劳动保障监察机构对用人单位制定并报送备案的劳动规章进行审核和管理。劳动保障监察机构对用人单位劳动规章制度主要审查2个方面：一是劳动规章制度内容是否符合法律、法规；二是制定劳动规章制度的程序是否符合法律、法规规定的程序。用人单位制定的劳动规章制度违反法律、法规规定的，由劳动保障行政部门给予警告，责令改正。

（三）用人单位劳动规章制度的法律效力

关于用人单位劳动规章制度的法律效力，存在如下学说：契约说、法规说和折中说。契约说认为劳动规章制度是劳动合同的一部分，劳动合同既已成立，劳动规章制度作为劳动合同的附合合同，只要合法，同样具有法律效力。法规说认为劳动规章制度发生约束力的根源在于劳动规章制度具有法律规范的性格，而与劳动者主观意思表示无关。折中说认为契约说和法规说均失之偏颇而不合理。劳动规章制度之所以发生法律效力，既是由于法律的确认，也是由于当事人双方的合意。折中说比较符合我国国情和立法实践。

1. 用人单位劳动规章制度的效力要件

一般认为用人单位规章制度必须符合以下要件才具有法律效力：

1）制定主体合法

《劳动法》和《劳动合同法》都规定，用人单位应当依法建立和完善规章制度。规章制度的制定的主体应该是用人单位。如果是用人单位的某个部门制定的规章制度，一旦发生劳动争议，就无法产生预期的效力。即便是企业的某个部门制定的规章制度，为防止效力风险，建议也以企业的名义发布。

2）内容必须合法

所谓内容合法，是指规章制度的内容不得违反法律规定、不违反公序良俗和不违反劳动合同和集体合同的约定。根据《劳动法》第89条、《劳动合同法》第80条规定，用人单位制定的规章制度必须要内容合法。公序良俗是指公共秩序和善良风俗。用人单位规章制度不得违反公序良俗，否则职工可向劳动行政部门主张该规章制度无效，造成侵权的，可提起诉讼。劳动合同是劳动者与用人单位就劳动权利义务达成的协议，若不违反法律、法规，一经成立就具有法律约束力。规章制度是用人单方单方面制定的，单位不能通过规章制度单方面变更劳动合同的设定，即使规章制度由职代会通过，若与劳动合同冲突、不一致或增加劳动者的义务，除非劳动者认可，否则无效。另外，企业规章制度不得违反集体合同的约定。

3）制定程序合法

程序合法指规章制度的制定必须符合法律规定的程序。《劳动合同法》第4条规定，用人单位在制定、修改或者决定直接涉及劳动者切身利益的规章制度或者重大事项时，应当经职工代表大会或者全体职工讨论，提出方案和意见，与工会或者职工代表平等协商确定。

4）必须向劳动者公示

《劳动合同法》第4条规定："用人单位应当将直接涉及劳动者切身利益的规章制度和重大事项决定公示，或者告知劳动者。"公示原则是现代法律法规生效的一个要件，作为企业内部的规章制度更应对其适用的人必须公示，未经公示的企业内部规章制度，职工无所适从，不具有约束力。

2. 用人单位劳动规章制度的法律效力范围

用人单位劳动规章制度，在本单位范围内对全体职工和单位行政各个部门都有法律约束力。在劳动过程中各种劳动行为和用工行为，都必须遵守劳动规章制度，这既是约定义务，也具有法定性质，国家立法对此有明确的规定。职工与用人单位因执行劳动规章制度发生争议，应依法定的劳动争议处理程序予以处理。

三、用人单位劳动规章制度的内容

用人单位在制定劳动规章制度时，在内容上，应当符合法律要求，具备法定内容。应当尽量全面、细致、严谨、合法和公平。规章制度中涉及的各工种、岗位的任职条件、工作要求，工作规程以及责任等都应当一一列明，让劳动者明确用人单位劳动规章制度，应该做什么，可以做什么，不能做什么，可以要求用人单位做什么，以及违法规定的责任是什么等。

（一）用人单位的劳动规章制度的内容

按是否法定分为：

1. 法定内容

法定内容是法律、法规和规章规定必须制定的，主要有：

① 劳动合同管理制度；

② 工资支付制度；

③ 社会保险制度；

④ 福利待遇制度；

⑤ 工时休假制度；

⑥ 职工奖惩制度。

2. 非法定内容

非法定内容是根据企业的实际需要而制定的，主要有员工选聘依据、考核标准、晋升条件、工资分级、培训等内容。

（二）用人单位的劳动规章制度

按不同作用，分为：

1. 劳动条件规定

包括：

① 工作时间及休闲休假；

② 工资与劳动报酬；

③ 劳动安全卫生；

④ 员工培训；

⑤ 社会保险和福利。

2. 程序管理规定

包括：

① 员工招聘；

② 劳动合同管理；

③ 劳动争议处理。

3. 劳动纪律规定

包括：

① 劳动纪律；

② 岗位规范；

③ 奖励与惩罚。

四、用人单位劳动规章制度执行

引 导案例

女工龚军是某酒店的职工，某年7月29日下午4:00左右，她在经过1618客房时，收到一个传呼，于是就到该房间回了一个电话，话费是0.22元。客人退房结账时发现后拒付这0.22元话费并对酒店表示不满，声称要到消协投诉。酒店负责人立刻找到龚军询问并口头通知将其辞退。龚军不服，遂于同年9月25日到劳动仲裁机构讨说法。

用人单位依法建立和完善的劳动规章制度，是国家劳动法律规范的延伸和具体化。用人单位不仅要依法制定完善劳动规章制度，更要注意依法执行劳动规章制度，只有依法执行，才能使劳动规章制度真正发挥"家法"的效力作用，才能有利于规范用人单位的劳动用工行为，减少劳动争议的发生，从而促进劳动关系的和谐稳定。这里所谓依法执行，即用人单位在执行劳动规章制度时，也应像执行法律法规一样，做到形式合法、程序合法、内容合法。在依据劳动规章制度处罚时，必须遵守"事实清楚、证据充分、适用依据正确"这一规定。

用人单位对劳动规章制度的执行，需要把握以下几个要点。

（一）劳动规章制度执行主体

一般来讲，制定劳动规章制度主体是具有劳动法上用人主体资格的用人单位，而不是用人单位的内设机构。故须以用人单位的名义依据劳动规章制度作出处理决定，而不能以内设机构的名义作出。一些用人单位以内部行政部门或人力资源部门的名义作出处罚决定，不发生法律上的效力。

（二）用人单位在依据劳动规章制度处罚劳动者时，必须遵守以下原则

1. 认定事实必须清楚、证据充分的原则

用人单位对员工的处罚，并不能随意为之。用人单位对违纪职工作出处罚前，对职工违规的事实必须进行认真调查，查清事实，取得充分的证据，让当事人没有异议。只有这样才能够让人心服口服，达到处罚的目的。

2. 适用依据准确的原则

以劳动规章制度进行处罚时，也要遵循"法无明文规定不违法"的原则。首先，规章制度里没有明确禁止的，用人单位不得禁止员工的行为，除非员工的行为违反了法律法规和规章的规定。规章制度里没有明确规定可以处罚的，用人单位不得予以处罚。也就是说，用人单位作出的决定，必须在规章制度里有明确规定，否则不发生法律上的效力。其次，"处罚与违纪行为"相适用的原则，也就是说，职工犯什么样的错误，就应当受到相应的处罚，处理不能过轻，也不能过重。否则，不能起到教育的作用。同时，注意在处罚上，要一事一罚，不能设置一事双罚或多罚的规定。

3. 执行形式程序要合法的原则

执行规章制度，应符合一定的形式。

第一，作出决定以前，必须进行调查。

第二，决定应以书面的形式予以体现。特别是对员工的处罚，必须作出决定书，管理人员口头的命令和决定不发生法律上的效力。在用人单位的决定书里，必须对员工违规的事实进行阐述，对处罚的理由和依据进行明确。

第三，用人单位单方解除劳动合同，应当事先将理由通知工会。用人单位违反法律、行政法规规定或者劳动合同约定的，工会有权要求用人单位纠正。用人单位应当研究工会的意见，并将处理结果书面通知工会。

第四，决定书必须加盖用人单位的法人印章。

第五，决定书必须及时送达，并可在一定范围内公示。只有形式和程序都合法了，处罚决定才发生法律上的效力。

（三）劳动规章制度、劳动合同和集体合同冲突的适用

劳动规章制度是用人单位依法制定的适用于本单位及本单位全体劳动者或部分劳动者的劳动管理规则。劳动合同是劳动者与用人单位确立劳动关系，明确双方权利和义务的协议。集体合同是用人单位与本单位职工根据法律、法规、规章的规定，就劳动报酬、工作时间、休息休假、劳动安全卫生、职业培训、保险福利等事项，通过集体协商签订的书面协议。"三者"都是确立劳资双方权利和义务的重要依据、规范劳动行为的准则、协调劳动关系的重要制度，是调整劳动关系的重要手段。"三者"的目的具有一致性，都是为调整用人单位劳动关系而存在的，并成为企业调整劳动关系的三大支柱。在实际工作中用人单位确实出现过劳动规章制度、劳动合同及集体合同不一致的情形，如何解决"三者冲突"呢？

根据《最高人民法院关于审理劳动争议案件适用法律若干问题的解释（二）》规定，用人单位制定的内部规章制度与集体合同或者劳动合同约定的内容不一致，劳动者请求优先

适用合同约定的，人民法院应予支持。也就是说，当它们发生矛盾时，司法解释赋予了劳动者选择权，而且是赋予劳动者优先适用合同约定的选择权。若劳动者接受规章制度的内容，则需要变更集体合同或劳动合同，同时还应当履行一定的手续，并进行书面确认。最高人民法院之所以支持对确定劳动合同和集体合同的优先适用效力，主要目的是防止用人单位特别是企业的经营管理者不正当行使劳动用工管理权，借"少数人的民主"侵害多数职工依法享有的民主权利，从而倡导运用协商对话、集体谈判的机制建立和谐劳动关系，维护和推行集体劳动合同制，促进劳动力市场管理秩序的规范。

《劳动合同法》第55条规定，集体合同中劳动报酬和劳动条件等标准不得低于当地人民政府规定的最低标准；用人单位与劳动者订立的劳动合同中劳动报酬和劳动条件等标准不得低于集体合同规定的标准。即集体合同所规定的标准在其效力范围内是劳动者利益的最低标准，也就是说，劳动合同中关于劳动者利益的规定可以高于但不得低于这些标准，若低于此标准就由集体合同的规定取而代之。劳动合同中的劳动条件和劳动报酬等标准低于集体合同规定标准的，确认为无效；集体合同规定的劳动条件和劳动报酬等标准变更的，劳动合同中相关内容的标准也要变更，以使其不低于集体合同规定的标准。

用人单位应随时保持"三者"规定或约定的一致性，避免因相互冲突而引发争议。

（四）加强证据收集和保全工作

用人单位在依据劳动规章制度行使工作管理权时必须加强证据收集保全工作，以防发生劳动争议时用人单位举证不能的风险。

1）用人单位收集和保全劳动者违反规章制度的证据是个关键问题

特别需要注意的是：若用人单位是因为劳动者严重违反用人单位规章制度而解除该劳动者的劳动合同的，用人单位须将该员工严重违反用人单位规章制度的证据进行"固定"，由相关人员及时签名确认或者以其他方式确认并由专门人员保管。必要时可将情况反映到当地的劳动管理部门，将该劳动者严重违反劳动纪律的情况书面登记备案。

2）用人单位收集和保全的证据种类要全面

主要有两类：

① 员工所违反的企业规章及劳动纪律的具体条款；

② 员工的违纪行为。

通常可以作为证明员工违纪行为的证据主要有：

- 违纪员工的"检讨书""申辩书"、违纪情况说明等；
- 有违纪员工本人签字的违纪记录；
- 政府有关部门的处理意见、处理记录及证明；
- 有关物证；
- 有关书证及视听资料；
- 其他员工及知情者的证明等。

3）违纪员工签字的书面材料是最有力的证据

劳动争议仲裁实践中，有违纪员工签字的书面材料往往是劳动争议仲裁委员会和法院易于采纳的最有力的证据。故用人单位在处理违纪员工之前应尽量取得有违纪员工签字的书面材料。对于有违法行为的员工，可要求政府有关部门作出处理，其处理结论或记录是最有力的证据。

五、用人单位劳动规章制度违法的法律责任

违反法律法规制定的规章制度，用人单位要承担相应的法律责任。

1. 在仲裁或诉讼中不能作为审理劳动争议案件的依据

规章制度必须符合"民主程序制定、合法、公示"3个条件，才可作为人民法院审理劳动争议案件的依据。不合法制定的劳动规章制度，在仲裁或诉讼中不能作为审理劳动争议案件的依据。

2. 要承担行政责任和对劳动者造成损害进行赔偿的民事责任

按《劳动合同法》第80条规定，用人单位直接涉及劳动者切身利益的规章制度违反法律、法规规定的，由劳动行政部门责令改正，给予警告；给劳动者造成损害的；应当承担赔偿责任。

3. 劳动者可以随时解除劳动合同

根据《劳动合同法》第38条规定，用人单位的规章制度违反法律、法规的规定，损害劳动者权益的，劳动者可以解除劳动合同。

六、劳动纪律

（一）劳动纪律的概念

劳动纪律，又称职业纪律，指是用人单位制定的，保证劳动合同得以履行，要求劳动者在劳动中所应共同遵守的劳动规则和劳动秩序。劳动纪律是劳动规章制度的核心内容。劳动纪律的目的是保证生产、工作的正常运行；劳动纪律的本质是全体员工共同遵守的规则；劳动纪律实施于集体生产、工作、生活的过程之中。

（二）劳动纪律内容和限定

1. 劳动纪律的内容

1）履约纪律

即职工严格履行劳动合同及违约应承担的责任的规则。

2）考勤纪律

即职工按规定的时间、地点到达工作岗位，按要求请休事假、病假、年休假、探亲假等规则。

3）生产工作纪律

即职工根据生产、工作岗位职责及规则，按质、按量完成工作任务，遵守职业道德方面的规则。

4）安全卫生纪律

即职工严格遵守技术操作规程和安全卫生、环境保护规程的规则。

5）组织、协作纪律

即职工服从人事调配、听从指挥、接受监督；在工种、工序、岗位和上下层次之间的连

接和配合方面的规则。

6）日常工作行为和品行纪律

即职工应忠于职守、爱护财产、厉行节约、廉洁奉公；不实施滥用职权、违反财经纪律、损公肥私、贪污盗窃、行贿受贿、打架斗殴、赌博行骗等违法乱纪行为。

7）保密纪律

即职工保守用人单位的商业秘密和技术秘密的规则。

8）奖惩制度

即遵纪奖励与违纪惩罚规则。

9）其他纪律

与劳动、工作紧密相关的规章制度及其他规则。

2. 劳动纪律的范围的限定

劳动纪律必须是工作时间、工作场所之内的行为规则；是与职业道德相关的内容，例如诚信、职业操守方面的规则；是与劳动合同履行直接相关的会对企业生产经营造成不利影响的行为规则。

（三）劳动纪律制定和实施的原则

1. 劳动纪律制定的原则

1）合法合理原则

首先，不违反法律规定。如不剥夺或非法限制劳动者的自由和权利，对违纪员工不得采取法定之外的惩罚措施等。其次，劳动纪律的制定应当合理。有些用人单位抱着钻法律空子的想法，在劳动纪律中制定了一些虽不违法但有违人情的规定，这其实也是不合法的，因为合理性是合法性的基础。

2）全员覆盖和宽严一致原则

各种岗位全体员工都制定相应的劳动纪律，而且对所有员工在宽严程度上一视同仁，否则将构成非法歧视。

3）结构完整原则

劳动纪律规定中应当有完整的社会行为规范构成要素，包括适用条件、行为模式和遵纪违纪后果。

2. 劳动纪律实施的原则

劳动纪律的实施要求严格按照条件和程序对劳动者进行奖惩。实施奖惩制度，在方法上采用思想政治工作和经济手段相结合的原则，体现在两个方面：

① 在奖励上，采取精神鼓励和物质鼓励相结合，以精神鼓励为主的原则；

② 在惩罚上，采取教育为主惩罚为辅的原则。

（四）用人单位惩戒权的行使——违纪惩戒

1. 违纪的种类

按违纪行为的程度划分成轻微违纪、一般违纪、较重违纪、严重违纪。

1）"违纪程度"判定要素

对违纪程度进行合理的区分与确认应考虑以下因素，即主观、事实、情节、后果等。违纪员工在主观上是过失还是故意，在违纪事实上是初犯还是屡犯，在违纪情节上是轻微还是严重，在造成影响上是一般还是恶劣，以及对违纪行为的后果是否予以补救，认错态度如何，等等。

2）"严重违纪"判定依据

我国《劳动法》和《劳动合同法》都规定，劳动者"严重违反劳动纪律"或"严重违反用人单位规章制度"时，用人单位可以即时解除劳动合同。但这两部法律都没有规定怎样确认"严重违纪"，也未规定尚未达到"严重"程度的违纪情形如何确认和处理。判定违纪行为"严重"的依据有：

① 国家法律法规规定的应承担法律责任的行为；

② 用人单位与劳动者双方在劳动合同或集体合同中约定的属于"严重违纪"的行为；

③ 合法有效的单位劳动规章制度和劳动纪律规定的"严重违纪"行为；

④ 民主认定的行为，即违纪行为在规章制度和劳动合同、集体合同中没有事先约定，但经用人单位的职工大会或职工代表大会等程序确认属于"严重违纪"的行为。

2. 违纪惩戒的措施的种类和适用

1）违纪惩处的种类

① 依据违纪程度与惩戒措施的对应和匹配来划分，违纪惩戒分为：警告、通报批评、停工培训和解除劳动合同。分别对应于上述4档不同程度的违纪行为：轻微违纪、一般违纪、较重违纪和严重违纪。

② 依其是否直接影响经济利益，分为：经济处罚、非经济处罚和兼有经济和非经济的处罚3类。经济处罚是直接使违纪劳动者承受经济利益方面不利后果的处罚，或表现为强制劳动者支付一定的财产，如罚款、赔偿经济损失等。非经济处罚是直接使违纪劳动者承受精神上的谴责和惩戒，但不直接表现为财产的丧失或减少，如警告、记过等。兼有经济和非经济的处罚，如降岗、降职、降低工资级别、撤职等，它们间接地使违纪者经济利益受损。

2）违纪惩处的适用

惩戒措施应该合理适用。要改变过去企业对员工的行政化管理模式，对违纪员工不宜再以行政手段实施处分或处罚，而应是违纪员工承担违约责任的一种方式。也不应要求企业采取统一的形式惩戒员工，企业完全有权根据本单位的生产经营情况和特点，自由选择惩戒形式。要保证惩戒措施具有合理性，必须要做到：一方面，在选择惩戒措施时要考虑渐进性，一是选择惩戒措施要有梯度，以使惩戒具有不同的力度，来分别对应不同程度的违纪行为；二是随着违纪情况的持续或违纪行为的屡次发生，对违纪行为的惩罚应该越来越严厉，以此体现公平。另一方面，在选择惩戒措施时应考虑适用性，即不同的惩戒措施适用不同的违纪行为。

3. 违纪惩处程序

由于员工违纪的情节可能导致用人单位行使劳动合同解除权进而影响违纪员工的切身利益，并有可能引发劳动仲裁与诉讼。在劳动法律关系中用人单位处于强势地位，在劳动仲裁与诉讼中承担着主要的举证责任，故用人单位一定要完善处罚程序并增强证据意识以应对可能的仲裁与诉讼。处罚程序应由用人单位制定正式的规章制度公示给所有员工，以便公开执行。处罚程序可包含：

① 确认违纪事实：应具有客观性、真实性；

② 形成处罚意见：应明确相关条款，处罚应公平、适度，符合法律规定；

③ 签发违纪通知：应由主管部门统一签发，不可滥用处罚权；

④ 通知送达并由违纪员工签字：应尽量使员工自愿签字。在实践中确认违纪事实一般应形成书面文件并明确员工所违反的具体法条、规章制度条款等。在此基础上由主管部门形成统一处罚意见，由相关主管领导签字确认，签发违纪通知单，送达给违纪员工并要求员工签字确认。为避免员工因违纪拒绝签字，应同时采取其他诸如录音、录像等形式证据佐证，使上述文件形成一个完整证据链，为可能发生的仲裁或诉讼做充分证据准备。在劳动合同履行过程中，员工发生违纪行为是难免的。制定一整套完整、细致、明确的规章制度，坚持公平、公正等处罚原则，一定会促进劳动关系的和谐发展。

4. 惩戒权的限制

惩戒权是指用人单位对违反劳动纪律的劳动者实施惩戒的权利。虽然惩戒权是用人单位维护劳动秩序、实现生产和经营目的所必不可少的，但由于惩戒权的行使对劳动者利益会产生重大影响，法律上对企业的惩戒权要加以限制。

1）对惩戒事由的限制

是指对什么行为企业可以实施惩戒，简单地说就是什么算违纪行为。尽管用人单位有权在其劳动规章制度中具体规定员工违纪应予惩戒的行为，但从保护劳动者角度，对其规定加以限定是有必要的。比如，员工工作时间、工作场所之外的个人行为不应受单位纪律约束；员工的私生活在不妨碍其提供劳动或不损及公司名誉、利益时则不应受单位纪律的干预。

2）对惩戒权的时间限制

对惩戒权时间的限制即惩戒权的时效，是指企业对违纪行为给予惩戒的有效时间，如果超过这一期限，则不能再追究；对员工来说就是免除惩戒的期限。实施惩戒应当及时，否则惩戒将失去意义；同时惩戒权也不能无期限使用，对是否处罚、何时处罚不能随心所欲。因此，有必要对惩戒权设立时效限制，以督促用人单位尽快纠正违纪行为，确保惩戒功能的有效发挥。

任务四　工会与职工民主管理

任务情景

张某于 2012 年 1 月 20 日到某纺织股份有限公司（下称纺织公司）工作，双方签订了一份为期 6 年的书面劳动合同。2015 年 3 月 9 日，张某因工作琐事与同事王某、宋某发生激烈冲突，致使王某、宋某受到一定程度的伤害。随后公安机关介入进行了处理，促使张某与王某、宋某达成了赔偿协议，张某当天也履行了赔偿协议。2015 年 3 月 11 日，纺织公司以张某严重违反单位规章制度为由辞退了张某，但未事先将理由通知单位工会，也未征求单位工会意见。张某不服纺织公司的处分，到劳动人事争议仲裁委员会申请仲裁，请求撤销该辞退决定。

张某诉称：首先，自己与张某、宋某发生冲突属实，但那是双方互相争执，而不是殴打王某、宋某，双方都存在一定过错，故公司事实认定错误。退一步讲即使是打架自己也未达到解除劳动合同的程度，且自己已与王某、宋某达成并履行了赔偿协议。其次，公司解除劳动合同时，没有事先通知单位工会，也没有征求单位工会意见，违反了法律的程序性规定。

纺织公司辩称：张某的请求无事实和法律依据。因为张某是在工作时间、工作场所殴打职工，而且被公安机关依法进行了处理，属于严重违反公司规章制度，公司对其进行处理，属于严重违反公司规章制度，公司对其进行处理，解除与其劳动合同合理合法，并无不当。

你认为，用人单位辞退职工时，是否应当征求单位工会意见？这是不是法律的要求？

◎ 课堂提问

1. 工会是一个什么组织？
2. 工会日常工作是什么？

一、工会

（一）工会的概念和性质

1. 工会的概念

工会是职工自愿结合的工人阶级的群众性组织。是劳动者为劳动条件的改善与地位的保障等目的，根据民主的一般原则组织的群众团体。

工会主要是劳动关系矛盾的产物。职工群众主要是为了自身利益不受侵犯而参加工会的。维护职工合法权益是工会产生和发展的客观需要与根本依据。工会组织如果不能很好地代表和维护职工的合法权益，也就失去了其立足的基础。工会产生和发展的这一客观基础，决定了代表和维护职工群众的具体利益始终是工会的基本属性和基本职责。根据《中华人民共和国工会法》的规定，工会代表和维护职工的合法权益。按照《中华人民共和国劳动法》《中华人民共和国工会法》等法律规定，各级工会组织享有广泛的权利，如在工会依照法律规定通过职工代表大会或者其他形式，组织职工参与民主管理和民主监督、集体合同和劳动合同的订立和履行、劳动合同的解除、劳动安全卫生、解决劳动争议等。这些权利行使的主要目的，是为了维护职工的合同权益。因此，这些权利同时也是工会的职责。

2. 工会的性质

工会的一般法律性质是社团法人。中华全国总工会、地方总工会、产业工会具有社会团体法人资格。基层工会组织具备《中华人民共和国民法通则》《中华人民共和国工会法》和《基层工会法人资格登记办法》规定的法人条件的，依法取得社会团体法人资格。具备法人资格的工会组织依法独立享有民事权利，承担民事义务。建立工会的企业、事业单位、机关与所建工会以及工会投资兴办的企事业单位，根据法律和司法解释的规定，是各自独立的法人主体，应当分别承担各自的民事责任。

工会的本质属性是群众性、阶级性和自愿性的有机统一。它是工会组织区别于其他社会组织的根本标志。

1）工会的群众性

是指工会是工人阶级在阶级范围内最广泛的组织。体现在：工会的会员构成在工人阶级范围内具有广泛性。工会始终是工人阶级实现阶级联合最广泛的组织，工会代表广大会员和职工群众的正当利益，维护他们的合法权益。这是工会群众性的核心问题。职工群众是工会组织的主体，是工会赖以存在和发展的基础，广大会员和职工群众对工会的信赖和支持是工会最基本的力量源泉，在工会组织内部具有民主性。工会内部生活的民主性是工会群众性的必然要求和具体体现，工会组织内部成员之间的地位和权利是平等的，其内部的事务应由会员群众当家做主，实行会员群众办会；工会具有充分、广泛的民主生活，工会工作依靠广大的积极分子和会员群众，遵从他们的意愿和要求，工会的工作和活动要置于会员群众的参与和监督之中；工会在工作方法上必须采取和国家机关、行政部门不同的工作方法，即吸引的方法、说服的方法和群众自我教育的方法。

2）工会的阶级性

是指工会是真正的工人阶级组织，并以工人阶级作为自己的阶级基础。工会会员必须是工人阶级，他们是工会的阶级基础，充分说明工会是具有鲜明的阶级性。工会主要是维护工人阶级利益。我国是以工人阶级为领导的社会主义国家，维护国家利益，巩固无产阶级专政是工人阶级义不容辞的责任。工会作为工人阶级群众组织，虽然它维护的重点是工人阶级的具体利益，但必须把维护总体利益和维护具体利益结合起来，这是一项工会的基本职责。

3）工会的自愿性

工会不是按照某种行政指令组织起来的，而是职工群众为了谋求共同利益，实现共同愿望自觉自愿地组织起来的群众团体。工会组织的自愿性包括两个方面：一是坚持职工自愿入会原则；二是工会组织开展的一切活动，须建立在群众自觉自愿的基础上。

（二）工会的法律地位和职能

1. 工会的地位

是指法律关于工会在社会关系中，即在国家政治、经济和社会生活中所处位置的具体规定。我国工会的地位主要体现在三个方面。

① 作为中国共产党领导的职工自愿结合的工人阶级群众组织，工会是党联系职工群众的桥梁和纽带。党通过工会把党的路线、方针、政策传达到工人群众中去。同时，工人群众的意见、建议和要求通过工会反馈上来，作为党的决策依据。工会的这种桥梁和纽带作用是其他任何组织和团体不可代替的。

② 工会是政府的亲密合作者，是人民政权的重要社会支柱，享有参与管理国家事务、管理经济和文化事业及社会事务的权利。工会协助人民政府开展工作，在政府行使国家行政权力的过程中充分发挥工会民主参与和社会监督作用，以维护工人阶级领导的，以工农联盟为基础的人民民主专政的社会主义国家政权。

③ 工会是会员和职工利益的代表者、维护者，是协调劳动关系中不可缺少的一方。它通过代表职工与企业进行平等协商和签订集体合同，主持职工代表大会日常工作，达到协调劳动关系、维护职工劳动权益和民主权利的目的。随着我国劳动关系市场化程度的不断提高，工会在协调劳动关系，维护职工合法权益中的作用将越来越明显，地位也会越来越突出，成为推进改革，促进发展，维护稳定的一支重要力量。

2. 工会的职能

《中华人民共和国工会法》赋予工会的 4 项社会职能，都与职工的利益息息相关。

1）维护职能

维护职工合法权益是工会的基本职责。由于劳动者对于用人单位的隶属性，在劳动关系中处于弱者地位，需要倾斜保护。劳动者为了取得平衡，应该依法组建工会，加入工会，在工会的组织下为自己的合法权益进行抗争，这是非常现实而有效的途径之一。

2）参与职能

代表和组织职工参与国家和社会事务管理，参与企业、事业单位民主管理，实施民主监督，是工会代表职工权益，依法维护职工利益的重要渠道、途径和形式。

3）组织职能

工会依照法律规定通过职工代表大会或者其他形式，组织职工参与民主管理和民主监督、集体合同和劳动合同的订立和履行，动员和组织劳动者努力完成生产任务和工作任务，组织员工开展劳动竞赛和群众性的合理化建议、技术革新和技术协作活动，促进经济的发展和生产力的提高。

4）教育职能

工会教育职能包括思想政治教育和文化技术教育。在劳动力市场中，劳动者的地位、利益完全取决于个人的素质，要在激烈的市场竞争中取胜，要有效地维护自己的合法权益，就必须有较高的素质。工会为了更好地维护职工合法权益，就必须履行好教育这一职能。

（三）工会的权利和义务

1. 工会的主要权利

1）代表权

是指工会有依法代表职工的权利。

2）参与权

是指有依法代表职工参与国家和社会事务的管理以及参与企业的民主管理的权利。国家制定或者修改直接涉及职工切身利益的法律、法规、规章，应当听取全国总工会的意见；地方政府制定或者修改直接涉及职工切身利益的地方法规、地方规章，应当听取同级总工会的意见；企业制定各项规章制度，要与企业工会协商，征得工会的同意。企业处分职工，要经企业工会的同意。

3）协商谈判权

是指工会有依法代表职工与企业一方就劳动报酬、工作时间、休息休假、劳动安全卫生和社会保险福利等事项进行协商谈判、签订集体合同的权利。

4）监督调查权

是指工会对国家行政机关和企业、事业单位在执行国家劳动法律、法规、政策上有依法监督的权利。工会有权对企业、事业单位侵犯职工合法权益的问题进行调查，有关单位应当予以协助。

5）提出意见和建议权

是指企业、事业单位处分职工，工会认为不适当的，有权提出意见。企业单方面解除职工劳动合同时应事先将理由通知工会，工会认为企业违反法律、法规和有关合同，要求重新研究处理时，企业应当研究工会的意见并将处理结果书面通知工会。

6）交涉协商权

是指企业、事业单位违反劳动法律、法规规定，有下列侵犯职工劳动权益情形，工会应当代表职工与企业、事业单位交涉，要求企业、事业单位采取措施予以改正；企业、事业单位应当予以研究处理，并向工会作出答复；企业、事业单位拒不改正的，工会可以请求当地人民政府依法作出处理：

① 克扣职工工资的；

② 不提供劳动安全卫生条件的；

③ 随意延长劳动时间的；

④ 侵犯女职工和未成年工特殊权益的；

⑤ 严重侵犯职工劳动权益的。

7）参与劳动争议解决权

是指工会参加企业的劳动争议调解工作。地方劳动争议仲裁组织应当有同级工会代表参加。

8）保障权、维护权

① 保障权是指工会保障职工行使民主参与的权利——法律法规规定应当提交职工大会或者职工代表大会审议、通过、决定的事项，企业、事业单位应当依法办理。企业、事业单位违反职工代表大会制度和其他民主管理制度，工会有权要求纠正，保障职工依法行使民主管理的权利。

② 维护权是指工会有依法维护职工合法权益的权利。它建立在工会的交涉协商权、提出意见权和参与劳动争议解决权等权利的基础上。

9）独立开展活动的权利

作为社团法人的工会可以独立开展活动，独立承担法律责任和义务，独立组织开展文体活动以及对职工进行业余文化技术学习和职工培训。

2. 工会的主要义务

① 工会必须遵守和维护宪法，以宪法为根本的活动准则，以经济建设为中心，坚持党的领导，依照法律规定独立自主地开展工作。

② 帮助、指导劳动者与用人单位订立和履行劳动合同，这是工会的一项具体的职责。现阶段，广大劳动者的知识文化水平有区别，尤其是大量进城的农民工，很多人对什么是劳动合同，怎么签订劳动合同，签订什么样的劳动合同，可能都不懂，迫切需要得到工会组织的帮助和指导。

③ 依法维护职工的合法权益是工会的基本职责。通过平等协商和集体合同制度，协调劳动关系，维护企业职工的合法权益；为职工提供法律服务，特别是职工因劳动争议起诉到法院时，工会要支持和帮助职工，有时还要代理职工参加诉讼；参与建立健全协调劳动关系三方（政府、工会和企业）机制，共同研究解决劳动关系方面的重大问题；工会作为职工方代表与用人单位建立集体协商机制（层面比三方机制要低），集体协商的内容包括职工的民主管理；签订集体合同和监督集体合同的履行；涉及职工权利的规章制度的制定、修改；企业职工的劳动报酬、工作时间和休息休假、保险福利、劳动安全卫生、女职工和未成年工的特殊保护、职工培训及职工文化体育生活；劳动争议的预防和处理以及双方认为需要协商

的其他事项。

④ 工会依法参与国家行政事务管理和民主政治建设。工会通过职工代表大会或其他形式，组织职工参与本单位的民主决策、民主管理和民主监督。

⑤ 工会通过组织职工培训，开展职工教育活动。不断提高职工的思想道德素质和科学文化素质，建设有理想、有道德、有文化、有纪律的职工队伍。

⑥ 围绕地方中心任务和企业生产经营，组织职工开展劳动竞赛、提合理化建议、技术革新等经济技术创新活动。充分发挥职工在三个文明建设中的主力军作用。

⑦ 开展群众性宣传、教育活动，组织有益于身心健康的文化体育活动。办好图书室、阅览室，用先进文化引导、教育职工。

⑧ 发挥工会会员作用，推进人文关爱工作，关心职工生活，办好集体福利事业。

⑨ 建立健全工会主动参与职业安全卫生管理机制。认真做好劳动保护工作，督促和协助改善劳动条件，履行企业社会责任，参与安全检查和伤亡事故调查处理。

⑩ 根据政府委托，工会与有关部门共同做好劳动模范和先进生产（工作）者的评选、表彰、培养和管理工作，等等。

二、职工民主管理

（一）职工民主管理概述

1. 职工民主管理的概念

职工民主管理是指劳动者通过一定的方式参与用人单位决策、管理和监督，行使民主权利的活动。其在协调劳动关系中的作用，主要表现为在企业管理中融入了职工意志，对用人单位意志产生了一定的影响和制约，使决策体现了劳动者和用人单位的"共同意志"，从而使劳动关系建立在民主的基础上。职工民主管理是职工以劳动者的身份参与企业内部决策、管理和监督。我国民主管理的基本形式和途径是职工代表大会，还采用平等协商制度、集体合同制度和企业机构内职工代表制度等重要方式。

2. 职工民主管理的性质

首先，职工民主管理是一种民主形式，是社会主义民主的重要组成部分，是充分发挥社会主义制度优越性的一个重要环节，涉及上层建筑的内容。其次，企业民主管理又是一种管理形式。它从本质上体现着劳动者在公有制基础上管理经济活动的权利，是经济民主的一种重要方式，涉及经济基础的内容。因此，职工民主管理是经济基础与上层建筑的相互渗透和相互结合，是民主政治与现代管理学的融合。它反映了现代企业管理的"潮流"和"趋势"。

3. 职工民主管理的特征

1）职工民主管理本质特征是以劳动者为管理主体，以劳动力产权为基础的管理活动

职工民主管理是以劳动者为管理主体的管理活动。生产的社会化程度不断提高和科学技术的高速发展，使劳动者已不仅仅是作为物质资料的附属物。这是因为脑力劳动和智力因素的成分和作用越来越大，劳动过程中劳动者的积极性、能动性及创造性对劳动效率、劳动成果的影响程度越来越大，其已凭借其对劳动过程与劳动结果的强力影响而成为管理的主体，迫使管理者放弃传统的管理方式而采用民主管理的方式。职工民主管理是以劳动力产权为基

础的管理活动。劳动力产权是指生产力发展到一定程度和阶段之后产生的，劳动者对自身劳动能力拥有的，排他性的完整的所有权，包括占有、使用、收益、处分和管理权的权能。劳动者参与民主管理，是因为他拥有完整的劳动力所有权，而非拥有劳动资料。劳动者是自己劳动力的主人而不依附于任何人，劳动力也不依附于其他生产资料，而是与其他生产要素相互依存，独立地成为生产要素。职工即使是普通劳动者，因其是与公司利益的相关者而被看作是公司的主人。职工民主管理正是以劳动力产权作为其基础和依据。

2）职工民主管理是一种民主性的管理活动

与行政管理体现的生产资料所有者的利益的集权性不同，职工民主管理建立在劳动力产权的基础上，体现了全部劳动力产权所有者的利益，是一种多数人，即具有同等的劳动力产权的管理者的共同管理。这种管理权的行使要求具备一定的组织形式，其管理组织形式（职工代表大会制度、厂务公开制度、平等协商、集体合同制度、职工民主议事会等）、管理途径（行政管理管理是自上而下管理，而民主管理是自下而上管理，是制约行政权力的反向权力运行活动，表现为对行政性权力进行审查、监督和否决）、管理目标（职工民主管理中管理主体身份的二重性决定以追求价值创造与价值分配和谐统一，实现劳动价值最大化和价值分配的合理化为目标）。

4. 职工民主管理的意义

职工民主管理作为一种符合现代生产力和社会发展要求的管理方式，其意义表现为：从宏观看，是职工当家做主的社会主义民主原则和民主权利在用人单位中的具体体现。也就是说，用人单位民主管理是一项重要的政治制度安排，它能最大化地发挥职工的监督权，有利于企业党风廉政建设，是基层民主政治建设的重要途径。它对保障广大劳动者的最基本的劳动权，特别是其中的职工参与权、社会保障权，支撑和推动社会的和谐稳定发展，具有重要意义。同时，职工民主管理也是社会生产力进步和企业管理历史发展的必然要求。民主管理是社会生产力发展的必然要求。目前，职工参与管理行使民主权利已成为一种普遍的社会现象并呈现日益发展的趋势，符合当前国际潮流和惯例。职工民主管理通过协调功能、法制化功能、创效化功能和凝聚功能等基本功能，对企业产生重大影响，是推动企业战略实施的重要途径。它通过推进职工代表大会制度建设，厂务公开，积极引导广大职工依法行使民主选举权、民主决策权、民主管理权和民主监督权，开展劳动争议调解等工作，有效协调单位的劳动关系，促进和维护企业内部的公平正义，保障了广大职工的权益；建立健全企业各项规章制度，对用人单位法制化管理进行有效监督，依法维权，及时消除劳资矛盾，确保企业和谐发展；而自下而上的民主管理，可以帮助决策层在外部因素错综复杂、内部分工烦琐细密的情况下，民主管理能充分调动广大职工的劳动积极性、主动性和创造性，群策群力，共同为用人单位出谋献策，并能在基层及时发现企业管理漏洞和不足，最大限度地避免和减少决策和经营管理的失误，改善企业的软环境，提升企业管理水平，使企业呈现出良性的循环状态，使员工自发地把个人利益和集体利益联系起来，以主人翁的姿态来对待工作，使企业时刻充满活力，创造更高的经济效益，推动企业协调、科学、持续地发展。职工民主管理通过协调劳动关系、确保企业法制化运作和促进企业高效发展的过程中，广大职工相互配合，共同参与，从而形成良好的企业文化氛围，增强了职工对企业的归属感、认同感和责任感，产生对工会和对单位的强大凝聚力，推动企业战略目标的实施和实现。

5. 职工民主管理的相关法律依据

《中华人民共和国宪法》第 2 条指出，人民依照法律规定，通过各种形式，管理国家事务，管理经济和文化事业，管理社会事务。第 16 条指出，国有企业依照法律规定，通过职工代表大会和其他形式，实行民主管理。《中华人民共和国工会法》第 6 条指出，工会依照法律规定通过职工代表大会或者其他形式，组织职工参与本单位的民主决策、民主管理和民主监督。《中华人民共和国劳动法》第 8 条指出，劳动者依照法律规定，通过职工大会、职工代表大会或者其他形式参与民主管理或者就保护劳动者合法权益与用人单位进行平等协商。《中华人民共和国全民所有制工业企业法》第 10 条指出，企业通过职工代表大会和其他形式，实行民主管理。《中华人民共和国公司法》第 18 条指出，公司依照宪法和有关法律的规定，通过职工代表大会或者其他形式，实行民主管理。公司研究决定改制以及经营方面的重大问题、制定重要的规章制度时，应当听取公司工会的意见，并通过职工代表大会或者其他形式听取职工的意见和建议。《中华人民共和国劳动合同法》第 4 条指出，用人单位在制定、修改或者决定有关劳动报酬、工作时间、休息休假、劳动安全卫生、保险福利、职工培训、劳动纪律以及劳动定额管理等直接涉及劳动者切身利益的规章制度或者重大事项时，应当经职工代表大会或者全体职工讨论，提出方案和意见，与工会或者职工代表平等协商确定。在规章制度和重大事项决定实施过程中，工会或者职工认为不适当的，有权向用人单位提出，通过协商予以修改完善。

6. 职工民主管理的内容和实现形式

1）职工民主管理内容

按照参与的工作性质不同，可以分为以下几点。第一是民主决策。指在决策的规则和程序方面，保证广大职工参与，倾听意见并集中民智，使决策建立在民主和科学的基础之上。第二是民主管理。指职工参与用人单位的管理，行使法律赋予的民主权利，如知情权、讨论和建议权、参与权等。如参与企业就涉及职工切身利益的工资、保险、福利等问题进行研究讨论，制定规章制度等。第三是民主监督。指对用人单位事务和相关人员进行监督，以纠正各种违法违纪行为。如监督公司厂务公开工作，强化职工知情权等。按层次不同，可以分为以下几点。

① 听取报告

即职工只有听取雇主报告企业营运情况的权利，这是低层次的内容。

② 参与讨论

即职工除了听取报告外，还有对企业的人事和经济事务参与讨论和提出意见的权利，但不具有最后的决定权。

③ 共同决定

即员工有参与社会事务包括福利和劳动条件等，以及人事和经济等事务的参与决策权。这是最高层次的内容。

2）职工民主管理的实现形式

① 职工代表大会制度

是指由经过职工民主选举所产生的职工代表组成代表大会，代表全体职工行使民主管理权力的制度，是我国国有企业实行职工民主管理的基本形式。

② 平等协商制度

又称劳资协商制度，是指职工方与企业方就有关企业生产经营和职工利益的事务，平等地交涉、对话和商讨，以实现相互理解和合作，并在可能的条件下达成一定协议的制度。

③ 企业机构内职工代表制度

是指由职工代表参加企业的决策、监督、咨询等机构，并作为其正式成员行使职权和履行职责，从而代表职工参与企业管理。

④ 民主管理的其他形式：

● 厂务公开。是指企事业单位依照有关法律法规规定，将与本单位和广大职工切身利益密切相关的问题，通过适当形式向广大职工公开，吸收广大职工参与决策、管理和监督的民主管理制度。其重点是使职工知情；其关键是公开的真实；其实质是民主管理和民主监督。

● 职工董事、监事制度。这是公司制企业民主管理管理的重要组织形式。是指职工董事、监事依法参与公司决策、行使监督权利的一系列法律、政策、规定的制度。包括职工董事、监事的产生，职工董事、监事的责权利，职工董事、监事的监督与罢免等制度。

● 民主恳谈会、经理联络员、接待日、信箱等形式。

（二）职工代表大会

职工代表大会制度是由经过职工民主选举所产生的职工代表组成代表大会，代表全体职工行使民主管理权力的制度。《中华人民共和国工会法》第 35 条规定："国有企业职工代表大会是企业实行民主管理的基本形式，是职工行使民主管理权力的机构，依照法律规定行使职权。"《中华人民共和国工会法》第 6 条规定："工会依照法律规定通过职工代表大会或者其他形式，组织职工参与本单位的民主决策、民主管理和民主监督。"职代会具有以下几个特征：其一，职代会具有法定的权威性。国家通过《中华人民共和国工会法》《中华人民共和国工会企业法》等，赋予其一定的强制力和约束力；其二，职代会有广泛的群众性和代表性。职工代表大会是企事业单位全体职工选举产生的，来自各个方面的代表所组成的，比其他民主管理形式有着更坚实的群众基础；其三，有完整严密的组织制度和组织体系等特征。职代会实行民主集中制；企事业工会委员会是职工代表大会的工作机构，负责职工代表大会的日常工作。

1）职工代表大会的组成

大中型企业实行职工代表大会制度，其代表人数可根据企业规模大小按一定比例由本单位自定，但最低不得少于 30 人组成；职工 100 人以下的小型企业可实行职工大会制度。职代会每届 3～5 年，每年至少召开 2 次。特大型企业每年至少召开 1 次。每年会议必须有 2/3 以上职工代表出席，方可召开。

2）职工代表大会主席团

是在职工代表大会预备会上由全体职工代表选举产生的。其职责是：

① 主持召开大会，负责大会期间的各项工作；

② 研究需要大会通过和表决的事项，草拟大会决议；

③ 听取和综合各项职工代表团（组）对各项议案的审议意见和建议，对提案进行修改；

④ 主持大会的表决和选举工作；

⑤ 处理大会的其他重要事务。

3）职工代表大会专门工作小组（委员会）

职工代表大会专门工作小组（委员会）成员在职代会上提名，由职代会选举产生，人数一般为 5～9 名。其职责是：

① 平时，经常深入职工群众了解和听取关于本工作小组（委员会）负责范围内的工作意见和要求；

② 会前，征集、汇总职工代表提案；

③ 会中，上报大会提案，并做好大会交办的各项服务工作；

④ 会后，检查监督大会决议和提案的贯彻落实情况，研究处理属本组织权限内的问题；

⑤ 办理职代会交办的其他事务；

⑥ 按规定，向职代会报告工作。

4）职工代表团（组）联席会议

联席会议人员一般由职工代表团（组）长、职工代表的企业党政负责人和职代会专门小组负责人等组成。联席会议一般每季度召开一次，遇到工作需要，也可随时召开，每次会议必须有 2/3 以上的人员出席方可召开，占应出席人员 2/3 以上通过的决议方可有效。

5）职工代表大会的性质

（1）职代会是职工行使民主管理权利的基本形式

职代会是其他民主管理形式的基础。它同企业民主管理的其他形式比较，具有代表性强、职责明确、组织健全、工作范围广泛、易于操作等特点，能够全面体现民主管理的基本要求，为广大职工所熟悉和接受。其他形式是对职代会制度的完善和补充。职代会具有法定的制度性，具有实施的刚性，国有企业建立职工代表大会制度是国家法律的刚性规定。

（2）职工代表大会是一个权力机构

在企业中，职代会有法律赋予的职权，其工作费用，从企业管理费用中列支。股东会也是企业的权力机构。职代会的职权与股东会的职权不矛盾，表现如下。

第一，在事权上，职代会与股东会各司其职。股东会是公司的最高权力机构，即在企业的经营管理决策中有决定的权力：审议通过与公司发展有关的重大事项，如投资计划、发展战略、财务预算等。职代会是一个行使"民主管理"权力的机构。所谓民主管理的权力，就是职工在企业生产经营活动的管理中享有参与管理的权力。以"审议"这一事权为例，两者审议问题的重点是大不相同的。股东会主要是处理产权关系和与产权有关的权益问题，职代会的重点在于调整企业内部的关系，主要涉及劳动关系问题，这是股东会职权内所没有的内容。

第二，在人事权上：董事会聘任干部与职代会民主评议干部相互补充。

第三，在会议召开上：职代会与股东会分别召开。

此外，职代会与股东会的存在有以下几点不同。

其一，代表的利益不同。股东会代表股份持有人的利益，职代会代表职工群众的利益。

其二，代表的身份和资格不同。股东会的参加者凭股份持有人的身份，以投资入股为资格，职代会以集体代表的身份，以本身工作实绩与品质为资格。

6）职工代表大会的职权

职代会有法律赋予的两大类共 5 项职权：

（1）职工代表大会的对事权

① 审议建议权

是指职工代表大会依法享有的对企业经营重大决策进行审议，并提出意见和建议的民主权利。审议建议权的对象是必须提交职代会征求意见，未审议不应实施的事项。具体内容有：企业生产经营的重大决策，包括企业生产经营安全生产、重组改制等重大决策；实行厂务公开的情况；履行集体合同的情况等。

② 审议通过或否决权

是指职工代表大会依法享有的对有关职工切身利益的重大事项表示认可或否认的权利。其权利目标是：职工代表大会审议通过后，由企业方公布实施，未通过视为无效，不能实施。审议通过或否决权对象是涉及职工切身利益的重大事项。具体内容包括工资调整方案、奖金分配方案；集体合同草案；经济性裁员方案、职工安置方案；安全生产和劳动保护措施；重要的规章制度；公益金和福利基金使用方案和使用情况。

③ 审议决定权

是指职工代表大会依法享有的对职工生活福利方面的重大问题作出决定的权力。职代会审议决定后交企业行政贯彻实施。具体内容有：职工福利基金使用方案；职工住宅分配方案等。

（2）职工代表大会的对人权

① 评议监督权

是指职工代表大会依法享有的评议、监督企业行政领导干部的权力。其权利目标是提出奖惩任免建议；其权利对象是企业中层以上管理人员。全体职工代表都应参加民主测评，测评结果应该公开。

② 民主选举权

包括：选举职工董事、监事；选举、罢免参加平等协商的职工代表；选举企业劳动争议调解委员会中的职工代表；选举职代会专门委员会（小组）成员等。《企业工会工作条例》还针对三类不同所有制企业（国有或国有控股企业、集体或股份合作制企业和私营企业、外商投资企业、港澳台商投资企业），对职工代表大会的职权作出了相应规定。如国有独资及控股的公司制企业职代会职权：

- 听取和讨论关于本公司发展、生产经营重大决策方案的报告，提出意见和建议；
- 讨论通过集体合同草案，对涉及职工切身利益的重要改革方案和重要规章制度，事先提出意见和建议；
- 审议决定公司提出的公益金使用方案；
- 民主评议监督董事、经理等高级管理人员，向有关方面提出奖惩、任免的建议；
- 依法选举董事会和监事会中的职工代表；
- 听取关于公司业务招待费使用情况报告；
- 审议通过法律、法规和公司章程规定的其他需经职代会审议通过的事项。

7）职工代表大会的工作制度

（1）会议制度

① 职工代表大会选举主席团主持会议。主席团成员中工人、技术人员、中层管理人员应超过半数。

② 职工代表大会至少每年召开一次。每次会议须有 2/3 以上职工代表出席。职工代表大会进行选举和作出决议须经全体职工代表过半数通过。

③ 确定议题：职工代表大会应就企业经营管理、职工切身利益等方面的重要问题，围

绕增强企业竞争力、促进技术进步、提高经济效益，确定议题。

④ 职工代表大会在其职权范围内决定的事项，非经职工代表大会同意不得修改。

⑤ 完成职工代表大会交办的事项：职工代表大会可根据需要设立劳动法律法规、劳动保护、社会保险等临时或者经常性的专门小组或专门委员会，完成职工代表大会交办的有关事项。

⑥ 临时召开职工代表大会：职工代表大会闭会期间，需临时解决的重要问题可由企业经营者、工会委员会或1/3以上职工代表提议，临时召开职工代表大会研究决定。

（2）活动制度：主要包括职工代表活动制度和专门小组（或专门委员会）活动制度等。职工代表一般每季度开展1～2次活动。内容有开展检查活动、培训活动、宣传教育活动等。职工代表大会的专门小组，是为职工代表大会行使各项职权服务的专门工作机构，其活动不定期举行，一般每月至少安排一次。活动内容包括调查活动、研究活动、检查监督活动、议事活动、接待群众来访活动等。

（3）专项制度：主要包括民主评议干部制度、民主荐举干部、车间和班组民主管理制度、职工代表学习培训制度、表彰奖励制度等。

8）职工代表的权利和义务

职工代表实行常任制，每届任期同于本单位工会委员会任期，可连选连任。职工代表对选举单位的职工负责。选举单位的职工有权监督、撤换或替补本单位的职工代表。职工代表任期内，企业不得解除其劳动合同。但职工代表个人严重过失、达到法定退休年龄除外。职工代表辞职、自动离职或者主动与企业解除劳动合同，其代表资格自动终止。

职工代表的权利：

① 在职工代表大会上，有选举权、被选举权和表决权。

② 参加职工代表大会及其工作机构对企业执行职工代表大会决议和提案落实情况的检查。

③ 参加职工代表大会及其组织的各项活动而占用生产或者工作时间，按正常出勤享受应得待遇。职工代表行使民主权利，任何组织和个人不得压制、阻挠和打击报复。企业不得因职工代表行使职权或参加工会活动而提前解除其劳动合同。

职工代表的义务：

① 努力学习法律法规，不断提高政治素养、技术业务水平和参加管理的能力。

② 密切联系群众，代表职工合法利益，如实反映职工群众的意见和要求，认真执行职工代表大会的决议，做好职工代表大会交给的各项工作。

③ 模范遵守国家的法律、法规和企业的规章制度、劳动纪律，保守企业商业秘密，做好本职工作。

（三）平等协商制度

平等协商制度是指职工方与企业方就有关企业生产经营和职工利益的事务，平等地交涉、对话和商讨，以实现相互理解和合作，并在可能的条件下达成一定协议的制度。这一制度对于平衡以用人单位为主导的劳动关系，建构公平和谐的新型劳动关系，促进经济、社会发展，发挥了积极的作用。其含义包括以下几个方面。

① 平等协商的主体，一方是劳动者代表（包括职工代表或工会代表），一方是用人单位（企业或企业团体）。按照我国《劳动法》的规定，集体合同不含行业合同，但随着实践的

发展，政府开始肯定了行业性集体合同的做法。因此用人单位除了企业外，还包含企业团体，如地方企业联合会等。

② 平等协商的内容主要是签订集体合同以及其他涉及职工权益的事项，如工资协议。平等协商的范围主要是在企业内部，还必将拓宽到区域性行业性的集体协商。集体合同主要内容包括：劳动报酬，工作时间，休息休假，保险福利，劳动安全与卫生，劳动纪律，双方履行集体合同的权利和义务，集体合同的期限、变更、解除与终止集体合同的条件和程序，争议的处理，违约责任，双方约定的其他事项。工资协议的主要内容包括：工资协议的期限，工资分配制度，工资标准和工资分配方式，职工年度平均工资水平及其调整幅度，奖金、津贴等分配方案，工资支付办法，变更、解除工资协议的程序，工资协议的终止条件，工资协议的违约责任，双方认为应当协商约定的其他事项。

③ 平等协商的目的是有效维护劳动者权益。对于处于相对弱势地位的劳动者要想在劳动关系中得到更加公平、平等的待遇，依托集体的力量去与资方谈判，是一种比较有效的方式。平等协商制度作为工会维权的重要法律手段，是由市场经济特点和劳动关系状况所决定的。国家通过立法来体现公平、公正，以维持社会各利益群体之间的利益关系平衡，从而达到生活和谐和政权稳固。劳动关系市场化的发展趋势，使平等协商制度成为协调劳动关系的基本的和重要的法律制度。从宏观意义上看，这一制度是实现劳动者的民主权利，促进民主政治建设的需要。

1. 平等协商制度的原则

① 合法性原则。首先是主体合法，即参加协商的双方代表必须具备法定的条件和要求，如经营者不能违背劳方的意志，单方指定劳方的协商代表等。其次是协商的内容、程序合法。不仅协商的劳动标准、劳动条件和劳动纪律等内容要符合劳动法律规定，在协商的提出，合同的起草、讨论、争议处理等程序方面，也必须符合劳动法律的规定。如不能违背劳动法律条款规定，随意降低劳动标准；不能不给劳方发表意见和建议的权利，强制工会接受资方提出的条件；不能违反协商程序规定，或只协商而不签订协议，或签订的协议不经过协商；不能不履行合同约定条款等。

② 独立性原则。即平等协商的双方必须是各自身份独立的利益主体，相互之间没有依附关系，这是平等协商的前提。

③ 合作性原则。即协商的双方争取自己利益或体现单方意志时，必须建立在既符合法律规定，又不损害对方利益的基础上。尊重对方的主体权利，即体现权利对等。市场的激烈竞争，客观上也要求企业与劳动者在生产管理和利益分配等各个方面都必须密切合作，才能取得双赢。

2. 平等协商订立集体合同的基本程序

① 产生协商代表。参加集体协商的双方代表人数应当相等，每方至少 3 人，并各自确定一名首席代表。用人单位工会主席和用人单位法定代表人分别担任职工一方与企业方的首席代表；因故不能担任的，应书面委托一名代表担任。职工一方的代表应当由职工代表大会或者职工大会选举产生。建立女职工委员会或者女职工占有一定比例的用人单位，职工一方代表中至少应有一名女职工代表。用人单位一方的代表由用人单位确定。代表因故不能履行职责半年以上的，应视为自动放弃代表资格，有关一方应推举新的代表，并通知另一方。

② 提出要约并作出回应。一方提出签订要求的，另一方应当在 20 日内以书面形式给予回应，进而商定协商的时间、地点、内容及有关事宜。而建立定期协商机制的企业，双方首席代表应当在协商前 1 周，将拟定协商的事项通知对方。

③ 集体协商。就集体合同的内容，双方协商代表有义务向对方提供有关情况和资料，并进行集体协商。涉及保密规定或者商业秘密的，按照有关法律、法规的规定执行。协商期限最长不得超过 60 日。集体协商未达成一致或者出现事先未预料的情况时，经双方协商代表同意，可以中止协商。中止期限及下次协商时间、地点、内容由双方商定。

④ 职代会或职工大会审议通过。经双方协商代表协商一致的集体合同草案或专项集体合同草案应提交职工代表大会或者全体职工讨论。职工代表大会或者全体职工讨论集体合同草案或专项集体合同草案，应当有 2/3 以上职工代表或者职工出席，且须经全体职工代表半数以上或者全体职工半数以上同意，集体合同草案或专项集体合同草案方获通过。

⑤ 双方首席代表签字。

⑥ 上报劳动行政部门审查。用人单位应当在集体合同签订后 10 日内，将合同正式文本一式三份及说明材料报送有管辖权的劳动和社会保障行政主管部门进行审查，用人单位工会应当同时将合同正式文本报送上一级工会。劳动和社会保障行政主管部门应对报送的集体合同或专项合同的下列内容进行合法性审查：签约双方主体资格是否符合法律、法规的规定；集体协商程序是否违反法律、法规及规章规定；集体合同或专项合同内容是否与国家法律、法规相抵触。

⑦ 正式生效，公布于众。劳动和社会保障行政主管部门应当自收到集体合同文本之日起 15 日内，将集体合同审核意见书书面通知签约双方；15 日内未提出书面异议的，集体合同即行生效；提出书面异议的，签约双方应进行协商、修改或者作出说明，经职工代表大会或职工大会讨论通过后重新报送。

⑧ 经双方协商代表协商一致的集体合同草案（或续签合同草案），在职代会召开前需送当地劳动和社会保障行政主管部门，由其就合法性进行审查。

⑨ 集体合同经职代会通过后，报当地劳动和社会保障行政主管部门。

任务五　综合训练

一、知识巩固

（一）单项选择题

1. 劳动合同期限 1 年以上不满 3 年的，试用期不得超过（　　）。

    A. 1 个月　　　　　B. 2 个月　　　　　C. 6 个月　　　　　D. 12 个月

2. 从事同类业务的竞业限制期限，不得超过（　　）。

    A. 1 年　　　　　　B. 2 年　　　　　　C. 3 年　　　　　　D. 5 年

3. 用人单位与劳动者已建立劳动关系，未同时订立书面劳动合同的，应当自用工之日起（　　）内订立书面劳动合同。

    A. 1 个月　　　　　B. 2 个月　　　　　C. 3 个月　　　　　D. 6 个月

4. 劳动者在该用人单位连续工作满（　　　）的，劳动者提出或者同意续订、订立劳动合同的，除劳动者提出订立固定期限劳动合同外，应当订立无固定期限劳动合同。

  A. 1 年   B. 3 年   C. 5 年   D. 10 年

5. 在经济性裁员的情况下，用人单位从裁减人员之日起，（　　　）内需要新招人员的，应当通知被裁减的人员，并在同等条件下优先录用本单位被裁减的人员。

  A. 2 个月 B. 3 个月 C. 6 个月   D. 12 个月

6. 非全日制用工的计酬方式主要是（　　　）。

  A. 按件计酬 B. 按小时计酬 C. 按天计酬 D. 按月计酬

7. 劳动合同的下列条款中，不属于劳动法规定的必备条款的是（　　　）。

  A. 劳动报酬   B. 劳动保护和劳动条件

  C. 劳动合同期限   D. 试用期条款

8. 解除或者终止劳动合同，未依照本法规定向劳动者支付经济补偿的，由劳动行政部门责令限期支付经济补偿，逾期不支付的，责令用人单位按应付金额的（　　　）的标准向劳动者加付赔偿金。

  A. 10%以下   B. 20%以下

  C. 50%以上 100%以下   D. 100%以上 150%以下

9. 用人单位与劳动者订立的劳动合同中劳动报酬和劳动条件等标准（　　　）集体合同规定的标准。

  A. 不得低于 B. 不得高于 C. 可以等于 D. 应当高于

10. 劳动者违反竞业限制约定的，应当按照约定向用人单位支付（　　　）。

  A. 违约金 B. 赔偿金 C. 补偿金 D. 损失费

11. 用人单位自（　　　）起即与劳动者建立劳动关系。

  A. 用工之日   B. 签订合同之日

  C. 上级批准设立之日 D. 劳动者领取工资之日

12. 根据《劳动合同法》第 28 条的规定，劳动合同被确认无效，但劳动者已付出劳动的，用人单位向劳动者支付劳动报酬的数额，应当（　　　）。

  A. 按照当地最低工资标准支付

  B. 按照本单位平均工资支付

  C. 参照本单位相同或相近岗位劳动者的劳动报酬确定

  D. 按照本地区年平均工资支付

13. 职工代表大会至少每年召开一次。每次会议必须有（　　　）以上的职工代表出席。

  A. 2/3   B. 1/2   C. 3/5   D. 3/4

14. 郑某于 2012 年 6 月 15 日与甲公司签订劳动合同，约定试用期 1 个月。7 月 2 日郑某上班。郑某与甲公司建立劳动关系的时间是（　　　）。

  A. 2012 年 6 月 15 日   B. 2012 年 7 月 2 日

  C. 2012 年 7 月 15 日   D. 2012 年 8 月 2 日

15. 在某上市公司工作的杨某工作年限为 16 年，2009 年公司因盈利不佳，符合可裁减人员规定而与杨某解除劳动合同，当时杨某月工资为 6 400 元，当地职工月平均工资为 3 500 元，杨某可以得到的经济补偿金为（　　　）元。

    A. 76 800   B. 102 400   C. 126 000   D. 168 000

（二）多项选择题

1. 下列关于劳动合同订立的说法中，正确的有（　　　）。

    A. 用人单位设立的分支机构，不得作为用人单位与劳动者订立劳动合同

    B. 用人单位设立的分支机构，未取得营业执照或者登记证书的，不得作为用人单位与劳动者订立劳动合同

    C. 用人单位招用劳动者，不得扣押劳动者的居民身份证和其他证件

    D. 用人单位招用劳动者，不得要求劳动者提供担保

2. 竞业限制的人员限于（　　　）。

    A. 用人单位的高级管理人员   B. 高级技术人员

    C. 用人单位的员工   D. 其他负有保密义务的人员

3. 关于劳动合同约定的试用期的说法中，正确的有（　　　）。

    A. 以完成一定工作任务为期限的劳动合同，约定的试用期不得超过 1 个月

    B. 劳动合同期限 3 个月以上不满 1 年的，约定的试用期不得超过 2 个月

    C. 劳动合同固定期限 3 年以上的，约定的试用期不得超过 6 个月

    D. 无固定期限的劳动合同，约定的试用期不得超过 6 个月

4. 关于劳务派遣，下列表述正确的有（　　　）。

    A. 在劳务派遣关系中，劳动合同关系存在于劳务派遣单位与被派遣劳动者之间，但劳动力给付的事实则发生于被派遣员工与用工单位之间

    B. 劳务派遣单位应当与被派遣劳动者订立 2 年以上的固定期限劳动合同，按月支付劳动报酬

    C. 用人单位不得设立劳务派遣单位向本单位或者所属单位派遣劳动者，不得将被派遣劳动者再派遣到其他用人单位

    D. 劳务派遣单位应当将劳务派遣协议的内容告知被派遣劳动者，不得克扣用工单位按照劳务派遣协议支付给被派遣劳动者的劳动报酬

5. 在用人单位（　　　）情形下，劳动者依法可以单方解除合同。

    A. 未按照劳动合同约定提供劳动保护或者劳动条件的

    B. 未及时足额支付劳动报酬的

    C. 未依法为劳动者缴纳社会保险费的

    D. 用人单位的规章制度违反法律、法规的规定，损害劳动者权益的

6. 根据《劳动合同法》第 41 条规定，企业裁减人员的程序是（　　　）。

    A. 提前 30 日向工会或者全体职工说明情况

    B. 听取工会或者职工的意见

    C. 将裁减人员方案向劳动行政部门报告

    D. 裁减方案须经过劳动行政部门的批准

7. 当事人在履行劳动合同过程中必须坚持的履行原则有（　　　）。

    A. 合法履行原则   B. 全面履行原则   C. 协作履行原则   D. 亲自履行原则

8. 用人单位经济性裁员时，下列人员不得被裁减（　　　）。

A. 患职业病或者因工负伤并被确认丧失或者部分丧失劳动能力的

B. 患病或者非因工负伤，在规定的医疗期内的

C. 在用人单位连续工作 10 年以上的

D. 女职工在孕期、产期、哺乳期内的

9. 根据劳动合同法律制度的规定，下列情形中，用人单位既不得解除合同，也不得终止劳动合同，劳动合同应当延续至相应的情形消失时终止的情形有（　　）。

A. 从事接触职业病危害作业的劳动者未进行离岗前职业健康检查，或者疑似职业病病人在诊断或者医学观察期间的

B. 在本单位连续工作满 15 年，且距法定退休年龄不足 5 年的

C. 女职工在孕期、产期、哺乳期的

D. 患病或者非因工负伤，在规定的医疗期内

10. 用人单位可以随时解除劳动合同的情形有（　　）。

A. 劳动者患病或者非因工负伤，医疗期满后，不能从事原工作也不能从事由用人单位另行安排的工作的

B. 劳动者严重违反劳动纪律或用人单位规章制度

C. 劳动者经过培训仍不能胜任工作

D. 劳动者严重失职，营私舞弊，对用人单位利益造成重大损害

11. 某公司拟与张某签订为期 3 年的劳动合同，关于该合同试用期约定的下列方案中，符合法律制度规定的有（　　）。

A. 不约定试用期　　　　　　　　B. 试用期 1 个月

C. 试用期 3 个月　　　　　　　　D. 试用期 6 个月

12. 据劳动合同法律制度规定，下列对劳动合同订立的形式描述中正确的有（　　）。

A. 建立劳动关系应当订立书面劳动合同

B. 非全日制用工双方当事人可以不订立书面劳动合同

C. 建立劳动关系，只能订立书面劳动合同

D. 试用期用工双方当事人可以订立口头协议

13. 工会的性质，一般认为它具有（　　）。

A. 阶级性　　　　B. 群众性　　　　　C. 自愿性　　　　　D. 全民性

14. 《劳动合同法》规定，劳务派遣一般实施在（　　）。

A. 固定性的工作岗位上　　　　　　B. 临时性的工作岗位上

C. 辅助性的工作岗位上　　　　　　D. 替代性的工作岗位上

15. 下列各选项中属于集体合同变更或解除的情形的是（　　）。

A. 用人单位因被兼并、解散、破产等原因，致使集体合同或专项集体合同无法履行的

B. 因不可抗力等原因致使集体合同或专项集体合同无法履行或部分无法履行的

C. 集体合同或专项集体合同约定的变更或解除条件出现的

D. 一方不履行合同，另一方催告后，仍不履行的

（三）判断题

1. 试用期、培训、保守秘密、补充保险和福利待遇等是劳动合同的法定条款。（　　）

2. 用工单位自用工之日起满一年不与劳动者订立书面劳动合同的，视为用人单位自用工之日起满一年的当日已经与劳动者订立无固定期限劳动合同。 （   ）

3. 劳动者在试用期间被证明不符合录用条件的，用人单位可以解除劳动合同，无须提前通知。 （   ）

4. 劳动者在试用期内解除劳动合同不需要提前通知用人单位。 （   ）

5. 劳动者患病或非因工负伤，在规定的医疗期满后不能从事原工作，也不能从事由用人单位另行安排的工作的，用人单位可提前 30 日以书面形式通知劳动者解除劳动合同。
（   ）

6. 职工民主管理企业最直接的形式是参加职工代表大会。 （   ）

7. 集体合同由工会代表职工与企业签订，故只有建立工会组织的企业才能实行集体合同制度。 （   ）

8. 劳动合同订立时所依据的客观情况发生重大变化，致使劳动合同无法履行，经用人单位与劳动者协商，未能就解除劳动合同达成协议的，用人单位提前 30 天以书面形式通知劳动者本人或者额外支付劳动者一个月工资后，可以解除劳动合同。 （   ）

9. 通过职工大会、职工代表大会参与民主管理这种形式主要适用于国有企业。 （   ）

10. 劳务派遣单位应当与被派遣劳动者订立二年以上的固定期限劳动合同。 （   ）

（四）简答题

1. 请简述劳动合同和劳务合同的概念和区别。

2. 劳动合同有哪些生效要件？

3. 集体合同有什么作用？

4. 用人单位劳动规章制度的效力要件是什么？

5. 职工代表大会有哪些职权？

二、知识运用与能力提升

（一）案例分析

1. 懂点电脑知识的小李大学毕业后，一时找不到工作，便到某大型超市当售货员，一天，电脑出现了故障。小李对经理说，让他试一试。不到一个小时，系统恢复了正常，于是超市决定让小李去技术部分，但是人事经理告诉他，正式调入技术部门前，需要 3 个月的试用期。小李认为自己已经在超市工作了将近 1 年了，公司对他的各个方面都已经了解，既然公司决定调他到技术部门，说明他的能力已经得到了公司的认可，所以不需要试用期。公司认为小李刚来公司时，职位是售货员，现在要将其调到技术部，因为技术部的岗位要求是不一样的，公司自然要对员工进行考察。

对于此案例，你的意见是什么？

2. 王女士于 2014 年 9 月到北京某报社广告部从事制作、核版工作，并签订了 2 年固定期限劳动合同。2015 年 3 月 10 日，报社与一家钟表公司签订了 20 万元的广告合作协议，客户要求在其报刊上刊登半版的钟表广告。王女士在对这项业务进行核版时，发现广告的版面设计大小与订单不符，遂要求制作人员进行修改，但是直至报刊开始印刷时，王女士发现广告版面的尺寸仍未修改过来。广告刊出后，钟表公司马上与报社进行交涉，报社只好将20 万元广告费退回并赔礼道歉。2015 年 4 月 21 日，报社经调查研究，以王女士不能胜任工作为由，决定与她解除劳动合同，且不支付经济补偿。王女士认为，自己已经尽职，也指出了制作人员的工作错误，最终失误应与本人无关，且报社也没有具体的考核标准，不能认定自己为不能胜任工作，不应对自己解除劳动合同。遂向劳动争议仲裁委员会提出了仲裁申请，要求报社继续履行与其签订的劳动合同。

问题解析：

① 什么情况下用人单位与员工解除劳动合同，不用支付经济补偿？

② 因劳动者不能胜任工作而解除劳动合同，应履行怎样的程序？

（二）实操题

王某于 2006 年 2 月入职现在的公司，与公司签订的劳动合同将于 2015 年 12 月 31 日到期，公司将不再续订劳动合同，王某的工资由两部分构成，基本工资 3 500 元，加班工资 1 500 元，公司将支付给王某多少经济补偿金，怎样计算？

（三）实训题

1. 实训项目：模拟劳动合同的订立。

2. 实训目的：通过实训，掌握应聘和入职签约的基本知识、实际流程和相应的实践技能，强化学生对所学的劳动法和劳动合同法的理解，增强未来就业的法律意识和实际操作能力，为今后成功就业打下一定的法律基础。

3. 实训内容、形式和步骤：每班分为 8 个小组，以小组为单位完成。其中，4 个组为用人单位（自己选择设计行业，组成老总和人力资源部经理和工作人员，做 PPT，上讲台宣传）；4 个组为不同专业的毕业生（设计好自己的简历），去寻找用人单位应聘和签约，即向另外 4 个组递交简历已经磋商。每组至少向任课老师展示 1 次现场招聘会谈判过程，以取得评价分数。最终哪个毕业生（1 组）、哪个用人单位签约多，劳动合同签订质量好，可以看出结果。毕业生和用人单位完成应聘和招聘，并双方签订劳动合同后，即告完成任务。然后 8 个组都需要写总结，制作 PPT，上台展示完成结果。最终由任课老师为主，结合学生代表的意见，作出评分。以上是第 1 轮。第 1 轮程序完成后，用人单位和学生小组互换，再进行第 2 轮。2 轮过后，各个组都分别充当过用人单位和毕业生，2 个角色的平均分，即为各组最终的成绩。

4. 实训评价：分数构成如下。

① 最初的用人单位招聘上台宣传（使用 PPT 进行演讲）占 10%；

② 招聘现场谈判磋商占 20%；

③ 劳动合同签订的数量和质量、简历制作（毕业生）和实训总结（上台进行演讲和文字材料说明）占 70%。

评判标准是：考察两个角色在劳动法中规定的相应权利义务的认识和应用，对各个环节熟悉的程度，书面和口头表达能力，最终完成任务的效果等。

5. 实训资料和方法准备如下。

① 以直观形式获得直接经验和方法。采用演示法和观摩法。有条件的话，组织学生直接到人才市场、招聘会现场或用人单位人事部实地观摩，也可以由教师实录的录像等影像资料，达到观摩目的。

② 通过网上搜集相关资料。

附：劳动合同参考范本

劳动合同

甲方（用人单位）：　　　　　　　　　　　乙方（职工）：

名称：　　　　　　　　　　　　　　　　　姓名：

法定代表人：　　　　　　　　　　　　　　身份证号码：

地址：　　　　　　　　　　　　　　　　　现住址：

经济类型：　　　　　联系电话：　　　　　联系电话：

根据《中华人民共和国劳动法》《中华人民共和国劳动合同法》和国家及省的有关规定，甲乙双方按照合法、公平、平等自愿、协商一致、诚实信用的原则订立本合同。

一、合同期限

（一）合同期限：双方同意按以下第＿＿＿种方式确定本合同期限：

① 有固定期限：从＿＿＿＿＿年＿＿＿月＿＿＿日起至＿＿＿＿＿年＿＿＿月＿＿＿日止。

② 无固定期限：从＿＿＿＿＿年＿＿＿月＿＿＿日起至本合同约定的终止条件出现时止（不得将法定解除条件约定为终止条件）。

③ 以完成一定的工作为期限：从＿＿＿＿＿年＿＿＿月＿＿＿日起至工作任务完成时止。

（二）试用期限：双方同意按以下第＿＿＿种方式确定试用期期限（试用期包括在合同期内）：

① 无试用期。

② 试用期从＿＿＿＿＿年＿＿＿月＿＿＿日起至＿＿＿＿＿年＿＿＿月＿＿＿日止。（试用期最长不超过6个月。其中合同期限在6个月以下的，试用期不得超过15日；合同期限在6个月以上1年以下的，试用期不得超过30日；合同期限在1年以上2年以下的，试用期不得超过60日。）

二、工作内容

（一）乙方的工作岗位（工作地点、部门、工种或职务）为＿＿＿＿＿＿＿＿＿＿＿＿＿＿。

（二）乙方的工作任务或职责是＿＿＿＿＿＿＿＿＿＿＿＿＿＿＿＿＿＿＿＿。

（三）甲方因生产经营需要调整乙方的工作岗位，按变更本合同办理，双方签章确认的协议或通知书作为本合同的附件。

（四）如甲方派乙方到外单位工作，应签订补充协议。

三、工作时间

（一）甲乙双方同意按以下第（　　）种方式确定乙方的工作时间：

① 标准工时制，即每日工作＿＿＿＿＿＿＿小时，每周工作＿＿＿＿＿＿＿天，每周至少休息1天；

② 不定时工作制，即经劳动保障部门审批，乙方所在岗位实行不定时工作制；

③ 综合计算工时工作制，即经劳动保障部门审批，乙方所在岗位实行以＿＿＿＿＿＿＿为周期，总工时＿＿＿＿＿＿＿小时的综合计算工时工作制。

（二）甲方因生产（工作）需要，经与工会和乙方协商后可以延长工作时间。除《中华人民共和国劳动法》第42条规定的情形外，一般每日不得超过1小时，因特殊原因最长每日不得超过3小时，每月不得超过36小时。

四、工资待遇

（一）乙方正常工作时间的工资按下列第（　）种形式执行，不得低于当地最低工资标准。

① 乙方试用期工资＿＿＿＿＿元/月；试用期满工资＿＿＿＿＿元/月（＿＿＿＿＿元/日）。

② 其他形式：＿＿＿＿＿＿＿＿＿＿＿＿＿＿＿＿。

（二）工资必须以法定货币支付，不得以实物及有价证券替代货币支付。

（三）甲方根据企业的经营状况和依法制定的工资分配办法调整乙方工资，乙方在60日内未提出异议的视为同意。

（四）甲方每月＿＿＿＿＿＿日发放工资。如遇节假日或休息日，则提前到最近的工作日支付。

（五）甲方依法安排乙方延长工作时间的，应按《中华人民共和国劳动法》第44条的规定支付延长工作时间的工资报酬。

五、劳动保护和劳动条件

（一）甲方按国家和省有关劳动保护规定提供符合国家劳动卫生标准的劳动作业场所，切实保护乙方在生产工作中的安全和健康。如乙方工作过程中可能产生职业病危害，甲方应按《职业病防治法》的规定保护乙方的健康及其相关权益。

（二）甲方根据乙方从事的工作岗位，按国家有关规定，发给乙方必要的劳动保护用品，并按劳动保护规定每（年/季/月）免费安排乙方进行体检。

（三）乙方有权拒绝甲方的违章指挥、强令冒险作业，对甲方及其管理人员漠视乙方安全和健康的行为，有权要求改正并向有关部门检举、控告。

六、社会保险和福利待遇

（一）合同期内，甲方应依法为乙方办理参加养老、医疗、失业、工伤、生育等社会保险的手续，社会保险费按规定的比例，由甲乙双方负责。

（二）乙方患病或非因工负伤，甲方应按国家和地方的规定给予医疗期和医疗待遇，按医疗保险及其他相关规定报销医疗费用，并在规定的医疗期内支付病假工资或疾病救济费。

（三）乙方患职业病、因工负伤或者因工死亡的，甲方应按（工伤保险条例）的规定办理。

（四）甲方按规定给予乙方享受节日假、年休假、婚假、丧假、探亲假、产假、看护假等带薪假期，并按本合同约定的工资标准支付工资。

七、劳动纪律

（一）甲方根据国家和省的有关法律、法规通过民主程序制定的各项规章制度，应向乙方公示；乙方应自觉遵守国家和省规定的有关劳动纪律、法规和企业依法制定的各项规章制度，严格遵守安全操作规程，服从管理，按时完成工作任务。

（二）甲方有权对乙方履行制度的情况进行检查、督促、考核和奖惩。

（三）如乙方掌握甲方的商业秘密，乙方有义务为甲方保守商业秘密，并作如下约定：＿＿＿＿＿＿＿＿＿＿＿＿＿＿＿＿＿＿＿＿＿＿＿＿。

八、本合同的变更

（一）任何一方要求变更本合同的有关内容，都应以书面形式通知对方。

（二）甲乙双方经协商一致，可以变更本合同，并办理变更本合同的手续。

九、本合同的解除

（一）经甲乙协商一致本合同可解除。由甲方解除本合同的应按规定支付经济补偿金。

（二）属下列情形之一的，甲方可以单方解除本合同：

① 试用期内证明乙方不符合录用条件的。

② 乙方严重违反劳动纪律或甲方规章制度的。

③ 严重失职、营私舞弊，对甲方利益造成重大损害的。

④ 乙方被依法追究刑事责任的。

⑤ 甲方歇业、停业、濒临破产处于法定整顿期间或者生产经营状况发生严重困难的。

⑥ 乙方患病或非因工负伤，医疗期满后不能从事本合同约定的工作，也不能从事由甲方另行安排的工作的。

⑦ 乙方不能胜任工作，经过培训或者调整工作岗位，仍不能胜任工作的。

⑧ 本合同订立时所依据的客观情况发生重大变化，致使本合同无法履行，经当事人协商不能就变更本合同达成协议的。

⑨ 本合同约定的解除条件出现的。甲方按照第⑤、⑥、⑦、⑧、⑨项规定解除本合同的，需提前30日书面通知乙方，并按规定向乙方支付经济补偿金，其中按第⑥项解除本合同并符合有关规定的还需支付乙方医疗补助费。

（三）乙方解除本合同，应当提前30日以书面形式通知甲方。但属下列情形之一的，乙方可以随时解除本合同。

① 在试用期内的。

② 甲方以暴力、威胁或者非法限制人身自由的手段强迫劳动的。

③ 甲方不按本合同规定支付劳动报酬，克扣或无故拖欠工资的。

④ 经国家有关部门确认，甲方劳动安全卫生条件恶劣，严重危害乙方身体健康的。

（四）有下列情形之一的，甲方不得解除本合同：

① 乙方患病或非因工负伤，在规定的医疗期内的；

② 乙方患有职业病或因工负伤，并经劳动能力鉴定委员会确认，丧失或部分丧失劳动能力的；

③ 女职工在孕期、产期、哺乳期内的；

④ 法律、法规规定的其他情形。

（五）解除本合同后，甲乙双方在7日内办理解除劳动合同有关手续。

十、本合同的终止

本合同期满或甲乙双方约定的本合同终止条件出现，本合同即行终止。本合同期满前一个月，甲方应向乙方提出终止或续订劳动合同的书面意向，并及时办理有关手续。

十一、违约情形及责任

（一）甲方的违约情形及违约责任：＿＿＿＿＿＿＿＿＿＿＿＿＿＿＿＿＿＿＿。

（二）乙方的违约情形及违约责任：＿＿＿＿＿＿＿＿＿＿＿＿＿＿＿＿＿＿＿。

十二、调解及仲裁

双方履行本合同如发生争议，可先协商解决；不愿协商或协商不成的，可以向本单位劳动争议调解委员会申请调解；调解无效，可在争论发生之日起60日内向当地劳动争议仲裁委员会申请仲裁；也可以直接向劳动争议仲裁委员会申请仲裁。对仲裁决不服的，可以自收到仲裁裁决书之日起 15 日内向人民法院提起诉讼。

十三、双方约定的其他事项

_____

十四、其他

（一）本合同未尽事宜，按国家和地方有关政策规定办理。在合同期内，如本合同条款与国家、省有关劳动管理新规定相抵触的，按新规定执行。

（二）下列文件规定为本合同附件，与本合同具有同等效力：

1. _____ ；
2. _____ ；
3. _____ 。

甲方（单位）（盖章）：　　　　　　　乙方（劳动者）（签名或盖章）：

法定代表人（或委托代理人）签字　　　　20 ____ 年 ____ 月 ____ 日

20 ____ 年 ____ 月 ____ 日　　　　　鉴证机构（盖章）：_____ 鉴证人：_____

鉴证日期：20 ____ 年 ____ 月 ____ 日

项目三 劳动条件和保障

学习目标

◇ 知识目标

① 了解我国工资制度；工时立法的概况、趋势和意义；劳动保护法的渊源、立法概况，安全生产及劳动卫生的管理体制；劳动就业立法概况，劳动就业服务机构。职业培训的立法概况，职业技能鉴定的管理体制和立法概况，就业援助制度；社会保险的起源和立法概况。熟悉我国工资支付保障制度和劳动法律关于工资的各种规定；工时制度的种类和休假的种类；劳动安全法律制度的种类和内容；劳动就业服务机构的禁止行为；劳动法律法规对社会保险的规定，职工福利的内容。

② 理解工资分配原则和制度的具体内容、最低工资的意义、确定最低工资标准的因素和程序；工时立法的意义；劳动保护和特殊劳动保护的意义；劳动就业的基本原则，职业培训的意义；我国五大社会保险的筹集、运营、管理方式及各自特点。

③ 掌握工资的概念、形式、特征，最低工资的概念、适用范围、排除项目和法律效力，违反工资支付保障制度的法律责任；工作时间和休息休假的概念、种类，加班加点工资具体标准，加班加点的限制和例外，工时制度（特别是标准工时制）的具体法律规定；劳动保护的概念和特点；劳动安全、卫生制度和特殊劳动保护法律制度的具体法律规定；劳动就业的概念、特征和形式，就业服务的概念、对象、体制和具体内容，职业培训的概念、特点、分类和具体形式，职业技能鉴定的基本内容；社会保险的概念、性质和特征，职工福利的概念和种类；劳动者享受五大社会保险的条件及标准。

◇ 能力目标

学会运用所了解、熟悉、理解和掌握的理论知识和劳动法律制度规定，分析和处理有关劳动条件和保障的案例及实际问题。

任务一　工资、工作时间、休息时间制度

任务情景

刘某自 2008 年 2 月起至某时装公司从事裁剪工作。2010 年 4 月 20 日，该公司行政方与工会签订集体合同，规定公司执行平均每周工作时间不超过 40 小时的工时制度，并保证职工每周至少休息一日，无论实行何种工作制，其平均日工作时间和平均周工作时间应与法定标准工作时间相同。2011 年 4 月 23 日至 2015 年 4 月 23 日期间，市人社部门应该时装公司申请，许可其实行特殊工时工作制，其中综合计算工时制计算周期均为年，岗位包括编织、缝合、包装等。刘某从事的裁剪岗位属于手缝部门。2012 年度特殊工时花名册载有"刘某、手工岗位、综合工作制"，2013 年度和 2014 年度实行综合计算工时制和不定时工作制。职工名册中均载有"刘某、手缝岗位、特殊工时"，职工签名处有刘某的签字。2012 年度刘某加班累计时长 1 167.5 小时；2011 年度刘某加班累计时长 1 106.5 小时；2014 年 1—6 月加班累计 459.5 小时。2013 年 6 月至 2014 年 5 月，刘某上班天数共计 306 天，平均每周工作近 6 天。2014 年 9 月 3 日，刘某以公司超时加班，未足额支付加班工资为由向公司提出解除劳动合同。后双方于 2014 年 9 月 10 日解除劳动关系。刘某诉至法院，请求判令该时装公司支付加班工资。

请问：什么是工时制？与标准工时制相比，综合计算工时制和不定时工作制有何特殊性？这三者有何区别？是不是在特殊工时制下就没有加班工资这一说法？

拓展思考：小王大学毕业后在当地参加了工作，2 年后被深圳某公司录取，双方签订期限为 3 年的劳动合同，约定工作时间为标准工时制，每天工作 8 小时，每周工作不超过 40 小时。在合同履行过程中，公司通过了劳动行政部门综合计算工时制的批准备案，要求小王签订变更劳动合同协议书，变更劳动合同中的标准工时制为综合计算工时制。并表示，如果小王拒绝签订，则该综合计算工时制度作为公司民主程序指定的规章制度，向小王公示后即生效。

请问：公司这种说法正确吗？如果小王拒绝签订变更劳动合同协议书，则新工时制对小王有效吗？基于此案，如何做好公司变换工时制的管理工作？

◎ 课堂提问

新员工对于发到手的工资都很困惑：怎么低于签合同时定的工资？甚至还低于政府公布的最低工资标准？单位代扣了哪些钱？

法定节日的工资是 3 倍工资，还是在原工资基础上另外增加 300%？病假期间不发工资吗？单位老是加班，国庆节要求加班 2 天，不给加班费而安排 2 天补休，感觉不对……

一、工资概述

（一）工资的概念、形式、特征和职能

1. 工资的概念

工资，又称薪金或薪资，是指用人单位依照劳动法规定或劳动合同的约定，以货币形式直接支付给本单位劳动者的劳动报酬。工资是基于劳动关系，用人单位根据劳动者提供的劳动数量和质量，以法定的方式支付的货币报酬或称劳动补偿。以上是广义的工资概念。狭义的工资，仅指劳动报酬中的基本工资。值得注意的是，工资只是劳动者劳动收入的主要组成部分。劳动者的以下劳动收入不属于工资范围：

① 单位支付给劳动者个人的社会保险费和福利费。如丧葬抚恤救济费、生活困难补助费、计划生育补贴等。

② 劳动保护方面的费用。如用人单位购买劳动保护用品费用，如支付给劳动者的工作服费用、解毒剂费用、清凉饮料费用等。

③ 解除劳动关系时支付的一次性补偿费。

④ 按规定未列入工资总额的各种劳动报酬及其他劳动收入。如根据国家规定发放的创造发明奖、国家星火奖、自然科学奖、科学技术进步奖、合理化建议和技术改进奖、中华技能大奖等，以及稿费、讲课费、翻译费等。

在政治经济学中，工资本质上是劳动力的价值或价格，是生产成本的重要部分。工资不仅是劳动者及其家属的生活保障，也是社会对其劳动的承认和评价，体现了劳动者的劳动报酬权。劳动报酬权是劳动权利的核心。因此，工资是劳动法的核心内容之一。

2. 工资的形式

工资的形式是指计量劳动和支付工资的形式。

1）基本工资

是指根据劳动合同约定或国家及企业规章制度规定的工资标准计算的工资。也称标准工资。在一般情况下，基本工资是职工劳动报酬的主要部分。它由用人单位按照规定的工资标准支付，较之工资额的其他组成部分具有相对稳定性。具体来说，在企业中，基本工资是根据员工所在职位、能力、价值核定的薪资，这是员工工作稳定性的基础，是员工安全感的保证。同一职位，可以根据其能力进行工资分级。例如工资总额组成中的计时工资、计件工资就是基本工资。再具体些说，实行结构工资制的单位支付给职工的基础工资和职务（岗位）工资均属基本工资。

① 计时工资。计时工资是按照单位时间工资率（即计时工资标准）和工作时间支付劳动者个人工资的一种形式。其中，计时工资标准根据职工技术熟练程度、劳动繁重程度确定。计时工资可以分为月工资制、日工资制和小时工资制三种。其优点是操作简单易行，适用面广，任何用人单位和工种均可适用。缺点是只以劳动时间作为计算工资报酬的依据，工资报酬没有与劳动的数量和质量相挂钩。

② 计件工资。计件工资是指按照劳动者完成的合格产品的数量和预先规定的计件单位计算工资的形式。它是用一定时间内的劳动成果来计算的工资，即用间接劳动时间来计算，因此它是计时工资的转化形式。计件工资的优点是能够使劳动成果与劳动报酬直接联系起

来，更好地体现了按劳分配的原则；缺点是容易因追求数量而忽视质量，甚至影响安全生产。

2）辅助工资

也称非标准工资，是指基本工资以外的各种工资。如奖金、津贴和补贴、加班加点工资、特殊情况下支付的工资、附加工资、保留工资等。它有较大的灵活性，是基本工资的补充。

① 奖金。指付给职工的超额劳动的报酬和增收节支的劳动报酬。包括生产奖；节约奖；劳动竞赛奖；机关、事业单位的奖励工资；其他奖金。

② 津贴和补贴。指为补偿职工的特殊或额外的劳动消耗和因其他特殊原因支付给职工的津贴，如保健性津贴、技术性津贴及其他津贴，以及为了保证职工工资水平不受物价影响支付给职工的物价补贴。

③ 加班加点工资。指用人单位支付给劳动者超过正常工作时间的工资报酬，包括加班工资和加点工资。

④ 特殊情况下支付的工资。包括根据国家法律、法规和政策规定，因病、工伤、产假、计划生育假、婚丧假、事假、探亲假、定期休假、停工学习、执行国家或社会义务（包括依法行使选举权和被选举权，当选代表出席乡、区以上政府、党派、工会、青年团、妇女联合会等组织召开的会议，出任人民法庭证明人，不脱产工会基层委员会委员因工会活动占用的生产或工作时间，其他依法参加的社会活动）等原因按计时工资标准或计时工资标准的一定比例支付的工资。

⑤ 附加工资。是对特定工作的一种补偿。包括生活补贴（如夏季降温补贴）、工作补贴（如高空作业津贴）、保健性补贴（如卫生防疫津贴）、技术性津贴（如科研津贴、工人技师津贴）、年功性津贴（如工龄工资、企业工龄工资）、地区性津贴、通信费用补贴、交通费用补贴等。

⑥ 保留工资。是国有企业在处理老员工，尤其是原国有身份员工在薪酬改革后工资下降矛盾的常用手段。一般就是将这些员工薪酬改革前后工资下降的差额部分作为保留工资，随以后工资调整进行冲减。

3. 工资的特征

引 导案例

某厂所生产的产品积压，资金周转不开，无力向职工发放工资。于是厂长让员工据出厂价换算，领取与工资相符的产品鼓励职工自己销售以换成货币。王某每月工资为800元，本厂产品出厂价为50元/箱，到发工资那天领到16箱产品。王某去向厂长索要工资，厂长请他务必体谅厂里的难处，自己销售换取工资。谈谈你对此案的看法。

工资较之其他劳动报酬具有如下特征。

① 工资必须是基于一定的劳动法律关系所取得的劳动报酬。即只有在劳动者与用人单位的劳动关系存续期间才存在工资支付问题。

② 工资的分配，受国家的宏观调控，受国家法律规定和劳动行政管理部门的管理。国

家的工资管理权：一是对全社会工资的一般管理，主要是通过指定工资政策和法规，控制工资总量，确定最低工资标准，管理工资基金，协调城乡居民收入比例关系和不同地区、行业、职业之间的工资比例关系；二是对企业工资的间接管理，主要是对企业工资总额进行动态的、适度的宏观调控，指导企业选择和完善工资制度，监督企业在工资分配过程中遵守工资政策法规；三是对国家机关工资的直接管理，主要是确定国家机关工资分配的制度和方案，根据经济发展状况并参照企业平均工资水平去核定调整国家机关工资水平。

③ 工资必须以货币形式支付和定期持续支付。《劳动法》第50条规定："工资应当以货币形式按月支付给劳动者本人。不得克扣或者无故拖欠劳动者的工资。"

④ 工资额的确定须以劳动法律、集体合同和劳动合同的规定为依据。

⑤ 支付工资是用人单位的法定义务，劳动者取得工资则必须履行劳动合同规定的义务。用人单位以支付工资的方式获得劳动者让渡的劳动力使用权，支付工资是其义务。劳动者在为用人单位付出劳动以后，有权依据其与用人单位之间存在的劳动关系和自己付出的劳动量获取相应的劳动回报，满足其个人及其家庭成员的生活需要，维持劳动力的再生产。同时它也体现了用人单位对劳动者物质利益的认可。

4. 工资的职能

工资职能是由工资的本质属性所决定的，具体包括以下几种。

① 补偿和保障职能。劳动者提供劳动得到工资，通过工资取得消费资料，从而保证了劳动力的生产和再生产；工资作为劳动者的生活来源，其首要作用是保障劳动者及其家庭的基本生活需要。

② 分配和激励职能。工资是向劳动者分配个人消费品的社会形式，劳动者所得的工资额也就是社会分配给职工的个人消费品份额；不同的分配是对劳动者劳动的一种评价尺度和手段，对劳动者劳动积极性具有鼓励作用，促进劳动者积极工作，提高劳动质量。

③ 效益和杠杆职能。一方面，科学合理的工资制度，是激励职工的劳动积极性，提高劳动效率和生产效益的重要手段；另一方面，工资对应的劳动能够增值，给资本所有者带来经济效益，这是资本所有者投资的动力。工资是国家用来进行宏观经济调节的经济杠杆，对劳动力的总体布局、劳动力市场、国民收入分配、产业结构变化以及劳动力素质结构等都有直接或间接的调节作用。

（二）工资分配的原则和制度

1. 工资分配原则

1）按劳分配原则

按劳分配原则是指按照劳动者提供的劳动数量和劳动质量支付相应的工资。等量劳动取得等量报酬，多劳多得，少劳少得，反对平均主义。按劳分配原则在实践中应当注意，允许作出不同贡献的劳动者得到不同的报酬，合理拉开收入差距。

2）同工同酬原则

同工同酬原则是指劳动者之间提供相同的劳动数量和劳动质量，就应领取相等的报酬。实行同工同酬，要求对付出同等劳动的劳动者，不分性别、年龄、种族、民族，一律按其等量劳动获得等量报酬。反对任何针对性别、民族、出身等自然因素决定报酬数量的情况。《劳动法》第46条第1款规定："工资分配应当遵循按劳分配原则，实行同工同酬。"

3）工资水平随经济发展逐步提高原则

工资水平是指一定区域和一定时间内劳动者平均收入的高低程度。一方面要求劳动生产率提高的速度必须超工资增长的速度，另一方面要求工资增长速度必须与劳动生产率提高的速度相适应。工资水平及增长幅度只有在一定经济水平提高的前提下实施。工资增长要经济增长应保持同步。工资水平必须与经济发展水平相适应。《劳动法》第46条规定："工资水平在经济发展的基础上逐步提高。"

4）工资总量宏观调控原则

工资总量是指一定时期内国民生产总值用于工资分配的总数量。工资总量宏观调控原则是指对工资总额和工资分配中的不合理因素或现象实行国家干预的法律调控原则。主要目的在于控制用工成本上升，保持经济总量平衡，为社会发展留出足够的资金，以保证国民经济持续、稳定、协调地发展。工资总量宏观调控的目前国家对工资宏观调控的重点放在国有企业。要实行工资总量宏观调控，建立正常的工资增长机制，使工资增长水平不超过经济效益和劳动生产率增长水平；要使消费基金的增长与生产基金的增长相协调，消费与生产比例关系趋于合理。目前国家对工资宏观调控的重点放在国有企业。《劳动法》第46条规定："国家对工资总量实行宏观调控。"

5）用人单位自主分配并与劳动者协商原则

用人单位根据本单位的生产经营特点和经济效益，结合劳动力市场的供求关系，依法自主确定本单位的工资分配方式和工资水平。但是，用人单位工资分配自主权并不是指完全由用人单位单方决定工资分配，而应通过职工代表大会进行讨论，即同时还要遵守用人单位与劳动者应就工资报酬进行协商的原则。

用人单位工资分配自主权的内容主要有：

① 自主确定本单位的工资分配方式。即自主选择基本工资制度，自主决定工资结构、工资标准、工资形式以及晋级增薪和降薪的办法、条件和时间等。

② 自主确定本单位的工资水平。即按法定原则自主确定工资总额和职工平均工资水平。严格意义上讲，享有分配自主权的仅限于经营性单位，对于全额拨款和差额拨款的事业组织只对工资总额的一定部分享有工资分配的自主权。

2. 工资分配制度

工资分配制度，也称工资制度，一般有广义和狭义两种理解。广义上的工资分配制度是指用人单位内部工资（包括基本工资和辅助工资）决定和分配规则（包括原则、形式、标准和方法等内容）的总称。狭义的工资制度是专指用人单位内部基本工资分配规则的总称。它确定了支付劳动者基本劳动报酬的形式、标准和办法，是基本工资等级、基本工资标准、定级升级、工资调整、支付形式等一系列制度规定的综合。但是不包括资金、津贴等其他辅助工资分配规则。

用人单位的工资分配制度，根据工资支付依据的不同，有等级工资制度、岗位工资制度等多种形式。通常企业选择一个或两个为主要制度形式，其他为辅助制度形式。不同工资制度形式的选择和确定，体现着单位的不同价值导向。因工种、岗位制宜，选择适合其劳动特点的基本工资制度，是用人单位贯彻按劳分配原则和具体组织工资分配的起点和基础。基本工资制度中规定的工资标准，只是对职工提供的定额劳动所支付的报酬。在实际支付工资时，必须在考核职工实际提供的劳动量后，运用不同的支付形式给予浮动地兑现。当职工在定额劳动之上提供了超额劳动时，除工资之外，还应另外支付超额劳动的报酬或奖金；当其完不成定额劳动时，则要扣减相应部分的工资。

用人单位常用的工资分配制度有以下七种。

① 等级工资制度：是指根据劳动的复杂性、繁重性和责任大小划分等级，按等级发放工资的制度。由工资标准、工资等级表和技术等级标准组成。其主要作用是：可以保证按劳分配原则和效益公平原则的贯彻实施；可以促进劳动者学习技术和钻研业务的积极性和主动性；可以合理使用劳动力。这一制度适合技术复杂程度较高、劳动差别较大的单位。

② 岗位工资制度：是指依据任职者在组织中的岗位确定工资等级和工资标准的一种工资制度。岗位工资制基于这样两个假设：第一，岗位任职要求刚好与任职者能力素质相匹配，如果员工能力超过岗位要求，意味着人才的浪费，如果员工能力不能完全满足岗位要求，则意味着任职者不能胜任岗位工作，无法及时、保质保量地完成岗位工作。岗位工资制的理念是：不同的岗位将创造不同的价值，因此不同的岗位将给予不同的工资报酬；同时企业应该将合适的人放在合适的岗位上，使人的能力素质与岗位要求相匹配，对于超过岗位任职要求的能力不给予额外报酬；岗位工资制鼓励员工通过岗位晋升来获得更多的报酬。

③ 职务工资制度：简化了的岗位工资制，是典型的等级制工资制度。职务和岗位的区别在于，岗位不仅表达出层级还表达出工作性质，比如人力资源主管、财务部部长等就是岗位，而职务仅仅表达出来层级，比如主管、经理，以及科长、处长等。职务工资制在国有企业、事业单位以及政府机构得到广泛的应用。职务工资制只区分等级，事实上和岗位工资具有本质的不同，岗位工资体现不同岗位的差别。岗位工资综合反映了岗位层级、岗位工作性质等多方面因素，是市场导向的工资制度，而职务工资仅仅体现层级，属于等级制工资制度。职务工资制特点和岗位工资制的优缺点近似，但相对于岗位工资制，职务工资制有个最大的特点是：根据职务级别定酬，某些人可能没有从事什么岗位工作，但只要到了那个级别就可以享受相应的工资待遇，这是对内部公平的最大挑战。

④ 岗位技能工资制度：是根据员工所具备的技能而向员工支付工资，技能等级不同，薪酬支付标准不同的一种工资制度。岗位技能工资制度和能力工资制与岗位工资制、职务工资制不同，岗位技能工资制度和能力工资制是基于员工的能力，它不是根据岗位价值的大小来确定员工的报酬，而是据员工具备的与工作有关的技能和能力的高低来确定其报酬水平。

⑤ 绩效工资制度：是以个人业绩为付酬依据的薪酬制度，绩效工资制的核心在于建立公平合理的绩效评估系统。绩效工资制可以应用在任何领域，适用范围很广，在销售、生产等领域更是得到大家认可，计件工资制、提成工资制、承包制也都是绩效工资制。

⑥ 结构工资制度：是指把劳动者的工资与本人的工作职务、责任和业绩密切结合起来，以利于提高劳动者的业务水平和工作效率，促使人才的合理流动的一种工资制度。其构成为：

• 基础工资：指以大体维持职工本人的最低生活计算的工资额；

• 职务工资：指按照职务高低、责任大小、工作繁重和业务技术水平等因素确定的工资额；

• 工龄工资：指按照工作人员的工作年限确定的工资额；

● 奖励工资：指对在工作中做出显著成绩的工作人员给予一定数额报酬，该制度在国家机关、事业单位普遍实行。

⑦ 效益工资制度：是指企业工资总额同企业经济效益挂钩的制度。自1985年起，该制度开始在国有大中型企业中实行。

我国现行基本工资制度具有以下三个特征：

● 多样性。企业和国家机关、事业单位分别实行不同的基本工资制度。其中：企业可自主选择基本工资制度，国家规定的示范性企业基本工资制度是岗位技能工资制；国家机关必须对职员、工人分别实行职务级别工资制、岗位技术等级（职务）工资制或岗位工资制；全额拨款和差额拨款的事业单位必须实行等级工资加津贴制；自收自支的事业单位有条件的可实行企业基本工资制度。

● 结构性。岗位技能工资制、职务级别工资制等基本工资制度，都属于结构工资制，只不过各自结构不尽相同而已。

● 等级性。在各基本工资制度的结构中，都包含具有等级特点的组成部分，如岗位工资、技能工资、职务工资等都有相应的等级。

我国现阶段企业执行的基本工资制度主要有等级工资制、岗位工资制、结构工资制、岗位技能工资制等。

二、工资保障制度

引 导案例

谈某与单位签订的劳动合同约定谈某实行计件工资制，完成劳动定额每少10%，其劳动工资即被扣减20%，直至扣完工资为止。某月，谈某因患病初愈，仅完成定额70%，单位遂据此发放其当月工资800元，双方发生劳动争议。谈某认为，自己因患病导致体力不足，但自己也坚持工作，单位即使减发工资也不低于最低工资标准。单位认为谈某已经病愈上班，其未完成定额，不受最低工资标准的限制，单位才根据合同约定和公司制度规定发放工资。你是怎么认为的呢？

拓展思考：实习学生是否适用最低工资？

（一）最低工资保障制度

1. 最低工资的概念和意义

1）最低工资的概念

是指劳动者在法定工作时间内按劳动合同约定的工作时间提供了正常劳动的前提下，用人单位依法应支付的保障劳动者个人及其家庭成员基本生活需要的最低劳动报酬。最低工资标准一般采取月最低工资标准和小时最低工资标准的形式。

① 月最低工资标准：适用于全日制就业劳动者。

② 小时最低工资标准：适用于非全日制就业劳动者。最低工资标准，通常应当包含以

下三个部分：

● 维持劳动者本人最低生活的费用，即对劳动者从事一般劳动时消耗体力和脑力给予补偿的生活资料的费用。

● 劳动者平均赡养人口的最低生活费。

● 劳动者为满足一般社会劳动要求而不断提高劳动标准和专业知识水平所支出的必要费用。《劳动法》第 48 条规定："国家实行最低工资保障制度。最低工资的具体标准由省、自治区、直辖市人民政府规定，报国务院备案。用人单位支付劳动者的工资不得低于当地最低工资标准。"

最低工资包含以下 4 个含义：

① 最低工资确定了劳动者的最低工资标准。只要劳动者提供了单位时间的正常劳动，用人单位支付的劳动报酬不得低于政府规定的标准。用人单位在向本单位的劳动者支付工资或通过劳动合同约定工资数额时不得低于最低工资率确定的工资标准，否则约定无效，并按最低工资标准执行。

② 最低工资仅指与用人单位确立了劳动关系的劳动者获得的最低工资包括基本工资和奖金、津贴、补贴，但不包括加班加点工资、特殊劳动条件下的津贴、国家规定的社会保险和福利待遇。

③ 劳动者在单位时间里提供了正常劳动，这是取得最低工资的前提。所谓"正常劳动"就是劳动者按照劳动合同的约定，在法定工作时间或劳动合同约定的工作时间内提供了劳动。按照有关规定，劳动者依法享受带薪休假、探亲假、婚丧假、生育（产）假、节育手术假等国家规定的假期间，以及法定工作时间内依法参加社会活动期间，视为提供了正常劳动。因此，即便是员工没有完成承包任务，用人单位支付的工资也不能低于最低工资标准，尽管劳动合同中有约定，但这一约定违法，属无效条款。劳动合同中无效条款对当事人双方都不具有约束力。换言之，劳动者只要按照《最低工资规定》的要求，员工由于本人原因造成在法定工作时间内或依法签订的劳动合同约定的工作时间内，未能提供正常劳动，如较长时间请事假、病假等，用人单位可按其实际提供劳动的时间计发工资，不受最低工资标准的约束。

④ 最低工资标准是由政府直接确定的，而不是劳动关系双方自愿协商的。根据劳动法律规定，最低工资具体标准应当由各省、自治区、直辖市人民政府确定。

2）最低工资的意义

① 最低工资标准的确定和调整，有利于政府发挥宏观调控的职能作用，是建立我国劳动力市场的基本条件。建立此制度为劳动关系中的劳动报酬部分提供了一个法律依据，有利于正确确定劳动关系，也为企业搞好内部分配提供了一个基础。由于劳动关系双方各自利益的相对差异，用人单位和劳动者双方都不可能自觉地站到宏观高度考虑社会劳动力的生产和发展问题。只有建立这一制度才能保证劳动力市场的健康运行。

② 最低工资制度作为国家干预分配，保障劳动者权益，保证社会的稳定和发展。实行此制度，保障了劳动者个人及其家庭成员的基本生活，并且有利于维护劳动者取得劳动报酬的合法权益，有利于防止和减少克扣工人工资现象的发生，维护社会稳定。通过调整工资分配关系，直接拉动职工工资增长，使广大职工能够分享经济和社会发展成果，调动劳动者的

积极性，有利于贯彻效率优先、兼顾公平的原则，促进经济和社会的发展。

③ 我国工资制度与国际劳工组织工资制度接轨。最低工资保障制度已成为世界潮流，许多发达国家和发展中国家都已依国际劳工组织公约建立了这一制度，我国是国际劳工组织成员国，建立这一制度有利于我国工资制度与国际接轨。

2. 最低工资的适用范围和排除项目

1）最低工资的适用范围

① 最低工资适用的主体范围。《最低工资规定》第 2 条规定，凡在中华人民共和国境内的企业、民办非企业单位、有雇工的个体工商户和与之形成劳动关系的劳动者，国家机关、事业单位、社会团体和与之建立劳动合同关系的劳动者，均应适用最低工资标准。应注意的是，劳动者包括用人单位所称固定工、临时工、农民工、短期用工以及试用、熟练、见习期的劳动者等。目前法律并无具体规定用人单位聘用离退休人员不得低于最低工资标准，故聘请离退休人员支付报酬低于最低工资标准是允许的。

法律规定下列人员不适用最低工资标准规定：

● 公务员、公益团体的工作人员。

● 租赁、承包经营企业，除了全员承包以外的租赁人、承包人。

● 学徒工、勤工俭学的学生、残疾人等。

● 企业下岗职工、职工患病或非因工负伤治疗期间的病假工资或疾病救济费、生活费发放可以低于最低工资标准。

② 最低工资的时间适用范围。是指劳动者在哪些时间内从事劳动，才能享受最低工资制度保障的情况。根据《最低工资规定》，劳动者享受最低工资制度保障的时间范围，应当是在法定工作时间或依法签订的劳动合同约定的工作时间内。

③ 最低工资劳动种类的适用范围。是指劳动者在法定工作时间或劳动合同约定的时间内提供哪些种类的劳动才有权享受最低工资制度保障的情况。根据《最低工资规定》，劳动者只有在法定或依法约定的工作时间内提供了正常劳动的才有权享受最低工资保障。

2）最低工资的排除项目

是指不应纳入最低工资的劳动报酬。《最低工资规定》第 12 条规定，在劳动者提供正常劳动的情况下，用人单位应支付给劳动者的工资在剔除下列各项以后，不得低于当地最低工资标准：

① 延长工作时间工资；

② 中班、夜班、高温、低温、井下、有毒有害等特殊工作环境、条件下的津贴；

③ 法律、法规和国家规定的劳动者福利待遇等。第③款主要有两大项：一是用人单位依法缴纳的社会保险费。二是法律、法规和国家规定的劳动者享有的其他福利待遇，主要包括：等对劳动者进行培训的费用；按国家劳动安全卫生规定发给劳动者的费用和用品，以及用人单位自身规定的工作用品（如工作着装等）；按国家住房制度改革规定由用人单位为劳动者缴纳的住房公积金；用人单位为劳动者支付的医疗卫生费、丧葬抚恤救济金、探亲路费、计划生育补贴、生活困难补助、冬季取暖补贴、防暑降温费等。

3）最低工资的确定及发布程序

① 最低工资的确定机构：省、自治区、直辖市人民政府劳动保障行政部门；同级工会、企业联合会、企业家协会。

② 确定最低工资标准的因素：确定和调整最低工资标准应当综合参考下列因素：

- 劳动者本人及平均赡养人口的最低生活费用；
- 社会平均工资水平；
- 劳动生产率；
- 就业状况；
- 地区之间经济发展水平的差异。

首先，根据国家的一般工资水平，生活费用，社会保障福利和其他阶层人员的相对生活标准，最低工资要能满足职工和其家庭成员的生活需要。确定最低工资的基本目的是维持工人身体健康以取得劳动效能所需要的最低生活水平。要确定最低工资，值得注意的要点是："最低生活标准"的含义，以确定出一个合适的最低工资水平。一些国家的法律对最低工资作了这样的规定：它要能满足职工本人对物质产品和精神文化生活的正常需要，同时要能够维持其家庭成员的生存。

其次，要考虑与之相关的经济因素，包括经济发展的水平，劳动生产率水平以及实现和保持高的就业水平。

③ 最低工资确定程序：据《劳动法》第 48 条，最低工资的具体标准由省、自治区、直辖市人民政府规定，报国务院备案。

3. 最低工资的法律效力

是指最低工资标准对用人单位的法律约束力，表现为企业违反最低工资标准规定的法律后果。《最低工资规定》第 13 条规定："用人单位违反本规定第十一条规定的，由劳动保障行政部门责令其限期改正；违反本规定第十二条规定的，由劳动保障行政部门责令其限期补发所欠劳动者工资，并可责令其按所欠工资的 1 至 5 倍支付劳动者赔偿金。"《劳动合同法》第 85 条规定，低于当地最低工资标准支付劳动者工资的，应当支付其差额部分；逾期不支付的，责令用人单位按应付金额 50% 以上 100% 以下的标准向劳动者加付赔偿金。

（二）工资支付保障制度

引 导案例

近日，烟台市开发区劳动信访部门接待了职工小刘。他于 2011 年 4 月通过人才市场招聘进入开发区某化工企业工作，与公司签订了为期 2 年的劳动合同，合同中约定小刘月基本工资为 1 500 元。平日里只要加班，小刘每月就能领到 2 000 多元的工资，但由于 7 月份加班较少，小刘当月发到手的工资只有 1 300 多元，8 月份更是只发了 1 087 元。眼见自己的工资越发越少，小刘又从朋友那里听说当地的最低月工资标准是 1 100 元，便怀着忐忑的心情到公司办公室找到负责劳资的人员询问。劳资负责人答复他说，工资中因扣除了个人应承担的社会保险费和住房公积金，所以工资就低了。小刘对公司劳资人员的答复半信半疑，不知道公司在自己的工资中扣除个人应承担部分的社会保险费和住房公积金的做法是否正确，也不知道公司在扣除上述款项后发到自己手上的工资低于最低工资标准是否合乎规定，你怎么认为呢？

工资支付是劳动者付出劳动以后，用人单位按照本单位所实行的基本工资制度和事先设定的工资标准，在对劳动者的劳动成果进行考核评价的基础上，以货币形式直接支付劳动报酬的行为。工资支付保障制度是指受劳动法律所调整的工资支付保障规则、禁止任意扣发工资等保障措施和工资监督等制度的总称。

1. 工资支付方法保障规则

工资支付方法是指工资的具体发放办法。工资支付方法保障规则主要包括以下几种。

① 货币支付规则。工资应以法定货币支付，不得以实物及有价证券代替货币支付。

② 及时支付规则。工资应当按月在用人单位与劳动者约定的日期，准时支付给劳动者本人，如遇节假日或休息日，则应提前在最近的工作日支付，用人单位不得无故拖欠工资。实行周、日、小时工资制的可按周、日、小时支付工资。对完成一次性临时劳动或某项具体工作的劳动者，用人单位应按有关协议或合同规定在其完成劳动任务后即支付工资。下列情况不属于"拖欠工资"：其一，用人单位遇到非人力所能抗拒的自然灾害、战争等原因，无法正常支付工资；其二，用人单位确因生产经营困难、资金周转受到影响，在征得本单位工会同意后，可暂时延期支付劳动者工资，延期时间的最长限制，可由各省、自治区、直辖市劳动保障行政部门根据各地情况确定。其他情况的拖欠工资均属无故拖欠。用人单位因生产经营困难等暂时无法按时支付工资，经与本单位工会协商一致，可延期在一个月内支付。

③ 直接支付规则。用人单位应将工资支付给劳动者本人。劳动者本人因故不能领取工资时，可由其亲属或委托人代领。用人单位可委托银行代发工资。

④ 工资的凭证支付规则。用人单位必须书面记录支付劳动者工资的数额、时间、领取者的姓名以及签字，并保存两年以上备查。用人单位在支付工资时应向劳动者提供一份其个人的工资清单。

⑤ 定地支付规则。除特别约定或依报酬性质、习惯等其他情形另行确定外，必须以营业场所为支付地。

⑥ 急用支付规则。劳动者因病或其他重大事由急需用钱时，单位应依情况提前支付。

⑦ 一次性付清规则。用人单位解除或终止劳动合同应一次性付清劳动者工资。

2. 工资保障措施

上述工资发放方法保障规则，是从程序上对工资发放的保障。而工资保障措施则是从实体上保障对确保工资发放和确保工资全额发放。分为两种情形：

1）一般情况下的工资保障措施

足额支付，不得克扣劳动者的工资的保障。劳动者按劳动合同约定，在法定工作时间提供正常劳动的情况下，用人单位就应当支付劳动者全部劳动报酬。无正当理由不足额支付劳动者工资则为克扣工资。以下减发工资的情况不属于"克扣"：

① 国家的法律、法规中有明确规定的；

② 依法签订的劳动合同中有明确规定的；

③ 用人单位依法制定并经职代会批准的厂规、厂纪中有明确规定的；

④ 企业工资总额与经济效益相联系，经济效益下降时，工资必须下降的（但支付给提供正常劳动职工的工资不得低于当地的最低工资标准）；

⑤ 因劳动者请事假等相应减发工资等。

用人单位不得克扣劳动者的工资。但有下列情况之一的，用人单位可以代扣劳动者工资：

① 用人单位代扣代缴的个人所得税；

② 用人单位代扣代缴应由劳动者个人负担的各项社会保险费用；

③ 法院判决、裁定中要求代扣的抚养费、赡养费；

④ 法律、法规规定可以从劳动者工资中扣除的其他费用。

2）特殊情况下的工资保障措施

（1）依法停工支付保障

劳动者在法定休假日和婚丧假期间以及依法参加社会活动期间，用人单位应当依法支付工资。劳动者的休假期间包括年休假、探亲假、婚丧假和事假等。其中前三项均属于带薪休假，因此，在休假期间，用人单位应按劳动合同约定的标准支付劳动者工资。劳动者请事假，一般不发给工资，但学徒工请事假的，生活费照发。劳动者旷工，停发工资，并按规定给予相应的处罚。劳动者在法定工作时间依法参加社会活动期间，用人单位应视同其提供了正常劳动而支付工资。社会活动包括：

• 依法行使选举权和被选举权；

• 当选代表出席乡（镇）、区以上政府、党派、工会、青年团、妇女联合会等组织召开的会议；

• 出任人民法院证明人；

• 出席劳动模范、先进工作者大会；

• 《工会法》规定的不脱产工会基层委员会委员因工会活动占用的生产或工作时间；

• 其他依法参加的社会活动。

（2）停工停产期间的工资支付

职工因本身过失造成的停工，不发给过失者津贴；非因劳动者的原因造成的，若停工、停产在一个工资支付周期内的，应当按约定的标准支付劳动者工资。超过一个工资支付周期的，用人单位可根据劳动者提供的劳动，按双方新约定的标准支付工资，但不得低于本市规定的最低工资标准。

（3）应赔偿的人员的工资扣除数额限制

给企业造成损失应赔偿且需在工资中扣除的，扣除部分不得超过劳动者当月工资的20%，且扣除后的剩余工资不得低于最低工资标准。

（4）处分人员的工资支付

有约定的从其约定，没有约定的不得低于最低工资标准。

（5）加班加点工资的支付

其一，实行标准工时制度的加班工资的支付标准：

• 安排劳动者在日法定标准工作时间以外延长工作时间的，按照不低于劳动者本人小时工资标准的150%支付工资；

• 安排劳动者在休息日工作，而又不能安排补休的，按照不低于劳动者本人日或小时工资标准的200%支付工资；

• 安排劳动者在法定休假节日工作的，按照不低于劳动者本人日或小时工资标准的300%支付工资。用人单位依法安排实行计件工资制的劳动者在法定标准工作时间以外工作的，应当根据以上原则相应调整计件单价。

其二，实行非标准工时制度的劳动者加班工资的支付标准：

- 实行不定时工作制的劳动者，延长工作时间或者在休息日工作的，用人单位可以不支付加班工资；
- 实行综合计算工时工作制的劳动者实际工作时间超过标准工作时间的部分，视为延长工作时间，按延长工作时间的加班工资标准（150%）支付加班工资；
- 实行不定时工时制的和综合计算工作制的劳动者在法定节假日工作，用人单位应当按照300%标准支付加班工资。

3. 工资保障的监督

① 劳动行政部门要监督国家工资法规的正确实施，监督、检查工资待遇的执行情况；

② 工会组织要监督企业行政切实执行国家工资法规的规定；

③ 人民银行办理对工资基金的管理工作，监督企业执行工资基金使用计划和通知开户银行办理工资基金转移手续。

4. 用人单位违反工资支付保障制度的法律责任

《劳动法》第91条规定："用人单位有下列侵害劳动者合法权益情形之一的，由劳动行政部门责令支付劳动者的工资报酬、经济补偿，并可以责令支付赔偿金：（一）克扣或者无故拖欠劳动者工资的；（二）拒不支付劳动者延长工作时间工资报酬的；（三）低于当地最低工资标准支付劳动者工资的；（四）解除劳动合同后，未依照本法规定给予劳动者经济补偿的。"

《违反〈劳动法〉有关劳动合同规定的赔偿办法》第2条规定，以下4种情形，用人单位违反劳动合同规定给劳动者造成损害的要赔偿：

① 用人单位故意拖延不订立劳动合同，即招用后故意不按规定订立劳动合同以及劳动合同到期后故意不及时续订劳动合同的；

② 由于用人单位的原因订立无效劳动合同，或订立部分无效劳动合同的；

③ 用人单位违反规定或劳动合同的约定侵害女职工或未成年工合法权益的；

④ 用人单位违反规定或劳动合同的约定解除劳动合同的。

具体赔偿办法如下：

- 造成劳动者工资收入损失的，按劳动者本人应得工资收入支付给劳动者，并加付应得工资收入25%的赔偿费用；
- 造成劳动者劳动保护待遇损失的，应按国家规定补足劳动者的劳动保护津贴和用品；
- 造成劳动者工伤、医疗待遇损失的，除按国家规定为劳动者提供工伤、医疗待遇外，还应支付劳动者相当于医疗费用25%的赔偿费用；
- 造成女职工和未成年职工身体健康损害的，除按国家规定提供治疗期间的医疗待遇外，还应支付相当于同期医疗费用25%的赔偿费用；
- 劳动合同约定的其他赔偿费用。

劳动者获得上述经济补偿金、额外的经济补偿金系通过劳动争议仲裁或者诉讼程序，而获得加付赔偿金系通过劳动监察程序，其依据为以下劳动合同法的规定：《劳动合同法》第85条规定，用人单位未依照劳动合同的约定或者国家规定及时足额支付劳动者劳动报酬的，由劳动行政部门责令限期支付劳动报酬、加班费或者经济补偿。《劳动合同法》第30条规定，用人单位应当按照劳动合同约定和国家规定，向劳动者及时足额支付劳动报酬。用人单位拖欠或者未足额支付劳动报酬的，劳动者可以依法向当地人民法院申请支付令，人民法院应当依法发出支付令。我国采取劳动监察和劳动争议仲裁并行的制度设计，二者的受案范围大部分重合。对二者共管的某一项权益，若劳动者通过投诉而启动劳动监察程序，则由劳动行政部门处理，劳动者或用人单位对处理结果不满意可直接提起行政诉讼；若劳动者通过申请而启动劳动争议仲裁程序，则由劳动争议仲裁委员会处理，双方对裁决结果不服可直接提起民事诉讼。这两条救济路径虽并行但相互排斥，并各自终结。

三、工作时间制度

（一）工作时间与休息时间及其立法概述

1. 工作时间和休息时间的概念和特征

1）工作时间的概念和特征

（1）工作时间的概念

工作时间又称劳动时间，是指劳动者根据法律规定和劳动合同的约定，为从事本职工作，履行劳动义务，在一昼夜或一周内所消耗的时间。包括：每日工作的小时数，每周工作的天数和小时数。《劳动法》规定了工作日和工作周的工时制度。工作时间的法律意义在于：它是衡量每一个劳动者劳动贡献大小的尺度，也是计付劳动报酬的依据。

（2）工作时间的特征

① 工作时间制度要符合劳动者的自然生理规律。标准工作日制度的主要作用在于保证劳动者的劳动消耗和支出不超出生理上能够承受的限度，并保障劳动者休息权的实现。

② 工作时间是劳动关系中劳动者为用人单位履行劳动义务而从事劳动的时间，是计发劳动报酬的标准。工时是劳动的自然尺度，是衡量每个劳动者的劳动贡献和付给劳动报酬的计算单位。劳动者按照劳动合同约定的时间提供劳动，即可以获得相应的工资福利待遇。加班加点的，可获得加班加点工资。

③ 工作时间是实际工作时间与相关活动时间的总和。工作时间不限于实际工作时间。工作时间的范围，不仅包括作业时间，还包括准备工作时间、结束工作时间以及法定非劳动消耗时间。其中，法定非劳动消耗时间是指劳动者自然中断的时间、工艺需中断时间、停工待活时间、女职工哺乳婴儿时间、出差时间等。此外，工作时间还包括依据法律、法规或单位行政安排离岗从事其他活动的时间。

④ 工作时间的长度由法律直接规定，或由集体合同和劳动合同依法约定。例如，所谓标准工时制度，是指通过立法的形式规定劳动者为履行劳动义务而消耗时间的最长限度的一种工时制度。法定工作时间制度仅仅确立了用人单位对劳动者在工作时间上不得突破的上限标准，用人单位可以根据自己生产经营的具体情况，确立低于标准工作日和工作周的工作时间制度。

⑤ 劳动者不遵守工作时间要承担法律责任。

2）休息时间的概念和特征

（1）休息时间的概念

休息时间是指企业、事业、机关、团体等单位的劳动者按规定不必进行生产和工作，而自行支配的时间。它既包括工时制度规定时间之外的时间，也包括节假日和年休假时间。

（2）休息时间的特征

① 劳动者在休息时间免于履行劳动给付义务。

② 休息时间由劳动者自行支配。这是实现休息权的必要保证。

③ 劳动者在休息时间内的生活保障由用人单位提供。即在休息期间用人单位不能不支付或减少支付劳动者工资。

④ 用人单位不得非法占用劳动者的休息时间。如需占用，必须具备法定条件，并依法给予特别补偿。

2. 我国工时立法的现状和意义

我国现行工时立法主要有《劳动法》中的"工作时间和休息休假"专章和《国务院关于职工工作时间的规定》及《国家机关、事业单位贯彻〈国务院关于职工工作时间的规定〉的实施办法》《全国年节及纪念日放假办法》《关于企业实行不定时工作制和综合计算工时工作制的审批办法》等法律、法规。

2）工时立法的意义

（1）保护劳动者身体健康和实现其休息权

持续的过长时间劳动可能对劳动者的健康造成伤害，要保证劳动者的健康就必须对劳动时间进行限制。工时立法使得雇主任意延长工作时间的现象得到有效的约束，使劳动者的健康从法律上获得了基本的保障。休息时间的法律意义还在于让劳动者实现休息权，可以合理地安排自己的时间，对提高劳动者的生活质量并谋求自身发展具有重要的作用。休息权是宪法赋予公民的一项基本权利。所谓休息权，是指劳动者在继续劳动过程中为恢复身体健康、消除过度疲劳，依法享有不提供劳动，取得自己可以自由支配的一段时间的权利。

（2）提高劳动者的素质和劳动生产率

工时立法，一方面将劳动时间限制在一定的范围内，保证劳动者在工作之外有充足的休息时间，才能使劳动者有更为充沛的精力和体力继续从事劳动，确保劳动的顺利进行；另一方面，使劳动者可以有更多的时间用于学习和自身素质的提高，从而提高劳动生产率。

（3）协调劳动报酬分配和促进充分就业

工作时间是确定劳动者报酬的一个重要的衡量依据，劳动者的报酬是劳动者在工作时间内创造财富的一部分，通过对劳动者工作时间的调整，可以间接协调劳动者报酬的分配。在工作量特定的情况下，单个劳动者工作的时间越短，用人单位需要使用的劳动者就越多。工时立法，通过对劳动工作时间的调整，使更多的劳动者能够获得就业的机会，对缓和劳动者就业的紧张状况也可以起到重要的作用，从而促进社会稳定和经济发展。

（二）工时制度

导案例

我们公司就是早上 9 点上班，下午 5 点半下班，中午 1 小时午饭时间，也就是一天工作 7 个半小时。一周工作就是 37.5 个小时。实则离国家规定的不超过 40 个小时还差了 2.5 小时。于是老板就叫我们周六值班，一个月轮一次，一般情况也就是 4 周一次。请问，如此被老板拉去值班，是否合理？

1. 标准工时制

1）标准工时制的概念

是指由国家法律规定的，在一般情况下劳动者从事职业劳动的工作时间制度。

2）标准工时制的法律规定

①《劳动法》第 36 条规定，国家实行劳动者每日工作时间不超过 8 小时、平均每周工作时间不超过 44 小时的工时制度。

② 1995 年，《国务院关于职工工作时间的规定》发布，规定日标准工时为 8 小时，周标准工时为 40 小时。该规定于 1995 年 5 月 1 日施行。

3）标准工时制的特征

① 标准工时制是一项最基本也是最重要的工时制度，适用范围最广，法律规定性强。

② 标准工时制是确定其他工时长度的基准。其他一切工时制度都是对这一制度的转化和变通适用，都以其为实行基础和区分标准。《劳动法》第 37 条规定，对实行计件工作的劳动者，用人单位应当根据本法第 36 条规定的工时制度合理确定其劳动定额和计件报酬标准。用人单位实行计件工资制度的，劳动者劳动定额和工资报酬应当根据标准工时制度合理确定，即计件工资是以标准工时制度为计算基础。所谓"合理"，是指对劳动者确定劳动定额应当是在每日不超过 8 小时或平均每周不超过 40 小时之内能够完成的工作定额。不能把定额定得过高，超过劳动者每日 8 小时之内的劳动能力或平均每周 40 小时的劳动能力。

③ 标准工时制是最长工时标准。即正常情况下法定最长工作时间。除具备法定特殊情形外，用人单位不得突破标准工时限制。所谓最长工时标准，又称法定最长工时，是指法律规定的在一定自然时间（一日或一周）内工作时间的最长限度。它有法定日最长工时和周最长工时两种形式。我国的标准工时立法随着我国社会经济的发展、就业状况的变化逐步有缩短的趋势。

2. 标准工时法律效力和法律效果

1）标准工时法律效力

① 最长工时标准必须在全国范围内应当普遍执行。除了法定情形外，用人单位不得突破最长工时标准。

② 企业因生产特点不能依照最长工时标准的要求实行作息办法而采用其他工时情形时，必须符合法定条件，并且经有权部门批准。

③ 用人单位不遵守最长工时标准的，应当承担法律责任。

2）标准工时制的上述法律效力，产生以下具体的法律效果

① 在通常情况下劳动者每日工作时间不得超过 8 小时，每周工作时间不得超过 40 小时。

② 用人单位或国家管理部门可依本单位和本行业的特点规定短于上述规定的工作时间。但在一般情况下不能规定超过标准工时的工作时间。

③ 特定行业可在坚持 40 小时工作周的基础上对每日的工作时间进行灵活掌握。

④ 用人单位实行上述工时制度，不得减少劳动者的劳动报酬。实行计时工资制的单位，不得因上述标准工时的缩短而减低劳动者的工资标准。实行计件工资制的劳动者，用人单位应根据标准工时的规定，合理确定其劳动定额和计件报酬的标准，以保证对实行计件工资制的劳动者能够适用上述标准工时制度。

⑤ 在通常情况下，用人单位在标准工时以外延长劳动时间的，应当按照加班加点处理，

用人单位应当支付劳动者的额外劳动报酬。

（三）特殊工时制

特殊工时制，也称非标准工时制，是特定工作岗位上的劳动者适用的工时。《劳动法》第39条规定，企业因生产特点不能实行本法第36条和第38条规定的，经劳动行政部门批准，可以实行其他工作和休息办法。我国为加强对特殊工时制的管理，作了下列规定：

① 特殊工时制只能在符合法定条件的情况下实行；

② 实行特殊工时制必须履行法定审批程序；

③ 实行特殊工时制必须确保职工休息权的实现和生产、工作任务的完成；

④ 实行特殊工时制可综合计算工时，但平均工时应当符合法定标准。

1. 计件工时制

是指以劳动者完成的劳动定额为标准而转换的工作时间。换言之，是指以工人完成一定数量的合格产品或一定的作业量来确定劳动报酬的一种劳动形式。根据《劳动法》第37条的规定，对实行计件工作的劳动者，用人单位应当根据本法第36条规定的工时制度合理确定其劳动定额和计件报酬标准。

实行计件工时制应注意几个问题：

① 要在参照标准工时确定某岗位上平均熟练程度的劳动者的标准工资的前提下，合理确定计件的数量标准和报酬标准；

② 实行计件工时制的单位，若因生产需要要求职工在完成标准定额的前提下继续工作，应按计件报酬150%的标准支付额外计件报酬；

③ 实行计件工资的劳动者，在完成计件定额任务后，由用人单位安排延长工作时间的，应根据上述规定的原则，分别按照不低于其本人法定工作时间计件单价的150%、200%、300%支付其工资。

2. 缩短工时制

缩短工时制是指法律规定在特殊条件下实行的工作时间少于标准工时制的工时制度。根据有关法律规定，主要适用以下几种情况。

① 特定岗位。包括从事矿山井下作业、高山作业、严重有毒有害作业、特别繁重和过度紧张的体力劳动等工作的职工。如纺织业普遍实行"四班三运转"制度，每周工作5天；矿山井下实行"四班6小时工作制"；化工行业对于从事接触有毒、有害物质的职工，实行"三工一休"制度，即工作3天休息1天，每天工作时间为6～7小时，并定期轮流脱离接触一个半月至两个月。

② 夜班工作。夜班工作是指晚上10点以后至次日早上6点进行的工作。目前实行三班制的用人单位，夜班工作时间一般应比日班工作时间少1小时，并应发给夜班津贴。

③ 哺乳期女职工。哺乳期女职工享有每日一小时的哺乳时间。女职工正在哺乳不满1周岁的婴儿的，每日可以享受两次哺乳（含人工喂养）时间，每次30分钟（多胞胎每多哺乳一婴儿增加30分钟）。一班内两次哺乳时间可以合并使用，哺乳时间和在本单位内哺乳往返时间算作工作时间。

④ 未成年工和怀孕女工。未成年工实行少于8小时工作制，怀孕7个月以上的女职工，

在正常的工作时间内应安排一定的休息时间。

3. 不定时工时制

不定时工时制是指工作日的起点、终点及连续性不固定的工时制度。不定时工作制是针对因生产特点、工作特殊需要或职责范围的关系，无法按标准工作时间衡量或需要机动作业的职工所采用的一种工作制度。不定时工作时间的基本特点是劳动者每日工作时间没有固定的限制，而对其采取相对灵活的工作时间，有时长于标准工作日，有时短于标准工作日，劳动者每日的实际劳动时间与标准工作日时间不同时，不因此而增加或减少劳动报酬，但要求其周平均工作时间不得超过 40 小时。对于实行不定时工作制的劳动者，企业应当根据标准工作时间制度合理确定劳动者的劳动定额或其他考核标准，以便安排劳动者休息。其工资由企业按照本单位的工资制度和工资分配办法，根据劳动者的实际工作时间和完成劳动定额情况计发。对于符合带薪年休假的劳动者，企业可以安排其享受带薪年休假。

不定时工时制一般适用于以下工作人员：

① 企业中的高管人员、外勤人员、推销人员、部分值班人员和其他因工作无法按标准工作时间衡量的职工；

② 企业中的长途运输人员、出租汽车司机和铁路、港口、仓库的部分装卸人员以及因工作性质特殊，需机动作业的职工；

③ 其他因生产特点、工作特殊需要或职责范围的关系，适合实行不定时工作制的职工，如技术工作人员等。

特别注意：经批准实行不定时工作制的职工，不受劳动法规定的延长工作时间的标准的限制，但用人单位应采用弹性工作时间等适当的工作和休息方式，确保职工的休息休假权利和生产工作任务的完成。此类人员的工作时间长于标准工时，不按加班加点处理；短于标准工时，也不扣发劳动报酬。

4. 综合计算工时制

综合计算工时制是指用人单位根据生产经营和工作的需要，不以日为基本单位计算劳动时间，而以周、月、季或年为周期综合计算劳动时间。即以一定时间为周期，集中安排工作和休息，平均工作时间与标准工作日时数相同的工作日制度。综合计算工时工作制针对因工作性质特殊，需连续作业或受季节及自然条件限制的企业的部分职工，采用以周、月、季、年为周期综合计算工作时间的一种工时制度，但其平均日工作时间和平均周工作时间应与法定标准工作时间基本相同。也就是说，在综合计算周期内，某一具体日（或周）的实际工作时间可以超过 8 小时（或 40 小时），但综合计算周期内的总实际工作时间不应超过总法定标准工作时间。

按照《关于企业实行不定时工作制和综合计算工时工作制的审批办法》，综合计算工时制主要适用于以下情况：

① 交通、铁路、邮电、水运、航空、渔业等行业中因工作性质特殊，需连续作业的职工；

② 地质及资源勘探、建筑、制盐、制糖、旅游等受季节和自然条件限制的行业的部分职工；

③ 其他适合实行综合计算工时工作制的职工。

对于那些在市场竞争中，由于环境因素影响，生产任务不均衡的企业的部分职工也可参照综合计算工时工作制的办法实施。

5. 延长工时制

是指超过标准工作日长度的工作时间，即超过 8 小时的工作时间制度。适用于从事受自然条件和技术条件限制的突击性或季节性工作以及完成其他紧急任务的职工。忙季工作时间可超过标准工作时间，但每日最长不得超过 11 小时，闲季工作时间可适当缩短。对延长工作日者应当给予同等时间的补休，确实无法补休的，可按照规定加发工资。

6. 弹性工时制

弹性工时制是指在完成规定的工作任务或固定的工作时间长度的前提下，员工可以灵活地、自主地选择工作的具体时间安排，以代替统一、固定的上下班时间的制度，也称弹性工作制。弹性工作制从 20 世纪 70 年代开始在欧美得到了稳定的发展，美国一些脑力劳动占重要地位的行业中也在推行弹性工作制。到 20 世纪 90 年代，在欧美，超过 40% 的大公司采用了"弹性工作制"，其中包括施乐公司、惠普公司等著名的大公司；在日本，日立制造所、富士重工业、三菱电机等大型企业也都不同程度地进行了类似的改革。在我国，也涌现出越来越多试行该种制度的工厂和企业。目前，弹性工作制比较流行的无外乎以下三种形式：

（1）核心时间与弹性时间结合制

核心时间与弹性时间结合制是企业在限定一定周期内的日平均工作时间的前提下，控制部分核心工作时间，让员工自由支配其余工作时间一种工时制度。企业将员工每天的工作时间分成核心工作时间（通常 5~6 小时）和环绕两头的弹性工作时间两部分。核心工作时间是每天某几个小时所有员工必须到班的时间，这部分时间用于员工之间的沟通和协作；弹性时间是员工可以在这部分时间内自由选定上下班的时间。例如某个公司规定每天工作时间为 8 小时，不算 1 小时的午餐休息时间，核心工作时间可以由上午 9 点到下午 3 点，而办公室实际开放时间为上午 6 点到下午 6 点。在核心工作时间内，所有员工都要求来到工作岗位，但在这核心区段前后的弹性时间内，员工可以任选其中的 3 个小时工作。为了保证工作时间充足，一般限定在一定周期（如周、月、季）内，平均每个工作日的工作时间仍不少于法定工作时间（一般为 8 小时）。

（2）成果中心制

公司对职工的劳动只考核其成果，不规定具体时间，只要在所要求的期限内按质按量完成任务就照付薪酬。

（3）紧缩工作时间制

职工可以将一个星期内的工作压缩在两三天内完成，剩余时间由自己处理。职工上班时间减少，可以节省交通费，提高公司的设备利用率。其中，核心时间与弹性时间结合制又因其自身的相对优势而被普遍推行，特别是在我国的一些工厂和企业。

弹性工时制比起传统的固定工作时间制度有着很显著的优点：实行核心时间与弹性时间结合制，从心理学角度分析，它给予了员工更多的自主权和责任感，顺应了员工的精神需求，它不仅给员工自主安排上下班时间留有宽松余地，减少了员工对上下班匆忙和拥挤的焦虑，使员工为处理家庭及个人社交事务赢得了较为自由和充足的时间，员工的"自我管理"得到了尝试并受到尊重；也使得人力资源管理深入人心，激发了员工自主贡献的热情，从另一个侧面展示出企业高效率的工作氛围。可以减少缺勤率、迟到率和员工的流失，增进员工的生产率。有一项研究发现，在所调查的公司中弹性工时制使拖拉现象减少了 42%，生产率增加了 33%。对此的解释是弹性工时制可使员工更好地根据个人需要安排其工作时间并使员工在工作安排上能行使一定的自主权。其结果是员工更可能将他们的工作活动调整到最具生产率的时间内进行，同时更好地将工作时间同他们工作以外的活动安排协调起来。当然，弹性工时制也具有一定的缺陷。如，它会给管理者对核心的共同工作时间以外的下属人员工作进行指导造成困难，或当某些具有特殊技能或知识的人不在现场时产生问题难以解决等。

有以下特点的工作适合使用弹性工时制：第一，该项工作能进行精确的个体工作绩效（质量、数量）的考核；第二，企业的生产工艺流程和技术规范应能允许该工作实行弹性时间；第三，企业具有较严密的管理规章制度进行保证；第四，各级企业管理人员，包括基层管理人员具有较高管理水平且支持这一变革措施；第五，职工对这一制度有足够的认识和理解。

四、休息、休假制度

（一）休息时间

1. 日休息时间

日休息时间是指劳动者在一昼夜中脱离用人单位而自由支配的时间。实行标准工作日的用人单位，劳动者的休息时间便是 16 小时。这段时间职工可以自由支配，既可以用来学习提高自身素质和进行自我设计，也可以进行休闲娱乐丰富个人物质文化生活，但主要用来进行体力的恢复以保持健康并迎接以后的工作。实行轮班制的企业，不得安排同一劳动者连续工作两个工作日以保证职工足够的休息时间。

2. 周休息时间

周休息时间又称公休假日，是指劳动者连续工作一周后应当享有的自由支配的连续休息时间。公休假日一般安排在星期六和星期天。由于生产和社会生活需要，不能在星期六和星期天安排休息，可安排职工在一周内轮流休息。据《国务院关于职工工作时间的规定》，自 1995 年起国家机关、事业单位、社会团体实行标准工作时间制度，星期六和星期天为周休息日。条件不具备的企业和尚不能实行标准工作时间的事业单位，可依实际情况灵活安排周休息日。

3. 工作间的休息

工作间的休息是指单位工作时间内劳动者所享有的用以解除工作紧张状态的休息时间和满足自然生理需要的时间。一般是指工作过程中的短暂休息时间、午间休息、用膳以及如厕等时间。在我国，企事业单位要保证劳动者的工间休息，午休和用膳时间一般为 1~2 小时，特殊情况下不得少于半小时。工作不能中断的单位和企业，应保证职工在工作时间内有用膳和短暂休息时间。企事业单位应为职工提供休息的场所。工间操时间应算作职工的工作时间，但通常不得超过 20 分钟。工作间的休息通常有以下两种情况：

① 实行一、两班制的用人单位，连续工作 4 小时后，应至少享有间歇休息时间半小时；

② 实行三班制的用人单位，白班工作时间均为 8 小时，夜班工作时间为 7 小时，每班间歇时间为 20 分钟。

（二）法定节假日

法定节假日是指法律规定全体或部分公民所享有的用以开展庆祝纪念活动或参与政治活动以及用以娱乐休闲等的一段时间。包括全民节日和部分公民的节日。从来源上说，包括政治性节日、传统习惯性节日、职业性节日等。《劳动法》第 40 条规定，用人单位在下列节日期间应安排劳动者休息：元旦，春节，国际劳动节，国庆节，法律、法规规定的其他休假节日。这是《劳动法》对适用于全体公民的节假日所做的原则性规定，具体实施则需要国务院制定详尽的实施细则。为统一全国年节及纪念日的假期，政务院于 1949 年 12 月 23 日制定发布《全国年节及纪念日放假办法》，2013 年 12 月 11 日，国务院进行了第三次修订。

1. 全体公民享有的节假日

① 新年：1 月 1 日，放假 1 天；

② 春节：农历正月初一、初二、初三，放假 3 天；

③ 清明节：农历清明当日，放假 1 天；

④ 劳动节：5 月 1 日，放假 1 天；

⑤ 端午节：农历端午当日，放假 1 天；

⑥ 中秋节：农历中秋当日，放假 1 天；

⑦ 国庆节：10 月 1 日、2 日、3 日，放假 3 天。

2. 部分公民享有的节假日

① 妇女节：妇女放假半天；

② 青年节：14 周岁以上的青年放假半天；

③ 儿童节：不满 14 周岁的少年儿童放假 1 天；

④ 建军节：现役军人放假半天。如逢公休假日，不补假。

此外，少数民族的节假日，由各少数民族聚居地区的地方政府根据各民族的习惯自行规定。

（三）探亲假

1. 探亲假

探亲假是指与父母或配偶分居两地的劳动者在一定时间内享有的探望父母、配偶的带薪假日。为了解决职工与亲属长期分居两地的探亲问题，1981 年 3 月《国务院关于职工探亲待遇的规定》诞生了。根据该规定，凡在国家机关、人民团体和全民所有制企业、事业单位工作满一年的固定职工与父母、配偶分居两地，又不能在公休假日团聚的，享受探亲假待遇。假期包含公休日及法定节假日，但不包括路程假期。

2. 种类

1）探望父母

① 未婚职工每年一次，假期 20 天。可两年合并享受，假期 45 天；

② 已婚职工每 4 年一次，假期为 20 天。

2）探望配偶

职工探望配偶，每年给予一方探亲假一次，假期为 30 天。

3. 待遇

探亲假期间工资按本人标准工资照发；职工探望配偶、未婚职工探望父母的往返路费由用人单位负担；已婚职工探望父母的往返路费，超过本人工资30%的部分，由单位承担。值得注意的是，由于《国务院关于职工探亲待遇的规定》颁布的时间是在20世纪80年代初。该规定所体现的计划经济体制色彩很浓，与现在的实际情况有一定差距。应当对该规定进行修订。

（四）年休假

1. 年休假

年休假是指工作满一定年限的劳动者每年享有保留本职工作并领取工资的连续休息时间。这一制度产生于第一次世界大战以后，现已为世界各国法律所普遍采纳。在我国，国家保障职工带薪休假的权利。《劳动法》第45条规定，国家实行年休假制度，劳动者连续工作1年以上的，享受带薪年休假。具体办法由国务院规定。年休假时间可因各种年限长短而有所不同。用人单位根据职工本人申请统筹安排休假时间，以保证职工年休假权利的实现。

2. 休假时间

根据1991年《中共中央、国务院关于职工休假问题的通知》的规定，确定职工休假天数应当根据工作任务、人员资历、岗位等不同情况有所区别，最多不超过两周。

3. 种类

包括基本年休假和补加的年休假，前者是工作满一年，出勤率达到一定标准的每一个劳动者所应享受的年休假；后者是根据劳动者工作年限的长短每年追加的年休假。

（五）婚丧假

《劳动法》第51条规定："劳动者在法定休假日和婚丧假期间以及依法参加社会活动期间，用人单位应当依法支付工资。"法律明确赋予了劳动者带薪休丧假的权利。目前国家还没有对非国有企业职工休婚丧假作出具体规定。

生老病死是大自然的规律，没人能控制。职工在遇到家人过世的时候，用人单位应该给予职工的丧假，并且保障职工在丧假期间相应的福利待遇。

五、加班加点制度

引 导案例

某玩具厂接到一笔订单，因交货时间非常紧迫，决定全体员工加班加点赶进度，平均每天延长工作时间达3个多小时，星期六也不休息，但公司事先并未征求工会和职工的意见。员工李某等5人坚持了半个多月后，因无法忍受繁重的工作任务向厂方交涉但被有关领导驳回。李某等人商量后向劳动保障行政部门举报，该公司对李某等人的做法非常恼火，以违反公司的规章制度为由作出了对李某等5人予以辞退的决定，且扣留了当月的工资用以"赔偿损失"。李某等人不服，向当地劳动保障行政部门投诉。工厂是否违法？

（一）加班加点的概念

职工在法定节日和公休日进行工作，称作加班；超过日标准工作时间进行工作，称为加点。按法律规定，加班、加点实际上是对劳动者法定休息权的侵害，对劳动者的健康不利；同时公休假和节假日是劳动者与家人团聚或做其他私事的时间，若被用人单位剥夺，对劳动者的生活质量也会产生不良的影响。故劳动法对用人单位的加班、加点进行了一定的限制。

加班与加点都是对标准工作时间制度的超越和变形适用。相同之处：

① 两者均属于延长工作时间，是对标准工作时间的超越适用；

② 对加班加点工作的职工，用人单位必须给予补休或按照法律的规定加发工资报酬；

③ 加班加点必须事先与工会或劳动者协商且经过同意才能进行。

加班加点是对劳动者合法休息权利的侵扰，不经过劳动者的同意，随意加班加点不仅破坏正常的生产工作秩序，也违反了法律的规定。区别在于：加班时间是特定的，仅仅限于在法定节日和公休假日内工作；加点则是随意的，可以在任何时间进行。

（二）加班加点的限制

企业由于生产经营需要而延长职工工作时间的，应按《劳动法》有关规定执行。

1. 加班加点必须符合以下条件

① 必须为用人单位生产经营所需要；

② 必须由用人单位与工会和劳动者协商达成协议（即三方协商的原则）；

③ 延长工作时间不得超过法定最高界限。

通常情况每日加点时间不得超过 1 小时；因特殊原因需要延长的，在保障劳动者身体健康的前提下每日最多不超过 3 小时，但是每月延长的工作时间不得超过 36 小时。对怀孕七个月以上和哺乳未满一周岁婴儿的女职工，不得安排其延长工作时间。禁止安排未成年工加班加点。

2. 加班加点法律限制的例外

在某些特殊情况下，若用人单位不延长劳动时间，则不仅其自身受到一定的损害，且可能使公共利益受到严重影响。故法律对用人单位延长工作时间的限制也做了一些例外规定。

①《劳动法》第 42 条的规定，在下列情况下延长工作时间不受上述条件的限制：发生自然灾害、事故或其他原因，威胁劳动者生命健康和财产安全，需要紧急处理的；生产设备、交通运输线路、公共设施发生故障，影响生产和公众利益，必须及时抢修的；法律、行政法规规定的其他情形。

② 根据《国家机关、事业单位贯彻〈国务院关于职工工作时间的规定〉的实施办法》，在下列情况下，也可以延长工作时间而不受上述条件的限制：

• 由于发生严重自然灾害或其他灾害，使人民的安全健康和国家资财遭到严重威胁需要紧急处理的；

• 为完成国家紧急任务或者完成上级安排的其他紧急任务的。

（三）加班加点的工资支付

根据《劳动法》第 44 条的规定，用人单位必须对加班、加点的劳动者支付更高的劳动报酬。具体标准如下。

① 加点工资。安排劳动者加点的，应支付劳动者不低于其工资150%的劳动报酬。

② 公休假日加班工资。在休息日安排劳动者工作，应尽量安排补休；不能安排补休的，应支付劳动者不低于其工资200%的劳动报酬。

③ 法定节假日加班工资。在法定节假日安排劳动者工作的，应支付劳动者不低于其工资300%的工资报酬。

实行计件工资的劳动者，用人单位安排延长工作时间的，应依上述原则分别按不低于本人法定工作时间计件单价的150%、200%、300%支付其工资。实行综合计算工作时间的，超过法定标准工作时间部分应视为延长工作时间。实行不定时工作时间的，不执行上述规定。

（四）加班加点的监管

县级以上各级人民政府劳动行政部门对本行政区域内的用人单位组织劳动者加班加点的工作依法监督检查，对违反劳动法规定的，视不同情况分别予以行政处罚：用人单位未与工会和劳动者协商强迫劳动者延长工作时间的，给予警告，责令改正，并可按每名劳动者延长工作时间1小时罚款100元以下的标准处罚；用人单位每日延长劳动者工作时间超过3小时或每月延长工作时间超过36小时的，给予警告，责令改正，并可按每名劳动者每超过1小时罚款100元以下的标准处罚。

任务二　劳动保护制度

任务情景

某建筑材料公司雇了40名职工生产水泥，生产车间在一个大房间，40人和10台设备拥挤在一起，通风设备差，空气污浊；里面电线密布，时刻有火灾危险，无任何消防设施。消防局曾责令公司整改，公司怕花钱而拖延不办。一日，厂房不慎起火，幸亏救火及时，未造成人身伤亡。工人为此再次要求公司增设消防设备，公司表面答应，实则一直拖延，始终不办。公司为获取更多利润，经常强令职工每天上10小时班，拒付加班工资，职工意见很大。职工王某在安全得不到保障的情况下，决定辞职不干。公司以劳动合同未到期为由，拒绝发给工资，后在多次交涉下，才发给被拖欠的工资，但扣下1 200元作为解除合同的赔偿，视为违约金。王某不同意辛苦工作的钱被克扣，遂到公司所在地劳动争议委员会申请仲裁。

思考：

1. 公司有哪些违反劳动法的表现？

2. 王某是否有权单方解除劳动合同？

3. 对于已经怀孕或处于哺乳期的员工，是否一律不能安排加班或夜班？

4. 经理说，小李上班时间去医院做产检，本月的全勤当然就没了，这个说法对吗？

5. 凡是与职业相关的疾病都可以算是职业病吗？比如鼠标手？

一、劳动保护法概述

（一）劳动保护的概念及特点

1. 劳动保护

广义劳动保护是指对劳动者各个方面合法权益的保护，即通常所称的劳动者保护；狭义劳动保护仅指对劳动者在劳动过程中的安全和健康的保护，又称劳动安全卫生或职业安全卫生。劳动法只限于对劳动者的狭义劳动保护。

2. 劳动保护的特点

① 受保护者是劳动者，保护者是用人单位。保护劳动者是用人单位的法定义务。享受劳动保护是劳动者的一项基本权利，同时劳动者也有严格遵守安全操作规程的法定义务。

② 保护对象是劳动者的安全和健康。劳动保护的对象是劳动者的人身的安全和健康，而不包括劳动者的其他权益。劳动者的安全和健康，是劳动力能否安全存续和发挥的前提。合理使用劳动力，保障劳动者的安全和健康，也是用人单位能否正常使用劳动力的前提。保障劳动者安全和健康，既是劳动保护的对象，实质上也是劳动保护的目的和归宿。

③ 保护的范围只限于劳动过程。劳动保护是基于劳动关系产生的，用人单位也只对于劳动者在劳动过程中安全和健康的保护负有法定义务。

④ 劳动保护的途径主要是通过不断改善劳动过程中的劳动者所依赖的劳动条件来实现的。

通过劳动条件的改善，消除劳动过程中的不安全、不卫生的因素，实现保障、维护和增进劳动者安全和健康的目的。

因此，劳动保护也被定义为：是指用人单位为了保障和维护劳动者在劳动过程中的安全和健康，改善劳动条件而采取的各种措施。

（二）劳动保护法概念、特征和渊源

1. 劳动保护法

也称劳动保护法律制度，简称劳动保护制度，是指国家为了保护劳动者在劳动过程中的安全与健康而制定的法律规范的总和。

2. 劳动保护法的特征

劳动保护的目的在于化解生产风险，预防生产事故，保护劳动者在劳动过程中的生命安全和身体健康。而生产灾害的发生多是由"人"或"物"两方面的因素所引起，因此，劳动保护的立法相应地分为劳动安全卫生技术规程与劳动保护管理制度两个方面。劳动法律所确立的劳动保护制度，具有以下法律特征。

（1）其保护对象具有首要性

劳动法对劳动者的保护是从保护劳动者的安全和健康开始的。对劳动者的保护，首先当然是对劳动者的生理保护，劳动者的安全权和健康权是劳动者的其他权益实现的前提，是最重要的权益。

（2）其内容具有技术性和专业性

劳动过程中客观上存在的各种造成职业危害的"物"的因素，受着自然规律的支配，

159

要求遵循自然科学的规律，将各种技术规范化法律化，从而形成法律规范，构成劳动保护制度的基本内容。这些法律规范，具有很强的技术性和专业性。

（3）其约束力具有法律强制性、其适用范围具有普遍性

劳动保护法律规范不是一般的技术规范，而是一种法律行为规范，因此其适用范围具有普遍性，所有用人单位和劳动者都必须遵守，并具有法律的强制约束力。如果违反，就必须承担相应的法律责任。劳动保护法的强制约束力和普遍适用性，能最大范围地为劳动关系当事人提供法律行为规范，并加以强有力地约束，从而有效地控制对导致职业灾害产生的"人"的因素。

3. 劳动保护法的渊源：劳动保护法的渊源就是劳动保护法的表现形式

第一层次：《宪法》中对劳动保护的原则性规定。

第二层次：《劳动法》中有关劳动保护的规定。

第三层次：《安全生产法》《职业病防治法》等保护劳动者安全和健康的综合性法律。

第四层次：在劳动安全技术、劳动卫生技术、劳动保护管理、特殊主体保护、劳动保护监督等方面规定的一系列专门性法律或法规。

第五层次：一些单项部门规章或具体的劳动安全卫生标准。

（三）劳动保护立法概况和意义

1. 劳动保护立法概况

1）国际上的劳动保护立法

国外劳动保护立法最早要追溯到 13 世纪德国颁布的《矿工保护法》及 1802 年英国政府的《学徒健康与道德法》。英国是最老的工业国，从历史上就有一套比较完整的关于煤矿安全生产和劳动保护的立法。这些法规都是为劳动保护而设，制定了学徒的劳动时间，矿工的劳动保护，工厂的室温、照明、通风换气等工业卫生标准。19 世纪随着工业的迅速发展，西欧各国先后制订了劳动保护法。英国、德国、美国等工业发达国家是劳动安全立法最早和最为完善的国度。除此，很多国家的安全立法一般起步于 20 世纪，包括日本这样的发达国家，1915 年才正式实施《工厂法》，比英国晚了近百年。1919 年第一届国际劳工大会制定了有关工时、妇女、儿童劳动保护的一系列国际公约。进入 20 世纪 60 年代以来，劳动保护立法更多。日本先后制订了一系列劳动保护法规。他们还专门设有"中央劳动条件审议会"负责审议有关安全卫生法规标准草案。美国的安全生产立法十分注重雇员的职业安全与健康，主要由《职业安全与健康法》等组成。德国法律充分体现以人为本。英国的综合立法和行业规范并重。对于保障和规范安全生产，英国主要依靠实施综合性基本法——特殊行业或领域的职业安全与健康立法、职业安全与健康法配套立法等来实现。

2）我国安全生产法规的发展

中国最早的劳动安全相关法规，要算 1922 年 5 月 1 日在广州召开的第一次劳动大会，提出了《八小时工作制案》等。

第一阶段，初建时期（1949—1957 年）：新中国成立初期，在中国人民政治协商会上通过的《中国人民政治协商会议共同纲领》中明确规定"保护青工女工的特殊利益……实行工矿检查制度，以改进工矿的安全和卫生设备。"在我国的第一部《宪法》中明确规定："国家通过国民经济有计划的发展，逐步扩大劳动就业，改善劳动条件和工资待遇以保证公

民享受这安全管理种权利。"对改善劳动条件和建立工时休假制度也都有明确规定。新中国成立后，在废除旧的劳动法的同时，开始制定新的、真正符合劳动人民利益的安全生产法规。据不完全统计，仅在国民经济恢复时期，由中央产业部门和地方人民政府制定和颁布的各种安全生产法规就有119种。1950年5月《工厂卫生暂行条例（草案）》诞生；1952年12月《关于防止沥青中毒办法》诞生；1956年5月，《工厂安全卫生规程》《建筑安装工程安全技术规程》和《工人职员伤亡事故报告规程》"三大规程"诞生，《关于进一步加强安全技术教育的决定》《关于编制安全技术安全生产措施计划的通知》《工业企业设计暂行卫生标准》等法规和规章也相继问世，安全生产的一些基本问题的处理初步有了法律依据。

第二阶段，调整时期（1958—1966年）：虽然在"一五"期间，安全生产法规刚刚取得好的效果，许多事故隐患被排除，生产环境得到改善。但从1958年下半年起出现了盲目冒进的苗头，造成新中国成立以来伤亡事故的第一个高峰。自1961年开始的调整中，安全生产工作也转入正轨。1963年我国进入国民经济三年恢复调整时期，在这一时期我国先后发布了《工业企业设计卫生标准》《关于加强企业生产中安全工作的几项规定》等一系列安全生产法规、规章，使安全生产法制工作得到了进一步加强。

第三阶段，停滞时期（1966—1978年）：我国处于动乱时期，在此期间，我国的劳动法基本上处于停滞状态。

第四阶段，恢复发展时期（1978—1990年）：1978年12月召开的中国共产党第十一届三中全会，确立了改革开放的方针。生产秩序的逐步恢复，安全生产工作迎来了新局面。国家和各级政府陆续制定并颁布了一系列劳动保护法规。1979年4月，国务院重申认真贯彻执行《工厂安全卫生规程》《建筑安装工程技术规程》《工人职员伤亡事故报告规程》和《国务院关于加强企业生产中安全工作的几项规定》。1979年全国五届人大二次会议颁布了《中华人民共和国刑法》，明确了对交通、运输、工矿、林场、建筑等企业、事业单位，因违反规章制度，强令工人违章作业而造成重大事故的责任者的惩办，并规定了量刑标准。1982年4月，国务院颁布了《企业职工奖励条例》。1984年7月，《国务院关于加强防尘防毒工作的决定》出台，进一步强调了生产性建设项目"三同时"的规定。1987年6月，《关于严格禁止招用童工的通知》出台。此外，自20世纪80年代开始，国家加快了劳动保护国家标准的制定进程，先后制定、颁布了一系列劳动安全卫生的国家标准，为劳动安全卫生工作提供了法定的技术依据。

随着改革的不断深入和社会主义市场经济体制的建立与完善，国家劳动保护法制建设也加快了进程。1992年4月3日，《中华人民共和国工会法》颁布实施，这部法律把党中央对工会工作的方针和主张予以具体化、法律化，为工会适应新的历史时期的需要，更好地维护职工安全健康权益提供了法律依据和保障。1992年4月3日，《中华人民共和国妇女权益保障法》的颁布，对女职工的劳动保护提出了明确要求。1994年7月5日，第八届全国人大常务委员会第八次会议通过了《中华人民共和国劳动法》，它的颁布和实施，标志着我国劳动保护法制建设进入了一个新的发展时期，《中华人民共和国劳动法》以保护劳动者合法权益为立法宗旨，不仅规定了劳动者享有的权利，同时规定了用人单位的义务和对劳动者保护的相应措施，为保护劳动者安全健康合法权益提供了有力的法律保障。为了贯彻落实《中华人民共和国劳动法》，国务院、劳动部、全国总工会等部门制定了配套法规规章。2002年

6月29日，《中华人民共和国安全生产法》问世，此法的颁布是我国法制建设中的一件大事，也是全面加强安全生产管理工作的一个重大步骤。

在加强事故多发行业的管理方面，国家还陆续制订了《中华人民共和国矿山安全法》等法律、法规，这些法律、法规的颁布和实施将对推动我国的劳动安全卫生工作发挥重要作用。

2. 加强劳动保护立法的意义

① 改善劳动条件，防止和减少职业伤害，保护劳动者的安全和健康。职业伤害是指劳动过程中的各种职业危害因素对劳动者的人身所造成的损害结果。既包括急性伤害，如劳动者的伤亡事故，也包括慢性伤害，如劳动者的职业病和身体的早衰等。通过劳动保护法，规定用人单位或个人必须提供的基本劳动条件，规定劳动过程中必须遵守的劳动规则，保证劳动者在安全、卫生的劳动环境中进行工作，并采取劳动保护措施，能够有效地避免或降低职业伤害，使其生命安全得以保障，健康状况得以维持和改善。

② 保护劳动者的安全和健康，是保护劳动力可持续使用的最基本要求，同时，也是调动劳动者的积极性，提高劳动效率的基本要求，是保证社会主义经济建设顺利进行的前提。劳动力是生产力诸要素中的核心要素，这一核心要素能否存续和更好地发挥，取决于各种客观条件的制约和心理因素的共同作用和影响。在恶劣的劳动条件下，劳动者的人身受到随时可能发生的危险的威胁，不仅使劳动力的存续受到威胁，也将挫伤劳动力的劳动积极性，影响其更好地使用和发挥。通过劳动保护立法，能改善劳动条件并约束人的安全劳动行为，有效消除劳动过程中的不安全因素，促进人力资源的可持续发展，调动劳动者的积极性，提高劳动效率；通过劳动保护立法，促使用人单位为劳动者提供良好的劳动环境条件，劳动力和机器设备才能持续稳定使用和运行，正常的安全稳定的劳动秩序才能得以维持。

③ 劳动保护是我们党和国家的一项基本政策，也体现了对基本的劳动权和人权的尊重。加强劳动保护立法更包含着重要的政治意义。《中华人民共和国宪法》第42条第2款规定："国家通过各种途径，创造劳动就业条件，加强劳动保护，改善劳动条件，并在发展生产的基础上，提高劳动报酬和福利待遇。"劳动保护也是社会主义国家各类企业进行经营管理的基本原则，是企业管理的一项重要内容，也是发展社会主义国民经济的重要条件。如果工伤事故频繁和职业危害严重，将损害国家在国际上的形象，也有悖于中国共产党和社会主义制度国家的根本宗旨，严重影响国家和社会的和谐稳定。加强劳动保护立法，保障广大劳动者的安全和健康，特别是对女工和未成年工实行特殊保护，也是对基本的劳动权和人权的尊重和保护，是社会文明程度的体现。

二、劳动安全法律制度

（一）劳动安全法律制度概述

1. 劳动安全法律制度

劳动安全法律制度又称安全生产法律制度，是指为了加强安全生产监督管理，防止劳动过程中的安全事故，维护劳动者的生命和财产安全而制定的一系列法律制度的总称。劳动安全卫生制度是由安全生产责任制、安全技术规程、劳动安全技术措施计划制度、劳动安全设施建设"三同时"制度、劳动安全生产检查制度、伤亡事故报告、调查处理和统计制度、劳动安全认证制度和劳动防护用品管理制度等制度构成。

2. 安全生产管理体制

《中华人民共和国安全生产法》确立了"国家监察，地方监管，企业负责"的安全生产管理体制。它借鉴国际通行的"三方协调一致"原则，由企业和行业组织（雇主）、工会组织（雇员）、国家监察机关（政府）组成，形成一整套组织系统和管理体制，彼此间按职能、制度、内在联系形成了我国劳动保护管理体制。据《中华人民共和国安全生产法》的规定，国务院和地方各级人民政府应加强对安全生产工作的领导，支持、督促各有关部门依法履行安全生产监督管理职责。

① 国务院设立安全生产监督管理部门，专门负责依法对全国安全生产工作实施综合监督管理。国务院有关部门依法在各自的职责范围内对有关的安全生产工作实施监督管理，应按照保障安全生产的要求，依法、及时制定有关的国家标准或者行业标准，并根据科技进步和经济发展适时修订。

② 县级以上地方各级人民政府负责安全生产监督管理的部门依法对本行政区域内安全生产工作实施综合监督管理。县级以上地方各级人民政府有关部门依法在各自职责范围内对有关的安全生产工作实施监督管理。县级以上人民政府对安全生产监督管理中存在的重大问题应当及时予以协调、解决。

③ 生产经营单位须遵守本法和其他有关安全生产的法律、法规，加强安全生产管理，建立、健全安全生产责任制度，完善安全生产条件，确保安全生产。生产经营单位的负责人对本单位的安全生产工作全面负责。

（二）劳动安全法律制度的内容

引 导案例

某工厂电工田某，办理停薪留职手续离厂2年后经批准回厂工作。返班工作第一周星期五下午，电工班班长让田某去车间检修电路故障。田某认为时隔2年后电工技术淡忘怕难以胜任，要求跟班一段时间适应环境后再进行检修。班长认为田某想偷懒，坚决不同意，田某只得去车间检查，但技术不熟，害怕出事，没有真正动手检修。拖延到第二周上班，班长见故障仍在，责备田某对工作不负责，命令他再去检修。田某再三解释推辞均不获允，只好硬着头皮去试，刚接通电源就短路出事，烧毁全厂的电机，导致工厂停厂三日，造成严重的经济损失。据此，田某被厂长认定为"玩忽职守"导致重大生产事故而予以开除。田某不服，遂申请仲裁。

工厂开除田某是否合法？事故责任应如何追究？

1. 劳动安全技术规程

劳动安全技术规程是指以防止和消除伤亡事故的技术规则为基本内容，旨在保护劳动者安全的法律规范。主要包括工厂安全技术规程、建筑安装工程安全技术规程和矿山安全技术规程等。

（1）工厂安全技术规程

《劳动法》第53条规定："劳动安全卫生设施必须符合国家规定的标准。新建、改建、

163

扩建工程的劳动安全卫生设施必须与主体工程同时设计、同时施工、同时投入生产和使用。"

生产过程中必须达到的安全卫生标准主要有：

① 建筑物和通道的安全要求；

② 工作场所的安全要求；

③ 机器设备的安全要求；

④ 电器设备的安全要求；

⑤ 动力锅炉和压力容器的安全要求。

（2）建筑安装工程安全技术规程

建筑安装工程具有高空作业、露天作业、流动性大、劳动强度大、可变因素多和劳动条件差等特点。各施工单位须严格执行国家有关建筑安装工程安全技术规程的规定。主要包括以下要求：

① 施工现场的安全要求；

② 土石方工程和拆除工程的安全要求；

③ 高处作业的安全要求；

④ 防护用品等其他方面的安全要求。

（3）矿山安全法律制度

采矿业是我国重要的原料工业，在矿山生产中受自然条件限制，存在许多不安全和不卫生因素，容易对劳动者安全和健康造成威胁。为此，国家制定了一系列保障矿山安全的规定。《中华人民共和国矿山安全法》主要内容包括：

① 总则；

② 矿山建设的安全保障；

③ 矿山开采的安全保障；

④ 矿山企业的安全管理；

⑤ 矿山安全的监督和管理；

⑥ 矿山事故处理；

⑦ 法律责任；

⑧ 附则。

2. 劳动安全责任制度

1）劳动安全责任制

劳动安全责任制是指根据我国的安全生产方针"安全第一，预防为主，综合治理"和安全生产法规建立的各级领导、工程技术人员、岗位操作人员等在劳动生产过程中对安全生产层层负责的制度。它是企业岗位责任制的一个组成部分，是企业最基本的一项安全制度，也是企业安全生产、劳动保护管理制度的核心。《中华人民共和国劳动法》《中华人民共和国矿山安全法》《中华人民共和国安全生产法》等都对此作了专门规定，要求用人单位须建立内部安全生产责任制。

2）劳动安全责任制的内容

① 厂长、经理是法人代表，是生产经营单位和企业安全生产的第一责任人，对生产经营单位和企业的安全生产负全面责任。生产经营单位主要负责人承担以下职责：建立、健全

本单位安全生产责任制；组织制定本单位安全生产规章制度和操作规程；保证本单位安全生产投入的有效实施；督促、检查本单位安全生产工作，及时消除生产安全事故隐患；组织制定并实施本单位的生产安全事故应急救援预案；及时如实报告生产安全事故。危险品的生产、经营、储存单位以及矿山、建筑施工单位的主要负责人和安全生产管理人员应当经考核合格后，方可任职。2014 年新修订的《中华人民共和国安全生产法》第 5 条和第 18 条规定，主要负责人对安全生产工作全面负责，并履行涉及安全生产责任制、规章制度和操作规程、教育和培训、安全生产投入、隐患排查、应急救援预案及事故报告等方面的职责。

② 生产经营单位和企业的各级领导和生产管理人员，在管理生产的同时，必须负责管理安全工作。在计划、布置、检查、总结、评比生产的时候，必须同时计划、布置、检查、总结、评比安全生产工作。

③ 有关的职能机构和人员，必须在自己的业务工作范围内，对实现安全生产负责；职工必须遵守以岗位现任制为主的安全生产制度，严格遵守安全生产法规、制度。不违章作业，并有权拒绝违章指挥，险情严重时有权停止作业，采取紧急防范措施。

3. 劳动安全教育制度

1）劳动安全教育制度

劳动安全教育制度也称安全生产教育培训制度，是指生产经营单位应当对从业人员进行安全生产教育和培训，保证从业人员具备必要的安全生产知识，熟悉有关安全生产规章制度和安全操作规程，掌握本岗位的安全操作技能的制度。它是预防工伤事故发生的重要措施。只有通过对广大从业人员进行安全生产教育和培训，才能提高从业人员搞好安全生产的自觉性、积极性和创造性，安全规章制度和安全操作规程才能得到贯彻执行，才能掌握本岗位的安全操作技能。对劳动者进行安全生产教育培训是用人单位的一项基本义务和责任。《中华人民共和国劳动法》规定，用人单位必须"对劳动者进行安全卫生教育……从事特种作业的劳动者必须经过专门培训并取得特种作业资格"。《中华人民共和国安全生产法》第 25 条和第 26 条对职工安全生产教育培训做了明确具体的规定。第 25 条规定，生产经营单位应当对从业人员进行安全生产教育和培训，保证从业人员具备必要的安全生产知识，熟悉有关的安全生产规章制度和安全操作规程，掌握本岗位的安全操作技能，了解事故应急处理措施，知悉自身在安全方面的权利和义务。未经安全生产教育和培训合格的从业人员，不得上岗作业。第 26 条规定，生产经营单位采用新工艺、新技术、新材料或者使用新设备，必须了解、掌握其安全技术特性，采取有效的安全防护措施，并对从业人员进行专门的安全生产教育和培训。

2）劳动安全教育的内容

（1）安全意识教育

安全意识教育是安全教育的一项重要组成部分，是用人单位搞好安全生产的关键，具有统一人们的安全行为，提高用人单位管理水平和安全生产条件、减少工伤事故发生的作用。它包括以下几种。

① 思想教育：使用人单位领导、管理人员和操作人员树立正确的生产安全观，自觉地去组织和落实各项安全措施。

② 法制、劳动纪律教育：对用人单位领导侧重安全生产方针、政策和法规教育；对劳动者侧重事故危害性教育和有关安全法规教育。

（2）安全科学技术知识教育

安全科学技术知识教育主要是安全技能教育，它是巩固劳动者安全知识的一种必要途径。其内容包括：设备的性能作用和一般结构原理，事故的预防和处理及设备的使用、维护和修理等。

（3）安全知识教育

安全知识教育包括以下几种。

① 安全技术知识：用人单位基本生产状况；生产过程、操作方法和工艺流程；用人单位内特别危险的设备和区域；设备性能及产品结构；安全保护基本知识和注意事项；有关特种设备的安全知识；有关预防单位常发生事故的基本方法；个人防护用品的构造、性能和正确使用的常识等。

② 安全卫生知识：用人单位职业性危害产生的特点，职业性危害对人体的影响，紧急情况急救措施及平时良好的卫生习惯等。

3）劳动安全教育的形式

① 三级教育。即对先入厂的职工或调换工作岗位的工人采用新技术、新材料、新工艺或者使用新设备的从业人员，以及到厂的临时工、合同工、外来实习人员、代培人员等在从事生产活动前，为预防事故的发生，按规定进行厂级、车间级、班组级安全教育，考试合格后才准其上岗作业。

② 特种专业教育。即对于从事电器、起重、锅炉、焊接、变压容器、爆破、车间驾驶等特种专业的工人，为了使其具有预防、控制危险性事故的能力，按规定对其进行专业安全技术教育，并要经考试合格后，持证上岗。

③ 日常安全教育。即伴随生产过程开展的经常性安全教育。也就是组织专门的安全教育培训班；班前班后交代；安全注意事项；施工前和检修前安全措施交底以及利用标语、漫画、简报等文艺形式，进行形象的安全教育。

④ 典型案例教育。即结合本单位或外单位的事故教训进行生动的生产安全教育。可以通过召开事故分析会、现场会，分析造成事故的原因、责任、教训。通过典型案例，职工可以看到事故给国家、集体和个人造成的损失，从事故中吸取教训，提高安全生产意识。安全生产教育和培训，应结合本岗位的工作特点、职责进行。在以往的安全生产教育和培训中，很多生产经营单位只是把一些安全生产知识、法律、法规笼统地介绍给从业人员，却没有结合从业人员岗位职责和特点进行教育，给人空洞的说教感。从业人员在上岗前已接受了安全生产教育和培训，但对安全生产知识和本岗位的安全操作技能，仍没能掌握，对有关的安全生产规章制度和安全操作规程也只是了解而已，并没有达到熟悉程度，这是事故高发的一个原因。

4. 安全生产检查制度

1）安全生产检查制度

是指为了发现和消除事故隐患，堵塞安全漏洞，并了解整体安全状况，改善安全管理，对企业遵守劳动安全法律、法规和安全管理制度的情况进行监督检查，以确保企业安全生产，推动劳动保护工作的制度。它是企业贯彻落实安全生产管理方针的重要手段，同时也是堵塞安全漏洞，强化安全管理，搞好安全生产的重要措施之一。

2）安全生产检查的目的

① 识别存在及潜在的危险，确定危害的根本原因，对危害源实施监控，最终采取纠正

措施。

② 了解整体安全状况，找出安全管理制度、管理方法的缺陷，改善安全管理，从根本上控制人的不安全行为和消除物的不安全状态，确保企业安全生产。

3）安全生产检查的方式

（1）定期性检查

定期性检查是企业或主管部门组织的定期全面的安全检查。检查周期一般为：主管部门每年组织一次，企业每季或每月组织一次，车间每月或每周一次，班组、岗位按一定周期进行检查。定期检查的面广，有深度，能及时发现并解决问题。

（2）经常性检查

经常性检查是由各级生产单位负责人或安全人员根据生产情况和各项安全生产规章制度的执行情况，进行的经常性检查。检查中要狠抓易发生和可能发生事故的主要因素，变事后处理为事前预防。

（3）季节性检查

季节性检查是由各级生产单位根据季节变化，按事故发生的规律对易发生的潜在危险，突出重点进行的检查。如冬季防冻保温、防火、防煤气中毒；夏季防暑降温、防雷电等检查。这种检查可提前发现问题，及时整改，消除隐患，做到防患于未然。

（4）专业性检查

专业性检查是由各级生产部门组织以各类专业技术人员为主，依各专业特点而进行的专业安全检查（如锅炉；压力容器等专项检查）。此类检查具有较强的针对性和专业要求，用于检查难度较大的项目。通过检查，发现潜在问题，研究整改对策，进行技术改造，及时消除隐患。

（5）综合性检查

综合性检查是由主管部门或行业主管组织，对下属各企业或生产单位进行的全面综合性检查。综合性检查能引起各职能部门的重视，整改措施能及时落实，必要时也可组织进行系统的安全性评价。

4）安全生产检查的内容

① 查现场、查隐患：是安全生产检查的主要内容，主要以查现场、查隐患为主，通过深入生产现场工地，检查企业的劳动条件、生产设备以及相应的安全卫生消防设施是否符合安全要求。

② 查思想：在查隐患，努力发现不安全因素的同时，应注意检查企业领导的思想路线，检查他们对安全生产是否正确；是否把员工的安全健康放在了第一位；其次，检查企业领导和员工对事故预防工作的认识。

③ 查管理、查制度：安全生产检查也是对企业安全管理上的大检查，包括安全生产管理制度的落实情况和企业的安全教育制度的执行情况等。

④ 查事故处理（看是否采取了相应的"安全措施"）：检查企业对工伤事故是否及时报告、认真调查、严肃处理；是否已采用有效措施，防止类似事故重复发生。生产经营单位的安全生产管理人员应当对安全生产状况进行经常性检查。对检查中发现的安全问题，应当立即处理，不能处理的，应当及时报告本单位有关负责人。检查及处理的情况应当记录在案。生产经营单位发生重大生产安全事故时，单位主要负责人应当立即组织抢救，并不得在

事故调查处理期间擅离职守。

5. "三同时"制度

"三同时"制度（即安全卫生设施"三同时"制度）是指通过立法规定在我国境内的一切生产性建设项目的安全卫生设施都须与主体工程同时设计、同时施工、同时投入生产和使用的制度。采用此制度的目的，是以"预防为主"为原则，从源头上消除建设项目可能的安全隐患，保障建设项目的正常投产使用，防止事故损失，避免因安全问题而引起返工或采取弥补措施造成不必要的投入。

"三同时"制度的内容包括以下几个方面：

① 建设单位在申报建设项目时应按规定同时提出安全卫生设施的方案，所需经费应纳入总投资计划。审批部门应一并审批下达。

② 设计单位在设计主体工程项目时应同时编制《职业安全卫生篇》，详细说明可能产生的职业危害和应采取的措施及其预期效果等，并严格规定与主体工程同时设计。

③ 施工单位对安全卫生设施应按设计要求与主体工程同时施工并保证质量。

④ 工程项目竣工后当地劳动、卫生等有关部门应对工程的安全卫生设施进行试运行和验收。凡验收不合格的，工程不得投入使用。

⑤ 对违反"三同时"制度规定的，应依法追究责任者的法律责任。

6. 伤亡事故报告和处理制度

1）伤亡事故的报告和处理制度

伤亡事故的报告和处理制度是对劳动者在劳动过程中发生伤亡事故进行统计报告、调查、分析和处理的制度。其目的在于及时统计、报告、调查和处理伤亡事故，积极采取预防措施，防止和减少伤亡事故的危害。《劳动法》第57条规定："国家建立伤亡事故和职业病统计报告和处理制度。县级以上各级人民政府劳动行政部门、有关部门和用人单位应当依法对劳动者在劳动过程中发生的伤亡事故和劳动者的职业病情况，进行统计、报告和处理。"

2）生产安全事故报告处理制度的内容

（1）事故报告

伤亡事故是指职工在劳动过程中发生的人身伤害、急性中毒事故。

① 伤亡事故发生后，负伤者或者事故现场有关人员应立即直接或者逐级报告本单位的负责人。

② 用人单位负责人接到伤亡、重大伤亡事故报告后，应当立即报告本单位的主管部门和单位所在地的劳动部门、公安部门、人民检察院、工会等有关部门，最迟不得超过24小时。

③ 用人单位主管部门和劳动部门接到死亡和重大死亡事故报告后，应当立即按系统逐级上报：死亡事故报至省、自治区、直辖市用人单位主管部门和劳动部门；重大事故报至国务院有关主管部门和劳动部门。

④ 事故报告的内容包括发生事故的用人单位、事故发生的时间、事故发生的地点、伤亡情况和初步分析的事故原因等。发生死亡、重大伤亡事故的用人单位应当保护事故现场，在事故调查组未进入事故现场前，用人单位要派专人看护现场，任何人不得擅自移动和取走现场物件。因抢救人员和国家财产，防止事故扩大而需移动现场部分物件时，必须作出标志，绘制事故现场图，摄影或录像并详细说明。清理事故现场，要经事故调查组同意后方可进行。

⑤ 对于特别重大伤亡事故，特大事故发生单位须立即将所发生事故的情况，报告其主管部门和所在地地方人民政府，并报告所在地的省、自治区、直辖市人民政府和国务院有关主管部门。用人单位应当在 24 小时内写出书面报告，报上述各部门。特大事故报告应当包括以下内容：

- 事故发生的时间、地点、单位；
- 事故的简要经过、伤亡人数，直接经济损失的初步估计；
- 事故发生原因的初步判断；
- 事故发生后采取的措施及事故控制情况；
- 事故报告单位。

⑥ 每个用人单位都必须按照国家规定对所发生的职工伤亡事故进行统计，如实填写统计报表，依法规定报送有关部门。统计报表是做好劳动安全卫生指导的基础工作，是分析、研究事故发生原因，掌握劳动安全卫生状况的重要手段，对劳动安全卫生管理具有重要意义。对于发生伤亡事故隐瞒不报的，要依据有关规定给予处罚。

（2）事故调查

用人单位发生伤亡事故后，须依法进行事故调查以查明事故原因，总结经验教训，提出防止再次发生的措施，保障职工的健康与安全。按伤亡事故的大小，事故调查组的组成形式与要求也不同。

① 轻伤、重伤事故，由用人单位负责人或其指定人员组成生产、技术、安全等有关人员以及工会成员参加的事故调查组进行调查。

② 死亡事故，由劳动部门、用人单位主管部门会同单位所在地设区的市或相当于这一级政府的公安部门、工会组成事故调查组进行调查。

③ 重大死亡事故，按用人单位隶属关系，由省、自治区、直辖市用人单位主管部门或国务院有关主管部门会同同级劳动部门、公安部门、监察部门、工会组成事故调查组进行调查。

④ 特别重大事故，按事故发生单位隶属关系，由省、自治区、直辖市人民政府或者国务院相关管理部门组织成立特大事故调查组、负责事故的调查工作。特大事故调查组应当根据所发生事故的具体情况，由劳动部门、事故发生单位的相应管理部门、公安部门、监察部门、经济综合部门等单位派员组成，并邀请人民检察机关和工会派员参加。特大事故调查组根据调查工作的需要。可以选聘其他部门或者单位的人员参加，也可聘请有关专家进行技术鉴定。事故调查组的成员应当作风正派，具有事故调查所需要的某一方面的专长，并且不得与所发生的事故有直接的利害关系。事故调查组的主要职责是：

- 查明事故发生的原因、人员伤亡及财产损失情况；
- 查明事故的性质，确定事故责任者；
- 提出事故处理意见和防范措施的建议；
- 写出事故调查报告。事故调查必须坚持实事求是，尊重科学的原则，不能带有主观色彩；用人单位必须积极支持、配合事故调查工作，不得设置障碍。事故调查组有权向有关单位和个人了解与事故相关的情况和索取与事故有关的材料，任何单位和个人都不得拒绝。对拒绝接受调查以及拒绝提供有关情况和材料的，要按照国家有关规定给予处分，或者依法追究刑事责任。事故调查组的成员如果借事故调查之机徇私舞弊或者在事故调查中玩忽职守的，有关部门要给予行政处分，构成犯罪的，要依法追究刑事责任。

（3）事故处理

伤亡事故调查结束，应依法进行处理。依法追究责任者的责任，提出落实事故的防范措施，切实保障职工的身体健康和安全。对于因忽视安全生产、违章指挥和作业、玩忽职守等造成伤亡事故的，由用人单位按国家有关规定对用人单位负责人和直接责任人员给予行政处分或处以罚款，构成犯罪的，由司法机关依法追究刑事责任。对于在伤亡事故发生后隐瞒不报、谎报、故意延搁不报、故意破坏事故现场的，应对用人单位负责人和直接责任人员给予行政处分或处以罚款；构成犯罪的，由司法机关依法追究刑事责任。

7. 劳动安全认证制度

1）劳动安全认证制度

是指在生产经营过程进行之前，依法对参与生产经营活动的主体能力、资格以及其他安全因素进行审查、评价并确认资格或条件的制度。该制度是一项预防事故，防止职业伤害的重要制度。

2）劳动安全认证的种类

我国现行的劳动安全认证，主要包括对企业资格的认证、有关人员资格的认证和对特殊产品的认证。

对企业劳动安全生产资格的认证主要有以下几种。

① 煤矿企业安全认证。

② 建筑企业安全认证。

③ 压力容器设计、制造企业安全认证。

④ 职业安全卫生检测检验站资格认证。

对特殊岗位或特种作业人员的资格认证主要有以下几种。

① 对企业领导人员安全管理资格的认证。

② 对特种作业（"特种作业"是指容易发生人员伤亡事故，对操作者本人、他人及周围设施的安全可能造成重大危害的作业。如：如电工作业、爆破作业、锅炉作业等）人员的安全资格认证。

对特殊设备和产品的安全认证主要有以下几种。

① 压力容器安全认证。

② 漏电保护器安全认证。

③ 劳动防护用品安全质量认证。

④ 客运架空索道安全认证。

三、劳动卫生法律制度

（一）劳动卫生法律制度概述

1. 劳动卫生法律制度的概念

劳动卫生法律制度，也称职业卫生与职业病防治法律规范，是指调整在预防、控制和消除职业病危害，保护劳动者健康和相关权益，促进经济发展等活动过程中所发生的各种社会关系的法律规范的总称。职业卫生就是为了防止和消除职业危害，保护劳动者的身心健康而采取的各种保护性措施。职业危害产生的最典型后果是职业病。

职业病，是指企业、事业单位和个体经济组织的各种用工形式的劳动者，在工作或者其他职业活动中，因接触粉尘、放射线、有毒有害物质等职业危害因素而引起的，并列入国家公布的职业病范围的疾病。目前我国法定职业病有十大类115种。十大类分别是：

① 尘肺；

② 职业性放射性疾病；

③ 职业中毒；

④ 物理因素所致职业病；

⑤ 生物因素所致职业病；

⑥ 职业性皮肤病；

⑦ 职业性眼病；

⑧ 职业性耳鼻喉口腔疾病；

⑨ 职业性肿瘤；

⑩ 其他职业病。

在各类职业病中，尘肺病占到80%，成为工人的"头号杀手"。

新中国成立以来，国务院及其所属部门为防治职业病，制定了大量的行政法规、规章和标准。在总结新中国成立以来我国职业卫生和职业病防治工作经验的基础上，《中华人民共和国职业病防治法》得到了修正。该法对职业病防治工作做了系统、全面的规定，是我国职业卫生和职业病防治方面的基本法，其颁布和修订标志着我国职业卫生和职业病防治工作在法制化轨道上又迈出了关键性的一步。

拓 展阅读

劳动者的职业卫生保护的权利义务

（一）权利

① 获得职业卫生教育、培训；

② 获得职业健康检查、职业病诊疗、康复等职业病防治服务；

③ 了解工作场所产生或者可能产生的职业病危害因素、危害后果和应当采取的职业病防护措施；

④ 要求用人单位提供符合防治职业病要求的职业病防护设施和个人使用的职业病防护用品，改善工作条件；

⑤ 对违反职业病防治法律、法规以及危及生命健康的行为提出批评、检举和控告；

⑥ 拒绝违章指挥和强令进行没有职业病防护措施的作业；

⑦ 参与用人单位职业卫生工作的民主管理，对职业病防治工作提出意见和建议。

（二）义务

① 自觉学习职业卫生知识；

② 遵守职业病防治法律、法规和操作规程，正确使用和维护职业病防护用品；

③ 报告职业病危害事故隐患。

2. 劳动卫生管理体制

劳动卫生管理体制是指具有劳动卫生管理职能的机构设置及其管理关系。中国实行的是"企业负责、行业管理、国家监察、群众监督"的劳动卫生管理体制；厂矿接受国家各级主管机关的劳动卫生监察，厂矿长全面负责厂矿的劳动卫生行政管理，厂矿工会参与劳动卫生的群众性监督工作；厂矿安全卫生委员会协调企业内部的劳动卫生工作。

（二）劳动卫生法律制度的内容

1. 劳动卫生技术规程

1）劳动卫生技术规程

劳动卫生技术规程是指国家为改善生产过程中的劳动条件，保护劳动者的健康，预防和消除职业病和职业中毒而制定的各种以技术规则为内容的法律规范。如对有毒气体、粉尘和噪声的消除，以及对通风和照明状况的改进等有关规定。

2）劳动卫生技术规程的内容

① 防止粉尘危害的规定。

② 防止有毒有害物质危害的规定。

③ 防止噪声、强光刺激和辐射的法律规定。防止噪声危害应从三个方面来考虑：

- 控制和消除噪声源；
- 控制噪声的传播；
- 加强个人防护。

④ 防暑降温、防冻取暖和防湿的规定。

⑤ 通风和照明的规定。

⑥ 生产辅助设施和个人防护用品的规定。

⑦ 卫生保健。为增强从事有害健康作业的职工抵抗职业性中毒的能力而满足其特殊营养需要，免费发给保健食品。而对高温作业的职工则免费供给高温饮料以补充水分和盐分。

2. 职业卫生责任制

1）职业卫生责任制

是指用人单位协调履行国家职业卫生法定义务，在自己内部的职责分工和对有关人员法定义务的明确，以保障职业卫生法律、法规和标准在本单位得到有效的贯彻实施的制度。职业病防治的主体是用人单位。用人单位的厂长（经理）是本单位的职业卫生防治工作的第一责任人，对保证本单位职工在生产经营过程中的安全与健康负全面责任，必须认真贯彻执行职业卫生安全法律法规，对本单位职业卫生工作负直接管理责任；要负责建立健全本单位职业卫生管理组织机构，配备专（兼）职卫生安全管理人员，提高职业卫生安全管理人员的素质；负责制定本单位的年度职业病防治计划和实施方案；负责汇总和审查职业卫生安全技术措施计划，并督促有关部门切实按计划执行；负责组织和协助有关部门制定或修订职业卫生安全规章制度和安全技术操作规程；负责并保证本单位职业卫生安全投入的有效实施；把职业卫生安全工作摆到重要议事日程，每月召开一次职业卫生安全工作会议，听取各部门和职业卫生管理部门的工作汇报，研究解决职业卫生安全工作中存在的问题，推广先进的安全技术和管理方法；经常深入了解、督促、检查本单位的职业卫生安全工作，掌握职业卫生安全管理工作情况，组织开展厂（企业）级职业卫生安全检查，对重大隐患组织落实整改措施。并布置和检查规章制度贯彻执行情况，及时消除事故隐患；对于新建、改建、扩建、迁建和革新、改造等工程项目，确保"三同时"；负责制定本单位的职业卫生应急救援预案，并每年至少演练一次；保障职工的职业卫生劳动条件和企业的职业卫生安全状况，保障女工的合法权益，不得使用未成年工从事接触职业病危害的作业；开展厂级职业卫生安全教育与考核工作；及时、如实上报急性职业病危害事故，组织对急性职业病危害事故的应急救援、调查分析及处理工作。除了确实落实第一把手的卫生责任职责外，对各管理岗位职业健康职责、各职能部门职业健康职责、职业健康专（兼）职机构职责、员工职业健康通则、职业健康工作考核规定等，都制定完善的规范性文件，把责任具体贯彻落实下去。

2）制定职业卫生责任的注意事项

① 要通悉职业卫生法律法规，尤其是《中华人民共和国职业病防治法》设定的义务；

② 要根据各部门、各类人员的行政职权和本身的义务周密合理地设置或明确他们的职责，使用人单位内部履行法定义务相互衔接，没有遗漏环节。

③ 要设置职业健康专（兼）职机构、职业危害控制计划、方案并配套相应的管理制度（包括考核制度）和操作规程等。特别要建立职业卫生档案和职工健康档案，再配备完善的考核制度，才可能把责任落到实处。

3. 职业卫生教育培训制度

1）职业卫生教育培训制度

是指为了做好职业病危害的防范工作，对用人单位和劳动者进行职业卫生教育和培训的制度。其目的是使用人单位了解和重视职业病的危害、提高员工的自我保护意识和能力。

2）制度依据

①《中华人民共和国职业病防治法》；

②《作业场所安全使用化学品公约》；

③《生产经营单位安全培训规定》。

3）制度的职责设置

① 公司总经理是职业健康教育培训工作的第一责任人，主管安全生产的副总经理负有主要责任，安全管理部门（职业健康机构）负有专业管理职责。

② 职业健康教育培训工作的主管部门是人力资源主管部门和安全管理部门。主管部门对员工进行上岗前职业健康培训和在岗期的定期职业健康培训，宣传普及职业健康知识，督促员工遵守职业病防治法律、法规和操作规程，指导员工正确使用预防职业病防护设备和个人使用的职业防护用品；主管部门应根据法律规范的要求和企业实际情况及岗位需要，定期识别安全宣传教育培训需求，制订、实施安全宣传教育培训计划，提供相应的资源保证主管部门做好安全教育培训记录，建立安全教育培训档案，实施分级管理，并对培训效果进行评估和改进。

③ 其他各部门、车间对本部门的职业健康教育培训工作负责。实行各部门（车间）行政负责人负责制，分别对本部门（车间）的职业健康教育培训工作负责；安全员、技术员对分管岗位人员的职业健康教育培训工作负责。

④ 如果因培训不符合，导致用人岗位发生职业危害事件（事故），除了企业负责外，同时追究责任人的责任。

4）职业卫生培训的对象、方式和内容

（1）培训对象

① 用人单位主要负责人和职业健康管理人员；

② 新入职员工；

③ 调换新岗位和采用新工艺人员；

④ 一般员工。

（2）培训方式和内容

① 单位主要负责人和职业健康管理人员的安全教育培训。参加安监部门认定的培训机构的培训，并持证上岗，根据证件有效时间，到期进行复训。

② 入厂新工人安全教育培训。凡入厂新工人、新调入人员、新分配的大中专学生、来厂实习人员，由主管部门组织进行企业、车间、班组三级安全生产教育，经考试合格后，方准上岗工作，成绩归档存查。培训内容：

- 职业健康法律、法规与标准；
- 职业健康基本知识；
- 职业健康管理制度和操作规程；
- 正确使用、维护职业危害防护设备和个人使用的防护用品；
- 发生事故时的应急救援措施、基本技能等；
- 职业危害事故案例。

③ 调换新岗位和采用新工艺人员的教育培训。

- 凡调换新岗位人员和采用新设备、新工艺的岗位人员，要重新进行职业健康教育培训，经考试合格后，方准上岗作业；
- 企业安全管理部门负责组织进行职业健康教育培训，内容按"入厂新工人安全教育培训"要求执行；
- 采用新设备、新工艺的岗位人员，必须由专业技术人员进行专门的安全和职业健康教育培训技术培训学习，考试合格后，方可上岗作业；
- 告知岗位工人，新设备存在的危害因素及防范措施。

④ 一般员工安全教育培训。

- 由企业每年对基层领导干部、班组长、专职安全人员进行一次安全管理和职业健康知识安全教育培训，并考试存档。要求必须有签到表、教案、试卷纸及考分花名册。
- 为了不断提高员工安全意识，增强安全责任感，企业每年必须对在员工人进行不少于二十小时的安全教育培训，要有签到表、培训教案等。
- 培训方式：定期教育与不定期教育相结合，采用课堂教学、观看录像等形式。

⑤ "三级教育培训"。

第一级：企业教育培训。由主管部门负责，教育内容如下。

- 党和政府关于职业健康的方针、政策、法令。
- 企业安全生产奋斗目标、管理组织、实施措施及生产工艺基本情况。
- 综合安全知识，企业主要危险区域和典型事故分析及防范措施。
- 企业的各种职业健康管理制度和安全技术总则。
- 企业存在的职业危害因素防治知识。

　　第二级：车间级安全教育。由车间（专、兼职安全员）负责组织进行培训，教育内容如下。

- 本车间安全生产组织及生产工艺流程。
- 本车间的安全技术规程、职业健康操作规程等。
- 本车间的主要职业危害因素和典型事故的经验教训及防范措施。

　　第三级：班组教育。由班组长或指定专人负责进行培训，主要内容如下。

- 本班组生产组织及生产工艺流程。
- 本班组作业中的危害因素和应急防范措施。
- 本班组岗位劳动保护用品佩戴、使用规定。
- 本班组主要设备性能及安全规程。
- 本班组岗位职业健康操作规程和职业危害防治措施规定。
- 制订实施师徒合同。

　　5）职业卫生培训的时间

　　按照国家安监总局的《生产经营单位安全培训规定》执行。

　　6）建立员工培训教育档案资料

　　① 三级安全教育卡；

　　② 员工的安全试卷；

　　③ 相关培训证书的复印件；

　　④ 其他有关资料。

4. 职业病危害前期预防管理制度

　　职业病的防治同样必须贯彻"预防为主、防治结合"的方针。坚持预防为主的措施有如下几种。

　　1）**职业病危害的源头控制**

　　对可能产生职业病危害的建设项目在论证阶段进行职业危害预评价和审核；对职业病危害严重的建设项目的职业卫生防护设施的设计进行审查和竣工验收前的职业病危害控制效果评价及竣工验收。职业病防治法在总结我国 20 世纪 50 年代初期以来所作规定执行经验的基础上，借鉴国际上的通行做法，从可能产生职业危害的新建、改建、扩建项目和技术改造、技术引进项目（以下统称建设项目）的"源头"实施管理，规定了预评价制度和"三同时"制度。

　　一是职业病危害预评价制度：在建设项目可行性论证阶段，建设单位应当对可能产生的职业危害因素及其对工作场所和人员的影响进行职业危害预评价，并经卫生行政部门审核。

　　二是"三同时"制度：建设项目的职业卫生防护设施，应当与主体工程同时设计，同时施工，同时运行或者使用；竣工验收前，建设单位应当进行职业危害控制效果评价。这样规定，主要是为了避免不符合职业卫生要求的项目盲目上马，再走先危害后治理的老路，从源头管起，从根本上控制或者消除职业危害。

　　2）**职业病危害的特殊管理**

　　对从事放射、高毒等作业的实行特殊管理制度。这是由于这些作业存在职业病危害因素，对作业人员的职业安全与健康具有严重危害性。放射危害既可致人死亡、诱发肿瘤，还会影响到下一代的健康；高毒化学品则极易导致中毒等重大伤亡事故。

① 采用从业许可制度。《放射性同位素与射线装置安全和防护条例》规定：生产放射性同位素、销售和使用Ⅰ类放射源、销售和使用Ⅰ类射线装置的单位的许可证，由国务院环境保护主管部门审批颁发。前款规定之外的单位的许可证，由省、自治区、直辖市人民政府环境保护主管部门审批颁发。国务院环境保护主管部门向生产放射性同位素的单位颁发许可证前，应将申请材料印送其行业主管部门征求意见。环境保护主管部门应当将审批颁发许可证的情况通报同级公安部门、卫生主管部门。国务院于2002年5月12日施行的《使用有毒物品作业场所劳动保护条例》，对高毒作业也作出了一系列相应规定。

② 实行特殊管理。既包括对作业场所的职业卫生技术、设备、操作、防护、自动报警、应急救援等一系列综合管理措施，也包括作业人员、管理人员应熟悉和掌握的特殊职业病危害作业的职业卫生知识。

3）用人单位的职业卫生自我管理和职业病预防措施

制定职业病防治计划和实施方案，加强工作场所防护设施和个人防护用品的管理，严格职业卫生操作规范，建立职业病危害因素检测及评价制度、职业卫生档案制度，制定职业病危害事故急救援预案。

4）劳动者的自我预防和健康监护

有职业病危害的用人单位要履行告知义务，保障劳动者的知情权利，用人单位要开展职业健康检查、职业健康监护、职业健康教育、职业卫生培训，对未成年人、孕妇、哺乳期女职工和职业禁忌者实行职业健康的特殊保护。

5）职业卫生安全检查和隐患排查制度

① 职业卫生安全检查的主要任务是进行危害识别，查找不安全因素和不安全行为，提出消除或控制不安全因素的方法和纠正不安全行为的措施，增强职工职业卫生安全意识，杜绝违章指挥、违章作业等现象发生，及时消除职业卫生事故隐患，确保员工身心健康和安全。

② 职业卫生安全检查的依据是国家有关职业卫生的法律、法规、规章、标准及政府、上级部门和本单位有关职业卫生安全的各项规定、制度等。

③ 职业卫生安全检查主要包括：

• 管理检查。主要内容：检查各级领导对职业卫生安全工作的认识，各级领导班子研究职业卫生安全工作情况的记录、会议纪要等。职业卫生安全责任制、管理制度等修订完善情况；各项管理制度落实情况等。检查各级领导和管理人员的职业卫生安全法规教育是否达到要求；检查员工的职业卫生安全意识、知识教育，以及特殊作业的安全技术知识教育是否达标。

• 现场检查。主要内容：检查作业场所的工作条件是否符合职业卫生相关标准、规范，是否存在职业卫生事故隐患。检查单位各级机构和个人的安全生产责任制是否落实，检查员工是否认真执行各项职业卫生安全管理制度和操作规程。检查生产、检修、施工等直接作业环节各项职业卫生安全措施是否落实。

④ 职业卫生安全检查分为外部检查和内部检查。前者是指按照国家职业安全卫生法规要求进行的法定监督、检测检查和政府部门组织的安全督查，后者是指上级主管单位、本单位根据生产情况开展的计划性和临时性自查活动。内部检查主要有综合性检查（以落实岗

位安全责任制为重点，各部门共同参与的全面检查，每月组织一次）、日常检查（包括班组、岗位员工的交接班检查和班中巡回检查，以及单位领导和职业卫生安全管理人员的经常性检查。各岗位应严格履行日常检查制度，特别是对关键装置要害部位的危险源进行重点检查，发现问题和隐患，及时报告有关部门解决，并做好记录。）和专项检查（包括季节性检查、节日前检查和专业性安全检查）等形式。职业卫生安全检查应依据充分、内容具体，必要时编制职业卫生安全检查表，科学、规范地开展检查活动。检查时应认真填写检查记录，做好检查总结，并按要求报主管部门。被检部门对查出的问题应立即落实整改，暂时不能整改的项目，除采取有效防范措施外，应纳入计划，落实整改。对隐患和问题的整改情况，应进行复查，跟踪督促落实，形成闭环管理。对未按要求开展专业和专项检查的各部门及车间，将予以通报曝光，并与经济责任制考核挂钩。对非本单位原因造成的职业卫生事故隐患，不能及时消除或者难以消除的，应采取必要安全措施，单位应立即向有关部门书面报告予以解决。

5. 职业病诊断治疗和报告管理制度

1）职业病诊断治疗制度

职业病的诊断与鉴定工作应由单位统一管理。职业病诊断和鉴定由单位和当事人如实向诊断部门提供有关职业卫生情况，配合诊断部门进行调查取证工作，按法定程序取得职业病诊断、鉴定的有关资料。对疑似职业病的职工应及时进行诊断，其诊断或者医学观察期间的费用由单位承担，在此期间单位不得解除或者终止与其订立的劳动合同。单位安排职业病患者进行疗养。对在医疗后被确认为不宜继续在原岗位作业或工作的，立即对其岗位进行调整。职业病患者的诊疗、康复和复查等费用以及伤残后有关待遇和社会保障，依照国家有关规定执行。

2）职业病诊断和报告管理制度

单位要加强对职业病病人和疑似职业病病人的管理，实行职业病病人和疑似职业病病人登记报告管理制度，发现职业病病人和疑似职业病病人时，应按有关规定向区安监局、区卫生局和单位的职业卫生管理部门、劳动人事管理部门等报告。

6. 职业病危害事故报告、调查处理和统计制度

1）职业病危害事故等级

参照《职业病危害事故调查处理办法》，按一次职业病危害事故所造成的危害严重程度，职业病危害事故分为三类。

一般事故：发生急性职业病10人以下的。

重大事故：发生急性职业病10人以上50人以下或者死亡5人以下的，或者发生职业性炭疽5人以下的。

特大事故：发生急性职业病50人以上或者死亡5人以上，或者发生职业性炭疽5人以上的。

2）职业病危害事故报告、调查处理和统计制度的内容

（1）事故处置、报告

① 依法采取临时控制和应急救援措施，及时组织抢救急性职业病病人，对遭受或者可能遭受急性职业病危害的劳动者，及时组织救治、进行卫生检查和医学观察；

② 停止导致职业病危害事故的作业，控制事故现场，防止事态扩大，把事故危害降到

最低限度；

③ 保护事故现场，保留导致职业病危害事故的材料、设备和工具等；

④ 立即向安全生产监督管理部门报告事故，报告内容包括事故发生的地点、时间、发病情况、死亡人数、可能发生原因、已采取措施和发展趋势等，任何单位和个人不得以任何借口对职业病危害事故瞒报、虚报、漏报和迟报；特大和重大事故应当向同级人民政府、省级卫生行政部门和卫生部报告；一般事故则应当于 6 小时内向同级人民政府和上级卫生行政部门报告。

（2）调查处理

组成职业病危害事故调查组，配合上级行政部门进行事故调查，调查内容包括：

① 现场勘验和调查取证，查明职业病危害事故发生的经过、原因、人员伤亡情况和危害程度；

② 分析事故责任；

③ 提出对事故责任人的处罚意见；

④ 提出防范事故再次发生所应采取的改进措施的意见；

⑤ 形成职业病事故调查处理报告；

⑥ 事故调查组进行现场调查取证时，任何单位和个人不得拒绝、隐瞒或提供虚假证据或资料，不得阻碍、干涉事故调查组的现场调查和取证工作。

（3）统计

各级地方行政部门负责管辖本地区职业危害事故的统计报告工作，并应不定期向有关部门和同级工会组织通报职业病危害事故发生的情况。职业病危害事故发生的情况，由省级以上卫生行政部门统一对外公布。

四、特殊劳动保护法律制度

引 导案例

某私营妇女用品厂因厂里女工较多，厂规规定产假只能45天，产假期间每月只能发80元生活费。该厂女工黄某2月25日生育双胞胎后在家休息，4月7日接厂方通知要求黄某回厂上班。但黄某因身体恢复较慢直到5月底才回厂上班。厂方以黄某违反厂规为由扣发了其部分工资。黄某不服，向劳动争议仲裁委员会提出申诉，要求厂方补发所扣工资。

该厂的"厂规"是否合法？此案该如何处理？

（一）特殊劳动保护概述

1. 特殊劳动保护的概念

特殊劳动保护是指在通常的劳动保护之外，根据女职工身体结构、生理机能的特点以及生育子女的特殊需要，未成年人的身体发育尚未成型的身体和生理特点，而在劳动过程中采取的特殊保护。未成年工，是指已满 16 周岁不满 18 周岁的与用人单位或个人发生劳动关系，从事有经济收入的劳动的劳动者。

2. 特殊劳动保护的意义

法律对这两种人群的劳动保护作出专门规定，是由其身体和生理特点所决定的。女性的身体结构和生理机能特点决定女性与男性不同。需要得到不同的保护，对于女性的保护，还关系到下一代的身体健康。未成年工是未成年的劳动者。作为未成年人，其仍处于生长发育期间。身体尚未发育成熟，过重的体力劳动、不良的工作体位等对其正常发育都会产生不良影响。而且未成年工在心理素质、工作经验等方面与成年职工也有一定的差异，在劳动过程中遇到特殊情况往往难以应付。通过专门的法律规定来保护其正常的发育成长是必要的，只有这样才能真正体现公平原则。对于女职工和未成年工实行特殊的劳动保护，有利于充分发挥女职工在社会主义建设中的作用，有利于保障男女平权原则的真正实现，有利于保障女职工和未成年人的安全和健康，有利于提高人口的质量和劳动者的基本素质，从而提高劳动生产率，弘扬公平正义，促进社会经济的和谐健康发展。

3. 特殊保护的法律依据

《中华人民共和国妇女权益保障法》《未成年工特殊保护规定》等法律、法规和规章对女职工和未成年人的特殊保护问题作了规定。《中华人民共和国劳动法》第 58 条规定，国家对女职工和未成年工实行特殊劳动保护。

（二）女职工特殊劳动保护的法律规定

1. 一般女职工的劳动保护

《劳动法》第 59 条规定，禁止安排女职工从事矿山井下、国家规定的第四级体力劳动强度的劳动和其他禁忌从事的劳动。《女职工劳动保护特别规定》，针对我国目前社会经济发展的实际情况，对女职工禁忌从事的劳动范围进行了规定。

2. 女职工生理机能变化过程中的"四期"保护

1）经期保护

根据法律规定，女职工在月经期间不得从事冷水作业分级标准中规定的第二级、第三级、第四级冷水作业；低温作业分级标准中规定的第二级、第三级、第四级低温作业；体力劳动强度分级标准中规定的第三级、第四级体力劳动强度的作业；高处作业分级标准中规定的第三级、第四级高处作业。

2）孕期保护

女职工在怀孕期间，所在单位不得安排其从事以下国家规定的孕期禁忌从事的劳动：

① 作业场所空气中铅及其化合物、汞及其化合物、苯、镉、铍、砷、氰化物、氮氧化物、一氧化碳、二硫化碳、氯、己内酰胺、氯丁二烯、氯乙烯、环氧乙烷、苯胺、甲醛等有毒物质浓度超过国家职业卫生标准的作业；

② 从事抗癌药物、己烯雌酚生产，接触麻醉剂气体等的作业；

③ 非密封源放射性物质的操作，核事故与放射事故的应急处置；

④ 高处作业分级标准中规定的高处作业；

⑤ 冷水作业分级标准中规定的冷水作业；

⑥ 低温作业分级标准中规定的低温作业；

⑦ 高温作业分级标准中规定的第三级、第四级的作业；

⑧ 噪声作业分级标准中规定的第三级、第四级的作业；

⑨ 体力劳动强度分级标准中规定的第三级、第四级体力劳动强度的作业；

⑩ 在密闭空间、高压室作业或者潜水作业，伴有强烈振动的作业，或者需要频繁弯腰、攀高、下蹲的作业。

女职工在孕期不能适应原劳动的，用人单位应当根据医疗机构的证明，予以减轻劳动量或者安排其他能够适应的劳动。

对怀孕 7 个月以上的女职工，用人单位不得延长劳动时间或者安排夜班劳动，并应在劳动时间内安排一定的休息时间。

怀孕女职工在劳动时间内进行产前检查，所需时间计入劳动时间。

3）产期保护

女职工生育享受 98 天产假，其中产前可以休假 15 天；难产的，增加产假 15 天；生育多胞胎的，每多生育 1 个婴儿，增加产假 15 天。女职工怀孕未满 4 个月流产的，享受 15 天产假；怀孕满 4 个月流产的，享受 42 天产假。女职工产假期间的生育津贴，对已经参加生育保险的，按照用人单位上年度职工月平均工资的标准由生育保险基金支付；对未参加生育保险的，按照女职工产假前工资的标准由用人单位支付。女职工生育或者流产的医疗费用，按照生育保险规定的项目和标准，对已经参加生育保险的，由生育保险基金支付；对未参加生育保险的，由用人单位支付。

4）哺乳期保护

哺乳期指女职工生产后，对未满 1 周岁的婴儿进行哺乳的期间。有不满一周岁婴儿的女职工，其所在单位应在每班劳动时间内给予其两次哺乳时间，每次哺乳 30 分钟。多胞胎生育的，每多哺乳一个婴儿，每次哺乳时间增加 30 分钟。用人单位不得安排从事以下国家规定的哺乳期禁忌从事的劳动：

① 作业场所空气中铅及其化合物、汞及其化合物、苯、镉、铍、砷、氰化物、氮氧化物、一氧化碳、二硫化碳、氯、己内酰胺、氯丁二烯、氯乙烯、环氧乙烷、苯胺、甲醛等有毒物质浓度超过国家职业卫生标准的作业；

② 非密封源放射性物质的操作，核事故与放射事故的应急处置；

③ 体力劳动强度分级标准中规定的第三级、第四级体力劳动强度的作业。

3. 女职工劳动保护设施的规定

在女职工较多的单位应设置女职工卫生室、孕妇休息室、哺乳室等设施，妥善解决女职工在生理卫生、哺乳方面的困难。

（三）未成年工特殊劳动保护的法律规定

对未成年人应缩短工作日，禁止安排未成年工加班、加点及从事夜班工作。未成年工所在单位应根据自身条件尽量安排未成年工进行文化补习。

1. 未成年工禁忌从事的劳动

用人单位招收未成年工，应在劳动过程中给予特殊保护，在工种、劳动时间、劳动强度和保护措施等方面严格执行国家有关规定，不得安排其从事过重、有毒、有害的劳动或者危险作业。《劳动法》第 64 条规定："不得安排未成年工从事矿山井下、有毒有害、国家规定的第四级体力劳动强度的劳动和其他禁忌从事的劳动。"

2. 对未成年工进行定期健康检查

由于未成年工尚处于生长发育期，过重的劳动量和过大的劳动消耗都可能对其身体造成影响，须对未成年工进行定期健康检查，如果发现其身体状况不适合该工作，应及时进行调整。《劳动法》第65条规定："用人单位应当对未成年工定期进行健康检查。"

3. 对未成年工的使用和特殊保护实行登记制度

国家对未成年工的使用和特殊保护实行登记制度。要求用人单位招收使用未成年工，除符合一般用工要求外，还须向所在地的县以上劳动行政部门办理登记。劳动行政部门根据《未成年工健康检查表》《未成年工登记表》，核发未成年工登记证，未成年工须持未成年工登记证上岗。未成年工体检和登记，由用人单位统一办理和承担费用。

任务三   劳动就业制度

任 务情景

小王是一名山西来京的务工人员，他据火车站散发的小广告找到了一家中介机构求职，这家中介机构当即表示马上为他找到工作。工作人员收了他300元中介费后，把他推荐到一家所谓的装修公司当保安。装修公司要求小王先交培训费进行岗前培训，随后又要他交服装费等。等到小王明白过来这是中介和这家公司要的一个连环套时他已经交了1 000多元。

小赵是学企业管理的，2002年5月来到北京，想在北京的公司里觅一职位。跑了十多家单位后，他发现此次北京求职的成本远远高于其预算。应聘单位大多向求职者收取了数目不等的面试费、资料费、报名费、考试费、体检费、招聘费、试讲费，最少的50元，最多的300元。如被有的企业录用还要求个人交付上千元的培训费、保证金。报名资料费所有成本加起来不会超过2元，居然收了50元。面对用人单位各种名目的收费，小赵陷入了两难境地：不交，就丢掉了一个机会；交了，很可能是竹篮打水一场空，这些钱交得太冤枉。有的企业则声称"国家物价部门对招聘考试的收费还没有作出具体规定"。

分析：

① 职业中介机构的行为是否违法？对于劳动服务行为有哪些相关法律规定？

② 用人单位向求职者收取招聘费用、保证金是否合法？对于用人单位的招聘行为有哪些法律规定？

③ 你对我国劳动就业形式、就业服务的机构和内容了解多少呢？

④ 你听说过就业歧视吗？应该如何维权？法律依据是什么？

⑤ 你了解多少关于高校毕业生劳动就业权利方面的法律规定？你了解就业援助的对象吗？

一、劳动就业法律制度概述

（一）劳动就业的概念和特征

1. 劳动就业

是指具有劳动能力的公民在法定劳动年龄内，依法自愿从事一定的社会劳动，获取劳动报酬或经营收入的活动。

2. 劳动就业的特征

1）主体上的适龄性

劳动就业主体处于法定的就业年龄，且具有劳动权利能力和劳动行为能力。公民的劳动权利能力和劳动行为能力具有一致性。各国劳动法律都对劳动者就业最低年龄和就业最高年龄作了严格规定，只有在法律规定的年龄段内，劳动者才具备劳动就业的条件，否则便不能就业。我国劳动法规定，年满 16 周岁的公民，才具有劳动就业的资格。

2）主观上的自愿性

劳动就业主体具有就业愿望和参加社会劳动的自愿；劳动就业是公民的一种权利，行使或放弃这种权利，完全取决于公民自己的意愿。劳动者的劳动就业权利的实现必须主观上有求职的愿望。公民没有就业愿望，即使临时参加社会劳动，也不能算是就业，如在校学生的勤工俭学。权利的行使与否不具有强制性。

3）内容上的合法性

劳动就业的内容是主体所从事的是合法的社会劳动。这是劳动者的劳动是否得到社会承认和法律保护的客观依据。合法的社会劳动是一种能够为社会创造财富或有益于社会的劳动。赌博为法律所否定，所以即使被称为"职业赌徒"，也不是就业。

4）结果上的回报性

首先，劳动就业的目的是通过劳动获得一定的物质利益；其次，劳动能够获得一定的报酬或经营收入，这是劳动者实现自己再生产的物质保障。义务劳动不具有有偿性，所以不是就业。虽然没有建立劳动法律关系，却为社会提供了服务而获得一定的收入，如从事个体经营（三轮车夫）同样属于就业范畴。

5）社会的需求性

社会上有劳动需求，能够提供劳动岗位，这是就业得以实现所必不可少的。

（二）劳动就业的基本原则

1. 国家促进就业的原则

国家促进就业，是指国家采取各种措施创造就业条件和扩大就业机会。为劳动者提供就业机会，是国家不可推卸的义务。《中华人民共和国宪法》第 42 条规定："国家通过各种途径，创造劳动就业条件。"《中华人民共和国劳动法》也有相关规定。为促进就业，国家专门制定了《中华人民共和国就业促进法》，同时在劳动法中也作出相应规定。人力资源和社会保障部、国家工商总局、教育部、地方政府都制定了相关促进就业的优惠政策和措施。

2. 劳动就业的市场原则

也称劳动者与用人单位相互选择原则。国家在劳动就业上，实行劳动者通过劳动力市场，与用人单位双向选择就业的原则。劳动者与用人单位相互选择，是指劳动者自由选择用人单位，用人单位择优录用劳动者。在劳动力市场中，劳动者与用人单位在平等自愿、协商一致的基础上签订劳动合同。

3. 平等就业原则

劳动者就业，不因民族、种族、性别、户籍、残疾、体貌特征、宗教信仰等不同而受歧视。国家创造公平就业的环境，消除就业歧视。劳动者就业机会均等，自主择业，竞争就业。用人单位招用人员、职业中介机构从事职业中介活动，应当向劳动者提供平等的就业机会和公平的就业条件，不得实施就业歧视。

4. 照顾特殊群体就业的原则

国家对妇女、残疾人、退役军人、少数民族人员等特殊群体的就业给予保障和照顾。国家保障妇女享有与男子平等的就业权利。在录用职工时，除国家规定的不适合妇女的工种或者岗位外，不得以性别为由拒绝录用妇女或者提高对妇女的录用标准，也不得在劳动合同中规定限制女职工结婚、生育的内容。国家保障各民族劳动者享有平等的就业权利。在招用人员时，依法对少数民族劳动者给予适当照顾。国家保障残疾人的就业权利，对残疾人就业统筹规划，为残疾人创造就业条件。对于其他特殊就业群体，如劳改或解除劳教人员、长期失业者和因产业结构变化而失业的人员，也应尽量为他们创造合适的就业条件。

5. 禁止未成年人就业的原则

这里需要特别说明的，禁止未成年人就业是禁止未满16周岁的人就业。禁止用人单位招用未满16周岁的未成年人，特殊行业的，需要按国家有关规定，履行审批手续。国家规定，禁止用人单位招用未满16周岁的未成年人，并且规定，禁止国家机关、社会团体、企事业单位和个体工商户、城镇居民等使用童工；禁止各种职业介绍机构以及其他单位和个人为未满16周岁的少年儿童介绍就业；禁止各级工商行政管理部门为未满16周岁的少年儿童颁发个体营业执照；父母或其他监护人不得允许未满16周岁的子女或被监护人做童工。

（三）劳动就业的形式

我国的劳动就业制度模式已从计划经济时代的行政配置型劳动就业制度模式向市场导向型劳动就业制度模式转变。

我国劳动就业的具体形式有：

1）劳动者与用人单位直接洽谈就业

劳动者通过用人单位的考核、考试，取得就业岗位，实现就业。其中，人才交流会和人才招聘会是最主要的形式。这实际上是劳动者竞争就业，即劳动者之间为获得就业岗位而参与公平竞争。劳动者竞争就业的程序通常为：

① 由用人单位在劳动力市场发布招工或招聘广告，求职者报名登记；

② 用人单位进行报名资格、学历资格等审查；

③ 求职者参加文化考试，通过后进行体检；

④ 用人单位和劳动者面谈、面试；

⑤ 用人单位决定是否录用或聘用，决定录用或聘用后通知求职者；

⑥ 双方协商签订劳动合同，办理劳动关系手续。

2）职业介绍机构介绍就业

即由职业介绍机构为劳动力供求双方沟通联系和进行职业指导，由双方签订劳动合同，实现劳动者就业。

3）自愿组织就业

是指劳动者在国家和社会的扶持下，自愿组织起来通过举办各种集体经济组织实现就业，国家在资金、税收、场地等方面给予政策照顾。主要适用于失业、下岗人员再就业。在现阶段，这种形式表现为国家鼓励城镇失业人员、下岗人员兴办集体企业，自愿组织起来就业，并为此规定了许多优惠政策。

4）自谋职业

也称自主创业，是指劳动者通过从事个体工商经营，开办私营企业和合伙经营而实现就业，这也是实现就业的重要方式。随着市场经济的发展，自谋职业越来越受到重视，并在安置失业和下岗职工中发挥着越来越大的作用。这种方式现在主要表现为国家鼓励城镇失业人员、下岗人员从事个体劳动经营实现就业。国家大力支持和鼓励失业人员、下岗职工通过自谋职业实现再就业的主要政策有：

① 税收减免；

② 资金支持；

③ 减免工商等管理收费；

④ 培训补贴；

⑤ 免费服务。

5）国家安置就业

即基于国家利益，国家对特定范围内的少数劳动者保障、安排其就业。目前国家对少数劳动者仍然负有保证其实现第一次就业的机会。这是国家出于国家利益的考虑而规定的就业政策。列入国家安置就业的人员有：

① 原是城镇户口的退伍义务兵；

② 原是农业户口的退伍义务兵，仅限于在服役期间荣立二等功或以上等级的立功者和因战、因公致残的二等、三等伤残军人；

③ 退出现役的志愿兵，但在服役期间因严重违反纪律或无正当理由坚持要求提前退出现役者应按退伍义务兵处理；

④ 军队转业干部；

⑤ 农村户籍的烈士子女（限1名）；

⑥ 在内地定居的归侨、侨眷和港澳台同胞及其内地眷属；

⑦ 纠正冤、假、错案后，因撤销原判、宣告无罪和依据政策法律不予追究刑事责任而释放的人员中，一般限于原有工作者和原无工作但释放后无家可归、无亲可投者；

⑧ 刑满释放的原军队干部，犯过失罪并在服刑期间表现好适合继续担任干部的可安排转业，其余的一般按退伍处理；

⑨ 按国家规定应当或可以由国家安置就业的其他劳动者。

（四）劳动就业的立法

劳动是人类生存和发展的基本条件。劳动就业意味着公民实现了劳动权。因此，在劳动立法中，关于就业的法律规定占有重要的地位。综合各国劳动就业立法，它由3个组成部分：

① 宪法中关于公民劳动权的规定。如《委内瑞拉宪法》《墨西哥宪法》等。我国也有保障公民劳动权的规定。《中华人民共和国宪法》第42条规定，中华人民共和国公民有劳动的权利和义务。

② 劳动基本法中关于就业的规定，各国劳动法典中几乎都有就业的内容。如《法国劳动法典》中的相关规定，我国《劳动法》也设有专章：第二章《促进就业》。

③ 关于就业的专项法规。如日本1947年的《职业安定法》。

二、劳动就业服务

(一) 劳动就业服务概述

1. 劳动就业服务

劳动就业服务是指就业服务主体为劳动力供需双方提供的一系列服务活动,在劳动就业服务中,就业服务主体在劳动者和用人单位间架起桥梁,沟通信息,使用人单位和劳动者之间能够进行双向选择,最终顺利实现劳动者的就业。

就业服务兴起于 20 世纪初期,主要是为了改善失业者的生存状况和维护社会稳定。随着西方国家的经济增长和就业需求的扩大,就业服务发展迅速,逐渐成为国家就业政策最直接的体现者和执行者。概括地说,就业服务是具有普遍意义的干预劳动力市场并能有效调节和改善供求的直接手段,是就业制度和就业政策的重要组成部分。

就业服务的主要职能在于通过劳动力市场信息、政策咨询、职业介绍、职业指导和相应的职业培训、求职和招聘信息发布、劳动保障事务代理、劳务派遣等途径,帮助用人单位用人和劳动者就业,以提高供求双方选择的成功率,促进人力资源合理流动和有效配置。

就业服务可以分为如下几种。

(1) 公共就业服务

公共就业服务是政府通过设立公共就业服务机构,为劳动者提供免费的就业服务,为就业困难人员提供就业援助。政府通过研究和发布劳动力市场信息以及提供咨询、帮助等各种方法和手段的综合运用,充当劳动者和用人单位或雇主联系的媒介,便利劳动者的就业过程,改善劳动力市场的组织和运行,促使全部劳动力资源得到合理有效的配置和使用。根据世界各国劳动力市场理论与运作的实践,公共就业服务的方法和内容主要有职业介绍、就业咨询、研究和发布信息以及就业帮助等。政府提供公共就业服务的主要目标是弥补人力资源市场的缺陷,保障劳动者特别是就业困难人员的合法就业权益,构建更加公平有效的市场,从而促进人力资源合理流动和合理配置。

(2) 私营就业服务

是一种经营性服务活动,由各类职业中介机构提供。即:职业中介服务是社会上各类组织或个人通过依法成立职业中介机构,为劳动者和用人单位有偿提供就业服务的活动,职业中介服务的目标是通过提供服务获得相应的经济利益。

2. 劳动就业服务的对象

① 有劳动力供给愿望的各种劳动者:城镇失业人员,退役军人,需要流动的在职人员,农村剩余劳动力,本地区、本部门的劳动者和外地、外部门的劳动者,境外的劳动者。

② 需求劳动力的各种用人单位:境内各种所有制形式的用人单位,境外的用人单位。

3. 劳动就业服务的管理体制

我国实行统一领导和分级分部门(行业)的劳动就业管理体制。国务院劳动行政部门是全国就业服务主管部门,下设专门就业服务管理职能机构,负责就业服务政策研究、制定发展规划、协调关系、指导和督促全国就业服务管理机构的工作等。各级劳动行政部门设置地方就业服务管理机构,在地方劳动行政部门直接领导下开展本地区的就业服务工作,并负责本地区各类就业服务机构的管理。各行业主管部门设置的部门(行业)就业服务管理机构，在行业主管部门的领导下开展工作，业务上受地方就业服务管理机构指导，负责对本部门（行业）企事业单位的劳动就业服务工作进行指导、服务和协调。

4. 劳动就业服务的内容

1）就业登记

是指职业介绍机构依法对有就业需求的劳动者和有用人单位需求的用人单位，就其基本情况所进行的登记。它包括求职登记和用人登记等。县级以上劳动行政部门主管本行政区域内的就业登记工作。县级以上劳动行政部门所属劳动就业服务机构负责组织实施本行政区域内的就业登记工作，并履行以下职责：

① 协调、指导、规范就业登记工作；

② 指导基层劳动就业服务机构和非劳动部门职业介绍机构开展就业登记工作；

③ 定期统计、上报本地区就业登记各项数据，并建立相应的信息数据库；

④ 法律、法规规定的其他职责。

就业登记包括如下几种。

（1）失业登记

县级以上劳动就业服务机构应指定承担失业登记的职业介绍机构，也可以委托乡镇、街道和企业的就业服务机构代办。失业人员进行失业登记应持户口簿（身份证）和证明原身份的有关证件，到本人户口所在地的失业登记机构进行失业登记，填写失业人员登记表，领取失业证。凡符合享受失业保险待遇条件的，可凭失业证申领失业救济金。失业人员被招聘后，失业证应由劳动就业服务机构加盖印章，交用人单位保管。如再次失业，经失业登记机构核准，原失业证可继续使用。失业人员入伍、升学或从事个体经营，失业证由原登记机构予以收回。失业证遗失后应及时申请补办。

（2）求职登记

凡到职业介绍机构求职的人员应进行求职登记，填写求职登记表，领取求职登记卡。在法定劳动年龄内有劳动能力，有就业要求的城镇失业人员应进行失业登记。失业登记视为求职登记。

（3）对用人单位用人需求的登记

职业介绍机构应了解和掌握用人单位工作岗位空缺和招聘用人情况，并进行登记。职业介绍机构可采取登门服务、在企事业单位聘请信息员和举办劳务洽谈会等多种方式进行用人登记。用人单位应主动将岗位空缺和拟招聘人员情况提供给当地劳动部门职业介绍机构。用人单位招聘人员后应向劳动部门备案，并办理相应手续。下列用人单位招聘人员，须到劳动部门职业介绍机构进行登记：

① 由政府部门或劳动部门认定的生产自救企业；

② 进行经济性裁员的，在 6 个月内需要招聘人员的企业；

③ 由劳动部门对其富余人员进行社会调剂或出资承担安置的企业。

2）职业指导

职业指导是指就业服务机构根据劳动力供求双方的需要，依法为劳动者选择职业、用人单位选择劳动者和培训机构开展职业培训，提供服务。职业指导工作必须依法进行并遵循公平、自愿的原则。

（1）职业指导的主要任务

向劳动者和用人单位提供咨询和服务，促其实现双向选择。

（2）职业指导的形式

个人面谈、集体座谈、报告会、授课等多种形式。

（3）职业指导的人员要求

具备在劳动部门工作两年以上，具有大专以上文化水平；经相应的业务资格培训并考核合格，持有劳动部门颁发的职业指导资格证书等法定条件。

（4）职业指导工作的内容

① 调查分析社会职业变动趋势和劳动力市场供求状况；

② 开展对劳动者个人素质和特点的测试并对其职业能力进行评价；

③ 帮助劳动者了解职业状况，掌握求职方法，确定择业方向，增强择业能力；

④ 向劳动者提出培训建议并负责向就业培训机构推荐；

⑤ 对妇女、残疾人、少数民族人员及退出现役的军人等特殊群体提供专门培训；

⑥ 指导用人单位选择招聘方法，确定用人条件和标准；

⑦ 对从事个体劳动和开办私营企业的劳动者提供开业和生产经营方面的咨询服务；

⑧ 对就业训练机构的培训方向、训练规模和专业设置等提供导向；

⑨ 对在校学生的职业指导工作提供咨询和服务。

3）职业介绍

是指国家指定的或依法成立的机构为劳动者和用人单位提供沟通和咨询，为劳动者提供就业的一种中介服务活动。

（1）职业介绍的机构

包括劳动部门开办的职业介绍机构、非劳动部门开办的职业介绍机构和公民个人开办的职业介绍机构三类。

（2）职业介绍的内容

① 收集、发布人力资源供求信息，开展就业指导和咨询。

② 为求职者办理求职登记，进行职业介绍，为用人单位办理用工登记并为用工单位提供人力资源信息，协助用人单位选择合格的人才。

③ 审核招工简章，提供招聘服务或代办招聘服务，进行劳务交流。

④ 协助企业进行富余职工的调剂和技术人才的交流。

⑤ 收集、发布职业培训信息，提供招生服务和代办招生，组织开展多种形式的职业技术培训。

⑥ 为新招聘的人员办理劳动合同签证、待业保险和养老保险，为要求流动的人员办理档案寄存手续。

⑦ 为单位、家庭及个人介绍家庭保姆、家教及其他临时用工服务。

⑧ 开展国家政策所准许的其他劳务中介服务。

（3）职业介绍的程序

职业介绍机构一般按以下基本程序服务。

① 接待登记。职业介绍工作人员要对前来职业介绍机构求职和招聘人员的求职者和用人单位进行就业登记或用人登记。随后，根据他们的不同情况，确定服务形式，并引导他们进入相应的服务程序。

② 提供信息。通过电视荧屏、计算机或广播等设备，以及广告、报纸、手册或卡片等

书面材料，向求职人员或用人单位提供用人或求职信息及劳动力市场信息。提供的信息主要包括：空岗空缺信息、劳动力供给信息、职业培训信息、职业供求预测信息、相关就业服务项目、劳动就业政策法规和其他有关信息。

③ 求职和用人面谈。求职和用人面谈分为初次面谈和再次面谈。初次面谈的主要任务是：了解基本需求，确定服务形式，介绍就业和推荐用人，或推荐相关服务项目；再次面谈的主要任务是：深入了解并研究服务需求，调整服务形式，再次介绍就业和推荐用人，或推荐相关服务项目。求职面谈的主要内容包括：了解求职人员求职意愿和其他相关情况、确定求职人员的服务需求、明确职业介绍机构应承担的义务和求职人员应开展的活动、向求职人员提出迅速和有效实现就业的建议以及在求职人员不能直接通过配置实现就业时，推荐相关服务等。用人面谈的基本任务是：了解用人单位的用人要求及相关情况；明确职业介绍机构应承担的义务；向用人单位提出招聘用人建议，并推荐合适的求职人员等。

4）就业和转业训练

为劳动者提供职业技术和就业能力的多层次、多形式的就业训练和转业训练服务。要求办好就业训练中心和各种职业训练班，扩大就业机会。

5）生产自救

是指国家公共就业服务机构将暂时尚未找到适合工作岗位的失业职工安排在生产自救基地，或组织他们创建生产自救基地，或组织起来开展有偿劳务活动。这不仅可以解决失业职工的生活问题，还可以保持劳动者的现有素质，同时对于维护一个地区安定团结的局面将会起到很大的作用。这里的"生产基地"就是"劳动就业服务企业"。劳动就业服务企业是承担安置城镇失业人员任务，由国家和社会扶持，进行生产经营自救的集体所有制经济组织。国家规定，劳动就业服务企业开办时，从业人员中百分之六十以上（含百分之六十）为城镇待业人员。国家对劳动就业服务企业给予下列税收优惠：征税年限期新开办的劳动就业服务企业免征所得税二至三年；享受政策免税期满后继续承担安置城镇待业人员任务并达到一定比例的，享受相应的减免税优惠；优惠税率政策适当调低劳动就业服务企业所得税的税率。国家在开办条件、物资供应、固定资产和流动资金贷款等方面对劳动就业服务企业给予支持和照顾。组织失业职工开展生产自救和开辟新的生产生活服务门路的方法主要有以下几种。

① 建立失业职工劳务基地。

② 组织劳务大队进行生产自救。

③ 组织起来从事集体经济。

④ 帮助失业职工从事个体劳动。

国家规定失业保险基金在保证其他项目开支的前提下，可提取一定比例用于扶持失业职工进行生产自救，开辟就业门路。用好生产自救扶持资金，是安置失业职工的物质保障。生产自救扶持资金在整个失业保险基金中所占比例以及使用安排，应按失业职工安置任务编制出年度计划报上一级主管部门批准，生产自救扶持资金专款专用，不得挪作他用，且在使用中应本着勤俭节约、艰苦奋斗的精神，提高经济效益，保证安置效果。

6）失业救济和以工代赈

政府开展大规模的救济工作，采取社会保障措施，对失业者、老人等给予一定的保险金，以使他们在失业或生活无助时能够渡过难关。以工代赈是指组织失业人员参加社会公共工程，并支付维持劳动者本人及其家庭最低生活保障的工资的一种形式。政府为此举办了许多公共工程，提供了大量的就业机会。

（二）劳动就业服务机构

1. 公共就业服务机构

1）公共就业服务机构的概念和职能

公共就业服务机构是指县级以上人民政府设立的，为劳动者提供免费就业服务的公立就业服务机构，旨在方便劳动者求职就业和用人单位招聘用人。最初是由原地方人事、劳动保障部门的就业和人才服务管理机构合并成立的。目前我国已基本形成覆盖城乡的公共就业服务体系，并基本建成统一规范的公共就业服务制度。县级以上公共就业服务机构的职能是：按《中华人民共和国就业促进法》的规定，实施就业政策和人才政策，对城乡所有劳动者提供公益性就业服务，对就业困难群体提供就业援助，对用人单位提供招聘服务，对就业与失业进行社会化管理，对用人单位和劳动者提供基本人力资源社会保障事务代理。

2）公共就业服务体系

《中华人民共和国就业促进法》规定，县级以上人民政府建立健全公共就业服务体系，设立公共就业服务机构。《就业服务与就业管理规定》指出，县级以上劳动保障行政部门统筹管理本行政区域内的就业服务和就业管理工作。自20世纪80年代起，各级政府劳动行政部门开始设立公共就业服务机构，免费开展职业介绍、职业指导等服务项目，还接受劳动保障部门委托，具体承办失业登记、就业登记、录用备案、档案管理等管理事务。2002年以来，按照中共中央、国务院的要求，公共就业服务机构向街道（乡镇）、社区延伸，建立了街道（乡镇）、社区劳动保障工作平台，承担公益性岗位开发，劳动力资源管理、就业政策落实和困难人员就业援助等工作。目前我国已经初步形成了省、市、区（县）就业服务机构和街道（乡镇）、社区基层劳动保障工作平台共同组成的公共就业服务体系。

2. 职业中介机构

1）职业中介机构的概念和分类

职业中介机构是指依法设立的从事职业介绍的专门机构。按其性质分为非营利性职业介绍机构和营利性职业介绍机构。其中，非营利性职业介绍机构包括公共职业介绍机构和其他非营利性职业介绍机构。公共职业介绍机构，是指各级劳动保障行政部门举办、承担公共就业服务职能的公益性服务机构，公共职业介绍机构使用全国统一标识。其他非营利性职业介绍机构，是指由劳动保障行政部门以外的其他政府部门、企事业单位、社会团体和其他社会力量举办，从事非营利性职业介绍活动的服务机构。营利性职业介绍机构，是指由法人、其他组织和公民个人举办，从事营利性职业介绍活动的服务机构。政府部门不得举办或者与他人联合举办经营性的职业中介机构。

2）职业介绍机构的资格和业务范围

（1）职业介绍机构的资格

① 设立条件：有明确的业务范围、机构章程和管理制度；有开展业务必备的固定场所、办公设施和一定数量的开办资金；有一定数量具备相应职业资格的专职工作人员；法律、法规规定的其他条件。

② 职业许可：职业介绍实行行政许可制度，须经劳动保障行政部门批准。各类职业介绍机构的审批权限和程序以及具体开办条件，由省级劳动保障行政部门统一规定。劳动保障

行政部门对经批准开办的职业介绍机构实行年度审验。开办非营利性职业介绍机构，须持劳动保障行政部门的批准文件，根据有关规定到相应的登记管理机关进行登记。开办非营利性职业介绍机构的，应当在机构章程和管理制度中体现其非营利宗旨。开办营利性职业介绍机构，须持劳动保障行政部门的批准文件，到工商行政管理机关办理企业登记注册。职业介绍机构设立分支机构以及变更或者终止的，应到原审批部门和登记机关核准办理有关手续。

（2）职业介绍机构的业务范围和禁止从事的行为

其一，许可范围：为求职者介绍用人单位；为用人单位和居民家庭推荐求职者；开展职业指导、咨询服务；收集和发布职业供求信息；根据国家有关规定，从事互联网职业信息服务；经劳动保障行政部门批准，组织职业招聘洽谈会；具备相应资格的，从事劳动力跨省流动就业中介服务；经劳动保障行政部门核准的其他服务项目。

其二，禁止从事的行为如下。

① 提供虚假就业信息。就业信息主要指岗位需求信息，包括用人单位基本情况、招用人数、职业工种、岗位要求、录用条件、劳动报酬、福利待遇、劳动保护等内容。由于就业信息与实际情况不一致，导致求职者求职失败，自身权益受到侵害，即为提供虚假就业信息。

② 为无合法证照的用人单位提供职业中介服务。用人单位委托职业介绍机构招用人员时，应当出示单位介绍信、营业执照（副本）或其他法人登记文件、招用人员简章和经办人身份证件。职业中介机构为无合法证照的用人单位提供服务，应承担法律责任。

③ 伪造、涂改、转让职业中介许可证。职业中介许可证属于国家机关颁发的重要证件，应当妥善保管，依法使用，不得伪造、涂改、转让。伪造、涂改、转让职业中介许可证，情节严重、涉嫌犯罪的，还须追究刑事责任。

④ 扣押劳动者的居民身份证和其他证件，或者向劳动者收取押金。其他证件包括工作证、学生证、军人证等证明劳动者身份的证件。

⑤ 其他违反法律、法规规定的行为。如违反法律规定，超出核准的业务范围经营；提供虚假信息；超标准收费；介绍求职者从事法律、法规禁止从事的职业；在职业中介过程中实施就业歧视，以及拐卖妇女儿童等利用职业中介活动侵害劳动者权益的行为；以职业介绍为名牟取不正当利益或进行其他违法活动。《中华人民共和国就业促进法》第 65 条规定，违反本法规定，职业中介机构提供虚假就业信息，为无合法证照的用人单位提供职业中介服务，伪造、涂改、转让职业中介许可证的，由劳动行政部门或者其他主管部门责令改正；有违法所得的，没收违法所得，并处 10 000 元以上 50 000 元以下的罚款；情节严重的，吊销职业中介许可证。《中华人民共和国就业促进法》第 66 条规定，违反本法规定，职业中介机构扣押劳动者居民身份证等证件的，由劳动行政部门责令限期退还劳动者，并依照有关法律规定给予处罚。违反本法规定，职业中介机构向劳动者收取押金的，由劳动行政部门责令限期退还劳动者，并以每人 500 元以上 2 000 元以下的标准处以罚款。

3）职业机构的境外服务

（1）职业机构的境外服务的资格

① 设立条件：符合企业法人设立的条件；具有法律、外语、财会专业资格的专职工作人员，有健全的工作制度和工人人员守则；备用金不低于 50 万元；法律、行政法规规定的其他条件。境外机构、个人及外国驻华机构不得在中国境内从事境外就业中介活动。

② 职业许可：境外就业中介实行行政许可制度。未经批准及登记注册，任何单位和个人不得从事境外就业中介活动。劳动保障部门负责境外就业活动的管理和监督检查。公安机关负责境外就业中介活动出入境秩序的管理。工商行政管理部门负责境外就业中介机构登记注册和境外就业中介活动市场经济秩序的监督管理。

（2）职业机构的境外服务的业务范围和禁止从事的行为

① 业务范围：为中国公民提供境外就业信息、咨询；接受境外雇主的委托，为其推荐所需招聘人员；为境外就业人员进行出境前培训，并协助其办理有关职业资格证书公证等手续；协助境外就业人员办理出境所需要的护照、签证、公证材料、体检、防疫注射等手续和证件；为境外就业人员代办社会保险；协助境外就业人员通过调解、仲裁、诉讼等程序维护其合法权益。

② 禁止从事的行为：境外就业中介机构不得以承包、转包等方式交由其他未经批准的中介机构或者个人开展境外就业中介活动；不得组织非法出入境，不得组织中国公民到境外从事中国法律所禁止的违法犯罪活动。发布有关境外就业中介服务广告，发布前必须经中介机构所在地省、自治区、直辖市工商行政管理局批准。无批准文件的，不得发布。

三、就业培训

（一）职业培训

1. 职业培训的概念和特点

也称职业训练或职业技能开发，是指根据现代社会职业需求以及从业意愿和条件，对要求就业和在职的劳动者所进行的旨在培养和提高其专业技术知识和职业技能的教育和训练活动。它是整个国民教育的一个有机组成部分，自身的特点如下。

其一，是一种以要求就业和在职的劳动者为特定对象的劳动资源开发活动。

其二，是一种以直接满足社会、经济发展的某种特定需要为目的的定向性培训。简言之，其目的是获得职业技能。

其三，它通常是按照国家职业分类和职业技能标准进行的规范化培训。简言之，其内容是技术业务知识和实际操作能力。

其四，培训的方式具有灵活性和多样性。在培训形式上可采取联合办学、委托培训、定向培训等方式；在培训期限上采取长短结合的方式，可脱产也可半脱产；在培养对象上依据岗位的实际需要灵活确定；在教学形式上不受某种固定模式的限制，根据职业标准的要求采取多种形式的教学手段。

2. 职业培训的立法和意义

1）职业培训的立法

（1）国民经济恢复时期的立法

这是我国职业培训的开始阶段，主要以举办转业培训班和师傅带徒弟为主要的培训形式。当时的职业培训立法多散见于劳动就业的法律法规中。

（2）有计划的经济建设时期的立法

这一时期，我国初步奠定了职业培训的基础。国家颁发了职业培训的一系列法规和文件，如《技工学校通则》。

（3）十一届三中全会以来的立法

党的十一届三中全会以来，我国进行经济体制的改革，社会主义建设的各项事业都走上正轨，职业培训得到长足的发展。为了适应经济和社会发展的客观需要，国家先后制定了大量的职业培训法规。

《中华人民共和国劳动法》第8章"职业培训"有专章规定，其第68条指出：用人单位应当建立职业培训制度，按照国家规定提取和使用职业培训经费，根据本单位实际，有计划地对劳动者进行职业培训。《中华人民共和国职业教育法》规定了我国职业教育体系、职业教育的实施、职业教育的保障条件等。该法第20条规定，企业应当根据本单位的实际，有计划地对本单位的职工和准备录用的人员实施职业教育。企业可以单独举办或者联合举办职业学校、职业培训机构，也可以委托学校、职业培训机构对本单位的职工和准备录用的人员实施职业教育。从事技术工种的职工，上岗前必须经过培训；从事特种作业的职工必须经过培训，并取得特种作业资格。第28条规定，企业应当承担对本单位的职工和准备录用的人员进行职业教育的费用，具体办法由国务院有关部门会同国务院财政部门或者由省、自治区、直辖市人民政府依法规定。第29条规定，企业未按本法第二十条的规定实施职业教育的，县级以上地方人民政府应当责令改正；拒不改正的，可以收取企业应当承担的职业教育经费，用于本地区的职业教育。

《中华人民共和国就业促进法》第五章专门对职业教育和培训作了规定。

2）职业培训的意义

① 职业培训是提高劳动者素质的需要，有助于劳动者就业和再就业，实现公民的劳动权。员工培训的直接目的是发展员工的职业能力，使其更好地胜任未来的工作任务或现在的日常工作。对于求职者来说，无论是新生劳动力初次就业，还是下岗失业人员再次就业，都可通过获得工作技能，提高就业能力，尽快找到工作，缩短失业期。对于在职职工来说，可以通过获得更高技术等级或一专多能，提高适应岗位变化能力，激发创新能力，增强就业稳定性，还可以满足员工实现自我价值的需要；对于那些具有潜在创业素质的人员来说，可以提高创业能力，提高自主创业的成功率，形成以培训促进创业，以创业带动就业的良性机制。

② 职业培训是现代化生产和竞争的客观需要。现代化生产不再主要依靠自然资源、廉价的劳动力、精良的机器和雄厚的财力，而主要依靠知识密集型的人力资本，企业才能获得持续的竞争优势。员工培训是创造智力资本的途径，职业培训不仅有利于改进员工的工作表现，降低成本，增加员工的安全操作知识，提高员工的劳动技能水平，增加员工的责任感，规范生产安全规程，增强安全管理意识，提高管理者的管理水平，从而改善企业的工作质量，包括生产过程质量、产品质量与客户服务质量，而且职业培训能有效提高企业新产品研究开发的能力以获得关键的竞争优势，这已经是不争的事实。伴随着知识经济迅猛发展，企业人力资本在企业发展过程中的作用日益突出，教育和培训作为开发人力资本的基本手段，已突破其原来的纯教育意义，日益成为现代企业构筑核心竞争能力的基本途径，受到越来越广泛的重视。

③ 职业培训是发展市场经济的迫切需要。我国是世界上劳动力资源最丰富的国家，但从整体上看，目前我国劳动力素质还比较低，与就业需求不相适应的矛盾十分突出。从目前我国企业职工队伍总体素质状况看，技术工人短缺问题已经相当突出。我国技工紧缺现象逐步从东部沿海扩散至中西部地区，从季节性演变为经常性。解决好这一问题，以适应我国快速发

展的市场经济的客观需要，就必须大力加强职业培训。

3. 职业培训的分类和形式

1）职业培训的分类

职业培训根据不同的划分标准，有着不同的分类。根据职业培训的阶段和主要功能的不同，可分为就业前培训、在职培训和转业培训；根据职业培训的种类不同，可分为初中高级职业培训、劳动预备制度培训、再就业培训和企业职工培训；根据职业技能标准和培训层次的不同，可分为初级、中级、高级职业培训和其他适应性培训；根据受培训的对象是否就业为标志，可分为就业前职业培训和就业后职业培训。

2）职业培训的形式

（1）就业前职业培训

是指对尚未从事社会劳动而有从业意愿的劳动者，进行职业能力的开发和职业技能的教育。受培训的对象主要包括两大部分：一是从未就业的劳动者；二是曾经就业现在失业的劳动者。

就业前培训的主要形式如下。

① 学徒培训。学徒培训是由用人单位招收学徒工，在师傅直接指导下，通过实际操作，让其掌握一定技能的培训形式。学徒培训的对象是具备初中以上文化，身体健康，年龄为16 至 22 周岁的青年。

学徒培训关系的法律特征：它不是劳动关系，只有学徒学艺期满，符合用人单位的录用条件，双方才能确立劳动关系；建立学徒培训关系的目的，旨在建立正式的劳动关系，受训者是否达到预期的培训要求，是决定能否建立劳动关系的主要根据。

② 就业训练。就业训练是指就业培训中心和其他就业训练实体对求职人员再就业和上岗前所进行的、以培训具有初级职业技能水平的劳动者为主的培训形式。就业训练的对象包括初次求职、失业、在职、转业等一般人员，妇女、残疾人、少数民族、军人等特殊群体和其他劳动者。就业训练中心是指在各级劳动行政部门领导下由劳动就业服务机构管理指导的就业训练实体，是培训失业人员的主要基地，培训对象主要是失业青年和失业职工。就业训练中心就业前训练和转业训练多以实用技术和适应性培训为主，学制灵活，少则 1～3 个月，多则 6～12 个月。

③ 学校培训。

● 技工学校：培养中级技术工人的职业学校，是我国职业教育事业的重要组成部分。技工学校是培养技术技能型人才的主要基地。招生对象主要是初中毕业生，学制 3 年。技工学校实行教学实习与科研生产相结合。经过几十年的改革发展，技工学校已形成初、中、高级培训并存，学历教育与职业资格证书教育相结合，多层次、多功能、多元化的职业培训体系，遍及机械、电子、航空、电力、石油、冶金、铁路等近 30 个部门和系统。

● 职业（技术）学校：主要任务是培养社会急需的初级技术人员。

● 成人高等学校：以在职人员为主要培养对象的教育学校、管理干部学院、职工大学以及独立设置的各类业余大学。

● 民办学校培训：民办学校是指国家机构以外的社会组织或者个人，利用非国家财政性收费，面向社会举办的学校及其他教育机构。民办学校可以实施以职业技能培训为主的职业资格培训、技术等级培训、劳动就业职业技能培训。民办学校对征收的学生，根据其类别、修业年限、学业成绩，可以根据国家有关规定发给学历证书、结业证书或培训合格证书。对接受职业技能培训的学生，经鉴定合格的发给国家职业资格证书。

④ 劳动预备制度。劳动预备制度是国家为提高青年劳动者素质，培养劳动后备军而建立和推行的一项新型培训制度。劳动预备制度培训，是国家为提高青年劳动者素质，培养劳动后备军而建立和推行的一项新型培训制度。

● 培训对象：城镇不能继续升学并准备就业的初、高中毕业生。
● 培训内容：组织新生劳动力和其他求职人员在就业前接受1～3年的职业培训和职业教育，使其取得相应的职业资格或掌握一定的职业技能后，在国家政策的指导和帮助下通过劳动力市场实现就业。

（2）就业后职业培训

职工培训又称职工教育或在职培训，是指为了使职工在原有的知识、技能的基础上得到提高和更新，按照工作需要对职工进行思想政治、职业道德、管理知识、业务技术、操作技能等方面的教育和训练活动。职工培训的形式主要有：

① 在岗业余培训。一般采用岗位培训、各种短期培训班、系列讲座、各类培训中心以及电大、夜大、函大和高等教育自学考试等形式。

② 离岗专门培训（即脱产学习）。通常有各类职业中学和职工大学，或委托大专院校、科研机构进行代培等形式。

（3）转业培训

是指对再次就业的人员获得新的就业能力进行的培训，主要由职业培训机构和各类职业学校实施。转业培训的对象一般具有一定的文化水平、工作经历和实践经验。如从事新的职业与原职业差别很大，就需要重新学习，以掌握新职业必备的技术业务知识和工作技能。转业培训一般是因技术更新、工作组织形式变更、企业破产等原因造成裁员后，对失业人员在失业期间进行有目的、有计划、有组织的职业培训。转业培训的目的，是使失业人员尽快地适应社会生产对劳动者素质提出的新要求，帮助失业人员在较短时间内，提高个人劳动素质，尽快实现再就业。

（4）创业培训

是对具有创办小微企业意向的人员和小微企业经营管理者进行企业创办能力、市场经营素质等方面的培训，并对他们在企业开办、经营过程中给予一定的政策指导，其目的是通过提高企业创办者创业的心理、管理、经营等素质，增强参与市场竞争和驾驭市场的应变能力，使小企业创办者在成功地创办企业，解决自身就业问题的同时，创造和增加社会就业岗位，帮助更多的人实现就业或再就业。创业培训的对象可以是下岗失业人员，也可以是院校毕业生，农村准备向非农产业转移的人员或返乡创业人员。只要有创业愿望和一定的创业能力，都可以申请参加开办企业的培训。有条件的地方，也可以对已经是企业主，但需要提高经营能力的人员进行提高培训。

（5）农民工培训

政府为推动农民工就业，促进农村劳动力向非农产业和城镇转移，满足社会经济发展对劳动力技能的要求，维护社会稳定，并体现以人为本的和谐社会理念而采取的对弱势群体的教育援助活动。目前情况下，农民工培训主要还是为了提升农民工的技能，让农民工获得一份稳定的工作，培训内容主要是以技能为主的岗位培训，另外还有一些生产安全、权益保护、法律、城市生活常识等内容。当前我国农民工中接受过职业技能培训的仅占 30%，缺乏技能成为影响他们融入城市、成为新型产业工人的重要障碍。

（二）职业技能鉴定

1. 职业技能鉴定概述

1）职业技能鉴定的概念和特征

职业技能鉴定是指按《中华人民共和国劳动法》第 69 条的规定，由政府批准的法定机构（即职业技能鉴定机构），根据国家制定或认可的职业技能标准，对申请鉴定人进行考核鉴定，以确定申请人是否符合某种法定的职业技能标准，并授予其职业资格证书的专项制度。职业技能鉴定机构是经劳动行政部门审批，具体从事职业技能鉴定工作的事业性机构。包括职业技能鉴定指导中心和职业技能鉴定站（所），都属事业单位，实行中心主任或站（所）长负责制。职业技能鉴定站（所），是具体实施职业技能的鉴定机构，其设立的条件为：具有与所鉴定工种（专业）及其等级或类别相适应的考核场地和设备；具有与所鉴定工种（专业）及其等级或类别操作技能相适应的、符合国家标准的检测仪器；有专（兼）职的组织管理人员和考评员；有完善的管理办法。职业技能鉴定的特征如下。

（1）鉴定主体是政府批准的专门机构

职业技能鉴定以第三方认证原则为基础。第三方认证是指在组织、职能和利益上，由独立于用人单位和劳动者，能代表劳动力供需双方或社会共同利益的第三方，即由政府批准的独立鉴定机构，对劳动者的职业技能作出认证，政府行政部门负责管理、指导和监督。

（2）以国家规定的职业技能标准为鉴定依据

职业技能鉴定以职业活动为导向，以实际工作岗位需要为依据。《中华人民共和国劳动法》规定，国家确定职业分类，对规定的职业制定职业技能标准，实行职业资格证书制度。在普通知识教育活动中，主要是以知识体系或学科的发展为导向。

（3）鉴定客体是劳动者所具有的业务水平和操作能力

职业技能鉴定以实际操作为依据。学科导向的教育注定了要在考场上以考分来比高低，常会出现学生高分低能的现象。而职业技能鉴定注重其实际业务水平和实际操作能力，才能反映出考生是否真正适合工作岗位需要。职业技能鉴定强调工作现场的实际表现。

（4）是确认劳动者职业资格的法定形式

职业技能鉴定是按照法律规定进行的，故它是确认劳动者职业资格的法定形式，其鉴定结果具有法律效力。

2）职业技能鉴定的对象和体系

职业技能鉴定的对象是国家法律规定可以列为职业技能鉴定的劳动者。依据现行法律规定，对下列劳动者可以进行职业技能鉴定：

① 各类职业技术学校和培训机构毕（结）业生；

② 企事业单位学徒期满的学徒工；

③ 自愿申请职业技能鉴定的企事业单位的职工以及社会各类人员。

我国职业鉴定体系，按鉴定对象不同，设置为：

① 工人职业技能鉴定。又分为：初级工、中级工、高级工、技师、高级技师职业技能鉴定。

② 职员职业技能鉴定。又分为：初级、中级、高级职员职业技能鉴定。

3）职业技能鉴定的管理体制和立法

职业技能鉴定实行政府指导下的社会化管理体制。国务院劳动行政部门综合管理全国职业技能鉴定工作，制定规划、政策和标准，审查和批准有关行业的职业技能鉴定机构；各省、自治区和直辖市劳动行政部门综合管理本地区职业技能鉴定工作，审查批准各类职业技能鉴定指导中心和站（所）制定的以下有关规定和办法：参加技能鉴定人员的申报条件和鉴定程序，专业技术知识、操作技能考核办法，考务、考评人员工作守则和考评小组成员组成原则及其管理办法，职业技能鉴定站（所）考场规则，《技术等级证书》的印鉴和核发办法；职业技能鉴定指导中心负责组织、协调、指导职业技能鉴定工作；职业技能鉴定站（所）具体实施对劳动者职业技能的鉴定。《中华人民共和国劳动法》《中华人民共和国职业教育法》等法律、法规中均有相关规定。

2. 职业技能鉴定的标准

1）职业分类和职业技能标准

（1）职业分类

是指对社会职业进行的系统划分与归类。它是指依据一定的标准，以工作性质的同一性为基本原则，将社会职业划分为不同的等级和种类，每一等级都有相应的特定技能要求。职业分类通过职业代码、职业名称、职业定义、职业所包括的主要工作内容等，描述出每一个职业类别的内涵与外延。它是对职工进行考核和智力开发的重要依据，是制定技能标准，进行考核、鉴定的基础和前提。考核就是要考查职工能否胜任他所承担的职业工作，考查他是否完成了他应完成的工作任务。这就需要制定出考查标准，对各个职业岗位工作任务的质量、数量提出要求，而这些都是在职业分类的基础上才能加以规定的。职业分类中规定的各个职业岗位的责任和工作人员的从业条件，不仅是考核的基础，也是进行培训的重要依据。职业分类是对社会职业进行的系统划分与归类，从而为劳动力社会化管理、就业和培训、国民经济信息统计和人口普查提供依据。《中华人民共和国职业分类大典》对职业的分类进行了详细的规定。

（2）职业技能鉴定的标准

是指在职业分类的基础上通过科学划分工种，并对工种进行分析和评价，根据其对知识和技能水平的要求进行概括和描述，从而形成的职业技能准则。这些准则是劳动者从事或将来从事特定职业所应具备的知识和技能水平的预期目标，是从业资格的主要依据。职业技能标准分为：国家标准、行业（地区）标准、企业标准三级。

职业技能标准的内容：以工人技术等级标准为例，分为知识要求、技能要求和工作实例三大类。并根据技能水平的高低和工作特点的不同，分别设立初、中、高三级制，初、中或中、高二级制等。

2）职业技能鉴定的标准和程序

（1）职业技能鉴定的标准

职业技能鉴定标准是指职业技能鉴定机构对从业者掌握某种职业技能开展鉴定考核的标准。

（2）开展职业技能鉴定的程序

① 制订鉴定计划

统一鉴定工作计划通常由省职业技能鉴定中心拟定，经省劳动行政部门审查批准后，向市地、省属鉴定机构下达；对于非定期鉴定，鉴定所（站）有关单位应于20天前将鉴定计划报相应的职业技能鉴定中心。

② 发布鉴定公告

省鉴定中心根据鉴定工作计划提前 3 个月发布经省劳动行政部门批准的鉴定公告；市县鉴定机构及各级鉴定所（站）均应根据鉴定计划的有关内容，结合省鉴定公告及本单位的实际，发布具体职业技能鉴定公告。

③ 组织人员报名

职业技能鉴定的申报一般以自愿为原则。各企业事业单位职工及社会各类人员，可根据企业、事业单位实际需要或个人愿望决定是否参加。参加职业技能鉴定的单位和人员，按规定向当地具有相应职业（工种）鉴定资格的职业技能鉴定所（站）提出申请，并填写相应的表格。职业技能鉴定表由考生、考生单位或培训机构填写再报给鉴定所（站）。此表是考生资格审查和确认的原始依据，也是个人考核结果和记录档案的依据。鉴定合格后存入考生档案。

④ 实行资格审查

职业技能鉴定所（站）和学（院）校、培训机构接受申报时，应对鉴定对象进行资格初审，审查有关证件和证明的合法性和有效性，审查后连同考生有关证件的复印件，一并报相应的职业技能鉴定中心。省、市、县鉴定中心根据上报的材料对考生进行资格复审，复审合格后才有资格参加职业技能鉴定。

⑤ 签发准考证

在职业技能鉴定中心复审后，职业技能鉴定所（站）对复审合格者签发职业技能鉴定准考证。准考证是考生参加鉴定的必备证件。在考场中，准考证配以身份证共同使用，用以确定考生身份。

3）职业资格证书

（1）职业资格的概念和分类

职业资格是指对劳动者从事某一职业所需要的学识、技术和能力的基本要求。包括以下 2 种。

① 从业资格，即劳动者从事某一专业（工种）的学识、技术和能力的起点标准。

② 执业资格，即从业者依法独立开业或从事某一特定专业（工种）的学识、技术和能力的必备标准。政府对某些责任较大，社会通用性强，关系到公共利益的专业（工种）实行准入控制。

职业资格分别由国务院劳动、人事行政部门通过学历认定、资格考试、专家评定、职业技能鉴定等方式进行评价，对合格者授予国家职业资格证书。

从业资格通过学历认定或考试取得。执业资格通过考试方法取得。

（2）职业资格证书的概念与分类

职业资格证书，是由有关部门通过学历认定、资格考试、专家评定、职业技能鉴定等方式作出评价的具有法律效力的证明文件。是通过政府认定的考核鉴定机构，按照国家规定的职业技能标准或任职资格条件，对劳动者的技能水平或职业资格进行客观公正、科学规范的评价和鉴定的结果，是劳动者具备某种职业所需要的专门知识和技能的证明，是国家对专业（工种）知识、能力的认可，是求职、任职、独立开业和单位录用的主要依据。如对技术考核合格的劳动者，由劳动行政部门按规定核发相应的技术等级证书、技师合格证书或高级技师合格证书。

（3）职业资格证书的效力

职业资格证书具有客观证明效力，即表明劳动者具有从事某一职业所必备的学识和技能（技术等级）。它与学历文凭证书不同，与某一职业能力的具体要求密切结合，反映特定职业的实际工作标准和规范，以及劳动者从事这种职业所达到的实际能力水平。职业资格证书是国家对申请人专业（工种）学识、技术、能力的认可，具有法律效力，是劳动者求职、任职、独立开业的资格凭证，是用人单位招聘、录用劳动者的主要依据，也是境外就业、对外劳务合作人员办理技能水平公证的有效证件。但是资格证书本身并不涉及证书的使用和待遇的效力，即不具有权利凭证的性质。

（4）职业资格证书制度

职业资格证书制度是劳动就业制度的一项重要内容，也是一种特殊形式的国家考试制度。它是按国家指定的职业技能标准或任职资格条件，通过政府认定的考核鉴定机构，对劳动者的技能水平或职业资格进行客观公正、科学规范的评价和鉴定，对合格者授予相应的国家职业资格证书。此制度是实施"科教兴国"战略的一项举措，也是我国人力资源开发的重要手段。

四、就业援助

（一）就业援助制度概述

依照《中华人民共和国就业促进法》的规定，要对就业困难人员进行援助。

1. 就业援助制度

是指政府为就业困难人员所提供的特殊就业服务和帮助。它通过党和政府各项促进就业扶持政策的贯彻落实以及就业服务机构为主的有关部门的具体帮助，使就业困难人员实现再就业，以此达到增加家庭劳动收入，摆脱贫困的目的。就业困难人员范围：包括在法定劳动年龄内有劳动能力和就业愿望的下列登记失业人员。

① 因身体状况导致就业困难的人员。通常是指年龄偏大、患有疾病或者身体残疾的就业困难人员。

② 因技能水平导致就业困难的人员。通常是指文化素质偏低、职业技能缺乏、陈旧或不能适应岗位需要等市场经济能力较差的就业困难人员。

③ 因家庭因素导致就业困难的人员。通常是指城镇零就业家庭、农村零转移家庭贫困户，夫妻双下岗、双失业的家庭，特困职工家庭，城镇享受最低生活保障待遇的家庭所涉及的就业困难人员，以及由其他成员引起家庭负担过重，致使本人就业困难的人员。

④ 因失去土地导致就业困难的人员。通常是指因土地被全部或者部分征收，生活无着落、就业困难的被征地人员。

⑤ 连续失业一定时间仍未能实现就业的人员。按照我国目前的政策，连续失业一定时间通常是指登记失业一年以上的失业人员。

⑥ 困难高校毕业生（享受最低生活保障家庭、特困职工家庭、城镇零就业家庭、农村零转移家庭四类困难家庭中的高校毕业生）。如国家人才网联合全国部分省、市政府人力资源和社会保障部所属人力资源服务机构在"大中城市网络招聘大会"期间，在网上为"就业困难人员"和"离校未就业的家庭困难高校毕业生"搭建"就业援助系统平台"，提供免

费就业援助服务。凡符合条件者都可以通过网络系统报名申请。

就业困难人员的具体范围由省、自治区、直辖市人民政府根据本行政区域实际情况规定。

2. 就业援助的措施

① 政府投资开发的公益性岗位：政府作为出资主体，扶持或者通过社会筹集资金开发的，以安排就业困难人员为主，符合社会公共利益需要的服务性岗位和协助管理岗位。政府投资开发的公益性岗位，应当优先安排符合岗位要求的就业困难人员。对于开发公益性岗位安置就业困难人员的公益性就业机构，政府给予岗位补贴和社会保险补贴等优惠政策。

② 鼓励企业招用就业困难人员：解决就业问题不能单靠政府，更重要的是运用财政杠杆，鼓励企业积极招用就业困难人员。为了鼓励企业招用就业困难人员，我国也采取了一些鼓励政策，以降低企业用工成本，引导企业承担社会责任。鼓励政策主要包括三个方面：税收优惠、社会保险补贴、提供小额担保贷款。

③ 鼓励就业困难人员自谋职业或自主创业：对于具有一定特长的就业困难人员，可以鼓励其自谋职业或自主创业，这样不仅可以解决其自身的就业问题，有时还可以创造出更多就业岗位。鼓励政策主要包括三方面：税费减免政策、贷款贴息政策、社会保险补贴政策。从以上措施看，国家主要通过法律的优待提供实质性帮助，而且它在更大程度上是通过财政、税收等政策扶持的方式进行援助的，既促进就业困难人员再就业，又减轻企业负担，降低企业人工成本，增强企业活力，促进经济发展，则显然也与计划经济时期单纯的安置就业不同。另外，与下岗职工基本生活保障、失业保险和最低生活保障制度不同，就业援助是一项从根本上解决就业困难人员家庭困难的措施。

此外，根据《中华人民共和国劳动法》的规定，对于残疾人、少数民族、退出现役的军人就业有特别规定的，要从其规定。表明给予特殊的政策和法律支持。

3. 就业援助服务

是依托街道、社区等公共就业服务机构，以就业困难人员作为主要服务对象，开设专门窗口，实施政策咨询、求职登记、职业指导、岗位推荐、技能培训、事务代理等就业援助措施，使他们在生活保障、就业和社会保险等方面得到及时有效的帮助。就业援助服务包括提高就业能力的服务和畅通就业渠道的服务。《中华人民共和国就业促进法》要求地方各级人民政府加强基层就业援助服务工作，对就业困难人员实施重点帮助，提供有针对性的就业服务和公益性岗位援助。在具体内容上，包括以下几个方面：

① 求职登记和职业指导；
② 岗位援助；
③ 职业技能培训；
④ 跟踪服务。

（二）残疾人就业保障

为了保障残疾人就业，我国制定了相应的法律、法规。《中华人民共和国残疾人保障法》对残疾人就业问题设专章作了规定，在《中华人民共和国劳动法》中也明确规定对残疾人就业实行特殊保护。

1. 就业方针

国家对残疾人的就业，采取集中与分散相结合的方针，即通过开办各种形式的残疾人福利企业，集体安排残疾人就业。

2. 优惠政策

① 国家对残疾人就业采取优惠的就业政策，对残疾人福利性企业、事业组织和城乡残疾人个体劳动者，实行税收减免政策，并在生产、经营、技术、资金、物资、场地等方面给予扶持。

② 地方人民政府和有关部门应当确定适合残疾人生产的产品，优先安排残疾人福利企业生产，并逐步确定某些产品由残疾人福利企业专产。

③ 对于申请从事个体工商业的残疾人，有关部门应当优先照顾。

④ 组织农村适合劳动的残疾人参加生产，帮助他们解决温饱、摆脱贫困。

⑤ 各地在规划和发展小城镇时，乡镇企业和村办企业也应按比例安排残疾人就业。

⑥ 国家和社会对伤残军人、因公致残人员以及其他为维护国家和人民利益致残的人员实行特别保障，给予优待和抚恤。

⑦ 切实做好下岗残疾职工基本生活保障和再就业工作，要尽量避免全国及省（部）级劳动模范、残疾人下岗。

⑧ 大力开展职业培训，提高残疾人职业技能。

（三）少数民族人员就业保障

对少数民族人员就业实行特殊保障的政策，是我国民族政策的重要组成部分，是国家促进少数民族地区经济和社会发展的重要手段。关于少数民族人员就业保障的法律规定，除劳动立法外，主要见诸民族事务立法。

如《中华人民共和国民族区域自治法》等。其内容主要有下述两个方面：

其一，优先招用少数民族人员；

其二，培养少数民族人才。

《中华人民共和国就业促进法》第 21 条规定："国家支持区域经济发展，鼓励区域协作，统筹协调不同地区就业的均衡增长。国家支持民族地区发展经济，扩大就业。"

此外，国家一直实行帮助各民族自治地方加速发展经济文化建设事业的政策，这也是为少数民族人员就业创造条件，从而保障少数民族人员就业的根本性措施。

政府促进少数民族人员就业的重要措施如下。

① 加强立法，对少数民族地区劳动者就业提供法律保障。《中华人民共和国宪法》明确规定了各民族一律平等，国家保障少数民族权益，禁止歧视少数民族。据此，《中华人民共和国民族区域自治法》《中华人民共和国劳动法》和《中华人民共和国就业促进法》作出相应规定，要求各地方重视少数民族人才培养、不得歧视少数民族从业人员，而且采取特殊的倾斜的保障措施，优先招用少数民族人员等。各省市和自治区还就本地实际情况制定《中华人民共和国就业促进法》实施办法，解决本地区少数民族面临的实际就业问题。今后也还将不断加强立法，继续应对经济发展带来的新就业形势和出现的新问题，充分保障少数民族劳动者的劳动权益。

② 在政策和措施上重视少数民族人才培养，加强职业培训力度。国家不仅在立法上加

以保障，而且在制度措施上通过继续强化少数民族人才培训以推动和保证少数民族人才文化和知识能力素质的不断提高。例如，开展经济发达省、市同少数民族地区的对口支援和经济技术协作，把职业培训、技术支持和技术协作放在重要地位，如采取联合培训、"订单式"培训等方式进行交流合作，并建立长效机制，实施人才合作交流，加大对少数民族地区干部和技术人才的培养力度。

③ 贯彻落实《中华人民共和国民族区域自治法》，优先招用少数民族人员。民族自治地方的企业、事业单位依照国家规定招收人员时，优先招收少数民族人员，并且可以从农村和牧区少数民族人口中招收。上级国家机关隶属的在民族自治地方的企业、事业单位依国家规定招收人员时，优先招收当地少数民族人员。

④ 对促进就业工作提供财政支持，并采取税收优惠和小额贷款等资金扶持倾斜政策，改善民族地区就业、创业状况。首先，在立法上保障促进就业的财政预算。《中华人民共和国就业促进法》第15条规定，县级以上人民政府应当根据就业状况和就业工作目标，在财政预算中安排就业专项资金用于促进就业工作。其次，各地区相继出台了涉及保障和促进少数民族就业政策的条例，如规定了国家安排给贫困地区的小额贷款，应当优先照顾少数民族贫困户，在民族乡、民族村新办的企业享受国家和省定的税收优惠等政策措施。最后，根据不同民族地区企业下岗人员的实际情况，国家成立再就业服务中心，实行规范化集中管理，成为少数民族地区推动再就业工程的一支主要力量。

（四）退役军人就业保障

1. 退役义务兵的就业规定

退伍义务兵安置工作须贯彻"从哪里来、回哪里去"的原则和"妥善安置、各得其所"的方针。

① 退伍义务兵安置工作在地方各级人民政府领导下进行。

② 退伍义务兵回到原征集地30天内，持退伍证和部队介绍信到县、市、市辖区兵役机关办理预备役登记，然后向退伍军人安置机构报到，凭退伍军人安置机构介绍信办理落户手续。

③ 退伍义务兵原是农业户口的，由当地退伍军人安置机构按规定安置。

④ 原是城镇户口的退伍义务兵，服役前没有参加工作，由国家统一分配工作。

2. 退役志愿兵的就业规定

① 志愿兵具有下列原因之一的可退出现役：按志愿兵服役年限规定服役期满不需要继续留队的；国家建设需要调出军队的；军队编制缩减需退出现役的；因战、因公致残和因病不适宜继续服现役的。

② 退出现役的志愿兵，原则上转业回原籍，由县（市）人民政府安置工作，在本县（市）安置有困难的，可报请行政公署或省、市、自治区人民政府统筹安置。

③ 志愿兵因战、因公致残、积劳成疾，由部队医院出具诊断证明并经师以上卫生部门鉴定确认，基本丧失劳动能力或年满55周岁的，可予以退休，由本人原籍或直系亲属居住地的县（市）民政部门接收安置。

④ 凡因战、因公致残符合评残条件的，部队应按照规定残废等级，发给相应的抚恤证，享受有关文件规定的待遇和抚恤。

⑤ 志愿兵退出现役时对符合条件经组织批准已随军志愿兵家属的安置和住房，按军队转业干部的有关规定办理。无正式工作的配偶，由劳动人事部门负责安排。

3. 军队转业干部安置政策和措施

对军队转业干部实行计划分配与自主择业相结合的安置方式，具体政策如下。

① 担任师级职务或者担任营级以下职务且军龄不满 20 年的军队转业干部，由党委、政府采取计划分配的方式安置。

② 担任团级职务或者担任营级职务且军龄满 20 年的军队转业干部，可以选择计划分配或者自主择业的方式安置。

任务四　社会保险和职工福利制度

任务情景

早退回家出意外能认定为工伤吗？下班途中买菜出事算工伤吗？

苏某系某机械制造有限公司职工。2011 年 6 月 27 日，苏某提前约 10 分钟下班回家，行至一交叉路口时与面包车相撞，送至医院，诊断为左锁骨粉碎性骨折，后经交警部门事故责任认定：苏某不承担该事故责任。

2012 年 4 月 28 日，苏某提出工伤认定申请，河南省焦作市人力资源和社会保障局经调查作出工伤认定决定，确定苏某所受伤害为工伤。该机械制造有限公司不服，申请复议后提起行政诉讼，要求撤销工伤认定决定。你怎么认为？

冯某，男，某公司锅炉工。2013 年 5 月 28 日 23 时许，冯某在下班回家途中骑电动自行车由西向东行驶至某村路口东侧，被一辆同向行驶的小型轿车撞倒，发生交通事故受伤，公安部门确认冯某在此次交通事故中无责任。经医院诊断为：左小腿骨折、胸外伤肋骨骨折、左侧锁骨骨折。2014 年 1 月 28 日，冯某以在下班途中受到非本人主要责任交通事故为由向工伤认定行政部门申请给予认定工伤。工伤认定行政部门受理工伤认定申请材料后，于 2014 年 2 月 13 日向用人单位下达了《限期举证通知书》，要求该公司提出举证材料。该公司接通知后，于 2014 年 2 月 16 日提出异议。材料中述公司第二班交接时间为当日 23：40 分，工作交接后冯某可离岗下班。而冯某提交的交警部门出具《道路交通事故认定书》中记录冯某的交通事故发生时间为 "2013 年 5 月 28 日 23 时 00 分许"，故冯某的行为属于违反规定早退，不属于下班途中出现的交通事故，不应认定为工伤。你怎么认为？

争论焦点：

什么时间段属于上下班？下班后延长两个小时再离开，是否属于下班？早退是否属于下班？工作时间已经到了，但其在通往单位的路上，是否属于上班途中？提前两个小时去单位，是否属于上班途中？

拓展思考：

下班途中买菜出事算工伤吗？黄芳是启东一家医院急诊室的护士，2007 年 1 月 5 日，她下班后没有直接回家，而是骑自行车到另外一个地方买了一碗麻辣烫，回家时发生车祸身亡。医院认为，她没有按照以往路线回家而是去买东西，不属于 "下班途中" 发生车祸的范畴，所以不应当认定为工伤。启东市人民法院认为，她是到距住处数百米外的小店购买麻辣烫，系解决生活之需，符合常情，这一连续的过程可视为下班途中，应认定为工伤。

争论焦点：

什么地点属于上下班？下班途中接小孩买菜，是否属于下班途中？下班后到酒店就餐、赴约，是否属于下班途中？

◎ **课堂提问**

你认为职业病算不算工伤？

你参加单位组织的篮球比赛受伤了，治疗是用医保还是用工伤保险？

一、社会保险制度概述

1. 概念

是指政府通过立法强制实施，运用保险方式处置劳动者面临的特定社会风险，多渠道筹集资金，对已经建立劳动法律关系的劳动者，因暂时或永久丧失劳动能力或劳动机会时，为保障其基本生活需要，依法从国家和社会获得物质帮助的一项社会保障制度。

2. 社会保险的性质

社会保险是国家通过立法建立的一种社会保障制度，其目的在于当劳动者在生、老、病、死、伤残、失业时给予物质帮助。社会保险是社会保障的一个重要组成部分。社会保障的内容除了社会保险外还包括社会救济、社会福利、社会优抚等方面。

从经济学的角度看，社会保险是社会对劳动者在特殊情况下分配个人消费品的一种形式。这种分配是国家通过立法，采取强制手段，在国民收入中提取一种专门的消费基金，用于解决丧失劳动能力或失业后的劳动者的基本生活需要。属于国民收入的再分配（初次分配是指在生产单位内部进行的与生产要素直接相联系的分配；再分配是指国家的各级政府以社会管理者的身份主要通过财政收支参与国民收入的分配）。

3. 社会保险的特征

（1）国家强制性

即社会保险由国家立法强制实施；保险的项目、收费标准、待遇水平等内容由国家规定，而不能由投保人和保险人自主决定；凡法律规定范围内的用人单位和劳动者都须按照规定缴纳社会保险费，不能拒绝，对不履行法定义务的要追究相应的法律责任。

（2）基本保障性

劳动者一旦失去收入，社会保险就起到保障作用，保障的水平应能维持基本生活需要，以利于社会安定。

（3）非营利性

也称福利性，即社会保险不能以营利为目的，而是以保障社会成员的基本生活为目的。缴纳保险费的多少不完全取决于风险发生的概率，享受保险待遇的水平也不完全取决于缴纳保险费的多少，而是主要根据基本生活需要决定，社会保险的经费来自国家、企业和个人三方面，即国家对保险所需资金负有一定的支持责任，由于费用是由几方面分担的，个人负担就不会太重。

（4）普遍性

社会保险实施范围很广，在社会上不同层次和职业的劳动者中实行。它体现一种社会政策，具有保障社会安定的职能，对社会的政治经济稳定影响重大。有些国家在全体居民中实行，这取决于社会经济发展水平和社会承受能力。

（5）定期储存性

在每一个劳动者能够劳动的时候，由社会将其创造的一部分收入逐年扣除并储存起来，再由社会进行统一分配和使用。

（6）待遇的差别性

社会保险待遇并非实行人人一样平均。由于劳动者的工龄长短、保险事故发生的原因、缴纳保险费的多少等因素的不同，社会保险待遇也有差别。

（7）互济性

社会保险是用统筹调剂的方法集中和使用资金，以解决劳动者由于生、老、病、死、伤残、失业等造成的生活困难；实际上是借助国家的力量进行国民收入的再次分配的一种制度，使经济收入在不同的劳动者之间横向转移，具有互济性。

拓展阅读

重要概念辨析

一、社会保险与一般保险

① 基本属性不同

前者是社会保障性质，由国家立法强制实施，属于政府行为；后者则是商业性质。

② 目的不同

社会保障的目标是保障人民的基本生活，维护社会稳定，其不以盈利为目的；而商业保险是在保证盈利的前提下，分散投保者的经济风险。

③ 保险对象不同

前者的对象是劳动者及其家属的基本生活，在我国，它是基于劳动关系而确定的，后者则任何人都可以参加，且以人的生命和身体为保险对象。

④ 保险原则不同

前者实行强制原则、非盈利原则、物质帮助原则和偏重公平原则，后者实行自愿原则、盈利原则、经济补偿原则和偏重效率的原则。

⑤ 保险费负担不同

前者保险费来自多层次、多方面，国家、企业和个人都要负担一部分，以国家和企业负担为主，而后者由个人缴纳。

⑥ 政府责任不同

社会保障由政府承担最终责任；商业保险由政府承担监管责任。

二、社会保险和社会保障、社会救济

社会保障是国家依据一定的法律或法规，通过国民收入的再分配，对社会成员的基本生活予以保障的一项生活政策。社会保障主要包括社会保险、社会救济和社会福利及优抚。社会救助是基础性保障制度，它由财政负责供款，面向老弱病残又没有固定收入或无依无靠无法生活者，或者有固定收入但不能维持最低生活的城乡居民，负责为符合条件者提供生活救助、灾害救助及其他专项救助，其经费来自财政税收或特别捐款补助。社会保险是面向劳动者的基本保障制度，它建立在劳资分责、政府支持的基础上，负责解除劳动者在养老、医疗、工伤、失业等方面的后顾之忧。

① 实施的对象不同

社会保险：以建立劳动法律关系之后的工资收入为主要生活来源的劳动者。

社会福利和社会救济：以全体社会成员为帮助对象。

② 实施的依据不同

社会保险：依劳动者丧失劳动能力或劳动机会的法律事实而实施的。

社会福利和社会救济：依全体社会成员的收入水平及家庭成员的负担等状况而定。

③ 实施的条件不同

社会保险：劳动者须履行缴纳保险义务，才能享受社会保险的待遇。

社会福利和社会救济：享受者并不需要承担缴费的义务。

④ 实施的时间效力不同

社会保险：从总体上说是经常性、长期性的，就个别劳动者而言，是从丧失劳动能力或劳动机会开始直到享受社会保险待遇的条件消失为止。

社会福利和社会救济：从总体上说具有临时性和不固定性。

4. 我国社会保险立法

当前中国社会保险立法现状如下。

（1）基础性、综合性社会保险立法

《中华人民共和国宪法》是社会保险立法的总依据。该法第44条规定："国家依照法律规定实行企业事业组织的职工和国家机关工作人员的退休制度。退休人员的生活受到国家和社会的保障。"第45条规定："中华人民共和国公民在年老、疾病或者丧失劳动能力的情况下，有从国家和社会获得物质帮助的权利。国家发展为公民享受这些权利所需要的社会保险、社会救济和医疗卫生事业。"宪法的这些规定，是中国建立、健全社会保险制度的基本依据。《中华人民共和国劳动保险条例》是一部综合性社会保险法规。该条例规定了职工除失业外在生、老、病、死、伤、残等各种风险下的保障收入标准，这在当时条件下，对保障劳动者的基本权益，调动广大职工建设社会主义的积极性，起到了巨大的促进作用，但经过几十年的发展，已难以适应中国社会保险事业发展的需要。《劳动法》"社会保险和福利"一章明确了社会保险的基本目标："国家发展社会保险事业，建立社会保险制度，设立社会保险基金，使劳动者在年老、患病、工伤、失业、生育等情况下获得帮助和补偿。"同时，规定了中国社会保险体制的新框架：建立多层次社会保险制度（即国家建立基本保险、用人单位建立补充保险、个人建立储蓄性保险）；优化社会保险基金筹集、使用制度；建立专门的社会保险基金经办机构和监督机构。《中华人民共和国社会保险法》的出台，改变了在此之前尽管各种社会保险制度已在中国实施多年，却没有一部专门综合性社会保险基本法，令中国目前的社会保险制度缺乏明确的价值取向的被动局面，对于健全和完善中国社会领域的立法具有重要意义。

（2）社会保险各险种的立法

在养老保险方面，《企业年金基金管理试行办法》《国务院关于完善企业职工基本养老保险制度的决定》等作了相应的规定；在医疗保险方面，《关于城镇灵活就业人员参加基本医疗保险的指导意见》《关于开展农民工参加医疗保险专项扩面行动的通知》等作了相应的规定；在失业保险方面，《失业保险金申领发放办法》《关于适当扩大失业保险基金支出范围试点有关问题的通知》等作了相应的规定；在工伤保险方面，《工伤认定办法》《关于农民工参加工伤保险有关问题的通知》等作了相应的规定；在生育保险方面，《国务院办公厅关于做好计划生育和母婴保健工作有关问题的通知》《关于进一步加强生育保险工作的指导意见》等作了相应规定。

（3）社会保险基金立法

目前，中国有关社会保险基金的专门立法主要有国务院颁布的《社会保险费征缴暂行条例》《减持国有股筹集社会保障资金管理暂行办法》等。

（4）调整社会保险争议的立法

社会保险争议在理论研究和立法方面目前均尚未独立，暂被列入劳动争议范畴，故目前社会保险争议的处理通过劳动争议处理法律制度予以解决。

二、社会保险体系各论

社会保险体系由养老保险、失业保险、医疗保险、工伤保险、生育保险五大部分组成。

（一）养老保险法律制度

引 导案例

赵博士毕业后受聘于一家外商独资的软件开发公司任副总，月薪15 000元。对于如此的高薪，赵博士颇感意外，公司的解释是："我们是一家外资公司，工资定得这么高是因为除了工资以外再没有其他福利待遇。像医药费报销、养老等问题，公司概不负责。"赵博士心里盘算："反正自己才刚30来岁，得不了大病，考虑养老为时太早。倒不如趁年轻多挣些钱，更实惠。"工作以后，赵博士为解除自己的后顾之忧，每月从工资中拿出一千元，向保险公司投了一份养老保险。三年后，由于在经营管理等重大问题上产生了分歧，赵博士被公司解雇了。双方为此诉诸劳动争议仲裁委员会。赵博士以未给他缴纳养老保险为由，提出公司侵犯了他的合法权益。公司则认为不缴纳养老保险是双方事先谈好的，现在无权反悔；再说，赵博士自己已经向保险公司投了养老保险，故公司不再负任何责任。

问：

① 公司是否侵犯了赵博士的合法权益？

② 应如何处理这起劳动争议案件？

1. 养老保险概述

1）养老保险的概念、形式和参保范围

养老保险，又称为年金保险或老年社会保险，是指国家为了保障劳动者退休后的基本生活而建立的一种社会保险制度。它通过再分配手段或储蓄方式建立保险基金来支付劳动者在年老后的基本生活费用，其目的是保障老年人的基本生活需求，为其提供稳定可靠的生活来源。

养老保险的主要形式有如下几种。

① 退休

是指劳动者年老力衰而退出劳动岗位养老休息时获得一定的物质帮助。它是养老保险的基本形式。

② 离休

是指新中国成立前参加革命工作的老干部达到一定年龄后离职休养，是我国独有的形式。

③ 退职

是指劳动者因病残完全丧失劳动能力，但又不符合退休条件而提前退出劳动岗位的休养。参保范围：《中华人民共和国社会保险法》第 10 条规定，职工应当参加基本养老保险，由用人单位和职工共同缴纳基本养老保险费。无雇工的个体工商户、未在用人单位参加基本养老保险的非全日制从业人员及其他灵活就业人员可以参加基本养老保险，由个人缴纳基本养老保险费。

2）养老保险的性质和特点

养老保险的性质是：属于长期储蓄和延期支付行为。要求就业并缴纳养老保险费达到一定年限；而只有达到规定的年龄并退出劳动领域，才能支付养老金。

养老保险的特点如下。

① 强制性

是由国家立法，强制实行，企业单位和个人都必须参加，符合养老条件的人，可向社会保险部门领取养老金。

② 互济性

是养老保险费用来源，一般由国家、单位和个人三方或单位和个人双方共同负担，并实现广泛的社会互济。

③ 很强的普遍性

对法制的依托性强。因其享受人众多，金额大，周期长，信用度要求高，管理工作难度大，须设立专门机构，实行现代化、专业化、社会化的统一规划和管理。故需要严格有效的、具有强制性的法律规则作为保障。

3）养老保险体系的组成

《国务院关于企业职工养老保险制度改革的决定》中首次确立了国家基本养老保险、企业补充养老保险和个人储蓄养老保险相结合的养老保险结构。《中华人民共和国劳动法》对这种结构作了肯定。目前总的政策是在强制实行国家基本社会保险的同时，鼓励用人单位依本单位实际情况为劳动者建立补充保险，同时鼓励劳动者个人进行储蓄性保险。

养老保险体系由以下三个层次组成。

① 国家基本保险。由国家统一建立并强制实行的为全体劳动者平等地提供基本生活保证的社会保险。它由用人单位、劳动者和国家三方合理负担费用，其中用人单位负担的费用属于劳动力再生产费用，应当列入用工成本。保险待遇水平以满足基本需求为标准。基本社

会保险水平在统一的政策下，可以因地区、行业差异而有适当差别。

② 用人单位补充保险。由用人单位根据自己的经济实力，自主地为劳动者建立，旨在使本单位劳动者在已有基本生活保障的基础上进一步获得物质帮助。实行企业补充保险的条件是：已参加基本养老保险并按时足额缴纳；能够完成生产经营任务和上缴利税指标。企业补充养老保险费可由企业完全承担，或由企业和员工双方共同承担，承担比例由劳资双方协议确定。《中华人民共和国劳动法》第 75 条规定："国家鼓励用人单位根据本单位实际情况为劳动者建立补充保险。"我国目前仅就用人单位补充保险制定了规章，即《企业年金试行办法》《企业年金基金管理办法》。国家对补充性社会保险的政策规范主要是：规定补充性社会保险水平的上限及资金列支渠道；规范企业实施补充社会保险的必经程序；规定经办补充性社会保险的结构的资格、义务及审查程序。

③ 个人储蓄保险。职工个人储蓄性养老保险是我国多层次养老保险体系的一个组成部分，是由职工自愿参加、自愿选择经办机构的一种补充保险形式。实行职工个人储蓄性养老保险的目的在于扩大养老保险的经费来源，多渠道筹集养老保险基金，减轻国家和企业的负担；有利于消除长期形成的保险费用完全由国家"包下来"的观念，增强职工自我保障意识和参与社会保险的主动性；同时也能促进对社会保险工作实行广泛的群众监督。由社会保险机构经办的职工个人储蓄性养老保险，由社会保险主管部门制定具体办法，职工个人根据自己的工资收入情况按规定缴纳个人储蓄性养老保险费，记入当地社会保险机构在有关银行开设的养老保险个人账户并应按不低于或高于同期城乡居民储蓄存款利率计息计算，以提倡和鼓励职工个人参加储蓄性养老保险，所得利息记入个人账户，本息一并归职工个人所有。个人储蓄性养老保险可实行与企业补充养老保险挂钩的办法，以促进和提高职工参与积极性。

4）养老保险金的管理

是指由社会保险管理机构在一定范围内统一征集、统一管理、统一调剂退休费用的制度。职工退休费用社会统筹是职工养老保险制度的一项重要内容。具体办法是：其一，改变企业各自负担本企业退休费的办法，改由社会保险机构或税务机关按照一定的计算基数与提取比例向企业和职工统一征收退休费用，形成由社会统一管理的退休基金；其二，企业职工的退休费用由社会保险机构直接发放，或委托银行、邮局代发以及委托企业发放，以达到均衡和减轻企业的退休费用负担，为企业的平等竞争创造条件；其三，随着社会化程度的提高，退休费用不仅在市、县范围内的企业之间进行调剂，而且在地区之间进行调剂，逐步由市、县统筹过渡到省级统筹。

我国逐步建立了由国家、企业和个人共同负担的基金筹集模式，确定了社会统筹与个人账户相结合的基本模式，统一了企业职工基本养老保险制度。社会统筹部分采取现收现付模式，均衡单位负担；个人账户部分采取积累模式，体现个人责任，全部由个人缴费形成。

社会统筹与个人账户相结合的基本养老保险制度是我国在世界上首创的一种新型的基本养老保险制度。该制度在基本养老保险基金的筹集上采用传统型的基本养老保险费用的筹集模式，即由国家、单位和个人共同负担；基本养老保险基金实行社会互济；在基本养老金的计发上采用结构式的计发办法，强调个人账户养老金的激励因素和劳动贡献差别。故该制度既吸收了传统型的养老保险制度的优点，又借鉴了个人账户模式的长处；既体现了传统意义上的社会保险的社会互济、分散风险、保障性强的特点，又强调了职工的自我保障意识和激励机制。随着该制度在实践中的不断完善，该制度必将对世界养老保险发展史产生深远的影响。

2. 养老保险的缴纳和发放

1）养老保险的缴纳

实行社会统筹与个人账户相结合。基本养老保险基金由用人单位和个人缴费及政府补贴等组成。其中，企业按本企业职工上年度月平均工资总额的 20% 缴纳基本养老保险费，职工个人按本人上年度月平均工资收入的 8% 缴纳基本养老保险费。缴费工资基数：企业应以上年度职工月平均工资如实申报，职工月平均工资低于上年度全市在岗职工平均工资 60% 的，按其 60% 核定缴费基数，职工月平均工资高于上年度全市在岗职工平均工资 300% 的，按其 300% 核定缴费工资基数；单位工资总额是指单位在一定时期内直接支付给本单位全部职工的劳动报酬总额，包括计时工资、计件工资、奖金、加班加点工资等。本人工资是指由单位支付的劳动报酬，包括计时工资或计件工资、奖金、加班工资等，不包括其他来源的收入。无雇工的个体工商户、未在用人单位参加基本养老保险的非全日制从业人员及其他灵活就业人可以参加基本养老保险，由个人缴纳基本养老保险费，缴纳比例为 20%（缴费工资基数以全市上年度在岗职工平均工资为准）。

2）养老保险的发放

《中华人民共和国社会保险法》第 16 条规定，参加基本养老保险的个人，达到法定退休年龄时累计缴费满十五年的，按月领取基本养老金。据此规定，按月领取基本养老金须符合两个条件：

（1）达到法定退休年龄

目前全国各地职工退休仍然执行《关于工人退休、退职的暂行办法》的文件规定，符合下列条件之一的，应该退休：

① 男年满 60 周岁，女年满 50 周岁，连续工龄满 10 年的；

② 从事井下、高空、高温、特别繁重体力劳动或者有害身体健康的工作，男年满 55 周岁，女年满 45 周岁，连续工龄满 10 年的；

③ 男年满 50 周岁，女年满 45 周岁，连续工龄 10 年的，由医院证明，并经劳动鉴定委员会确认，完全丧失劳动能力的；

④ 因工致残，由医院证明，并经劳动鉴定委员会确认，完全丧失劳动能力的。

（2）累计缴费满 15 年

《中华人民共和国社会保险法》维持了现行最低缴费满 15 年的规定。主要考虑：

① 我国人口预期寿命已达到 73 岁，为实现养老保险制度的收支平衡和长期可持续发展，需要设立最低缴费年限；

② 不论通过何种方式就业，缴费都累计年限，多数人可以比较容易地达到 15 年；

③ 从国际经验看，实施缴费型养老保险制度的国家，基于缴费与待遇领取长期资金平衡的精算结果，大都规定有最低缴费年限。

（二）失业保险制度

失业是现代经济运行的必然产物，是一种社会经济现象。其指的是已经就业的劳动者由于非本人原因失去工作岗位和机会。

1. 失业保险概述

1）失业保险的概念

是指国家为失业而暂时失去工资收入的社会成员提供物质帮助，以保障失业人员的基本生活，维持劳动力的再生产，为失业人员重新就业创造条件的一项社会保险制度。其含义包括：

① "失业" 仅指非自愿失业，不包括自愿失业；

② 失业保险的物质帮助包括生活救济和再就业服务两个方面；

③ 失业保险一方面保障劳动者在失业期间的基本生活来源，另一方面又要促进其尽快就业。

2）失业保险制度的特点

① 普遍性。是为保障有工资收入的劳动者失业后的基本生活而建立的，覆盖范围包括劳动力队伍中的大部分成员。《中华人民共和国失业保险条例》规定城镇所有企事业单位及其职工都须参保。

② 强制性。《中华人民共和国失业保险条例》规定在失业保险制度覆盖范围内的单位及其职工须参加失业保险并履行缴费义务，不履行缴费义务的单位和个人都应承担相应的法律责任。

③ 互济性。失业保险基金主要来源于单位、个人共同缴费，缴费比例、缴费方式相对稳定，所筹集的失业保险基金在统筹地区内统一调度使用以发挥互济功能。

3）失业保险参保范围

城镇企业、事业单位职工。

2. 失业保险费的缴纳和领取

1）失业保险费的缴纳

《中华人民共和国失业保险条例》规定，城镇企业事业单位按照本单位工资总额的 2% 缴纳失业保险费，城镇企业事业单位职工按照本人工资的 1% 缴纳失业保险费。城镇企业事业单位招用的农民合同制工人本人不缴纳失业保险费。

2）失业保险金领取的条件

① 失业前用人单位和本人已经缴纳失业保险费满一年的；

② 非因本人意愿中断就业的；

③ 已经进行失业登记，并有求职要求的。

领取失业保险金资格的规定，能促进失业人员积极寻找工作，克服单纯依赖失业金的思想，激励失业人员积极主动利用各种就业机会和就业服务。

失业保险金领取的年限和终止：失业人员失业前用人单位和本人累计缴费满 1 年不足 5 年的，领取失业保险金的期限最长为 12 个月；累计缴费满 5 年不足 10 年的，领取失业保险金的期限最长为 18 个月；累计缴费时间 10 年以上的，领取失业保险金的期限最长为 24 个月。重新就业后，再次失业的，缴费时间重新计算，领取失业保险金的期限可以与前次失业应领取而尚未领取的失业保险金的期限合并计算，最长不超过 24 个月。

失业人员在领取失业保险金期间有下列情形之一的，停止领取失业保险金并同时停止享受其他失业保险待遇：重新就业的；应征服兵役的；移居境外的；被判刑收监执行或者被劳动教养的；享受基本养老保险待遇的；无正当理由，拒不接受当地人民政府指定的部门或者机构介绍的工作的。

（三）工伤保险制度

◎ 课堂提问

① 某企业里的一个老职工有一个习惯，就是每天上班时先沏一壶茶。一天，这名老职工拿着暖水瓶倒水沏茶时，水刚刚倒了一半他就摔倒在地口吐白沫，被同事发现之后送到医院抢救。经过医生诊断，这位老职工为长年的高血压引发的脑溢血。经抢救他终于脱离生命危险，可是变成了植物人。

② 某单位新进了一批职工，其中一个女员工在工作中与男主管产生了感情，可这个男主管已经结婚了，女员工就充当了第三者的角色。几个月后，两个人的事情被主管的老婆发现了，主管的老婆命令主管必须跟女下属断绝关系，否则就离婚。男主管权衡利弊之后决定听老婆的话，与女下属断绝了关系。但这位女下属正处于热恋当中，根本就承受不了打击，因此患上了精神病。

以上2种情况可否认定为工伤？对工伤怎么定义呢？

1. 工伤保险概述

1） 工伤保险的概念和特征

工伤保险又称职工伤害保险，是指劳动者因工负伤或患职业病，暂时或永久丧失劳动能力，从社会得到物质帮助的一种社会保险制度。

【课堂提问解析】

案例中的两种情况都不能算作工伤，原因很简单，他们患的是"病"，不是"伤"。老职工患的是长期高血压引发脑溢血，在任何地方都可能发病，不能因为发病地点在工作场所就算作工伤；女员工跟上司产生感情是个人感情问题，跟工作无关，不能算是工伤。法律认定属于工伤的"病"只有职业病，又叫作"法定职业病"，是法律规定的职业病，不是人们理解的跟工作有关的病。如很多坐办公室的白领和IT人士由于长期在电脑前工作，很可能患上颈椎病、干眼症、鼠标手，有人认为这跟工作直接相关，应算工伤。事实上按《中华人民共和国职业病防治法》对职业病的认定，其中并不包括在办公室久坐造成的颈椎病、干眼症、鼠标手等。若职工是长期在一个有职业危害的岗位上工作，慢慢得了病，被职业病诊断机构认定为职业病的，也可认定为工伤。

引 导案例

某人和用人单位建立劳动关系后，为了偷懒而没有严格按照企业的安全操作规章操作，导致自己负责的一个设备发生了重大事故。企业恢复设备需要花费两百万元。此外，这次事故还导致和他一起工作的一个同事严重受伤，完全丧失了劳动能力，他自己也被鉴定为九级伤残。这个职工要求工伤认定，享受工伤待遇。企业认为这次重大责任事故完全是由职工本人造成的，他给单位造成了两百万元的损失，还伤及另外一名员工，使其完全丧失劳动能力，行为严重违反了企业的规章制度，因此按照《中华人民共和国劳动合同法》的规定与其解除了劳动合同，没有做任何补偿。你认为企业该不该对此职工做些补偿？

工伤保险的特征是：

① 适用范围最广。它适合任何用工形式的职工，不论劳动合同期限长短。

② 其设立与其他险种的设立不同。是基于对工伤职工的赔偿责任而设立的一种社会保险。

③ 赔偿责任实行"无责任赔偿"的原则。又称无过失补偿或无过错责任原则，是指在法律特别规定的情况下，以已发生损害后果为价值判断标准，无过错的行为人也要承担民事责任。其构成要件是：法律有特别规定，存在损害事实，损害与行为存在因果关系。工伤事故赔偿实行此原则，是因为劳动者不会认为负伤对自己有利而甘愿遭受事故痛苦，而遭受事故伤害的劳动者即使由于个人原因所致，但同时也是职业原因，更何况导致工伤事故的原因绝大部分是因为工作上的原因或劳动条件不完备，劳动组织不合理等；还因为人们早已认识到劳动过程中客观存在职业伤害风险，工伤事故是以机器生产为基础的现代生产中难以完全避免的意外事件，即使科学技术达到了很高水平也不可能完全将其消除。这种"职业的危害"被逐步认识以后，人们便意识到，那种曾经有过的让受害者举证自己不是事故责任者之后才能获得补偿的做法是不现实的，也是不公平的，企业必须无条件地为事故伤害者支付赔偿金。

④ 工伤保险费用完全由企业负担，劳动者个人不缴纳费用。

⑤ 工伤保险待遇标准较高，享受待遇项目多。但因工伤事故的不同而有所差别。

2）工伤保险参保范围和费用缴纳

① 工伤保险的参保范围

中华人民共和国境内的企业、事业单位、社会团体、民办非企业单位、基金会、律师事务所、会计师事务所等组织和有雇工的个体工商户应当依法参加工伤保险，为本单位全部职工或者雇工缴纳工伤保险费。

② 工伤保险费用缴纳

用人单位按照国家规定缴纳工伤保险费，职工不缴纳。我国现行工伤保险制度采取的模式是以支定收，收支平衡，即以一个周期内的工伤保险基金的支付额度，确定征缴的额度。

2. 工伤的认定

1）工伤的概念

工伤，又称为产业伤害、职业伤害、工业伤害、工作伤害，是指劳动者在从事职业活动或者与职业活动有关的活动时所遭受的不良因素的事故伤害和职业病伤害。职业病是工伤的一种，它是指职工在劳动过程中接触职业危害因素所导致的疾病。法律认定属于工伤的"病"只有职业病，又叫作"法定职业病"，是法律规定的职业病，不是人们理解的跟工作有关的病。

2）工伤的范围

（1）应当认定为工伤的法定情形

① 在工作时间和工作场所内，因工作原因受到事故伤害的；

② 工作时间前后在工作场所内，从事与工作有关的预备性或者收尾性工作受到事故伤害的；

③ 在工作时间和工作场所内，因履行工作职责受到暴力等意外伤害的；

④ 患职业病的；

⑤ 因工外出期间，由于工作原因受到伤害或者发生事故下落不明的；

⑥ 在上下班途中，受到非本人主要责任的交通事故或者城市轨道交通、客运轮渡、火车事故伤害的；

⑦ 法律、行政法规规定应当认定为工伤的其他情形。

（2）视同工伤的法定情形

① 在工作时间和工作岗位，突发疾病死亡或者在 48 小时之内经抢救无效死亡的；

② 在抢险救灾等维护国家利益、公共利益活动中受到伤害的；

③ 职工原在军队服役，因战、因公负伤致残，已取得革命伤残军人证，到用人单位后旧伤复发的。

职工有上述第①项和第②项情形的，享受工伤保险待遇；职工有上述第③项情形的，享受除一次性伤残补助金以外的工伤保险待遇。

（3）不得认定为工伤或视同工伤的法定情形

① 故意犯罪的；

② 醉酒导致伤亡的；

③ 自残或者自杀的。

正确区分工伤与非工伤要注意的问题。在实践中有以下几种界限：

① "工作时间" 界限

工伤一般限于工作时间内所发生的急性伤害。"工作时间"，是指法律规定的或者单位要求劳动者工作的时间，包括正常工作时间及加班时间（含自愿加班时间）、临时接受工作任务时间、非法延长的工作时间等。特殊情况下，尽管发生时间在工作时间外，也属工伤。

② "工作场所" 界限

工伤一般只限于生产、工作区域内所发生的急性伤害。"工作场所"，是指劳动者日常工作所在场所（含用人单位范围内所有场所）及用人单位临时指派其从事工作的场所，并不限于劳动者从事本职工作的岗位或车间，还应包括一定的合理延伸范围。如劳动者上班时间在工作区域的厕所内摔倒致伤，其受伤地点也应当认定为在工作场所。特殊情况下，尽管发生地点在工作场所外也属工伤。

③ "工作原因" 界限

工伤一般只限于执行职务（业务）即 "工作原因" 所发生的急性伤害。只要伤害因执行职务或业务而发生，即使发生在工作时间、工作场所外也属于工伤。相反，伤害虽发生在工作时间、工作场所内，但不是由于执行职务或业务而发生的，也不属于工伤。

④ 主观过错界限

除职工本人蓄意或醉酒造成的，即企业可以证明该劳动者属于故意犯罪、自残、自杀或醉酒等情况不属于工伤外，即使职工有过错或过失，甚至重大过失，也属于工伤。

⑤ 法定特殊界限

立法上明确规定的，却在工伤范围一般界限之外的，就是属于工伤的特殊情况，称之为 "法定特殊界限"，即上述 "视同工伤的法定情形"。

法律法规对 "工作原因" "工作场所" 和 "工作时间" 规定得比较原则，具有较大的解释空间和较高的适应性，能够满足不断发展的实践需求；但是容易产生分歧，容易导致标准不统一的问题。《最高人民法院关于审理工伤保险行政案件若干问题的规定》第4条明确规定以下情况可以认定为工伤：

① 职工在工作时间和工作场所内受到伤害，用人单位或者社会保险行政部门没有证据证明是非工作原因导致的。在工伤认定的要素中，工作原因是核心要件，是认定工伤的充分条件。即使不在工作时间、工作场所，只要是工作原因，同样应当认定为工伤。工作场所和工作时间在工伤认定中一方面是补强工作原因，另一方面是在工作原因无法查明时，用以推定是否属于工作原因。因此，在工作场所和工作时间内，没有证据证明是非工作原因导致职工伤亡的亦应认定为工伤。

② 职工参加用人单位组织或者受用人单位指派参加其他单位组织的活动受到伤害的。关于职工在参加本单位或受用人单位指派参加其他单位组织的集体活动受到伤害是否认定为工伤的问题，争议较大。若属于用人单位强制要求或者鼓励参加的集体活动，这些活动可被认为是工作的一个组成部分，应属于工作原因，由此受到的伤害应认定为工伤。

③ 在工作时间内，职工来往于多个与其工作职责相关的工作场所之间的合理区域因工受到伤害的。对工作场所的认定，既不宜过于宽泛也不宜过于狭窄。实践中将完成工作所应当经过或可能经过的区域确定为工作场所比较合理。这里所说的"为履行工作职责应当经过或可能经过的场所"是对工作场所的合理延伸，因其与工作职责有直接关联，应当认定为工作场所。因此，职工来往于多个与其工作职责相关的工作场所之间的合理区域因工受到伤害的，应当认定为工伤。

④ 其他与履行工作职责相关，在工作时间和涉及的合理区域内受到伤害的。此项既为兜底条款，也是对《中华人民共和国工伤保险条例》第14条第1项"在工作时间和工作场所内，因工作原因受到事故伤害的"作出的进一步解释。

3）工伤认定和程序

① 工伤认定申请主体、内容范围、时限、受理主体：职工发生事故伤害或按职业病防治法规定被诊断、鉴定为职业病，所在单位应自事故伤害发生之日或被诊断、鉴定为职业病之日起30日内，向统筹地区社会保险行政部门提出工伤认定申请。遇有特殊情况，经报社会保险行政部门同意，申请时限可以适当延长。用人单位未按前款规定提出工伤认定申请的，工伤职工或者其近亲属、工会组织在事故伤害发生之日或者被诊断、鉴定为职业病之日起1年内，可以直接向用人单位所在地统筹地区社会保险行政部门提出工伤认定申请。《中华人民共和国工伤保险条例》规定，职工与用人单位的主张不一致时，由用人单位承担举证责任。职工或者其近亲属认为是工伤，用人单位不认为是工伤的，由用人单位承担举证责任。

② 社会保险行政部门的认定：社会保险行政部门应当自受理工伤认定申请之日起60日内作出工伤认定的决定并书面通知申请工伤认定的职工或者其近亲属和该职工所在单位。社会保险行政部门对受理的事实清楚、权利义务明确的工伤认定申请，应在15日内作出工伤认定的决定。申请工伤认定的职工或其直系亲属、该职工所在单位对工伤认定结论不服的，有关单位和个人可依法申请行政复议；对复议决定不服的可依法提起行政诉讼。劳动者或用人单位对工伤认定结论不服的可依法申请行政复议；对复议决定仍不服的，可提起行政诉讼。

4）劳动能力鉴定和工伤评残

劳动能力鉴定是指劳动功能障碍程度和生活自理障碍程度的等级鉴定，是劳动者因工或非因工负伤以及患病后，劳动鉴定机构根据国家鉴定标准，运用有关政策和医学科学技术的方法、手段确定劳动者伤残程度和丧失劳动能力程度的一种综合评定。它是给予受伤害职工保险待遇的基础和前提条件，也是工伤保险管理工作的重要内容。职工发生工伤，经治疗伤情相对稳定后存在残疾、影响劳动能力的，应当进行劳动能力鉴定。企业以书面形式向设区的市级劳动能力鉴定委员会提出申请。企业不提出申请的，职工及其亲属可以申请，劳动鉴定委员会不得拒绝。省、自治区、直辖市劳动能力鉴定委员会和设区的市级劳动能力鉴定委员会分别由省、自治区、直辖市和设区的市级社会保险行政部门、卫生行政部门、工会组织、经办机构代表以及用人单位代表组成。劳动能力鉴定委员会下设劳动能力鉴定委员会办公室，挂靠同级劳动和社会保障行政部门。

劳动能力鉴定是依据国家鉴定标准，判定伤、病职工劳动能力、伤残程度的技术性工作。劳动能力鉴定标准由国务院劳动保障行政部门会同国务院卫生行政部门等部门制定。劳动能力鉴定简捷、方便。职工因工作原因受到事故伤害或者患职业病，且经工伤认定的，职工就应享受工伤保险待遇；经劳动能力鉴定丧失劳动能力的，享受伤残待遇。伤残等级鉴定的组织机构设在劳动行政部门，实际做鉴定的技术人员却是分布在各大医院的医学专家。

国家按伤残等级鉴定标准（即劳动能力鉴定标准）对工伤进行了分级划分：其一，劳动功能障碍分为十个伤残等级：最重的为一级，最轻的为十级。伤残程度越严重的，得到的工伤待遇级别就越高。一至四级叫完全丧失劳动能力，属于最严重的伤残程度；五级和六级叫大部分丧失劳动能力；七至十级叫部分丧失劳动能力。劳动功能障碍分为十个伤残等级，最重的为一级，最轻的为十级。其二，生活自理障碍分为三个等级：生活完全不能自理、生活大部分不能自理和生活部分不能自理。劳动能力鉴定工作应当客观、公正。劳动能力鉴定委员会组成人员或者参加鉴定的专家与当事人有利害关系的，应当回避。设区的市级劳动能力鉴定委员会应当自收到劳动能力鉴定申请之日起60日内作出劳动能力鉴定结论，必要时，作出劳动能力鉴定结论的期限可以延长30日。劳动能力鉴定结论应及时送达申请鉴定的单位和个人。申请鉴定的单位或者个人对设区的市级劳动能力鉴定委员会作出的鉴定结论不服的，可在收到该鉴定结论之日起15日内向省、自治区、直辖市劳动能力鉴定委员会提出再次鉴定申请。省、自治区、直辖市劳动能力鉴定委员会作出的劳动能力鉴定结论为最终结论。

自劳动能力鉴定结论作出之日起1年后，工伤职工或者其近亲属、所在单位或者经办机构认为伤残情况发生变化的，可以申请劳动能力复查鉴定。有的职工受伤比较轻微，不够伤残等级鉴定的级别，但也可以认定，能够享受一些简单的治疗，治疗的医药费用由工伤保险基金支付，需要治疗工伤的休假期间企业全额支付工资等，除此之外没有其他待遇。经过伤残等级鉴定，一旦够了级别，职工除享受工伤保险基金100%支付医药费、抢救治疗期间的全额工资待遇外，工伤保险基金还要支付一次性伤残补助金。如果合同到期，即使企业可以终止合同，也要向员工支付一次性再就业补助金和一次性医疗补助金等。

3. 工伤保险待遇

工伤保险待遇是指职工因工发生暂时或永久人身健康或生命损害的一种补救和补偿，其作用是使伤残者的医疗、生活有保障，使工亡者的遗属的基本生活得到保障。工伤保险待遇的高低，项目的多少，取决于国家或该地区的经济发展水平和人们的社会生活水平。

1）工伤保险待遇的内容

（1）医疗康复待遇

也称工伤医疗期间待遇，包括了医疗救治和康复治疗的待遇。工伤医疗期的长短由指定治疗工伤的医院或医疗机构提出意见，经劳动鉴定委员会确认并通知有关用人单位和工伤职工。在工伤医疗期间的保险待遇分三部分：

① 医疗待遇：工伤职工在医疗期或医疗期满仍需治疗的，享受工伤医疗待遇。

● 职工治疗工伤或职业病所需的挂号费、住院费、医疗（包括康复治疗）费、药费、就医路费全额报销；

● 工伤职工需要住院治疗的，按照当地因公出差伙食补助标准的 2/3 发给住院伙食补助费；

● 经批准转外地治疗的，所需交通、食宿费用按照本企业职工因公出差标准报销；

● 护理费（生活不能自理的工伤职工在停工留薪期需要护理的）。

② 工伤津贴：工伤职工在工伤医疗期内享受工伤津贴。工伤职工在工伤医疗期内停发工资，改为按月发给工伤津贴；工伤津贴标准相当于工伤职工本人受伤前 12 个月内平均月工资收入（包括基本工资和其他工资性收入）。工伤医疗期满或评定伤残等级后停发工伤津贴，改为享受伤残待遇。停工留薪期一般不超过 12 个月。伤情严重或者情况特殊，经设区的市级劳动能力鉴定委员会确认，可以适当延长，但延长不得超过 12 个月。

③ 福利待遇：与本单位其他职工享受同等福利待遇。

（2）工伤致残待遇

企业职工因工负伤或患职业病医疗期满后，经劳动鉴定委员会评残，按其伤残等级享受的待遇。包括：一次性伤残补助金、按月领取的伤残津贴（1～6 级依情况而定）、一次性工伤医疗补助金（5～10 级）、一次性伤残就业补助金（5～10 级）、职业康复待遇等。一次性工伤医疗补助金和一次性伤残就业补助金的具体标准由省、自治区、直辖市人民政府规定。其中，一次性工伤医疗补助金是工伤职工因工致残被鉴定为 5、6 级伤残，经工伤职工本人提出，与用人单位解除或者终止劳动关系的，以及工伤职工因工致残被鉴定为 7～10 级伤残，劳动合同期满终止或者职工本人提出解除劳动合同的，由工伤保险基金一次性支付的医疗保障费用和由用人单位一次性支付的伤残就业补助金额。

职业康复待遇包括：

① 护理费（已评定伤残等级并经鉴定委员会确认需要生活护理）。

② 辅助器具费。工伤职工须安装假肢、矫形器、假眼、假牙等辅助器具的，按国内普及型标准报销费用。

（3）因工死亡待遇

职工因工死亡，其遗属享受以下待遇：

① 丧葬补助金：参考本统筹地区上年度 6 个月的职工月平均工资支付。

② 供养亲属抚恤金：配偶每月按本省上年度职工月平均工资的 40% 发给，其他供养亲属每人每月按 30% 发，孤寡老人或孤儿每人每月在上述标准的基础上加发 10%，抚恤金总额不超过死者本人生前的工资。供养亲属的具体范围由国务院社会保险行政部门规定。

③ 一次性工亡补助金：标准为上一年度全国城镇居民人均可支配收入的 20 倍。

2）工伤保险待遇的货币给付

① 凡属已参加工伤保险基金统筹的项目，由工伤保险经办机构从工伤保险基金中开支给付；凡统筹范围之外的项目，如医疗期间的工作津贴，则由单位给付。

② 伤残职工在停工留薪期内因工伤导致死亡的，其近亲属享受上述丧葬补助金、供养亲属抚恤金和一次性工亡补助金待遇。

③ 1～4级伤残职工在停工留薪期满后死亡的，其近亲属可以享受上述丧葬补助金和供养亲属抚恤金待遇。

3）工伤保险待遇终止的情形和工伤保险基金中先行支付制度

工伤职工有下列情形之一的，停止享受工伤保险待遇：丧失享受待遇条件的（如工亡职工的子女已长大成人参加工作等）；拒不接受劳动能力鉴定的（如工伤职工已经康复需要重新进行劳动能力鉴定）；拒绝治疗的。

《中华人民共和国社会保险法》第41条第1款规定，职工所在用人单位未依法缴纳工伤保险费，发生工伤事故的，由用人单位支付工伤保险待遇；用人单位不支付的，从工伤保险基金中先行支付。根据规定，在用人单位未依法缴纳工伤保险费的情况下发生工伤事故的，原则上应由用人单位自行承担工伤保险待遇，但是为了进一步加大对工伤职工的保护力度，《中华人民共和国社会保险法》规定，如果用人单位不支付工伤职工工伤保险待遇，那么就应该从工伤保险基金中先行支付。这一规定完善了保护工伤职工措施。

《中华人民共和国社会保险法》第42条规定，由于第三人的原因造成工伤，第三人不支付工伤医疗费用或者无法确定第三人的，由工伤保险基金先行支付；工伤保险基金先行支付后，有权向第三人追偿。这里有两层含义：一是第三人不支付医疗费用或无法确定第三人的，医疗费用先由工伤保险基金支付；二是受伤员工享受了工伤保险待遇，并不影响其根据人身侵权法律法规向第三人主张人身损害赔偿的权利。这一规定既保证参保人能得到及时救治，又解除参保人支付医疗费的后顾之忧，既体现了社会医疗保险以人为本的理念，又维护了参保人的合法权益。

（四）医疗保险制度

1. 医疗保险概述

（1）医疗保险的概念

广义的社会医疗保险，也称基本医疗保险，是指是国家通过立法，强制性地由国家、单位和个人缴纳医疗保险费，建立医疗保险基金，当个人因疾病需要获得必需的医疗服务时，由社会医疗保险机构按规定提供医疗费用补偿的一种社会保险制度。医疗保险仅适用于非因工引起的患症、负伤而暂时丧失劳动能力的情况，疾病保险的目的在于使劳动者尽快恢复劳动能力，属于维持劳动者再生产的要素。

医疗保险包括：职工医疗保险、农村合作医疗保险和城镇居民医疗保险。这里的医疗保险是狭义的社会医疗保险，指的是职工医疗保险，即城镇职工医疗保险。

《中华人民共和国社会保险法》第23条规定，职工应当参加职工基本医疗保险，由用人单位和职工按照国家规定共同缴纳基本医疗保险费。无雇工的个体工商户、未在用人单位参加职工基本医疗保险的非全日制从业人员以及其他灵活就业人员可以参加职工基本医疗保险，由个人按照国家规定缴纳基本医疗保险费。

（2）医疗保险的基本特征

① 强制性和共济性。它由国家强制实施，所有城镇用人单位和城镇职工都必须参加。基本医疗保险也是国家规定的劳动者的基本权利之一，是社会对劳动者应尽的一种义务，由政府、企业和职工统筹调剂，全社会共同承担责任和分担风险，实现广泛的社会互济，是国家的一项社会福利事业。与商业险不同，它是非营利性的保险。

② 普遍性和复杂性。参保范围覆盖了所有城镇用人单位和城镇职工，具有广泛性和复杂性。医、患、保（医保管理部门）三者的权利义务关系复杂，如何正确引导患者、医生合理控制医疗费用同样是很复杂的问题。

③ 赔付的短期性与经常性。费用测算和控制的复杂性；医疗保险采用医疗给付的补偿方式的特殊性等，这些是医疗保险特有的属性。疾病发生随机、突发，因而医疗保险提供的补偿也是短期性、经常性的；医疗保险的发生频率高，费用难以控制；补偿多少，与支付的保险费无紧密关系，而与实际的病情有关。

（3）医疗保险的参保范围

① 企业（包括各种所有制和组织形式的企业）及其职工；

② 国家机关及其工作人员、事业单位及其职工、社会团体及其专职人员；

③ 民办非企业单位及其职工；

④ 个体工商户及其雇工、自由职业者、灵活就业人员；

⑤ 法律、法规规定或经省、市政府批准的其他单位和人员。

对于有用人单位的职工来说，其参加职工基本医疗保险是强制性的。灵活就业人员（无雇工的个体工商户、未在用人单位参加职工基本医疗保险的非全日制从业人员以及其他灵活就业人员）参加职工基本医疗保险实行自愿原则。这部分人员可以根据个人意愿决定是否参加基本医疗保险。由个人按照国家规定缴纳基本医疗保险费。

2. 医疗保险的缴纳和支付

1）医疗保险的缴纳

（1）基金来源

由社会统筹使用的统筹基金和个人专项使用的个人账户基金组成。

（2）缴费基数和缴费比例（随着经济的不断发展，缴费率可作相应调整）

① 用人单位的缴费基数和缴费比例

缴费基数：职工工资总额；缴费比例：6%左右。具体缴费比例由各统筹地区根据实际情况确定。

② 职工个人的缴费基数和缴费比例

缴费基数：本人工资收入；缴费比例：2%。

③ 灵活就业人员的缴费基数和缴费比例

缴费基数可以参照当地上一年职工年平均工资核定。缴费比例原则上按照当地的缴费比例确定。从统筹基金起步的地区，可以参照当地基本医疗保险建立统筹基金的缴费水平确定。

（3）筹资模式

社会统筹和个人账户相结合的部分积累模式。职工个人缴纳的基本医疗保险费，全部记入个人账户。用人单位缴纳的基本医疗保险费分为两部分，一部分用于建立统筹基金，另一部分划入个人账户。划入个人账户的比例一般为用人单位缴费的 30% 左右，具体比例由统筹地区根据个人账户的支付范围和职工年龄等因素确定。

退休人员参加基本医疗保险，个人不缴纳基本医疗保险费；国有企业下岗职工的基本医疗保险费，包括单位缴费和个人缴费，均由再就业服务中心按照当地上年度职工平均工资的 60% 为基数缴纳。领取失业保险金的人员在失业期间可以参加职工医保，保费由失业保险基金支付，个人不缴费；失业保险在异地转移时，其职工医保也随同转移。失业人员参加职工医保，其缴费年限与失业前参加职工医保的缴费年限累计计算。

《关于城镇灵活就业人员参加基本医疗保险的指导意见》中规定了灵活就业人员参加基本医疗保险要坚持权利和义务相对应、缴费水平与待遇水平相挂钩的原则。在参保政策和管理办法上既要与城镇职工基本医疗保险制度相衔接，又要适应灵活就业人员的特点。已与用人单位建立明确劳动关系的灵活就业人员，要按用人单位参加基本医疗保险的方法缴费参保。其他灵活就业人员，要以个人身份缴费参保。灵活就业人员参加基本医疗保险的缴费率原则上按当地缴费率确定。缴费基数可以参照当地上一年职工年平均工资核定。灵活就业人员缴纳的医疗保险费纳入统筹地区基本医疗保险基金统一管理。

（4）缴费年限

《中华人民共和国社会保险法》第 27 条规定，参加职工基本医疗保险的个人，达到法定退休年龄时累计缴费达到国家规定年限的，退休后不再缴纳基本医疗保险费，按照国家规定享受基本医疗保险待遇；未达到国家规定年限的，可以缴费至国家规定年限。为保持统筹基金收支平衡，切实保障退休人员医疗待遇水平，各统筹地区都对退休人员享受医疗保险待遇的最低缴费年限作了相关规定。累计缴费年限由职工参加基本医疗保险前的"视同缴费年限"和实际缴费年限组成。

2）医疗保险的支付

是指保险机构按照规定，在被保险人接受医疗服务后对其所花费的医疗费用进行补偿。

（1）职工基本医疗保险支付费用的诊疗项目范围

《中华人民共和国社会保险法》第 28 条规定："符合基本医疗保险药品目录、诊疗项目、医疗服务设施标准以及急诊、抢救的医疗费用，按照国家规定从基本医疗保险基金中支付。"

职工基本医疗保险按三大目录规定支付：

① 疾病目录

规定哪些疾病属医疗保险支付的疾病。

② 药品目录

由国家统一制定基本目录，各省可按本统筹区的用药习惯进行 30% 调整，目录规定了哪些药品属医保报销，各种药品报销的比例，使用的范围，同时对医院的级别也进行了相应限制。

③ 诊疗项目目录

对医院检查项目、治疗项目纳入医疗保险报销范围进行了详细的规定。基本医疗保险不予支付费用的诊疗项目范围：

● 服务类项目、挂号费、院外会诊费、病历工本费、家庭病床床位费、出诊费、检查治疗加急费、点名手术附加费等；

● 各种美容、健美项目及非功能性整容、矫形手术（矫治口吃、治疗雀斑、腋臭、脱发、洁齿等）、各种减肥、增胖、增高项目的一切费用；各种健康体检、婚检、各种保健性诊疗项目等；各种医疗鉴定、医疗咨询。

● 诊断设备及医用材料类，如义眼、义肢康复性器具；各种自用保健、按摩、检查和治疗器械。

● 治疗项目类，各类器官移植的器官源；近视眼矫形术；气功疗法、音乐疗法等。有些是医疗保险部分支付诊疗项目如 CT、MRI、直线加速器、碎石、高压氧治疗等。

（2）职工基本医疗保险的待遇标准

① 据国家现行规定，职工基本医疗保险的统筹基金和个人账户要划定各自的支付范围，分别核算，不得互相挤占。个人账户主要支付门诊费用、住院费用中个人自付部分以及在定点药店购药费用。个人账户归个人使用，可结转和继承。统筹基金用于支付住院医疗和部分门诊大病费用。统筹基金支付有起付标准和最高支付限额，起付标准原则上控制在当地职工年平均工资的 10% 左右，最高支付限额原则上控制在当地职工年平均工资的 4 倍左右。

② 起付标准以下的医疗费用，从个人账户中支付或由个人自付。起付标准以上、最高支付限额以下的医疗费用，主要从统筹基金中支付。超过最高支付限额的医疗费用，可以通过商业医疗保险等途径解决。统筹基金的具体起付标准、最高支付限额以及在起付标准以上和最高支付限额以下医疗费用的个人负担比例，由统筹地区根据以收定支、收支平衡的原则确定。

③ 一些统筹地区在国家确立的待遇标准的基础上，对本地区的职工基本医疗保险待遇标准作了进一步的细化规定。

（3）基金不予支付的情况

① 自杀、自残、他伤、打架斗殴、酗酒、吸毒等；

② 其他违法行为导致病、伤、残的；

③ 交通、医疗事故及其他责任事故；

④ 工伤、职业病的医疗和康复；

⑤ 因美容、矫形、生理缺陷等进行治疗的费用；

⑥ 出国或赴港、澳、台地区就医的；

⑦ 未经批准擅自转院或在非城镇职工基本医疗保险定点医疗机构就医的；

⑧ 无正当理由超过办理时限的；

⑨ 超出规定的病种目录、药品目录、诊疗项目、医疗服务设施范围和支付标准的；

⑩ 国家和省、市医疗保险政策规定的其他不支付费用情形。

（4）医疗保险基金中先行支付制度

医疗费用依法应当由第三人负担，第三人不支付或者无法确定第三人的，由基本医疗保险基金先行支付。基本医疗保险基金先行支付后，有权向第三人追偿。这里规定的"第三人"既包括自然人，也包括法人或者其他组织。

（5）妥善解决有关人员的医疗待遇

离休人员、老红军的医疗待遇不变。医疗费用按原资金渠道解决，支付确有困难的由同级人民政府帮助解决。离休人员、老红军的医疗管理办法由省、自治区、直辖市人民政府制定。二等乙级以上革命伤残军人的医疗待遇不变。医疗费用按原资金渠道解决，由社会保险经办机构单独列账管理。医疗费支付不足部分，由当地人民政府帮助解决。对退休人员个人账户的计入金额和个人负担医疗费的比例给予适当照顾。国家公务员在参加基本医疗保险的基础上，享受医疗补助政策。具体办法另行制定。

3. 补充医疗保险

是指在政府的鼓励政策下自愿推行、依法独立承办，根据权益或效率原则享受相应的待遇水平，举办者自负经营风险的医疗保险制度。为了不降低一些特定行业职工现有的医疗消费水平，在参加基本医疗保险的基础上，作为过渡措施，允许建立企业补充医疗保险。

1）补充医疗保险的原则

企业自愿，国家政策鼓励支持；只有参加了基本医疗保险的单位才能参加补充医疗保险；补充医疗保险只是补充，不能替代基本医疗保险；补充医疗保险与基本医疗保险互为补充。

2）补充医疗保险的种类及内容

① 政府主办和经办的国家公务员补充医疗保险。解决国家公务员基本医疗保险不予支付的大额医疗费用和个人账户用完后个人自付部分的医疗费用。补充医疗保险的经费将全部由国家财政拨付。

② 企业主办、社保机构经办的职工补充医疗保险。如某市各类企业、个体工商户为其职工、雇员，以及离退休人员，办理了补充医疗保险。经费来源：单位为职工缴纳部分或全部补充医疗保险费，所需费用按国家规定的资金渠道列支，不超过职工全年工资总额 4%的，从职工福利费中列支，福利费不足列支的部分，经同级财政部门核准后列入成本。

③ 社会保险机构主办，商业保险公司经办的职工补充医疗保险。

（五）生育保险法律制度

1. 生育保险概述

1）生育保险的概念和特征

生育保险是国家通过立法，在怀孕和分娩的妇女劳动者暂时中断劳动时，由国家和社会提供医疗服务、生育津贴和产假的一种社会保险制度，是国家或社会对生育的职工给予必要的经济补偿和医疗保健的社会保险制度。其宗旨在于通过向职业妇女提供生育津贴、医疗服务和产假，帮助他们恢复劳动能力，重返工作岗位。

生育保险具有以下特征：

① 享受生育保险的对象主要是女职工，因而待遇享受人群相对比较窄。随着社会进步和经济发展，有些地区允许在女职工生育后给予配偶一定假期以照顾妻子，并发给假期工资；还有些地区为男职工的配偶提供经济补助。

② 无论女职工妊娠结果如何，均可以按照规定得到补偿。即无论胎儿存活与否，产妇均可享受有关待遇，并包括流产、引产以及胎儿和产妇发生意外等情况，都能享受生育保险待遇。

③ 生育期间的医疗服务主要以保健、咨询、检查为主，与医疗保险提供的医疗服务以治疗为主有所不同。此服务侧重于指导孕妇处理好工作、保健与锻炼的关系，使她们在生育期一切顺利。产前检查及分娩时的接生和助产，则是通过医疗手段帮助产妇顺利生产。分娩属于自然现象，正常情况下不需要特殊治疗。

④ 产假有固定要求。产假要根据生育期安排，分产前和产后。产前假期不能提前或推迟使用。产假也必须在生育期间享受，不能积攒到其他时间享用。各国规定的产假期限不同。

⑤ 生育保险待遇有一定的福利色彩。生育期间的经济补偿高于养老、医疗等保险。生育保险提供的生育津贴，一般为生育女职工的原工资水平，也高于其他保险项目。另外，在我国，职工个人不缴纳生育保险费，而是由参保单位按照其工资总额的一定比例缴纳。

2）生育保险的参保范围和费用缴纳

① 参保范围：凡是与用人单位建立了劳动关系的职工，包括男职工，都应当参加生育保险。

② 费用缴纳：生育保险基金按照"以支定收、收支平衡"的原则筹集，纳入财政专户，实行收支两条线管理。生育保险费的缴费比例由当地人民政府根据计划内生育女职工的生育津贴、生育医疗费支出情况等确定，最高不得超过工资总额的 1%，用人单位按照国家规定缴纳生育保险费，职工不缴纳。

2. 生育保险待遇

享受生育保险待遇的主体只能是女职工本人；享受生育保险待遇的时间是女职工生育期间，生育期间包括怀孕、分娩、哺乳婴儿在内；女职工享受生育保险待遇应符合法律、法规和政策的规定；生育保险待遇包括对女职工因生育需要的身体康复和物质上的补偿。

1）享受生育保险待遇需具备的条件

① 符合国家计划生育政策生育或者实施计划生育手术；

② 所在单位按照规定参加生育保险连续足额缴费一年以上。

2）生育保险待遇

① 生育医疗待遇：

• 生育或流产的检查费、接生费、手术费、住院费、药费（超出规定的医疗服务费和药费由职工个人负担）和与生育直接相关的医疗费等医疗费用；

• 计划生育的医疗费用；

• 女职工生育出院后，因生育引起疾病的医疗费由生育保险基金支付，其他疾病的医疗费，按医疗保险待遇规定处理；

• 法律、法规规定的其他项目费用。

② 生育津贴待遇：

• 女职工生育享受产假。《中华人民共和国劳动法》第 62 条规定，女职工生育，享受不少于 90 天的产假。《女职工劳动保护特别规定》中有进一步相关阐述：女职工生育享有98 天产假，其中产前可以休假 15 天；难产的，增加产假 15 天；生育多胞胎的，每多生育一个婴儿，增加产假 15 天。流产产假以 4 个月划界，其中不满 4 个月的，给予 15 天产假；4 个月以上流产的，产假为 42 天。

• 享受计划生育手术休假。我国暂时并未对计划生育手术假期进行统一规定，由各省市按照国家规定，结合本地实际情况制定执行。

• 生育津贴。女职工产假期间的生育津贴按照本企业上年度职工月平均工资计发。尚未参加生育保险社会统筹的单位，女职工生育产假期间，由单位照发工资。

• 法律、法规规定的其他情形。参保单位女职工生育或流产后，其生育津贴和生育医疗费由生育保险基金支付。生育津贴按照本企业上年度职工月平均工资计发；生育医疗费包括女职工生育的检查费、接生费、手术费、住院费以及女职工生育出院后，因生育引起疾病的医疗费。

三、职工福利制度

（一）职工福利制度概述

1. 职工福利

又称职业福利或劳动福利，是指用人单位和有关社会服务机构为满足劳动者生活的共同需要和特殊需要，在工资和社会保险之外向职工及其亲属提供一定货币、实物、服务等形式的物质帮助。《关于企业加强职工福利费财务管理的通知》从财务管理角度对"职工福利费"有明确规定："企业职工福利费是指企业为职工提供的除职工工资、奖金、津贴、纳入工资总额管理的补贴、职工教育经费、社会保险费和补充养老保险费（年金）、补充医疗保险费及住房公积金以外的福利待遇支出，包括发放给职工或为职工支付的以下各项现金补贴和非货币性集体福利。"据此，可以将职工福利分为以现金补贴方式发放的"职工个人福利"和以非货币方式提供的"职工集体福利"两大类。

2. 职工福利机构和基金

职工福利基金是用人单位专门用于职工福利的资金。按国家规定，企业从税后利润中提取的公益金也主要用于职工的集体福利。

职工福利基金的来源：

① 按人员定额从事业支出或经营支出中列支提取的工作人员福利费。主要用于职工个人方面的开支，用于单位职工基本福利支出，如职工生活困难补助等。

② 按结余的一定比例提取的职工福利基金。主要用于集体福利的开支，如用于集体福利设施的支出，对后勤服务部门的补助，对单位食堂的补助，以及单位职工公费医疗支出超支部分按规定由单位负担的费用，按照国家规定可以由职工福利基金开支的其他支出。在有些具体支出项目上，福利基金和福利费也可以合并使用。

（二）职工个人福利

职工个人福利补贴是指由职工福利基金或其他有关经费中开支的，主要以货币形式直接支付给职工的福利待遇，作为工资的补充形式构成职工个人收入。它对于减轻职工的生活负担、解决职工及家属生活困难、保证职工基本生活和提高职工的生活水平具有重要意义。

具体包括以下几种。

① 职工探亲补贴。

② 职工上下班交通职工个人福利补贴。

③ 职工冬季宿舍取暖补贴。

④ 职工生活困难补贴。是指对生活困难的职工实际支付的定期补助和临时性补助。包括因公或非因工负伤等需要的生活补助。

⑤ 其他福利补贴。例如：独生子女费、未设托儿所的托儿费、职工丧葬补助费、婚丧

嫁待遇、供养直系亲属死亡抚恤费、职工病伤假期间救济费、住院伙食费、职工住房补贴等。

（三）职工集体福利

是指自己提供或委托社会服务机构提供职工集体享用的福利性设施和服务。

现行职工集体福利的内容具体如下。

① 方便职工生活，减轻职工生活负担和家务劳动而设立的集体福利设施。如职工食堂、托儿所、理发室、浴室等。

② 为活跃和丰富职工文化体育福利设施。如图书馆、阅览室、体育活动场所等。

任务五 综合训练

一、知识巩固

（一）单项选择题

1. 下列关于我国最低工资制度的表述，正确的是（　　）。
    A. 我国实行全国统一的最低工资标准，由国务院作出具体规定
    B. 用人单位通过贴补伙食支付给劳动者的非货币性收入不属于最低工资组成部分
    C. 延长工作时间的工资可作为最低工资的组成部分
    D. 集体合同所规定的工资标准，即使低于当地最低工资标准，对劳动者也有拘束力
2. 下列时间中安排劳动者工作不允许以安排补休代替支付相关劳动报酬的是（　　）。
    A. 周日　　　　　B. 元宵节　　　　　C. 端午节　　　　　D. 农历正月初三
3. 从法律范畴理解，工作时间不应包括（　　）。
    A. 女职工孕期检查时间　　　　　B. 未成年人工作中安排的休息时间
    C. 依法参加各种社会活动的时间　　D. 规定工作时间段内经批准的外出就医时间
4. 因劳动者本人原因给用人单位造成经济损失的，用人单位可以按照劳动合同的约定要求其赔偿经济损失。经济损失的赔偿，可从劳动者本人的工资中扣除，但每月扣除的部分不得超过劳动者当月工资的（　　）。
    A. 10%　　　　　B. 20%　　　　　C. 40%　　　　　D. 50%
5. 按照国务院规定，国家实行职工每日工作8小时，每周工作（　　）小时。
    A. 48　　　　　B. 40　　　　　C. 45　　　　　D. 44
6. 用人单位由于生产经营需要，履行（　　）程序后可以延长工作时间。
    A. 报经劳动行政部门批准　　　　B. 与工会协商同意
    C. 与工会和劳动者协商同意　　　D. 用人单位自行决定
7. 《中华人民共和国劳动法》规定，因特殊原因需要延长工作时间的，在保障劳动者身体健康和每月延长工作时间不超过36小时的条件下，延长工作时间每日不得超过（　　）。
    A. 1小时　　　　B. 2小时　　　　C. 3小时　　　　D. 4小时
8. 下列关于未成年工劳动保护的表述，不正确的是（　　）。

A. 用人单位应当对未成年工定期进行健康检查

B. 用人单位招收和使用未成年工，须向所在地的县级以上劳动行政部门办理登记

C. 未成年工不得从事工作场所接触放射性物质的作业

D. 禁止任何用人单位招用未满 16 周岁的未成年人

9. 《中华人民共和国劳动法》第 61 条规定："对怀孕（　　）以上的女职工，不得安排其延长工作时间和夜班劳动。"

    A. 4 个月   B. 5 个月   C. 6 个月   D. 7 个月

10. 下列哪种情形不能认定为工伤或视同工伤？（　　）

    A. 在上班途中，发生机动车事故伤害的

    B. 因战、因公负伤致残，已取得革命伤残军人证，到用人单位后旧伤复发的

    C. 工作中突发疾病治疗后有后遗症的

    D. 因履行职责遭受人身伤害的

11. 职工因工死亡，一次性工亡补助金标准为上一年度全国（　　）的 20 倍。

    A. 最低工资   B. 城镇居民人均可支配收入

    C. 农民人均纯收入   D. 在岗职工平均工资

12. 用人单位应当按照（　　），根据社会保险经办机构确定的费率缴纳工伤保险费。

    A. 本地区上一年职工平均工资   B. 本单位职工工资总额

    C. 本地区最低工资   D. 本行业的平均工资

13. 失业保险金领取期限自（　　）起计算。

    A. 解除或者终止劳动合同之日   B. 档案转移之日

    C. 办理失业登记之日   D. 申请之日

14. 职工应当按照国家规定（　　）的比例缴纳基本养老保险费，记入个人账户。

    A. 单位平均工资   B. 社会平均工资

    C. 用工地最低工资   D. 本人工资

15. 根据《中华人民共和国社会保险法》规定，参加基本养老保险的个人，达到法定退休年龄时累计缴费满（　　）以上的，按月领取基本养老金。

    A. 10 年   B. 15 年   C. 20 年   D. 25 年

（二）多项选择题

1. 关于工资的说法正确的是（　　）。

    A. 工资可以是货币报酬，也可以是实物报酬

    B. 工资是劳动者基于与用人单位的劳动关系取得的劳动报酬

    C. 劳动保护方面的费用属于工资范围

    D. 工资至少每月支付一次

2. 根据我国有关劳动法的规定，适用最低工资制度的主体包括（　　）。

    A. 农民   B. 乡镇企业的职工

    C. 军人   D. 残疾劳动者

    E. 国家机关和事业单位的职工

3. 目前我国的工资形式包括（　　）。

    A. 计时工资   B. 计件工资   C. 奖金   D. 津贴（补贴）

4. 最低工资中所提的正常劳动包括（　　　）。

    A. 劳动者依法享受带薪年休假

    B. 劳动者依法享受带薪探亲假、婚丧假

    C. 劳动者依法享受带薪生育（产）假、节育手术假

    D. 法定工作时间内依法参加社会活动期间

5. 下列有关工作时间的说法，符合法律规定的有（　　　）。

    A. 我国实行劳动者每日工作时间不超过 8 小时，平均每周工作时间不超过 40 小时的工时制度

    B. 用人单位应当保证劳动者每周休息 2 日

    C. 延长工作时间每月不得超过 36 小时

    D. 劳动者连续在同一用人单位工作一年以上的，才可享受带薪年休假

6. 下列可适用不定时工作制的有（　　　）。

    A. 高级管理人员   B. 外勤人员

    C. 春运期间铁路售票人员   D. 出租汽车司机

7. 从法律范畴理解，工作时间应包括（　　　）。

    A. 劳动者实际工作时间

    B. 生产或工作前从事必要的准备和工作结束时的整理时间

    C. 生产或工作间安排的就餐时间

    D. 因用人单位的原因造成的等待工作任务的时间

    E. 参加与工作有直接联系并有法定义务性质的培训和教育时间

8. 下列关于女职工劳动保护的说法，正确的有（　　　）。

    A. 女职工劳动权的保护主要是消除性别歧视

    B. 不得使用女职工从事矿山井下作业

    C. 对于怀孕女职工不得安排其延长工作时间

    D. 对于怀孕女职工一律不得解除劳动合同

9. 《中华人民共和国劳动法》规定，新建、改建、扩建工程的劳动安全设施必须与主体工程（　　　）。

    A. 同时设计   B. 同时施工

    C. 同时验收   D. 同时投入生产和使用

10. 关于职业中介机构的说法中，正确的是（　　　）。

    A. 政府部门不得举办或者与他人联合举办经营性的职业中介机构

    B. 职业中介实行登记制度，满足法定条件并办理登记手续，即可开办

    C. 设立职业中介机构应当配备一定数量具有相应职业资格的专职人员

    D. 劳动保障行政部门对经批准设立的职业中介机构实行年度审验

11. 下列哪些人员可以参加基本养老保险，由个人缴纳基本养老保险费？（　　　）

    A. 无雇工的个体工商户

    B. 未在用人单位参加基本养老保险的非全日制从业人员

    C. 其他灵活就业人员

    D. 个体工商户的雇工

12. 2010 年 9 月小王入职后，单位为其缴纳了工伤保险，同年 11 月，小王在工作中受伤，被认定为工伤，下列哪些费用应从工伤保险基金中支付？（　　）

A. 治疗工伤的医疗费用和康复费用

B. 住院伙食补助费

C. 到统筹地区以外就医的交通食宿费

D. 终止或者解除劳动合同时，应当享受的一次性医疗补助金

13. 下列哪些情形，无法从失业保险基金中领取失业保险金？（　　）

A. 小李解除了与单位的劳动合同

B. 小刘缴纳失业保险 11 个月，用人单位解除了与其的劳动合同

C. 小白缴纳失业保险 15 个月，用人单位解除了与其的劳动合同

D. 小张缴纳失业保险 28 个月，用人单位终止了与其的劳动合同

14. 下列哪些医疗费用不应纳入基本医疗保险基金支付范围？（　　）

A. 应当从工伤保险基金中支付的　　B. 应当由第三人负担的

C. 应当由公共卫生负担的　　D. 在境外就医的

15. 按照《中华人民共和国社会保险法》的规定，生育保险待遇包括生育医疗费用和生育津贴。其中，生育医疗费用包括（　　）。

A. 生育的医疗费用　　B. 计划生育的医疗费用

C. 妇科检查费　　D. 一次性营养费

E. 法律、法规规定的其他项目费用

（三）判断题

1. 根据劳动法规定，最低工资具体标准应当由各省市人民政府确定。（　　）

2. 禁止用人单位招用未满十六周岁的未成年工。（　　）

3. 《中华人民共和国劳动法》第 41 条规定："延长工作时间，一般每日不超过 2 小时；因特殊原因需要延长工作时间的，在保障劳动者身体健康的条件下，每日不得超过 3 小时。"（　　）

4. 用人单位由于生产经营需要经与工会或劳动者协商后可以延长工作时间，但延长的时间不得超过劳动法的限定。（　　）

5. 失业人员失业前用人单位和本人累计缴费十年以上的，领取失业保险金的期限最长为 20 个月。（　　）

6. 个人死亡的，记入基本养老保险个人账户的余额可以继承。（　　）

7. 享受最低生活保障的人、丧失劳动能力的残疾人、低收入家庭六十周岁以上的老年人和未成年人等所需的城镇居民基本医疗保险个人缴费部分，由政府给予补贴。（　　）

8. 失业人员领取失业保险金后重新就业再次失业的，失业保险缴费时间重新计算。（　　）

9. 无雇工的个体工商户、未在用人单位参加基本养老保险的非全日制从业人员以及其他灵活就业人员参加基本养老保险的，应当按照国家规定缴纳基本养老保险费，并全部记入基本养老保险统筹基金。（　　）

10. 职工应当参加生育保险，由职工和用人单位按照国家规定缴纳生育保险费。（　　）

（四）简答题

1. 工资有哪些特征？

2. 请简述延长工作时间的含义及我国劳动法对限制延长工作时间的主要规定。

3. 简述劳动保护的概念及特点。

4. 职业教育与普通教育有什么联系与区别？

5. 社会保险有哪些特征？

二、知识运用与能力提升

（一）案例题

1. 煤矿决定招收井下作业工人50名，其中有20名尚未与原单位解除劳动合同。用人单位拿出事先印好的劳动合同要求工人签字。

合同中的内容包括：

① 婚丧假期间不支付工资；

② 每月延长工作时间不得超过40小时；

③ 职工一方要求提前解除合同需要提前60天通知用人单位；

④ 职工可以自愿参加失业保险和养老保险；

⑤ 在合同期内工人患硅肺病不得解除劳动合同；

⑥ 连续工作一年以上可以享受年休假。

双方在签订劳动合同时发生争议。

试分析：

① 该煤矿招收工人时是否有违法行为？为什么？

② 该合同的签订程序是否有违法情况？为什么？

③ 该份劳动合同的内容是否符合法律规定？为什么？

2. 2014年3月1日，韩某与一家大型机械公司签订了为期2年的劳动合同，从事锻压工作。2015年4月20日，韩某在锻压汽车零件时由于操作失误被机床所伤。事故发生后，韩某住院治疗20天，自己支付了全部的医疗费11 000元。2015年7月1日，韩某自己到当地劳动保障行政部门提出了工伤认定申请。

问：

① 韩某所受到的伤害能否认定为工伤？为什么？

② 如果韩某属于工伤，公司能否以韩某属于工伤参保职工，医疗费应当由工伤保险基金支付而拒绝支付医疗费？为什么？

③ 若韩某提起劳动仲裁，申请仲裁委员会裁决该公司应支付医疗费11 000元，而当地的月最低工资标准为900元，对该裁决公司能否起诉？为什么？

（二）实训题

1. 训练题目：收集本项目下的劳动争议典型案例，并选择其一进行分析和展开讨论，提交分析报告。

2. 训练目的：通过训练，提高学生分析问题的能力、沟通能力、辩论能力、组织协调能力、文字写作能力，提高学生综合素质。同时，也为下一期的"模拟法庭"实训做充分的资料准备工作。

3. 训练的内容、形式和要求：以小组为单位完成。全班同学每8～9人分为一组，每组推选一名小组长，组长对本组同学进行合理分工。训练任务在小组长的组织下展开，各组不仅要将分析和探讨情况加以整理和记录，而且还要提交一份完整的案例分析报告（内容和结构有一定的规范要求，字数不少于2 000字）。最后，选派代表到讲台将本组讨论情况作主题发言。发言结束，老师对本次实训的各组表现进行点评，指出不足，提出改进意见和建议。讨论过程和分析报告按一定比例评分，作为每位同学的实训成绩。

学习目标

◇ **知识目标**

① 了解劳动法律责任形式，处理劳动争议的机构和劳动法律监督检查工作程序。熟悉我国劳动法律法规关于用人单位、劳动者和有关部门及其人员违反劳动法的行为及责任，劳动法律法规关于劳动争议处理的有关规定。

② 理解用人单位违反劳动法律的行为及责任，劳动争议处理的原则和劳动法律监督检查机构及其职权。

③ 掌握劳动法律责任的概念和违反劳动法律的归责原则，劳动争议的概念和范围、劳动争议处理体制和程序（包括调解、仲裁和诉讼程序），劳动法律监督检查的概念、特征、对象、内容和制度。

◇ **能力目标**

① 学会劳动法律责任认定的方法。

② 学会判断纠纷是否属于劳动争议并能按照劳动争议处理程序处理该劳动纠纷案件。

任务一 劳动法律责任

任务情景

马某于 2011 年 8 月 30 日入职东莞某五金制品有限公司工作，任工程部副经理，后于 2012 年 9 月晋升为该部门经理。2011 年 8 月 30 日，马某与五金公司签订了一份由 2011 年 9 月 1 日至 2014 年 8 月 31 日的劳动合同，约定初始工资为 2 200 元。因马某有严重失职及多种违纪行为，五金公司于 2012 年 12 月 3 日对马某发出《离职书》，对马某作辞退处理。马某以五金公司违法辞退为由，向东莞市劳动争议仲裁院某劳动争议仲裁庭提起劳动仲裁，

230

要求五金公司支付违法解除劳动合同的双倍赔偿金及其他项目。

被诉人五金公司辩称，被诉人基于申诉人严重违反公司规章制度而合法解雇申诉人，无须承担任何经济补偿金及赔偿金：

① 申诉人任职期间因工作疏忽，多次出现计算错误，向客户报错公司产品价格，造成公司巨大的经济损失。

② 申诉人曾私下为竞争对手在公司的供应商处购买机械设备提供帮助，严重违反公司规定，其行为泄露了公司的商业秘密，对公司造成极大损害。现申诉人已到公司的竞争对手处任职，亦违反了公司高级管理人员竞业限制的原则。

③ 自 2012 年 10 月起，申诉人经常违反公司打卡管理规定，经常不在工作岗位，纪律表现散漫。

④ 申诉人在职期间，多次接收非公司员工的、与工作性质完全无联系的电子邮件，利用职务便利处理与本职工作无关的事务，尤其是多次将公司的原材料成本和其他材料的报价以电子邮件的方式发送给公司的竞争对手，其行为直接泄露了公司的商业秘密，严重损害了公司的利益。

◎ 课堂提问

当你被录用到新单位工作，却遭遇 2 个月向你不提及签订劳动合同的事情，你该怎样确定具体的法律责任（包括赔偿金数额）？

当你工作了半年，单位突然辞退你，你又该如何向用人单位争取你的权益？

一、劳动法律责任概述

（一）劳动法律责任的概念和特点

劳动法律责任是指劳动法主体因违反劳动法的规定所应承担的法律后果。即用人单位、劳动者或者其他机关、团体、个人因违反劳动法律法规的规定而应当承受的由法律规定的某种不利的法律后果。法律责任还可以理解为劳动法体系中的一项法律制度，即劳动法律责任制度。它是关于如何认定违反劳动法行为以及如何对违反劳动法行为追究法律责任的法律规范的总和。其内容主要是规定违反劳动法的行为有哪些，对各种违反劳动法的行为应追究什么法律责任，违反劳动法的人承担法律责任应具备哪些条件等。

劳动法律责任的含义包括：

1. 法律责任的主体是实施违反劳动法行为的单位和个人，又称违法行为人

违反劳动合同法的主要责任主体是：

① 用人单位。我国劳动法律、法规中关于法律责任的规定大部分都是针对用人单位的。

② 劳动者。《中华人民共和国劳动法》第 102 条规定："劳动者违反本法规定的条件解除劳动合同或者违反劳动合同中约定的保密事项，对用人单位造成经济损失的，应当依法承担赔偿责任。"《中华人民共和国劳动合同法》第 90 条规定："劳动者违反本法规定解除劳动合同，或者违反劳动合同中约定的保密义务或者竞业限制，给用人单位造成损失的，应当承担赔偿责任。"

③ 劳动行政部门和有关部门及其工作人员。《中华人民共和国劳动法》第 103 条规定："劳动行政部门或者有关部门的工作人员滥用职权、玩忽职守、徇私舞弊，构成犯罪的，依法追究刑事责任；不构成犯罪的，给予行政处分。"《中华人民共和国劳动法》第 104 条规定："国家工作人员和社会保险基金经办机构的工作人员挪用社会保险基金，构成犯罪的，依法追究刑事责任。" 除此之外，责任主体还包括工会组织、用人单位团体等。单位的代表人或代理人在执行职务过程中所实施的违法行为，属于单位违法行为，应由单位承担法律责任，但有关责任人员也应承担相应的法律责任；个人违反劳动法应由本人承担法律责任。承担经济法律责任的主体，必须是劳动法律关系的主体，必须符合劳动法规定的资格条件。

2. 法律责任的发生原因是违反劳动法的行为

既包括直接违反劳动法律规范的行为，也包括违反劳动合同、集体合同和内部劳动规章的行为，因为遵守合同和规章本身就是法定义务。这种违法行为表现为以下几个方面：

① 拒不实施法律、劳动规章或劳动合同规定的行为；

② 实施了法律明令禁止的行为；

③ 实施某种行为时违反了法律规定的程序。

3. 法律责任的内容是违法行为人必须向违法行为相对人或国家给付一定财物和其他利益或者接受一定警诫和谴责

这对违法行为人而言意味着一种不利的法律后果。

4. 法律责任的性质是具有法律价值的否定性和事实内容的不利性

违法行为人承担基于原义务的派生义务（即由于侵害他人权利而发生的义务），这一派生义务具有惩罚性。

5. 法律责任的发生原因是违反劳动法的行为

既包括直接违反劳动法律规范的行为，也包括违反劳动合同、集体合同和内部劳动规范的行为。这就是违法的法律事实，是承担法律责任的前提。

6. 法律责任的追究方式（或称"实现方式"）是法律所要求或允许的

有些法律责任必须或可以由国家执法机关依法追究，称为法律制裁，如有劳动行政部门执行劳动行政处罚；有些法律责任可以由违法行为人自己主动或应相对人的要求而履行。

劳动法律责任具有两个比较突出的特点：

① 综合性，即民事、行政、刑事责任并用。劳动法律责任不是一种独立的责任形式，而是由劳动立法综合采用了民事、行政和刑事三大责任形式，实现劳动法律的不同规范功能。民事责任在劳动关系的当事人之间追究和承担，主要功能在于实现利益上的补救；行政责任是由劳动行政部门对用人单位违反劳动法规定的行为所追究的责任，主要功能在于纠正违法行为和惩处违法行为；刑事责任是由司法机关对用人单位及其工作人员严重违反劳动法、构成犯罪的行为所追究的责任，其功能在于惩罚和预防犯罪。多种责任形式的存在决定了追究劳动法律责任不能适用统一的归责原则，而只能分别按照三种责任形式各自的归责原则完成劳动法律责任的归责。

② 违反劳动劳动法律的民事责任采用的是补偿和赔偿并用。经济补偿与经济赔偿是两个不同的民事责任措施。经济补偿金是指劳动合同解除或终止时，依法律规定应当向劳动者支付的经济补偿，在性质上讲具有劳动贡献补偿和社会保障双重功能，其产生是基于国家法律、法规的规定。而经济赔偿金针对的是用人单位非法解除劳动合同的情况，即在单位单方

违法解除劳动合同时适用，带有惩罚的性质。例如，《中华人民共和国劳动合同法》第46条规定："有下列情形之一的，用人单位应当向劳动者支付经济补偿：劳动者依照本法第38条规定解除劳动合同的……"《中华人民共和国劳动合同法》第38条规定，用人单位有下列情形之一的，劳动者可以解除劳动合同：

- 未按照劳动合同约定提供劳动保护或者劳动条件的；
- 未及时足额支付劳动报酬的；
- 未依法为劳动者缴纳社会保险费的；
- 用人单位的规章制度违反法律、法规的规定，损害劳动者权益的；
- 因本法第26条第1款规定的情形致使劳动合同无效的；
- 法律、行政法规规定劳动者可以解除劳动合同的其他情形。

用人单位以暴力、威胁或者非法限制人身自由的手段强迫劳动者劳动的，或者用人单位违章指挥、强令冒险作业危及劳动者人身安全的，劳动者可以立即解除劳动合同，不需要事先告知用人单位。

上述情形中，用人单位违反劳动法律规定，劳动者提出解除劳动合同，应得到用人单位的经济补偿金。而《中华人民共和国劳动合同法》第87条规定，用人单位违反本法规定解除或者终止劳动合同的，应当依照本法第47条规定的经济补偿标准的2倍向劳动者支付赔偿金。在上述情形中，用人单位单方违法解除劳动合同，应当支付经济赔偿金，金额是经济补偿金标准的2倍，具有惩罚的性质。《中华人民共和国劳动合同法》第48条规定，用人单位违反本法规定解除或者终止劳动合同，劳动者要求继续履行劳动合同的，用人单位应当继续履行。劳动者不要求继续履行劳动合同或者劳动合同已经不能继续履行的，用人单位应依该法规定的经济补偿标准的2倍向劳动者支付赔偿金。

（二）违反劳动法责任的归责原则

1. 过错责任原则

是指以行为人主观的过错作为承担法律责任的基本要件的认定责任的原则。过错指的是行为人的心理状态，包括故意和过失两种情况。故意的过错是指违法行为人明知自己的行为可能侵害他人的合法权益或引起危害社会的结果而希望或放任这种危害结果的发生。过失的过错是指违法行为人应预见到自己的行为可能侵害他人的合法权益或发生一定的社会危害，但由于疏忽大意没有预见到或已经预见到却轻信能够避免而没有采取一定措施，以至于造成危害结果的发生。过错责任原则是违反劳动法责任的基本归责原则。

2. 无过错责任原则

是指没有过错造成他人损害的，依劳动法规定应由与造成损害原因直接相关的人（用人单位）承担法律责任的原则。无过错责任原则的适用不是根据用人单位主观上是否有过错而是基于损害的客观存在，是根据用人单位的"劳动"的危险性质与造成损害后果的因果关系，由法律规定责任者应承担的法律责任，故又称"客观责任"或"危险责任"。

3. 公平责任原则

加害人和受害人都没有过错，在损害事实已发生的情况下，以公平考虑作为价值判断标准，根据实际情况和可能，由双方当事人公平地分担损失的归责原则。

（三）劳动法律责任的构成要件

也称违法行为的构成要件，是指承担劳动法律责任的必须具备的法定条件。立法中关于违反劳动法行为构成要件的规定，往往由于法律责任形式、违法行为类型、行为人主体资格等因素的不同而有所差别。

作为承担法律责任之必备条件有：

1. 行为人具有法律责任能力

即行为人具有承担法律责任的权利能力和行为能力，它通常包含在劳动法主体的法律资格之中，要具有法律责任能力，责任主体必须是具有劳动法主体资格的单位或个人。

2. 行为人在客观上实施了违反劳动法的行为

即行为人已实施违反劳动法规、劳动合同、集体合同或内部劳动规则所规定义务的行为，表现为作为或不作为两种形式。

3. 行为人的违法行为造成或足以造成一定的社会危害

其危害的对象，既可能是劳动者或用人单位，也可能是国家、社会，或劳动关系当事人以外的特定单位或个人；其危害形式，表现为给受害人造成一定损失，或使受害人有遭受一定损失之危险，即对未来构成危害的后果；其危害发生，归因于违反劳动法行为，即危害后果与违反劳动法行为之间存在因果关系。

4. 行为人在主观上有过错

过错是行为人实施违反劳动法行为时具有故意或过失的心理状态。

上述条件中，前三项条件，在任何情况下都是承担法律责任的必要条件，而第四项条件在一般情况下是必要条件，但在法律法规有明确规定的某些情况下则非必要条件。

二、违反劳动法的行政责任

行政责任是指用人单位或劳动者因违反劳动法律、法规所应承担的行政法上的不利后果。这种违法行为程度轻微，不够追究刑事责任。其制裁方式可以分为：

（一）行政处罚

是指由劳动行政部门、公安行政部门和工商行政部门等国家行政管理部门依法对有关单位及其责任人员、劳动者违反劳动法律法规尚未构成犯罪实施的行政制裁的具体行政行为。行政处罚的适用对象是作为行政相对方的用人单位或劳动者，属于外部行政行为。此点将其与行政处分区别开来。行政处罚也区别于行政强制执行，它是以对违法行为人的惩戒为目的而非以实现义务为目的。行政处罚的前提是用人单位或劳动者实施了违反劳动法律中的某些行政法律规范的行为而非违反了刑法、民法等其他法律规范的行为。

实施行政处罚要遵守的法律原则是：

① 法定原则

处罚依据、主体、职权和程序都必须是法定的。

② 三公（公开、公正、公平）原则

处罚的依据、内容公开，程序公正，裁判公平。

③ 适应违法行为原则

处罚种类、轻重程度及其减免与受罚人的违法行为的事实、性质、情节及社会危害程度相适应。

④ 一事不再罚原则

做到一行为不再理、一行为不再罚、一行为不再同种罚、一行为不得两次以上罚。

⑤ 结合教育原则

处罚不仅仅是一种制裁，它兼有惩戒与教育的双重功能。

⑥ 民事刑事责任适用原则

即不免除民事责任、不取代刑事责任的原则。行政相对方因违法受到行政处罚，其违法行为对他人造成损害的，应当依法承担民事责任。违法行为严重构成犯罪的，应当依法追究刑事责任。

⑦ 申诉和赔偿原则

相对方对行政主体给予的行政处罚依法享有陈述权、申辩权；对行政处罚决定不服的，有权申请复议或者提起行政诉讼。相对方因违法行政处罚受到损害的，有权提出赔偿要求。

⑧ 处罚追究时效原则

自违法行为终止之日算起，两年内未追究责任的不再处罚。单行条例中另有规定的依规定。

行政处罚的主要形式有：警告；罚款；没收违法所得、没收非法财物；责令停产停业；暂扣或者吊销许可证、暂扣或者吊销执照；行政拘留等。

（二）行政处分

也称纪律处分，是指对用人单位行政管理人员及其所属的工作人员、国家行政管理工作人员违反劳动法律、法规、规章，情节轻微，不够追究刑事责任而给予的一种惩戒。行政处分属于内部行政行为，由行政主体基于行政隶属关系依法作出。它具有强烈的约束力，管理相对人不服，行政主体可以强制执行。但因其不受司法审查，故被处分人不服行政处分，可以申请复核或者申诉，但不能提起行政诉讼。复核、申诉期间不停止处分的执行。其主要形式有：警告、记过、记大过、降级、撤职、开除。如《中华人民共和国劳动合同法》第 95 条规定：劳动行政部门和其他有关主管部门及其工作人员玩忽职守、不履行法定职责，或者违法行使职权，给劳动者或者用人单位造成损害的，应当承担赔偿责任；对直接负责的主管人员和其他直接责任人员，依法给予行政处分；构成犯罪的，依法追究刑事责任。

三、违反劳动法的民事责任

民事责任，是指用人单位或劳动者因违反劳动法律、法规，侵犯了对方的民事权利而应承担的停止侵害和进行补偿的法律责任。根据责任发生根据的不同，民事责任可以分为合同责任、侵权责任与其他责任（如不当得利、无因管理等产生的责任）。合同责任是指因违反合同约定的义务、合同附随义务或违反《中华人民共和国劳动合同法》规定的义务而产生的责任。侵权责任是指因侵犯他人的财产权益与人身权益而产生的责任。承担民事责任的形式，在财产关系方面，表现为恢复被违法行为所侵害的财产权利；在人身方面，除恢复人身权利外，还须赔偿因此遭受的财产损失。

违反劳动法律、法规承担民事责任的主要形式有：赔偿损失（赔偿金，包括实际损失的赔偿金和惩罚性的赔偿金，如用人单位故意不签订书面劳动合同或者拖延签订劳动合同的赔偿金）、经济补偿（补偿金）、补发工资、补缴保险费、强制继续履行劳动合同、停止侵权行为、提供安全卫生条件等。

违反劳动法律、法规而承担的民事责任有以下特征：

第一，"法定责任优先"的原则。以法定责任为主、约定责任为辅。违法行为人应承担的民事责任，大多由有关法规直接规定其具体形式和标准，当事人之间关于民事责任的约定须与法定的形式和标准相符。许多国家还禁止在劳动合同中就违约金、赔偿金的数额进行约定。这主要因为劳动合同涉及劳动者的基本人权，劳动者通常处于弱势地位，需对其利益进行保护。《劳动法》中对于民事责任的规定体现出"法定责任优先"的原则，此原则有别于一般民事法律关系中当事人意思自治，约定优先的原则，体现了劳动法的社会法性质。责任法定性的实例之一，就是赔偿数额的法定性。如《中华人民共和国劳动合同法》规定，用人单位自用工之日起超过1个月不满1年未与劳动者订立书面劳动合同的，应向劳动者每月支付2倍的工资。

第二，劳动者和用人单位承担责任的原则不尽相同。劳动者承担民事责任普遍适用过错责任原则，而用人单位承担民事责任普遍适用无过错责任原则。这也是从对通常处于弱势地位的劳动者倾斜保护的角度出发确立的原则，是劳动法的社会法性质的体现。

第三，以责令支付作为实现民事责任的主要方式。如责令支付经济补偿等。根据《中华人民共和国劳动法》和有关法规的规定，补发工资、支付经济补偿、赔偿损失（包括赔偿双倍工资）等民事责任形式，都可以由劳动行政部门以责令支付的方式来实现。这就使民事责任兼有行政责任实现方式的特色。

第四，采用某些特殊的民事责任形式。即某些民事责任形式为劳动法所特有，如向劳动者支付经济补偿金、为劳动者或其亲属提供物质帮助等。

（一）劳动者违反《中华人民共和国劳动合同法》的民事责任

① 劳动者违反劳动合同中约定的保密义务或者竞业限制，劳动者应当按照劳动合同的约定，向用人单位支付违约金。给用人单位造成损失的，应承担赔偿责任。

② 劳动者违反培训协议，未满服务期解除或者终止劳动合同的，或者因劳动者严重违纪，用人单位与劳动者解除约定服务期的劳动合同的，劳动者应当按照劳动合同的约定，向用人单位支付违约金。

③ 劳动者违反《中华人民共和国劳动合同法》的规定解除劳动合同，给用人单位造成损失的，应当承担赔偿责任。

④ 劳动合同依照《中华人民共和国劳动合同法》第26条的规定被确认无效，给对方造成损害的，有过错的一方应当承担赔偿责任。

（二）用人单位违反《劳动合同法》的民事责任

1. 用人单位"订立劳动合同"违法的法律责任

① 用人单位提供的劳动合同文本未载明劳动合同必备条款或者用人单位未将劳动合同

文本交付劳动者的，由劳动行政部门责令改正；给劳动者造成损害的，应当承担赔偿责任。

② 用人单位自用工之日起超过 1 个月不满 1 年未与劳动者订立书面劳动合同的，应当向劳动者每月支付 2 倍的工资。

③ 用人单位违反规定不与劳动者订立无固定期限劳动合同的，自应当订立无固定期限劳动合同之日起向劳动者每月支付 2 倍的工资。

④ 用人单位违反法律规定与劳动者约定试用期的，由劳动行政部门责令改正；违法约定的试用期已经履行的，由用人单位以劳动者试用期满月工资为标准，按已经履行的超过法定试用期的期间向劳动者支付赔偿金。

⑤ 用人单位违反法律规定，扣押劳动者居民身份证等证件的，由劳动行政部门责令限期退还劳动者本人，并依照有关法律规定给予处罚。

⑥ 用人单位违反规定，以担保或者其他名义向劳动者收取财物的，由劳动行政部门责令限期退还劳动者本人，并以每人 500 元以上 2 000 元以下的标准处以罚款；给劳动者造成损害的，应当承担赔偿责任。

⑦ 劳动合同依照《中华人民共和国劳动合同法》第 26 条的规定被确认无效，给对方造成损害的，有过错的一方应当承担赔偿责任。

2. 用人单位"履行劳动合同"违法的民事责任

1）侵害劳动者劳动报酬的法律责任

用人单位有下列情形之一的，由劳动行政部门责令限期支付劳动报酬、加班费或者经济补偿；劳动报酬低于当地最低工资标准的，应当支付其差额部分；逾期不支付的，责令用人单位按应支付金额 50% 以上 100% 以下的标准向劳动者加付赔偿金：

① 未按照劳动合同的约定或者国家规定及时足额支付劳动者劳动报酬的；

② 低于当地最低工资标准支付劳动者工资的；

③ 安排加班不支付加班费的；

④ 解除或者终止劳动合同，未按照法律规定向劳动者支付经济补偿的。

2）未依法缴纳社会保险的法律责任

为劳动者缴纳社会保险是企业用工的基本义务之一，如企业未依法缴纳社会保险的，应承担如下法律责任：劳动者因企业未缴纳社会保险可以要求解除劳动合同，企业不能以劳动者提出解除劳动合同为由拒绝支付经济补偿金。

3. 用人单位"违法解除和终止劳动合同"的民事责任

① 用人单位违反《中华人民共和国劳动合同法》的规定解除或者终止劳动合同的，应当依照《中华人民共和国劳动合同法》规定的经济补偿标准的 2 倍向劳动者支付赔偿金。

② 用人单位违反《中华人民共和国劳动合同法》的规定未向劳动者出具解除或者终止劳动合同的书面证明，由劳动行政部门责令改正；给劳动者造成损害的，应当承担赔偿责任。

③ 劳动者依法解除或者终止劳动合同，用人单位扣押劳动者档案或者其他物品的，由劳动行政部门责令限期退还劳动者本人，并以每人 500 元以上 10 000 元以下的标准处以罚款；给劳动者造成损害的，应当承担赔偿责任。

4. 用人单位直接涉及劳动者切身利益的规章制度违反法律、法规规定的民事责任

用人单位直接涉及劳动者切身利益的规章制度违反法律、法规规定的，由劳动行政部门责令改正，给予警告；给劳动者造成损害的，应当承担赔偿责任。

5. 侵害劳动者人身权的民事责任

用人单位有下列情形之一的，依法给予行政处罚；构成犯罪的依法追究刑事责任；给劳动者造成损害的，应当承担赔偿责任：

① 以暴力、威胁或非法限制人身自由的手段强迫劳动的；

② 违章指挥或者强令冒险作业危及劳动者人身安全的；

③ 侮辱、体罚、殴打、非法搜查或者拘禁劳动者的；

④ 劳动条件恶劣、环境污染严重，给劳动者身心健康造成严重损害的。

6. 用人单位其他民事责任

1) 不当或违法招工承担的民事责任

① 用人单位招用与其他用人单位尚未解除或者终止劳动合同的劳动者，给其他用人单位造成损失的，应当承担连带赔偿责任。

② 个人承包经营者违反《中华人民共和国劳动合同法》的规定招用劳动者，给劳动者造成损害的，发包的组织与个人承包经营者承担"连带赔偿责任"。

2) 违反劳务派遣规定的责任

劳务派遣单位、用人单位违反《中华人民共和国劳动合同法》有关劳务派遣规定的，由劳动行政部门责令限期改正；逾期不改正的，以每人 5 000 元以上 1 000 元以下的标准处以罚款，对劳务派遣单位，吊销其劳务派遣业务经营许可证；给被派遣劳动者造成损害的，劳务派遣单位与用工单位承担连带赔偿责任。

3) 不具备合法经营资格的非法经营行为的责任

不具备合法经营资格的用人单位的违法犯罪行为，依法追究法律责任；劳动者已经付出劳动的，该单位或者其出资人应依照《中华人民共和国劳动合同法》的有关规定向劳动者支付劳动报酬、经济补偿、赔偿金；给劳动者造成损害的，应当承担赔偿责任。

4) 未依法建立职工名册的法律责任

《中华人民共和国劳动合同法》要求企业建立职工名册，并载明劳动者姓名、性别、公民身份证号码、户籍地址、现住址、联系方式、用工形式、用工起始时间、劳动合同期限等内容。未依法建立职工名册的，劳动行政主管部门可对企业处以 2 000 元以上 20 000 元以下的罚款。

四、违反劳动法的刑事责任

是指行为人违反劳动法律规定，造成严重后果，触犯我国刑法、构成犯罪所应承担的法律责任形式。它与行政责任有三处不同。一是追究的违法行为不同：追究刑事责任的是犯罪行为，追究行政责任的是一般违法行为。二是追究责任的机关不同：追究刑事责任由司法机关依照《中华人民共和国刑法》的规定决定，追究行政责任由国家特定的劳动行政机关依照有关法律的规定决定。三是承担法律责任的后果不同：追究刑事责任是劳动法法律责任形式中处罚最严厉的一种。

依照《中华人民共和国刑法》的规定，刑罚包括主刑和附加刑两种。主刑有：管制、拘役、有期徒刑、无期徒刑和死刑。附加刑有：罚金、剥夺政治权利和没收财产。此外，对于犯罪的外国人，可以独立适用或者附加适用驱逐出境。违反《中华人民共和国劳动法》的犯罪行为主要有：第一，用人单位限制人身自由强迫劳动，违法使用童工，违反劳动安全卫生、侮辱、体罚、殴打、非法搜查或者拘禁劳动者等情节严重的行为。《中华人民共和国刑法》第 244 条规定："违反劳动管理法规，雇用未满十六周岁的未成年人从事超强度体力劳动的，或者从事高空、井下作业的，或者在爆炸性、易燃性、放射性、毒害性等危险环境下从事劳动，情节严重的，对直接责任人员，处三年以下有期徒刑或者拘役，并处罚金；情节特别严重的，处三年以上七年以下有期徒刑，并处罚金。有前款行为，造成事故，又构成其他犯罪的，依照数罪并罚的规定处罚。"《中华人民共和国劳动法》第 93 条规定，用人单位强令劳动者违章冒险作业，发生重大伤亡事故，造成严重后果的，对责任人员依法追究刑事责任。《中华人民共和国劳动法》第 96 条规定，用人单位有下列行为之一，由公安机关对责任人员处以 15 日以下拘留、罚款或者警告；构成犯罪的，对责任人员依法追究刑事责任：

① 以暴力、威胁或者非法限制人身自由的手段强迫劳动的；

② 侮辱、体罚、殴打、非法搜查和拘禁劳动者的。

任务二 劳动争议的处理

任 务情景

陈某于 2010 年 4 月 15 日进入一家商务咨询公司从事保洁工作，双方签订了期限截至 2010 年 10 月 31 日的劳动合同。合同到期前，公司向陈某发出续签劳动合同的通知，公司表示愿意在维持原劳动合同约定条件的情形下与陈某续签劳动合同，但陈某予以拒绝。2010 年 10 月 31 日陈某离职，陈某遂于 2010 年 11 月 3 日向劳动争议仲裁委员会提起劳动仲裁申请，要求公司支付 2010 年 5 月 1 日至 10 月 31 日的超时加班工资差额 508.2 元，奖金 1 500 元，劳动合同终止的经济补偿金 1 900 元，并按月工资 1 900 元的标准支付 2010 年 11 月 1 日至裁决之日的误工费。

问：

① 如果陈某首先选择到人民法院起诉，法院应否受理？或者陈某先找劳动监察机构或劳动仲裁机构？哪个优先？

② 陈某申请劳动仲裁须符合什么条件才会被受理呢？仲裁有哪些程序？本案的仲裁是终局的吗？若对仲裁不服当事人能否采用诉讼方式？

③ 举证责任是怎样规定的？

◎ 课堂提问

职场中纷争很难避免，许多人经常面临求助无门的困境：这个纠纷是否属于劳动争议？应该按怎样的程序来有效处理？谁来举证？

一、劳动争议的处理概述

（一）劳动争议的概念和特点

引 导案例

某纺织厂工会组织全厂劳动竞赛，设一、二、三等奖。经考核和评比有四位职工完成的工作任务并列第一，但一等奖只有 3 个名额。工会经研究决定李某由于平时工作业绩不突出，将其评定为二等奖。李某认为工会评奖不公正，双方发生争议。

问：上述争议是否属于劳动争议？

1. 劳动争议的概念

劳动争议又称劳动纠纷或劳资纠纷，是指劳动关系双方当事人之间因执行劳动法规、履行劳动合同及其他劳动问题发生的劳动权利和义务的争议。其含义包括：

1）劳动争议的当事人双方为存在劳动关系（包括事实劳动关系）的劳动者和用人单位

争议主体是确定是否为劳动争议的前提条件。若争议双方当事人不存在劳动关系或事实劳动关系，即使纠纷涉及内容属于劳动问题，也不可称为劳动争议。如劳动者之间在劳动过程中发生的争议，用人单位之间因劳动力流动发生的争议，劳动者或用人单位在劳动行政管理中发生的争议，劳动者或用人单位与劳动服务主体在劳动服务过程中发生的争议等，都不属于劳动争议。

2）劳动争议的内容必须涉及当事人的劳动权利和劳动义务

争议必是为实现劳动权利义务关系而产生的争议。存在劳动关系的劳动者和用人单位之间可能会发生很多争议，其中只有涉及劳动权利和劳动义务的争议才能称为劳动争议。若劳动者与用人单位之间不是为了实现劳动权利和劳动义务而发生的争议，如企业因财务问题、营销问题而发生的争议，就不属于劳动纠纷的范畴。劳动权利和劳动义务的内容非常广泛，包括就业、工资、工时、劳动保护、劳动保险、劳动福利、职业培训、民主管理、奖励惩罚等。

3）劳动争议的表现形式为争议双方当事人就某问题存在不同的要求或见解，并且无法达成一致

劳动争议若无法及时解决，将会出现劳动者的怠工、抱怨、旷工、限制产量及工业破坏活动等。既可以表现为非对抗性矛盾，也可以表现为对抗性矛盾，且两者在一定条件下可以相互转化。在一般情况下，劳动纠纷表现为非对抗性矛盾（即一般不表现为剧烈的外部冲突），给社会和经济带来不利影响。

◎ 课堂提问

下列争议中属于劳动争议的是：（　　）。

A. 甲职工与乙职工因借贷发生的争议

B. 甲职工与乙用人单位因加班费发生的争议

C. 甲用人单位与乙职业培训学校因职业培训费用发生的争议

D. 甲职工与乙劳动行政部门因工伤认定发生的争议

2. 劳动争议的特征

劳动纠纷的发生，不仅使正常的劳动关系得不到维护，还会使劳动者的合法利益受到损害，不利于社会的稳定。因此，应当正确把握劳动争议的特征，积极预防劳动纠纷的发生。劳动争议的特征有：

1）争议双方当事人的地位不平等

劳动争议双方分别是劳动者和用人单位，从合同法的角度来讲，双方地位是平等的。但就实质而言，用人单位与劳动者是管理和被管理的关系，劳动者需要遵守单位的规章制度。如果劳动者违反了单位的规章，单位可以追究劳动者的相关责任，甚至对情况严重者给予开除、降职等处分。从这点来看，劳动者和用人单位所处的地位明显是不平等的。

2）争议处理结果具有社会效益性

劳动纠纷往往会导致劳动者面临失业的危险，进而增加社会的不稳定因素。因此，劳动争议处理结果除了要符合相关的法律、法规以外，还应当重视其社会效益，尽可能在兼顾双方利益的前提下解决争议。

3）劳动争议的解决要求及时便利

与其他争议不同，劳动争议往往涉及劳动者的基本利益，可能影响劳动者的最基本生活。如果不及时、便利地解决，往往会给劳动者带来难以承受的负担，同时用人单位也不愿意将争议的时间拖得太久，以免给正常生产带来负面影响。因此，劳动争议尤其要求及时且公正地解决。

（二）劳动争议的种类

1. 按劳动争议主体分类

1）个人劳动争议

指劳动者个人与用人单位发生的劳动争议。

2）集体劳动争议

分两种：一种是劳动者一方为多人（3人以上），且发生争议的原因和请求是共同的。对于这种集体争议，劳动者一方应推举代表参加法定的处理程序。另一种为团体争议，即指以工会组织为一方，代表职工与用人单位因签订和执行集体协议而产生的争议。

2. 按争议涉及的权利义务是既定的还是新设的分类

1）权利争议

是属于既定权利的争议，因适用劳动法和劳动合同、集体合同的既定内容而发生。即因实现劳动法、集体合同和劳动合同所规定的权利与义务所发生的争议。

2）利益争议

是属于要求新的权利而出现的争议，因制定或变更劳动条件而发生。即因主张有待确定的权利和义务所发生的争议。在这类争议中，双方所主张的权利义务事先并没有确定，争议之所以发生是因为双方当事人对这些有待确定的权利义务有不同的要求，争议的目的在于使其某种利益得到合同或法律的确认，从而上升为权利，如要求增加工资等。

3. 按劳动争议中是否含有涉外因素分类

1）国内劳动争议

是指具有中国国籍的双方当事人之间发生的劳动争议。

2）涉外劳动争议

指一方当事人不具有中国国籍的劳动争议。

4. 按劳动争议的内容分类

因执行国家有关工资、保险、福利、职业培训、劳动保护的规定发生的争议；因履行劳动合同发生的争议；因用人单位开除、除名、辞退职工和职工辞职、自动离职发生的争议等。

（三）劳动争议的处理原则

1. 合法原则

是指企业劳动争议的处理机构在处理争议案件时，要以法律为准绳，并遵循有关法定程序。当事人应积极就自己的主张和请求提出证据，劳动争议处理机构应及时调查取证，在查清事实的前提下严格按照国家有关劳动法规的规定依法协商、依法解决劳动争议。同时要严格按照程序法的有关规定办理，企业劳动争议处理的开始、进行和终结都要符合程序法的规定。

2. 公正和平等原则

是指在企业劳动争议案件的处理过程中，应当公正、平等地对待双方当事人，处理程序和处理结果不得偏向任何一方。劳动争议双方当事人虽然在其劳动关系中存在行政上的隶属关系，但其法律地位是平等的，即不管用人单位大小如何，也不管职工一方职位高低，双方在法律面前是平等的，都受到法律的平等保护，任何一方当事人都不得有超越法律和有关规定以上的特权。适用法律时不能因为某单位是重点企业，或者是当地创利创汇大户，而对其侵害职工劳动权益的行为进行袒护。

3. 调解原则

是指调解这种手段贯穿于企业劳动争议第三方参与处理的全过程。处理劳动争议，应重视调解方式，调解既是一道专门程序，也是仲裁与审判程序中的重要方法。仲裁委员会和法院在处理企业劳动争议时要先行调解，调解不成时才会行使裁决或判决。同时裁决或判决也要以调解的态度强制执行。该原则有利于增加当事人之间的相互理解，使其在今后工作中能相互支持配合，还可简化程序，有利于及时、彻底地处理劳动争议。调解须遵守自愿原则，不得对争议案件强行调解，也不得采取强迫或变相强迫的方法进行调解；须坚持合法、公正原则，在查明事实、分清责任的基础上通过说服教育使当事人在法律许可的范围内达成和解协议；须与及时裁决或及时判决结合起来，对于当事人不愿调解或调解不成的不应久调不决，以免拖延时日，有损于当事人的合法权益甚至造成不良后果。

4. 及时处理原则

该原则要求劳动争议当事人、调解委员会、仲裁委员会及人民法院在劳动争议案件处理过程中须按法律规定及时行使权利、履行职责。劳动争议发生后，当事人应及时协商或及时申请调解以至申请仲裁，避免超过仲裁申请时效，丧失申请仲裁的权利。企业劳动争议仲裁委员会在调解未果的情况下，要及时裁决，不得超过法定处理时限；法院的处理也是这样，在调解未果的情况下要及时判决。劳动争议往往涉及当事人尤其是职工一方的切身利益，若不及时加以处理，势必会损害劳动者的合法权益，甚至使矛盾激化。对于处理结果，当事人不履行协议或决定的，要及时采取申请强制执行等措施以保证案件的顺利处理和处理结果的最终落实。

5. 基层解决争议原则

劳动争议案件应主要由企业设立的调解委员会和当地县、市、市辖区仲裁委员会解决。向法院起诉，也是按法定管辖权由当地基层法院受理。此原则方便当事人参加调解、仲裁和诉讼活动，有利于争议的及时处理和法律文书的送达与执行，有利于就地调查，查明事实真相。

二、劳动争议处理的机构

（一）企业劳动争议调解委员会

是用人单位根据劳动法律规定在本单位内部设立的机构，是专门处理与本单位劳动者之间的劳动争议的群众性组织。

劳动争议调解委员会由下列人员组成：

① 职工代表（由职工代表大会或职工大会推举产生）；

② 用人单位代表（由厂长或经理指定）；

③ 用人单位工会代表组成（由用人单位工会委员会指定）。

用人单位的代表不能超过调解委员会成员总数的 1/3，调解委员会主任由工会代表担任。调解委员会的办事机构设在企业工会委员会。没有成立工会组织的企业，调解委员会的设立及其组成由企业代表与职工代表协商决定。

（二）劳动争议仲裁委员会

简称仲裁委员会，是用人单位根据劳动法律规定在本单位内部设立的机构，是专门处理与本单位劳动者之间的劳动争议的群众性组织。按照统筹规划、合理布局和适应实际需要的原则设立。省、自治区人民政府可以决定在市、县设立；直辖市人民政府可以决定在区、县设立。直辖市、设区的市也可以设立一个或者若干个劳动争议仲裁委员会。劳动争议仲裁委员会不按行政区划层层设立。各级仲裁委员会由劳动行政主管部门的代表、工会的代表和企业方面的代表组成，仲裁委员会组成人员必须是单数，劳动行政主管部门的劳动争议处理机构为仲裁委员会的办事机构，负责办理仲裁委员会的日常事务。仲裁委员会实行少数服从多数的原则。

（三）人民法院

是国家审判机关，也担负着处理劳动争议的任务。劳动争议当事人对仲裁委员会的裁决不符、进行起诉的案件，人民法院民事审判庭负责受理。

三、劳动争议处理的程序

（一）劳动争议处理方式

1）协商

是指劳动者与用人单位就争议的问题直接进行协商，寻找纠纷解决的具体方案。劳动争议发生后，协商往往是劳动者与用人单位最先想到的方式。作为弱势群体的劳动者依赖于用人单位，不希望与用人单位产生对立关系，加上因双方已经发生一定的劳动关系而使彼此之间相互有所了解，协商程序作为调节剂应运而生。劳动者与用人单位通过协商，简单而又高效地解决劳动争议的同时又不会僵化与用人单位的关系，有利于维护与发展和谐、稳定的劳动关系。实践中，职工与单位经过协商达成一致而解决纠纷的情况非常多，效果很好。双方可以协商，也可以不协商，完全出于自愿，任何人都不能强迫。

2）调解

是指劳动纠纷的一方当事人通过中立的第三方从中调和，达成相互让步和谅解，从而解决劳动争议的处理方式。调解一般是指狭义的调解，即基层单位调解。广义的调解则包括基层单位调解、仲裁程序中调解、诉讼程序中调解三种。经调解达成协议的，制作调解协议书，双方当事人应当自觉履行。与协商一样，调解也由当事人自愿选择，且调解协议也不具有强制执行力，如果一方反悔，同样可以向仲裁机构申请仲裁。调解是处理劳动争议的一个重要环节。调解员以中立者第三方的身份，以劳动者与用人单位处于平等地位为前提，采取民主的说服方式，公正地提出建议，消除争端，迅速、快捷地解决争议。

3）仲裁

是劳动纠纷的一方当事人将纠纷提交劳动争议仲裁委员会进行处理的方式。劳动争议仲裁委员会是国家授权、依法独立处理劳动争议案件的专门机构。申请劳动仲裁是解决劳动争议的选择程序之一，也是提起诉讼前必须采取的方式。作为诉讼的前置程序，行政力量和司法力量介入劳动争议中，劳动争议仲裁融入了"三方原则"，独立于诉讼程序，以体现政府、职工、企业的公共利益，维护各自的合法权益。该程序既具有劳动争议调解灵活、快捷的特点，又具有强制执行的效力，是解决劳动纠纷的重要手段和主要方式。

4）诉讼

是当事人对仲裁裁决不服，在法定期限内向人民法院提起诉讼，由法院审理和裁判解决劳动争议的方式。目前法院是由民事审判庭依民事诉讼程序对劳动争议案件进行审理，实行两审终审制。也就是说当事人若不服一审判决，仍可向上级法院上诉。法院审判程序是法律赋予当事人解决劳动争议的最后的救济手段和最终程序。

（二）劳动争议处理体制

又称劳动争议处理体系，是指由劳动争议处理的各种机构和方式在劳动争议处理过程中的各自地位和相互关系所形成的有机整体。它表明劳动争议发生后应当通过哪些途径、由哪些机构、用哪些方式进行处理。

我国目前劳动争议实行的是"协商、一调、一裁、两审"的单轨劳动争议处理体制：

1. "协商"

是指发生劳动争议，劳资双方首先进行协商。

劳动者可以与用人单位协商，也可以请工会或者第三方共同与用人单位协商，达成和解协议。根据人力资源和社会保障部发布的《企业劳动争议协商调解规定》第二章"协商"规定，一旦发生劳动争议，一方当事人可以通过与另一方当事人约见、面谈等方式协商解决。劳动者可以要求所在企业工会参与或者协助其与企业进行协商。这样通过约谈制度，保证了双方面对面沟通渠道的畅通。此外，工会也可以主动参与劳动争议的协商处理，劳动者可以委托其他组织或者个人作为其代表进行协商。

一方当事人提出协商要求后，另一方当事人应当积极做出口头或者书面回应。5日内不做出回应的，视为不愿协商。协商的期限由当事人书面约定，在约定的期限内没有达成一致的，视为协商不成。当事人可以书面约定延长期限。协商达成一致，应当签订书面和解协议。和解协议对双方当事人具有约束力，当事人应当履行。经仲裁庭审查，和解协议程序和内容合法有效的，仲裁庭可以将其作为证据使用。但是，当事人为达成和解的目的作出妥协所涉及的对争议事实的认可，不得在其后的仲裁中作为对其不利的证据。

2. "一调"

是指由依法设立的调解组织或劳动人事争议仲裁委员会调解。

调解遵循当事人双方自愿的原则。《企业劳动争议协商调解规定》第12条规定："发生劳动争议，当事人不愿协商、协商不成或者达成和解协议后，一方当事人在约定的期限内不履行和解协议的，可以依法向调解委员会或者乡镇、街道劳动就业社会保障服务所（中心）等其他依法设立的调解组织申请调解，也可以依法向劳动人事争议仲裁委员会（以下简称仲裁委员会）申请仲裁。"根据该规定，发生劳动争议，劳动者可以通过口头或者书面形式向调解委员会提出调解申请。申请内容应包括申请人基本情况、调解请求、事实与理由。口头申请的，调解委员会应当当场记录。调解委员会接到调解申请后，对属于劳动争议受理范围且双方当事人同意调解的，应当在3个工作日内受理。对不属于劳动争议受理范围或者一方当事人不同意调解的，应当做好记录，并书面通知申请人。

经调解达成调解协议的，由调解委员会制作调解协议书，由双方当事人签名或盖章，经调解员签名并加盖调解委员会印章后生效。生效的调解协议对双方具有约束力。另外规定还赋予了双方当事人自调解协议生效之日起15日内共同向仲裁委员会提出仲裁审查申请的权利，仲裁委员会受理后，应当对调解协议进行审查并依《劳动人事争议仲裁办案规则》第54条规定，对程序和内容合法有效的调解协议，出具调解书。若双方当事人未按规定提出仲裁审查申请，一方当事人在约定的期限内不履行调解协议的，另一方当事人可以依法申请仲裁。仲裁委员会受理仲裁申请后，应当对调解协议进行审查，调解协议合法有效且不损害公共利益或者第三人合法利益的，在没有新证据出现的情况下仲裁委员会可以依据调解协议作出仲裁裁决。

调解委员会调解劳动争议，应当自受理调解申请之日起15日内结束。但是，双方当事人同意延期的可以延长。在规定期限内未达成调解协议的，视为调解不成。

3. "一裁"

是指在调解不成后，由劳动争议仲裁委员会对劳动争议作出仲裁裁决。

不愿调解、调解不成或者达成调解协议后不履行的，当事人可以从知道或者应当知道其权利被侵害之日起 1 年内向劳动争议仲裁委员会提出书面仲裁申请。仲裁庭在作出裁决前，应当先行调解。经过调解达成协议的，仲裁庭应当根据协议内容制作仲裁调解书，调解书经双方当事人签收后，发生法律效力。

仲裁裁决一般应在收到仲裁申请的 45 日内作出。案情复杂可以延长，但延长期限不得超过 15 日。对仲裁裁决不服的，若是追索劳动报酬、工伤医疗费、经济补偿或者赔偿金，不超过当地月最低工资标准 12 个月金额的争议，或是执行劳动标准在工作时间、休息休假、社会保险等方面发生的争议，为终局裁决，这两种裁决劳动者不服的，可以自收到仲裁裁决书之日起 15 日内向人民法院提起诉讼；用人单位不服不能起诉，如果存在仲裁确有错误等法定条件的，只能向法院申请撤销裁决。一方当事人在法定期限内不起诉又不履行仲裁裁决的，另一方当事人可以申请人民法院强制执行。

4. "两审"

是指当事人不服劳动人事争议仲裁委员会作出的仲裁裁决，可以向人民法院提起诉讼，人民法院作出一审判决后，当事人还不服的，可以上诉至上一级人民法院。

当事人对上述拖欠争议、执行劳动标准争议以外的其他劳动争议案件的仲裁裁决不服的，可以自收到仲裁裁决书之日起 15 日内向人民法院提起诉讼；期满不起诉的，裁决书发生法律效力。人民法院作出一审判决后，当事人仍不服的，可以上诉至上一级人民法院。

我国劳动争议处理体制的特点如下。

1. 劳动争议解决机制吸收了三方原则

我国的劳动争议解决机制除了协商是当事人双方自行解决，其他三种程序都介入了第三方。《中华人民共和国劳动法》第 81 条规定，劳动争议仲裁委员会由劳动行政部门代表、同级工会代表和用人单位方面的代表组成。三方原则的贯彻有利于实现公平正义，切实保护弱势群体的合法利益。

2. 劳动争议解决程序具有简便性、灵活性

由于劳动争议的特殊性，各国大都采用法院与仲裁相结合（我国是采用调解、仲裁和诉讼相结合），对劳动争议的解决规定了有别于民事纠纷的普通程序的具有简便性、灵活性特点的特别处理程序，以避免案件的大量堆积，影响生产与劳动者的生活，激化社会矛盾。

3. 劳动争议解决机制实行自愿与强制相结合的原则

自愿原则体现在：调解委员会发挥缓解和疏导作用，仲裁和诉讼中的调解，都是建立在双方自愿的前提下进行的。

强制原则体现在：劳动争议发生后，必须先通过仲裁委员会处理，对仲裁裁决不服的，才能向人民法院提起诉讼，这使得劳动争议仲裁强制融入了"三方原则"。

（三）劳动争议的调解程序

引 导案例

某国有企业设立了劳动争议调解委员会，由 5 名调解员组成，其中 1 名是厂办副主任，1 名是厂劳动工资处副处长，2 名是工会代表，1 名是职代会推举的代表。厂办副主任担任主任。3 月 5 日，该厂女工潘某在上班时一时兴起唱起了流行歌曲，厂里据规章制度决定给予潘某 50 元的经济处罚,从当月工资中扣除。潘某不服,找厂长讲理,厂长让潘某找厂劳动争议调解委员会处理。3 月 28 日,潘某找到劳动争议调解委员会主任(即厂办副主任)陈某要求重新考虑对自己的处分。4 月 4 日,陈某通知潘某,厂方愿意改变处分决定,但现在正要准备迎接上级企业管理大检查,到下个月再说。5 月 3 日,潘某接到盖有厂劳动争议调解委员会章的通知,让她 5 月 4 日到工会办公室听候处理意见。潘某去后,陈某以调解委员会的名义宣布,维持厂里原来对潘某的处理决定。该案有哪些地方不合法?

1. 劳动争议调解的概念

基层群众调解组织对用人单位与劳动者自愿申请调解的劳动争议,以国家的法律、法规为准绳,以协商和说服、劝导和教育等方式,使双方在平等协商、互谅互让的基础上自愿达成协议,消除纷争的方式。这是狭义的劳动争议调解的概念,即仅指基层组织的调解。广义的劳动争议调解还包括仲裁和诉讼中的调解。与协商一样,调解也由当事人自愿选择。

2. 劳动争议调解组织

1)劳动争议调解组织的组成

劳动争议调解组织是指依法设立的,具有劳动争议调解职能的机构。包括:

(1)企业劳动争议调解委员会

在企业中具有独立地位,调解委员会办事机构设在企业工会委员会。由企业代表和职工代表组成。职工代表由工会成员担任或者由全体职工推举产生,企业代表由企业负责人指定。企业代表的人数不得超过调解委员会成员总数的三分之一。企业劳动争议调解委员会主任由工会成员或者双方推举的人员担任。没有成立工会组织的企业,调解委员会的设立及其组成由职工代表与企业代表协商决定。

(2)依法设立的基层人民调解组织

村民委员会、居民委员会设立人民调解委员会。由委员 3~9 人组成,设主任一人,必要时可设副主任。在基层人民法院和基层人民政府指导下进行工作。企业事业单位根据需要设立人民调解委员会。人民调解制度是一项有中国特色的法律制度,是仲裁和诉讼程序之外化解矛盾、消除纷争的重要手段,被称为纠纷解决的"第三条道路"和"绿色"纠纷处理机制。

(3)在乡镇、街道设立的具有劳动争议调解职能的组织

在乡镇、街道设立的具有劳动争议调解职能的组织是指在企业比较集中的乡镇、街道设立的调解劳动争议的区域性或行业性组织。

2)劳动争议调解组织的特征

劳动争议调解组织具有以下几个特征:

(1)依法设立

在《中华人民共和国劳动法》中规定企业可以设立劳动争议调解委员会,在实践中主要是国有企业和集体企业建立了劳动争议调解委员会,而且随着国有企业的改革,企业劳动争议调解委员会的功能在弱化。《中华人民共和国劳动争议调解仲裁法》则是在继续肯定了企业劳动争议调解委员会的同时,给予了新兴劳动争议调解组织设立的法律依据。

(2)一般设立在基层

将劳动争议调解组织设立在基层,目的就是将矛盾化解在初始状态和第一线;而且劳动

争议调解组织的工作人员也来源于基层，由他们居间调解，容易使当事人信服并尽快达成和解协议。

（3）具有劳动争议调解职能

法律对调解组织的构成及其成员的资格作了规定，确保基层调解组织具备合格的劳动争议调解职能。目前国家还实行调解员持证上岗政策，规定担任劳动人事争议调解员应具备相应资格，参加培训并考试合格后持证方能上岗，以保障基层调解组织的调节职能的实现。

（4）调解机构是社会组织，而不是国家机关；调解基本上不受固定程序和形式的约束；调解协议书仅具有合同性质，不具有强制执行效力

经调解达成协议的，制作调解协议书，双方当事人应当自觉履行。当然，双方当事人也有对调解协议反悔的权利。调解委员会对当事人的反悔只能说服、劝解，无权强制执行，但有建议仲裁的权利。只要一方当事人对协议反悔，或拒不执行协议，经调解委员会说服、劝解无效，就视为调解不成。

3. 劳动争议调解的程序

（1）调解申请

指企业劳动争议的双方当事人以口头或书面的形式向企业劳动争议调解委员提出的调解请求。但是，调解并非解决劳动争议的必经阶段，双方当事人可以申请调解，也可以申请仲裁。企业劳动争议调解委员会只有在收到当事人的调解申请后，才能受理并调解。

（2）案件受理

案件受理是指企业调解委员会在收到调解申请后，经过审查，决定接受案件申请的过程。调解申请可以是双方当事人共同提出，也可以是一方提出，但必须是在双方合意的情况下。在调解委员会受理审查时，主要就3项内容进行审查：一是调解申请人的资格；二是争议案件是否属于劳动争议案件；三是争议案件是否属于调解委员会受理的范围。调解委员会在对案件进行审查后，就可以作出是否受理的决定，并及时将决定通知双方当事人。

（3）进行调查

案件受理后，调解委员会的首要任务是做调查工作。调查的内容主要包括：争议双方当事人争议的事实及对调解申请提出的意见和依据；调查争议所涉及的其他有关人员、单位和部门及他们对争议的态度和看法；翻阅有关劳动法规以及争议双方订立的劳动合同或集体合同等。

（4）实施调解

是指通过召开有争议双方当事人参加的调解会议，听取双方的陈述，对争议双方的分歧进行调解。调解会议一般由调解委员会主任主持，参加人员是争议双方当事人或其代表，其他有关部门或个人也可以参加。简单的争议可以由调解委员会指定1~2名调解员进行调解。

实施调解的结果：

① 调解达成协议，这时要依法制作调解协议书；

② 调解不成或调解达不成协议，这时要做好刻录并制作调解处理意见书，提出对争议的有关处理意见。

（5）调解协议的执行

调解协议达成后，争议双方当事人都应按达成的调解协议书内容自觉地执行。

（四）劳动争议的仲裁程序

1. 劳动争议仲裁概述

1）劳动争议仲裁的概念

劳动争议仲裁是指劳动争议仲裁机构对当事人请求解决的劳动争议，依法居中评断的执法活动，包括对劳动争议依法审理并进行调解、裁决的一系列活动。

2）劳动争议仲裁的特征

（1）审理时限短

根据劳动争议与劳动过程密切联系与职工切身利益密切联系的特点，劳动法规定了劳动争议仲裁委员会受理案件的时效和办案时效。当事人可以从知道或者应当知道其权利被侵害之日起 1 年内向劳动争议仲裁委员会提出书面仲裁申请。仲裁裁决一般应在收到仲裁申请的 45 日内作出。案情复杂可以延长，但延长期限不得超过 15 日。上述这些规定体现了及时的特点，有利于及时消除劳动争议，避免事态的扩大，维护社会秩序和生产秩序的稳定。

（2）仲裁程序简单

用仲裁方式解决劳动争议，程序上比较简单，不像诉讼程序那样复杂。我国劳动争议仲裁实行一次裁决制度。当事人不服劳动争议仲裁委员会的裁决，即可向人民法院提起诉讼。

（3）仲裁结果具有法律约束力

仲裁程序不同于调解程序，经劳动争议仲裁委员会作出的仲裁决定书和调解书对当事人具有法律约束力。《中华人民共和国劳动法》规定，对仲裁裁决无异议的，当事人必须履行。一方当事人在法定期限内不起诉又不履行仲裁裁决的，另一方当事人可以申请人民法院强制执行。生效的仲裁决定书和调解书不仅对争议当事人双方有利，而且对社会有效，非经法定程序，任何单位和个人不得随意改变，并有协助人民法院根据当事人的申请依法执行的义务。

（4）兼有行政性和准司法性

劳动争议仲裁是一种介于行政与司法之间的解决纠纷的方式。就法律性质而言，我国的劳动仲裁不同于司法裁判和一般的民商事仲裁，兼有行政性和准司法性。其行政性体现在：组成人员、机构行政隶属性，即劳动行政部门的代表在仲裁机构组成中居于首席地位，仲裁机构的办事机构设在劳动行政部门，仲裁机构要向本级政府负责，仲裁行为中还有行政仲裁的因素。其准司法性体现在：仲裁机构的设立、职责、权限、组织活动原则和方式具有与司法机关特别是审判机关类似的特点。它是国家依法设立的处理劳动争议的专门机构，依法独立行使仲裁权，仲裁的程序和机制与诉讼差不多。

引★ 导案例

贾某是四川来京务工的青年，2015 年 10 月，经人介绍，贾某到一建筑工地进行电焊测试，测试通过后，用人单位的一名施工组长当场就决定录用他，并让他第二天来上班，同时领取劳动保护用品。第二天早上，贾某早早地到了工地工作，因为对工地不熟悉，结果跌入工地的电梯井，造成颅骨骨折，治疗费用花了好几万元。贾某想被认定为工伤，于是向劳动保障行政部门提出工伤认定申请。劳动保障行政部门经审查后，要求贾某提供与建筑公司存在劳动关系的证明。于是，贾某家人又找到了建筑单位，要求单位认定贾某与公司之间存在劳动关系，用人单位却认为双方不存在劳动关系。贾某的家人不服，准备向劳动争议仲裁委员会提起确认劳动关系的仲裁申请，用人单位说双方没有签订书面的劳动合同，劳动争议仲裁委员会是不会受理的。那么劳动关系确认是否属于劳动争议仲裁委员会的受案范围呢？

3）申请仲裁应当具备以下条件

① 须是劳动争议关系的当事人，即形成劳动关系的用人单位与职工；

② 有明确的被申诉人和事实理由及仲裁请求；

③ 符合《中华人民共和国劳动法》第82条规定的申请仲裁时效（当事人因不可抗力或有其他正当理由超过时效不受此限）；

④ 属于受理申请的劳动争议仲裁机构的管辖范围。

上述条件是申请仲裁时应同时具备的条件。

4）劳动仲裁的受案范围和管辖范围

（1）劳动仲裁的受案范围

劳动争议发生在中国境内用人单位和劳动者之间。根据相关规定，劳动争议的受案范围有：

① 因确认劳动关系发生的争议。确认劳动关系，是确认劳动者与用人单位是否存在用工事实及用工行为是否属于劳动关系在法律上的定性，是劳动人事争议仲裁委员会或人民法院在职权范围内，对双方法律关系是否存在进行裁决，是对一种事实的确认。劳动关系是指劳动者与用人单位（包括各类企业、个体工商户、事业单位等）在实现劳动过程中建立的社会经济关系。事实劳动关系是指用人单位与劳动者在履行劳动权利和义务时一种既成事实、客观存在的劳动关系。确认劳动关系表面上并不涉及具体的权利，但在司法实践中，劳动者往往是因为实体权益受到侵害，在用人单位否认与其存在劳动关系的情况下，要求确认与用人单位之间存在劳动关系。如职工发生了工伤，单位不认为是工伤的，或者职工要求用人单位补缴社会保险、支付工资报酬、加班费等相关实体权利。在这种情况下，如果职工与用人单位没有签订书面劳动合同，第一步就是必须先行确认劳动关系。

② 因订立、履行、变更、解除和终止劳动合同发生的争议。劳动合同是用人单位与劳动者为确立劳动权利义务关系而达成的意思表示一致的协议。劳动合同纠纷在劳动合同的订立、履行、变更、解除和终止过程中都可能发生。

③ 因除名、辞退和辞职、离职发生的争议。除名是用人单位对无正当理由经常旷工，经批评教育无效，连续旷工超过15天，或者1年以内累计旷工超过30天的劳动者，依法解除其与本单位劳动关系的一种行政处分。辞退是用人单位对严重违反劳动纪律、规章、规程或严重扰乱社会秩序但又不符合开除、除名条件的劳动者，经教育或行政处分仍然无效后，依法与其解除劳动关系的一种行政处分。辞职是劳动者辞去原职务，离开原用人单位的一种行为。离职是劳动者自行离开原工作岗位，并自行脱离原工作单位的一种行为。上述情况均导致劳动关系终止，也是产生劳动纠纷的重要因素。

④ 因工作时间、休息休假、社会保险、福利、培训以及劳动保护发生的争议。社会保险是指工伤、医疗、生育、待业、养老、病假待遇、死亡丧葬抚恤等社会保险。福利是指用人单位用于补助职工及其家属和举办集体福利事业的费用。培训是指职工在职期间的职业技

术培训。劳动保护是指为保障劳动者在劳动过程中获得适宜的劳动条件而采取的各种保护措施。因上述规定较为繁杂又涉及劳动者切身利益，不仅容易发生纠纷，且容易导致矛盾激化。

⑤ 因劳动报酬、工伤医疗费、经济补偿或者赔偿金等发生的争议。

⑥ 法律、法规规定的其他劳动争议。

（2）劳动仲裁的管辖范围

《中华人民共和国劳动争议调解仲裁法》第21条规定："劳动争议仲裁委员会负责管辖本区域内发生的劳动争议。劳动争议由劳动合同履行地或者用人单位所在地的劳动争议仲裁委员会管辖。双方当事人分别向劳动合同履行地和用人单位所在地的劳动争议仲裁委员会申请仲裁的，由劳动合同履行地的劳动争议仲裁委员会管辖。"

5）劳动争议仲裁时效

是指劳动者和用人单位在法定期限内不向劳动争议仲裁机构申请仲裁，而丧失请求劳动争议仲裁机构保护其权利实现的期间。

（1）仲裁时效期间

仲裁时效期间从当事人知道或者应当知道其权利被侵害之日起计算，为期1年。劳动关系存续期间因拖欠劳动报酬发生争议的，劳动者申请仲裁不受此时效期间的限制；但是，劳动关系终止的，应当自劳动关系终止之日起1年内提出。

（2）仲裁时效的中断、中止

① 中断。因当事人一方向对方当事人主张权利，或向有关部门请求权利救济，或对方当事人同意履行义务而中断。从中断时起，仲裁时效期间重新计算。

② 中止。因不可抗力或其他正当理由，当事人不能在仲裁时效期间申请仲裁的，仲裁时效期间中止。从中止时效的原因消除之日起，仲裁时效期间继续计算。

2. 劳动争议仲裁机构

1）劳动争议仲裁委员会

是依法设立的，经国家授权依法独立仲裁处理劳动争议案件的专门机构。劳动争议仲裁委员会由劳动行政部门代表、工会代表和企业方面代表组成，其组成人员应当是单数，且三方人数代表相等。

2）劳动争议仲裁委员会的办事机构

劳动争议仲裁委员会以劳动行政部门的仲裁办公室作为其办事机构，负责办理其日常事务。

3）劳动争议仲裁庭

仲裁庭是代表仲裁委员会对具体劳动争议案件行使仲裁权，由经一定程序选出的仲裁员组成的非常设性处理劳动争议的专门机构。劳动争议仲裁委员会裁决劳动争议案件实行仲裁庭制度，即依照"一案一庭"原则组成仲裁庭，受理劳动争议案件。

仲裁庭组织形式分为独任制与合议制。

① 独任制（仲裁委员会指定一名仲裁员独任审理）。适用于事实清楚、案情简单、法律适用明确的劳动争议。

② 合议制。仲裁委员会指定3名或3名以上单数仲裁员共同审理争议仲裁，设首席仲裁员（简单劳动争议案件除外）。

3. 劳动争议仲裁程序

1）申请

发生劳动争议，当事人不愿协商或协商不成，不愿调解或调解不成，当事人均可在仲裁有效期间内，向有管辖权的劳动争议仲裁委员会提出解决劳动争议的书面申请，并按照被申请人人数提交副本。

仲裁申请书应当载明下列事项：

① 劳动者姓名、性别、年龄、职业、工作单位和住所，用人单位的名称、住所和法定代表人或者主要负责人的姓名、职务；

② 仲裁请求和所根据的事实、理由；

③ 证据和证据来源、证人姓名和住所。

书写仲裁申请确有困难的，可以口头申请，由劳动争议仲裁委员会记入笔录，并告知对方当事人。

2）受理

劳动争议仲裁委员会办事机构收到仲裁申请后应依法进行审查。劳动争议仲裁委员会办事机构在收到仲裁申请之日起5日内，认为符合受理条件的，应当受理，并通知申请人；认为不符合受理条件的，应当书面通知申请人不予受理，并说明理由。对劳动争议仲裁委员会不予受理或者逾期未作出决定的，申请人可以就该劳动争议事项向人民法院提起诉讼。

劳动争议仲裁委员会受理仲裁后，应当在5日内将仲裁申请书副本送达被申请人。

被申请人收到仲裁申请书副本后，应当在10日内向劳动争议仲裁委员会提交答辩书。劳动争议仲裁委员会收到答辩书后，应当在5日内将答辩书副本送达申请人。被申请人未提交答辩书的，不影响仲裁程序的进行。

3）仲裁准备

劳动争议仲裁委员会对决定受理的案件，应当在受理仲裁申请之日起5日内将仲裁庭的组成情况书面通知当事人。

仲裁庭由三名仲裁员组成，设首席仲裁员。简单劳动争议案件可以由一名仲裁员独任仲裁。

当事人有权对仲裁员提出回避申请。仲裁员有下列情形之一，应当回避：

① 是本案当事人或者当事人、代理人的近亲属的；

② 与本案有利害关系的；

③ 与本案当事人、代理人有其他关系，可能影响公正裁决的；

④ 私自会见当事人、代理人或者接受当事人、代理人的请客送礼的。

劳动争议仲裁委员会对回避申请应当及时作出决定，并以口头或书面方式通知当事人。

仲裁庭应当在开庭5日前，将开庭日期、地点书面通知双方当事人。当事人有正当理由的，可以在开庭3日前请求延期开庭。是否延期，由劳动争议仲裁委员会决定。

申请人收到书面通知，无正当理由拒不到庭或者未经仲裁庭同意中途退庭的，可以视为撤回仲裁申请。

被申请人收到书面通知，无正当理由拒不到庭或者未经仲裁庭同意中途退庭的，可以缺席裁决。

4）和解和调解

① 和解：当事人申请劳动争议仲裁后，可以自行和解。达成和解协议的，可以撤回仲裁申请。

② 调解：开庭审理时，听取申请人的申请和被申请人的答辩，由仲裁庭进行当庭调查、主持辩论。仲裁庭在作出裁决前，应当先行调解。经过调解达成协议的，仲裁庭应当根据协议内容制作仲裁调解书，调解书应当写明仲裁请求和当事人协议的结果。调解书由仲裁员签名，加盖劳动争议仲裁委员会印章，送达双方当事人。调解书经双方当事人签收后，发生法律效力。

调解不成或者调解书送达前，一方当事人反悔的，仲裁庭应当及时作出裁决。

5）开庭

① 开庭形式

劳动争议仲裁公开进行，但当事人协议不公开进行或涉及国家机密、商业秘密和个人隐私的除外。

② 质证和辩论

当事人在仲裁过程中有权进行质证和辩论。

③ 用人单位举证责任

劳动者无法提供由用人单位掌握管理的与仲裁请求有关的证据，仲裁庭可以要求用人单位在指定期限内提供，用人单位在指定期限内不提供的，应当承担不利后果。

④ 开庭笔录

应将开庭情况记入笔录。

6）裁决规则

① 前提

双方当事人经调解达不成调解协议或调解书送达前当事人反悔的，均为调解不成，应及时裁决。

② 开庭裁决

仲裁庭就裁决进行合议时，应按照多数仲裁员的意见作出，少数仲裁员的不同意见应当记入笔录。仲裁庭不能形成多数意见时，裁决应当按照首席仲裁员的意见作出。裁决书应载明仲裁请求、争议事实、裁决理由、裁决结果和裁决日期。

③ 裁决内容

仲裁庭对追索劳动报酬、工伤医疗费、经济补偿或者赔偿金的案件，依当事人的申请，可以裁决先予执行，移送人民法院执行。

④ 制定并送达裁决书

仲裁庭作出裁决后应当制作裁决书，载明仲裁请求、争议事实、裁决理由、裁决结果和裁决日期。裁决书由仲裁员签名，加盖劳动争议仲裁委员会印章。对裁决持不同意见的仲裁员，可以签名，也可以不签名。

7）结案

仲裁庭裁决劳动争议案件，应当自劳动争议仲裁委员会受理仲裁申请之日起45日内结束。案情复杂需要延期的，经劳动争议仲裁委员会主任批准，可以延期并书面通知当事人，但是延长期限不得超过15日。逾期未作出仲裁裁决的，当事人可以就该劳动争议事项向人民法院提起诉讼。

8）裁决效力

（1）终局裁决

① 终局裁决生效条件。劳动者未因不服裁决而依法起诉，且用人单位未依法申请撤销裁决的，裁决书自作出之日起发生法律效力。

② 终局裁决适用范围：其一，追索劳动报酬、工伤医疗费、经济补偿或者赔偿金，不超过当地月最低工资标准 12 个月金额的争议；其二，因执行国家的劳动标准在工作时间、休息休假、社会保险等方面发生的争议。劳动者对这两种裁决不服的可以起诉，用人单位不服不能起诉，只能在法定条件下向法院申请撤销裁决。

③ 终局裁决的司法监督。其一，劳动者对仲裁裁决不服的，可以自收到仲裁裁决书之日起 15 日内向人民法院提起诉讼；其二，用人单位有证据证明仲裁裁决有违法情形的，可以自收到仲裁裁决书之日起 30 日内向劳动争议仲裁委员会所在地的中级人民法院申请撤销裁决。

仲裁裁决的违法情形：

- 适用法律、法规确有错误的；
- 劳动争议仲裁委员会无管辖权的；
- 违反法定程序的；
- 裁决所根据的证据是伪造的；
- 对方当事人隐瞒了足以影响公正裁决的证据的；
- 仲裁员在仲裁该案时有索贿受贿、徇私舞弊、枉法裁决行为的。

人民法院经组成合议庭审查核实裁决有上述情形之一的，应当裁定撤销。

仲裁裁决被人民法院裁定撤销的，当事人可以自收到裁定书之日起 15 日内就该劳动争议事项向人民法院提起诉讼。

（2）其他裁决

当事人对追索劳动报酬、执行劳动标准等争议以外的其他劳动争议案件的仲裁裁决不服的，可以自收到仲裁裁决书之日起 15 日内向人民法院提起诉讼；期满不起诉的，裁决书发生法律效力。

9）强制执行

当事人对发生法律效力的调解书、裁决书，应当依照规定的期限履行。一方当事人逾期不履行的，另一方当事人可以依照民事诉讼法的有关规定向人民法院申请执行。受理申请的人民法院应当依法执行。

劳动争议仲裁不收费。劳动争议仲裁委员会的经费由财政予以保障。

（五）劳动争议的诉讼程序

1. 劳动争议诉讼概述

1）劳动争议诉讼

是指劳动争议当事人不服劳动争议仲裁委员会的裁决，在规定的期限内向人民法院起诉，人民法院依法受理后，依法对劳动争议案件进行审理的活动。还包括当事人一方不履行劳动争议仲裁委员会已发生法律效力的裁决书或调解书，另一方当事人申请人民法院强制执行的活动。劳动争议诉讼适用《中华人民共和国民事诉讼法》规定的程序。由人民法院参与处理劳动争议从根本上将劳动争议处理工作纳入了法制轨道，有利于保障当事人的诉讼权，有助于监督仲裁委员会的裁决，有利于生效的调解协议、仲裁裁决和法院判决的执行。

我国民事诉讼的基本制度是：

① 合议制度：充分发挥集体智慧，防止某些认识上的局限性和主观片面性。

② 回避制度：不宜参加和参与案件审理的人员避开或退出对案件的审理。

③ 公开审判制度：人民法院审理民事案件，除法律规定不公开和可不公开审理的案件外，一律公开审理。

④ 两审终审制度：是指一个案件经过两级人民法院审判即告终结的制度。

2) 劳动争议诉讼的原则

人民法院在审理劳动争议案件中，同样遵循司法审判中的一般诉讼原则，如以事实为根据，以法律为准绳的原则；独立行使审判权的原则；回避原则等。由于劳动争议案件的特殊性，还应遵循"密切与有关单位配合的原则"，有关单位主要指劳动行政机关、工会和劳动争议仲裁机构等。劳动行政机关是国家管理劳动工作的专门部门，了解和熟悉劳动法律政策；工会等有关部门都从事企业生产、安全、工资福利、劳动保护等各项管理和监督检查工作，情况也比较熟悉。特别是劳动争议仲裁机构，是代表国家处理劳动争议的专职机构，负责直接受理和处理各种劳动争议案件，对争议的原因、过程等情况比较了解，且有一定的办案经验。故人民法院审理劳动争议案件时，应多向这些单位调查，认真听取他们的意见，密切配合，使案件的审理更加顺利开展。

3) 劳动争议诉讼管辖

按照《中华人民共和国民事诉讼法》的有关规定，结合劳动争议案件的诉讼主体既有法人又有劳动者个人，以及劳动争议须及时处理等特点和要求，人民法院的劳动争议案件管辖一般由劳动争议仲裁委员会所在地的人民法院受理。具体讲，对于案情较简单、影响不大的劳动争议案件，一般由劳动争议仲裁委员会所在地的基层人民法院作第一审；对于案情复杂、影响很大的劳动争议案件，基层人民法院审理有困难的，可由中级人民法院作第一审。

4) 劳动争议诉讼的受案范围

(1) 法院受理劳动争议的一般范围

由于劳动争议案件仲裁前置的特殊程序，人民法院受理劳动争议案件的受案范围很大部分可以参考劳动争议仲裁的受案范围。《中华人民共和国劳动争议调解仲裁法》第2条规定的劳动争议，当事人不服仲裁委员会作出的裁决，依法向法院起诉的法院应当受理。

(2) 法院受理劳动争议案件的特殊情形

① 对几类特殊群体的区分处理。

• 企业停薪留职人员、未达到法定退休年龄的内退人员、下岗待岗人员以及企业经营性停产放长假人员，因与新的用人单位发生用工争议，依法向人民法院提起诉讼的，人民法院应当按照劳动关系处理。

• 用人单位与其招用的已经依法享受养老保险待遇或领取退休金的人员发生用工争议向人民法院提起诉讼的，人民法院应当按照劳务关系处理。

② 社会保险争议的受案范围：由于社会保险争议具有较强的政策性和行政色彩，根据目前的法律规定，劳动者与用人单位之间因为社会保险发生的争议，并不完全属于人民法院

的受理范围。

依据目前的法律法规，人民法院能够受理的社会保险争议主要包括以下几种：

● 劳动者与用人单位解除或者终止劳动关系后，请求用人单位办理劳动者的社会保险关系等移转手续产生的争议，人民法院应予受理。

● 劳动者因为工伤、职业病，请求用人单位依法承担给予工伤保险待遇的争议，经劳动争议仲裁委员会仲裁后，当事人依法起诉的，人民法院应予受理。

● 劳动者以用人单位未为其办理社会保险手续，且社会保险经办机构不能补办导致其无法享受社会保险待遇为由，要求用人单位赔偿损失而发生争议的，人民法院应予受理。

③ 不属于劳动争议诉讼受案范围的情形：

● 劳动者请求社会保险经办机构发放社会保险金的纠纷；

● 劳动者与用人单位因住房制度改革产生的公有住房转让纠纷；劳动者对劳动能力鉴定委员会的伤残等级鉴定结论或者对职业病诊断鉴定委员会的职业病诊断鉴定结论的异议纠纷；

● 家庭或者个人与家政服务人员之间的纠纷；

● 个体工匠与帮工、学徒之间的纠纷；

● 农村承包经营户与受雇人之间的纠纷。

5）劳动争议诉讼的时效

根据《中华人民共和国劳动法》和《中华人民共和国劳动争议调解仲裁法》的规定，劳动争议当事人对仲裁裁决不服的，自收到裁决书之日起 15 日内，可以向人民法院起诉。一方当事人在法定期限内既不起诉又不履行仲裁裁决的，另一方当事人可以申请人民法院强制执行。

6）劳动争议仲裁与诉讼的衔接

（1）先裁后审的情形

此种情形下，劳动争议仲裁与诉讼的衔接关系分为 3 种。

① 对部分案件即《中华人民共和国劳动争议调解仲裁法》第 47 条规定的情形（追索劳动报酬、工伤医疗费、经济补偿或者赔偿金，不超过当地月最低工资标准 12 个月金额的争议；因执行国家的劳动标准在工作时间、休息休假、社会保险等方面发生的争议），仲裁裁决自作出之日起生效。除非劳动者一方起诉，否则案件就此终局，不能再进入诉讼程序，用人单位无权起诉，但具备法定情形时可以申请撤销仲裁裁决。

② 对于《中华人民共和国劳动争议调解仲裁法》第 47 条规定以外的情形，对仲裁裁决当事人双方均可以起诉。

③ 集体劳动争议中部分劳动者起诉的。对于起诉的劳动者，仲裁裁决不发生法律效力；对于未起诉的劳动者，裁决发生法律效力，申请执行的，人民法院应当受理。

（2）直接起诉的情形

对于拖欠工资的案件，劳动者手中有明确的工资欠条的，可以不经过仲裁直接起诉。拖欠工资的纠纷，其性质既属于劳动报酬争议，同时也符合民事债权债务纠纷的特征。《最高人民法院关于审理劳动争议案件适用法律若干问题的解释（二）》第 3 条："劳动者以用人单位的工资欠条为证据直接向人民法院起诉，诉讼请求不涉及劳动关系其他争议的，视为拖欠劳动报酬争议，按照普通民事纠纷受理。"

（3）仲裁未受理的情形

对于当事人申请劳动仲裁，而劳动争议仲裁委员会不予受理，当事人提起诉讼的，最高人民法院应当区别不同情况处理。

① 劳动争议仲裁委员会以当事人申请仲裁的事项不属于劳动争议为由作出不予受理的情形。不同于劳动争议仲裁委员会，对于以劳动争议为案由起诉至人民法院的案件，经审查，虽不属于劳动争议案件，但属于人民法院主管的其他案件的，人民法院应当依法受理。

② 劳动争议仲裁委员会以超过仲裁时效为由不予受理的情形。劳动争议仲裁委员会根据《中华人民共和国劳动法》第 82 条之规定，以当事人的仲裁申请超过 60 日期限为由，作出不予受理的书面裁决、决定或者通知，当事人不服，依法向人民法院起诉的，人民法院应当受理；对确已超过仲裁申请期限，又无不可抗力或者其他正当理由的，依法驳回其诉讼请求。

③ 劳动争议委员会以申请仲裁主体不适格为由的不予受理的情形。经审查，确属主体不适格的，裁定不予受理或者驳回起诉。

2. 劳动争议诉讼程序

劳动争议诉讼程序主要有起诉、受理、审判、判决 4 个步骤。除了对起诉和举证有些特别的规定之外，其他程序与一般民事诉讼相同。

1）起诉

起诉必须符合下列条件：原告是与本案有直接利害关系的公民、法人和其他组织；有明确的被告；有具体的诉讼请求和事实、理由；属于人民法院受理民事诉讼的范围和受诉人民法院管辖。

起诉应当向人民法院递交起诉状，并按照被告人数提出副本。原告应预交案件受理费，如申请缓交、减交、免交的，要提出书面申请，并附有特困证明或其他材料等。当事人须依法正确行使诉讼权利，按法院的要求提供必要的诉讼材料。起诉的形式根据我国法律的规定，原则上是书面起诉，但是在例外情况下，可以口头起诉。

2）立案受理

立案受理是指人民法院对原告的起诉进行审查后，认为符合法律规定的起诉条件，决定立案审理，从而引起诉讼程序开始的行为。人民法院收到起诉状或者口头起诉后，进行审查认为符合起诉条件的，应当在 7 日内立案，并通知当事人；认为不符合起诉条件的，应当在 7 日内作出裁定书，不予受理；原告对裁定不服的，可以提起上诉。

3）审理前的准备

正式审理之前人民法院还要做一些准备工作，比如向被告发送起诉状副本，组成合议庭，审核诉讼材料，组织当事人交换证据，开展调查或委托调查，通知当事人参加诉讼等。

4）开庭审理并依法做出判决

主要包括法庭调查阶段、法庭辩论阶段以及评议、宣判阶段。法庭调查时，按当事人陈述、证人作证、出示证言书证等证据、宣读鉴定结论和勘验笔录的顺序进行。进入法庭辩论后，先由原告及其诉讼代理人发言，然后由被告及其诉讼代理人答辩，再由各方相互辩论。辩论之后由审判长按照原告、被告、第三人的先后顺序征询各方最后意见。判决前能够调解的，还可以进行调解。调解达成协议，人民法院应当制作调解书。调解书内容应当写明诉讼请求、案件的事实和调解结果，由审判人员、书记员署名，加盖人民法院印章，送达双方当事人签收后，即具有法律效力。经法院调解达成的和解协议，具有与判决同等的法律效力。已经以法院调解的形式得到了解决的，不得再以同一事实向法院起诉。调解不成的，应当及时判决。

5）二审程序

当事人不服一审判决的，可以依法提起二审程序，但须在一审判决书送达之日起15日内向上一级人民法院提起上诉。上诉状应写明当事人的姓名、法人名称及法定代表人的姓名，原审人民法院名称、案件编号和案由，上诉请求和理由。上诉状应通过原审人民法院提交并按对方当事人或代表人的人数提出副本。二审人民法院作出的判决为终审判决。

3. 劳动争议诉讼的特殊程序——支付令

1）支付令

是指人民法院依照法律规定的督促程序，根据债权人的申请，向债务人发出的限期履行给付金钱或有价证券的法律文书。若债务人在法定期间（15日）内不提出书面异议，该支付令即具有执行力。支付令属于非讼程序，其优点在于简便快捷。在劳动争议解决中引入支付令制度，意在简化程序，使劳动者能迅速获得救济。简而言之，申请支付令又称督促程序。但是，劳动者不能滥用督促程序。因为《中华人民共和国民事诉讼法》规定，债务人自收到支付令之日起15日内有向法院提出书面异议的权利。

2）申请支付令的法定情形

根据相关法律、法规的规定，在劳动争议案件中，劳动者可以申请支付令的情形主要有：

① 按照《中华人民共和国劳动合同法》第30条的规定，用人单位拖欠或者未足额支付劳动报酬的，劳动者可以依法向当地人民法院申请支付令，人民法院应当依法发出支付令。

② 按照《中华人民共和国劳动争议调解仲裁法》第16条的规定，因支付拖欠劳动报酬、工伤医疗费、经济补偿或者赔偿金事项达成调解协议，用人单位在协议约定期限内不履行的，劳动者可以持调解协议书依法向人民法院申请支付令。人民法院应当依法发出支付令。

③ 按照《中华人民共和国民事诉讼法》第133条的规定，人民法院对于受理的案件，若双方当事人没有争议且符合督促程序规定条件的，可以转入督促程序，依法发出支付令。

3）申请支付令的条件

① 主体：能申请支付令的只能是劳动者，用人单位不能申请。

② 案件类型：案件须是给付之诉，即劳动者要求用人单位给付金钱的案件，如给付拖欠劳动报酬、经济补偿金、赔偿金的案件。

③ 单向债务：只能是用人单位向劳动者负有给付义务，而劳动者对用人单位没有给付义务。若劳动者给用人单位造成损失需要赔偿，劳动者就不能申请支付令。

④ 能够送达：支付令能够送达用人单位（是指直接送达），支付令的送达不能适用公告送达的方式。在两种情况下，应视为支付令不能送达：一是债务人下落不明，需采用公告方式才能送达的；二是债务人不在中国领域内居住的，情况比较复杂，不符合督促程序迅速简便地处理纠纷的立法原意，故视为不能送达。

⑤ 有管辖权：劳动者申请支付令须向有管辖权的基层人民法院申请，一般是由用人单位所在地的基层人民法院管辖。

4）法院对于支付令申请的审查及支付令的效力

人民法院受理申请后，经审查劳动者提供的事实、证据，对债权债务关系明确、合法的，应当在受理之日起 15 日内向债务人发出支付令；申请不成立的，裁定予以驳回。人民法院发出支付令后，用人单位自收到支付令起 15 日内向劳动者支付，或者向人民法院提出书面异议，如果用人单位在此期间既不提出异议又不履行支付令的，劳动者可以向人民法院申请执行。

5）法院对于用人单位异议的审查

《中华人民共和国民事诉讼法》规定，人民法院要对当事人提出的异议进行实质性审查，经审查，异议成立的，应当裁定终结督促程序，支付令自行失效。异议不成立的，裁定驳回用人单位的异议，支付令自驳回裁定送达之日起即生效。

6）支付令失效后的处理

支付令失效后，申请支付令的一方当事人不同意提起诉讼的，应当自收到终结督促程序裁定之日起 7 日内向受理申请的人民法院提出。

申请支付令的一方当事人不同意提起诉讼的，不影响其向其他有管辖权的人民法院提起诉讼。

支付令失效后，申请支付令的一方当事人自收到终结督促程序裁定之日起 7 日内未向受理申请的人民法院表明不同意提起诉讼的，视为向受理申请的人民法院起诉。

债权提出支付令申请的时间，即为向人民法院起诉的时间。

任务三　劳动监督检查

任务情景

1. 王某等 26 名职工与某商场签订了劳动合同，在劳动合同履行中，该商场以经营亏损为由，于 5 月辞退王某等 26 名职工。王某等人遂向当地劳动保障监察机构举报，请示纠正该商场错误行为以维护自己的权益。劳动保障监察机构在接到王某等人的举报后，经多次深入调查取证，查明该商场不具备企业经济性裁减人员的法定条件，又违反了企业经济性裁减人员的法定程序，在此前提下，单方解除王某等 26 名职工的劳动合同，属违约行为，并责令该商场限期改正。该商场在劳动保障监察机构规定的期限内撤销了辞退王某等 26 名职工的决定，恢复了王某等人的工作，补发王某等人的工资并为其补缴了社会保险费。

2. 李某为某电力公司中调室值班人员，因不满单位的工作时间安排，多次向领导提出调整其工作时间，未果后李某辞职，并向劳动监察机构投诉，该单位违法延长劳动者工作时间，要求单位支付其在职期间的加班加点工资。调查情况：经查，该单位中调室是个需要连续有人值班的重要岗位，在工作时间安排上实行综合计算工时制，以季为一个周期，也有劳动行政部门的审批文件，在执行工时制度的种类和岗位上不存在问题，但李某的工作时间安排为：工作 24 小时，休息 48 小时，在李某投诉的周期内，其实际工作时间共计 618 小时，而该季度法定工作时间为 496 小时，实际工作时间超过法定工作时间 122 小时，另有 16 小时的节假日加班。超出122小时和16小时的法定节假日加班工资，单位并未依法支付加班工资。在调查的同时发现还有李某的其他同事有相同的情况，且用人单位无法出具同劳动者和工会协商的书面记录。

问：劳动监察机构通常采用什么方式进行劳动监督检查？通常采用哪些行政处罚方式？本案中劳动监察机构具体采用什么方式进行劳动监督检查？具体可以用哪些行政处罚方式？劳动监察机构在案件查处中按什么程序进行工作？用人单位违反了什么法律规定？

◎ 课堂提问

劳动保障监察与劳动仲裁有什么区别？能否同时适用？

一、劳动监督检查概述

（一）劳动监督检查的概念、特征

1. 劳动监督检查的概念

劳动监督检查是指法律规定的监督主体为保护劳动者的合法权益，对用人单位和劳动服务主体遵守劳动法律、法规的情况进行的监督检查。

劳动监督检查制度具有保障整个劳动法体系全面实施的功能，在劳动法体系中占有特殊的地位。

我国的劳动监督检查体系是由行政监督检查和社会监督两部分构成的，其中行政监督检查包括劳动行政部门监督检查和相关行政部门监督检查；社会监督包括工会监督和群众监督。

2. 劳动监督检查的特征

劳动监督检查是保障劳动法得以切实贯彻执行的重要手段，具有以下几个特征。

① 监督检查主体的广泛性

监督检查的主体为法定机关，法律、法规授权的社会组织，其他普通的社会组织，有关单位和个人，以劳动行政部门的监督检查为中心。行政部门不仅有监督权、检查权，也有相应的处分权和强制措施权；各级工会组织虽然都享有监督权、调查权、建议权等，但没有除了法律、法规特别规定以外的检查权。其他组织和个人则只能通过检举和控告来进行监督，可以对用人单位和劳动服务单位的违法行为进行控告，参与监督，但不享有检查权和处罚权。

② 监督检查目的和对象的特定性

监督检查的目的是为了使劳动法律、法规得以实施，实现劳动法的宗旨，重点是保护劳动者的合法权益。监督检查的对象是用人单位的用人行为和劳动服务单位的服务行为，即其贯彻、执行劳动法时的行为。不包括劳动者的劳动行为，也不包括用人单位和劳动服务单位的一切行为。这是因为劳动者的权益是通过用人单位的这些履行法律设定的义务行为，才能得以实现，监督检查这些行为是否合法，对违法行为及时发现和纠正，才能实现保障劳动者的权益的目的。

③ 监督检查内容的全面性和方式的多样性

劳动监督检查的内容是用人单位的用人行为和劳动服务单位的服务行为是否遵守劳动法律、法规的全面情况，而不是个别情况，涉及制定规章制度及其执行的情况、与劳动者订立和解除劳动合同的情况、劳务派遣单位和用人单位遵守劳务派遣有关规定的情况等各个方面。开展监督检查的方式多种多样，以劳动行政监督检查为例，有经常性的监督检查、突击性的监督检查、有针对性地对某些重点单位进行的监督检查、年检等。

（二）劳动监督检查的体系和机构

依据《中华人民共和国劳动法》等有关法律、法规的规定，我国的劳动监督检查体系由行政监督检查和社会监督检查两部分组成。行政监督检查由劳动行政部门监督检查和相关行政部门监督检查所组成，社会监督主要有工会监督和群众监督。

1. 劳动行政部门监督检查

劳动行政部门监督检查，也称劳动保障监察或劳动监察，是指县级以上各级人民政府劳动行政部门依法对用人单位遵守劳动法律、法规的情况进行监督检查，对违反劳动法律、法规的行为予以制止，并责令改正的行政执法活动。

《中华人民共和国劳动法》第 85 条规定："县级以上各级人民政府劳动行政部门依法对用人单位遵守劳动法律、法规的情况进行监督检查，对违反劳动法律、法规的行为有权制止，并责令改正。"

在劳动监督检查体系中，劳动行政部门监督检查是最基本、最重要的监督检查形式，其他监督检查形式都是对劳动行政部门监督检查的配合。首先，它是最全面的劳动监督。其监督范围最广，涵盖所有劳动关系。其他主体的劳动监督检查则限定在特定范围内。其次，它的约束力度最大。它是代表本级政府实施的，属于国家劳动监察，其法律效力高于其他劳动监督检查形式。

2. 相关行政部门监督检查的主体

1）相关行政部门监督检查的概念

相关行政部门监督检查是指劳动行政部门以外的其他有关行政部门在各自的职责范围内，对用人单位和劳动服务单位遵守劳动法律、法规的情况所进行的监督检查。

2）相关行政部门监督检查的必要性

在劳动监督检查体系中，劳动行政部门监督检查也需要其他相关行政部门监督检查的配合。这是因为：

① 劳动法与其他法律部门在内容上存在交叉，需要其他行政部门与劳动行政部门配合处理。

② 在违反劳动法的行政制裁措施中，某些制裁措施只能由劳动行政部门以外的特定行政部门实施。

3）相关行政部门监督检查的主体

也称相关行政部门的监督检查实施机构，主要包括：用人单位主管部门（企业所在地的行政主管部门）、财政部门、税务部门、审计部门、工商行政管理部门、技术监督部门、公安机关、卫生行政管理部门、教育行政管理部门等。

3. 工会监督

工会监督是指各级工会依法维护劳动者的合法权益，对用人单位遵守劳动法律、法规的情况所进行的监督。中国工会维护工人阶级领导的、以工农联盟为基础的人民民主专政的社会主义国家政权，协助人民政府开展工作，在政府行使国家行政权力过程中，发挥民主参与和社会监督作用。工会的一般法律性质是社团法人。工会监督是一种最重要的社会监督。工会以全体职工为后盾，其统一的组织体系延伸到全社会各个用人单位，其监督的功能是其他任何分散性的社会监督所无法达到的。行政监督检查也必须在工会监督检查的密切配合下，才能全面和有效地保证劳动法的实施。

4. 群众监督

群众监督，是指一般社会组织和个人对于违反劳动法律、法规的行为进行的监督。

《中华人民共和国劳动法》第88条规定："任何组织和个人对于违反劳动法律、法规的行为有权检举和控告。"在劳动监督体系中，群众监督是对劳动行政部门监督、其他行政机关监督和工会监督的必要补充。群众的检举和控告可以为行政监督检查和工会监督提供丰富的线索。充分发挥人民群众在这方面的作用，对于提高劳动者的主人翁责任感，督促用人单位严格遵守劳动法律、法规，切实保障劳动者的合法权益，具有重要意义。

二、劳动保障监察

（一）含义

1. 劳动保障监察是劳动保障行政部门作出的行为

劳动保障监察的主体是劳动保障行政部门，而具体的执行机构则是劳动保障部门内部的劳动保障监察机构。

2. 劳动保障监察是劳动保障部门对用人单位遵守劳动保障法律、法规的情况进行检查的行为

这是劳动保障监察的内容要素，这就限定劳动保障监察只是为了规范用人单位遵守劳动保障法律、法规、规章的行为，而不是民事活动或其他活动，也是着眼于对劳动者基本权利的保障，如劳动权、休息权、享受社会保险福利权、享受合理劳动报酬权等。

3. 劳动保障监察具有法律效力

劳动保障行政主管部门作出的劳动保障监察决定是具有法律效力的具体行政行为，当事人必须遵照执行，不服的可行政复议、行政诉讼，逾期不执行的将申请人民法院强制执行。

（二）劳动保障监察的特征

1. 法定性和强制性

也称国家意志性。劳动保障监察的规则直接由法律规定，由法定的行政主体实施的代表国家意志的行为。无论是行政主体还是行政管理相对人都须服从国家意志，即监察主体须严格依法进行监察执法活动；被监察主体不得以任何方式规避监察。劳动保障监察是代表政府实施的，具有国家强制力，被监察主体不得拒绝，只能接受并配合劳动行政监督机关的监督管理活动。相对人拒绝履行设定的义务，劳动行政部门可以依法强制执行或申请法院强制执行。

2. 专门性和具体性

劳动保障监察是由法定的专门机关针对劳动法律、法规的遵守所实施的专门监督检查，

其他任何组织和个人都不得进行劳动保障监察。劳动保障行政部门监督管理的相对人只能是特定的用人单位和劳动者。劳动保障行政部门监督管理机关作出的处理决定，也只能对相对人发生法律效力，不具备普遍约束力。

3. 行政性

劳动保障监察属于行政执法和行政监督的范畴。劳动保障监察行为是行使行政权力的具体行政行为，而非企业事业单位、群众组织或公民个人行为。劳动保障行政部门发现用人单位有违法行为，有权依据事实和法律给予相应的行政处罚。被监察主体对其作出的行政处理决定或行政处罚决定不服的，可以依法提请行政复议或行政诉讼。

4. 唯一性

在劳动监督检查体系中，唯有劳动保障监察是以国家名义对劳动法律、法规的遵守实行统一和全面的监督检查。

（三）劳动保障监察的主体

1. 劳动保障监察机构

是指经法律授权代表国家对劳动法的遵守和执行情况进行监察的专门机构。目前劳动保障监察机构主要是四级设置：人社部设立劳动监察局，省设监察总队、地（市）设监察支队、县（区）设大队。地方劳动保障监察机构业务上受上一级劳动保障监察机构的监督、指导。这样就形成中央、省、地（市）、县四级劳动保障监察机构，乡镇街道的中队应视为大队派出的机构（没有相应的执法权），这样形成了劳动保障监察机构网络，具体负责本行政区域的劳动监察工作。

2. 劳动保障监察员

是指国家设立的执行劳动监察的专职或兼职人员。劳动保障监察员执行公务，有权进入用人单位了解该单位遵守劳动法律、法规的情况，查阅必要的资料，并对劳动场所进行检查。担任劳动保障监察员必须具备法定的资格，并由劳动行政部门或其行政首长任命。

（四）劳动保障监察的内容

劳动保障监察的内容主要是国家法定的劳动标准和事项以及社会保险规定的执行情况，包括：

① 用人单位遵守录用和招聘职工规定的情况；

② 用人单位遵守有关劳动合同规定的情况；

③ 用人单位遵守女职工和未成年工特殊劳动保护规定的情况；

④ 用人单位遵守工作时间和休息休假规定的情况；

⑤ 用人单位遵守工资支付规定的情况；

⑥ 用人单位制定的劳动规章制度情况；

⑦ 用人单位维护外派劳务人员合法权益的情况；

⑧ 用人单位遵守外国人在中国就业管理规定及台湾、香港和澳门居民在内地就业管理规定的情况；

⑨ 遵守就业训练规定的情况；

⑩ 遵守职业培训实体管理规定的情况；

⑪ 遵守职业中介有关规定的情况；

⑫ 遵守职业技能鉴定、企业职工培训规定的情况；

⑬ 用人单位遵守社会保险规定的情况；

⑭ 法律、法规、规章规定的其他劳动保障监察事项。

（五）劳动保障监察机构的职责和权力

劳动保障监察机构是依法享有监察权并代表国家对用人单位遵守劳动法的情况实行监督的专门机构。劳动保障监察员是指国家设立的执行劳动保障监察的专职或兼职人员。担任劳动保障监察员必须具备法定的资格，并由劳动行政部门或其行政首长任命。劳动保障监察是行政法律行为，劳动保障监察主体必须依照劳动法律、法规为或不为某种行为；劳动保障监察是行政执法行为，劳动保障监察主体必须在其权限内依法进行劳动执法活动。

劳动保障监察机构的职责如下。

① 宣传劳动保障法律、法规和规章，督促用人单位贯彻执行。这是劳动保障监察坚持教育与处罚相结合原则的具体体现。法制宣传对于使用人单位和劳动者树立自觉守法的观念和劳动法律、法规和规章的贯彻实施至关重要。

② 检查用人单位遵守劳动保障法律、法规和规章的情况。这是劳动保障监察的一项基本职责。

③ 受理对违反劳动保障法律、法规或者规章行为的举报、投诉。这是实施劳动保障监察的主要方式之一，也是劳动保障行政部门实施劳动保障监察的一项重要职责。对于符合法定条件的投诉应严格依法律、法规和规章规定的方式和时限受理、查处。

④ 依法纠正和查处违反劳动保障法律、法规或者规章的行为。这是劳动保障监察维护劳动法律、法规和规章的尊严，切实维护劳动者权益的重要职能。

劳动保障监察机构在进行劳动监察时享有如下的权力。

1）检查权

劳动保障监察员根据工作需要可以随时对有关单位进行检查。在必要时可以向单位或劳动者下达调查询问书，要求其在收到之日起 10 日内据实向劳动保障监察机构作出书面答复；并可以查询或复制被调查单位的有关资料，询问有关人员。

2）审查认证权

劳动保障监察机构有权对生产指挥、特种设备操作等人员进行考核，对合格者颁发许可证等证件；有权对劳动安全卫生设施建设项目的可行性论证等报告进行审查批准；有权对劳动安全卫生设施的设计单位、施工单位的资格进行认证。

3）制止和责令纠正权

劳动保障监察机构对事故隐患特别是重大隐患有权责令企业限期整改；对违章现象有权制止纠正；遇到紧急、严重的不安全、不卫生情况，或在企业接到监察意见通知书后，无故不采取补救措施或不停止违章行为时，有权采取责令停止机器运转、封闭矿井、组织或支持工人撤离现场等措施。

4）处罚权

劳动保障监察机构有权对被监察主体依法分别给予责令用人单位改正、警告、通报批评、罚款、没收违法所得、吊销生产许可证、责令停产、停业的处罚；对触犯其他行政法规的，有权建议有关行政机关给予行政处罚；对触犯刑法的，有权建议司法机关追究刑事责任。

（六）劳动保障监察的方式和工作程序

1. 劳动保障监察的方式

1）日常巡视检查

劳动保障行政部门对用人单位及其劳动场所的日常巡视检查，应制订年度计划和中长期规划，确定重点检查范围，并按照现场检查的规定进行。

2）书面审查

由用人单位按照要求进行自查后，如实填报有关材料，接受劳动保障部门的核查。劳动保障行政部门对用人单位按照要求报送的有关遵守劳动保障法律情况的书面材料应进行审查，并对发现的问题及时予以纠正和查处。

3）专项检查和联合检查

劳动保障行政部门可以针对劳动保障法律实施中存在的重点问题集中组织专项检查活动。根据上级安排或普遍的问题，就用人单位某一方面遵守劳动法律法规的情况进行检查，如劳动合同、社会保险、持证上岗等。必要时，可以联合有关部门或组织共同进行。

4）举报投诉检查

是指劳动保障行政部门设立投诉信箱、投诉电话等，依法查处举报和投诉反映的违反劳动保障法律的行为。劳动保障行政部门根据举报所提供的违法案件线索的真实性和重要性，有计划地实行重点检查，对举报属实，为查处重大违反劳动保障法律、法规行为提供主要线索和证据的举报人，给予奖励。对于符合法定条件的投诉，应严格按照法律、法规和规章规定的方式和时限受理、查处，杜绝行政不作为的现象发生。

2. 劳动监察的工作程序

劳动监察的工作程序是指劳动监察主体在依法行使劳动监察权的执法行为中应当遵循的一系列过程和步骤。以在区县一级的劳动监察大队为例，工作程序包括：

1）不立案监察程序

也称一般性监察程序，是指并未发现用人单位有违法行为，仅是对用人单位进行例行检查、不定期检查的程序。

（1）现场检查程序

① 检查应有2名以上劳动保障监察员共同进行；

② 劳动保障监察员进入被检查场所，应主动出示劳动保障监察证件，说明身份；

③ 检查前劳动保障监察员应当向用人单位告知检查的目的、内容、要求和方法（必要时可下达书面检查通知）；

④ 检查时应了解用人单位遵守劳动保障法律、法规和规章的情况，并巡视劳动场所；

⑤ 现场检查情况应有笔录，笔录应当由劳动保障监察员和用人单位法定代表人（或其委托代理人）签名或盖章，用人单位法定代表人（或其委托代理人）拒绝签名盖章的，应注明拒签情况；

⑥ 检查中发现的一般性问题可以不做立案处理，但应记录检查结果和建议意见，对重要问题应及时向大队领导汇报并建议立案调查。

（2）书面查询程序

① 向用人单位发出《劳动保障监察调查询问通知书》；

② 用人单位在规定时间内向劳动保障监察大队作出书面答复；

③ 查询中发现的一般性问题可以不做立案处理，但应记录查询结果和建议意见，对重要问题应及时向大队领导汇报并建议立案调查。

2）立案监察程序

是指劳动监察机构立案查处违反劳动保障法律、法规和规章案件的程序。

① 登记立案。主办监察员对用人单位实施劳动保障监察（或接案）后，发现用人单位有违法行为，并经劳动保障监察机构初步审查确认有违反劳动保障法律、法规和规章事实的，应当填写《立案审批表》并于 5 个工作日内报劳动保障监察机构负责人审查和批准立案。大队领导批准之日为立案起始时间。现场检查一般由 2 名以上的劳动监察员共同进行，并出示劳动保障监察证件，说明身份。

② 调查取证。登记立案后，承办人员需要回避的应当回避（回避应当在 3 个工作日内作出，作出回避决定前，承办人员不得停止对案件的调查处理）。主办监察员必须自立案之日起 60 个工作日（情况复杂的经劳动保障行政部门负责人批准可延长 30 个工作日）内，全面、客观、公正地完成对用人单位的调查取证，同时提出是否对用人单位进行行政处罚的建议、理由及依据，将全案移送大队领导审理复核。案件移送审理之前，主办监察员应当向用人单位下达《劳动保障监察行政处罚事先告知书》，告知用人单位拟对其进行行政处罚的事实、理由及依据，并告知用人单位享有陈述和申辩的权利。

③ 审查复核。劳动保障监察大队领导在审理案件过程中，应当全面审理，审查送审案件事实是否清楚，证据是否确凿，程序是否合法，适用法律是否正确，必要时可以召开案件分析会。对用人单位拟作出责令停产停业、吊销许可证、较大数额罚款（个人 50 元以上、非经营性单位 1 000 元以上、经营性单位 20 000 元以上）等行政处罚决定之前，应当告知当事人有权在接到告知后的 3 日内要求听证，行政机关应当在听证的 7 日前通知当事人举行听证的时间、地点。用人单位要求听证的，应当组织听证。劳动保障监察大队领导在审理案件后，应当提出处理意见，主办监察员应当根据大队领导的处理意见，填写《案件处理报批表》报劳动保障行政部门负责人批准。

④ 处理决定。劳动保障行政部门负责人对立案调查完成的案件通过审查，对主办监察员及劳动保障监察大队提出的处理意见，应当视不同情况在 15 个工作日内作出如下决定：

● 对依法应当受到行政处罚的，依法作出行政处罚决定；

● 对应当改正未改正的，依法责令改正或者作出相应的行政处理决定；

● 对情节轻微，且已改正的，撤销立案。

经调查、检查，劳动保障行政部门认定违法事实不能成立的，也应当撤销立案。

有下列情形之一的，可以撤销立案：

● 劳动保障监察大队领导经审理退案，主办监察员要求补充调查，主办监察员在 15 个工作日内无法提供充足证据的；

● 用人单位依法解散、被撤销或被宣告破产的；

● 劳动监察认定的事实虽然存在，但不是该用人单位所为的；

● 用人单位实际上不存在违法行为的；

● 其他。发现违法案件不属于劳动保障监察事项的，应当及时移送有关部门处理；涉嫌犯罪的应当移送司法机关。

⑤ 制作处理决定书。劳动保障行政部门负责人对案件作出决定后，主办监察员应当在5 个工作日内制作处理决定书送大队领导审核后报劳动保障行政部门负责人签发。处理决定书应当载明下列事项：

● 被处罚（处理）单位名称、法定代表人、单位住址；

● 劳动保障行政部门认定的违法事实和主要证据；

● 劳动保障行政处罚（处理）的种类和依据；

● 处罚（处理）决定的履行方式和期限；

● 不服处罚（处理）决定，申请行政复议或者提起行政诉讼的途径和期限；

● 作出处罚（处理）决定的行政机关名称及作出处罚（处理）决定日期。劳动保障行政处罚（处理）决定书应当加盖劳动保障行政部门印章。

⑥ 送达和备案。劳动保障行政部门在作出处罚决定之日起 7 日内，应当将处理决定书送达当事人。处理决定书应当在 10 日内报送上一级劳动保障行政部门备案。

⑦ 执行。处理决定书自送达之日起就可以执行。被处罚单位依法申请行政复议或提起行政诉讼的，在复议或诉讼期间不影响处理决定书的执行。逾期不申请复议、不起诉又不履行的，劳动保障行政部门可以申请法院强制执行。

三、工会监督

《中华人民共和国劳动法》第 7 条规定："工会代表和维护劳动者的合法权益，依法独立自主地开展活动。"同时，《中华人民共和国劳动法》第 88 条规定："各级工会依法维护劳动者的合法权益，对用人单位遵守劳动法律、法规的情况进行监督。"《劳动合同法》第78 条规定："工会依法维护劳动者的合法权益，对用人单位履行劳动合同、集体合同的情况进行监督。用人单位违反劳动法律、法规和劳动合同、集体合同的，工会有权提出意见或者要求纠正；劳动者申请仲裁、提起诉讼的，工会依法给予支持和帮助。"

（一）工会监督的特点和方式

1. 工会监督的特点

1）工会监督属于社会监督

劳动行政部门的监督、相关行政部门的监督属于行政监督，工会监督则属于社会监督。

2）工会监督是有组织的社会监督

工会的社会监督不是松散的社会监督，而是有组织的社会监督。工会具有全国统一、遍及各个用人单位的网络组织体系，其监督代表全体劳动者的利益。工会监督是一项重要的社会监督。

3）工会监督的方式是提出建议

行政监督具有行政处罚权和强制执行权，工会监督则不具有，工会只能针对用人单位违反劳动法律、法规的行为提出意见、建议和要求。

2. 工会对劳动法执行情况的监督检查的权利

工会在进行劳动法律监督的时候，依法享有的权利有：

1）知情权

是指劳动法律监督主体在实施劳动法律监督的过程中，了解调查被监督对象的行为遵守劳动法律、法规情况的权利。该权利有多种实现方式，如视察、检查、调查、听取汇报、查阅有关文件资料、接受职工举报、控告等，是依法确立和依法行使的，对监督对象有着法律上的约束力。《中华人民共和国工会法》第 25 条规定："工会有权对企业、事业单位侵犯职工合法权益的问题进行调查，有关单位应当予以协助。"

2）检查权

是指工会组织有权依法通过各种形式对用人单位遵守和执行劳动法律、法规的情况进行检查，发现问题并提出意见和建议的权利。

3）调查权

是特指工会对有关严重违反劳动法律法规的事件、行为或重大、恶性事故依法参与调查处理的权利。

4）处理权

工会劳动法律监督主体对监督内容进行评价，向有关单位和人员提出意见、建议及督促监督对象矫正违法行为的权利。表现形式有：

① 对监督对象行为的合理性进行评价；

② 对于违法、错误行为提出予以纠正的建议；

③ 监督有关部门对违法的监督对象依法进行严肃处理；

④ 支持职工依法举报、控告；

⑤ 运用宣传阵地、舆论工具对违反劳动法律、法规的行为予以揭露、批评。

3. 工会监督的方式

1）普通劳动监督

普通劳动监督是指各级工会对用人单位遵守劳动保护法以外的法律、法规的情况进行的监督，其监督的内容主要包括以下几个方面：

① 用人单位遵守劳动合同、工作时间、休息时间、休息休假和劳动报酬等方面的情况；

② 用人单位遵守职业培训、职业技能考核等方面的情况；

③ 用人单位遵守劳动保障、福利待遇等方面的情况；

④ 用人单位履行集体合同等方面的情况。

2）劳动安全保护监督

劳动安全保护监督是指工会对用人单位遵守劳动保护法的情况所进行的专项监督，其监督的内容主要包括以下几个方面：

① 劳动作业场所安全的监督；

② 劳动作业场所卫生的监督；

③ 劳动者劳动保护的监督等。

（二）工会监督的内容

1. 对劳动合同的监督

工会通过对劳动合同的订立、履行和解除等进行监督，保证劳动合同的订立和履行符合法律规定的要求，并不会侵害劳动者的合法权益。

2. 对劳动保护的监督

工会有权督促用人单位改善职工的劳动保护条件；有权对用人单位执行女职工和未成年工的特殊劳动保护进行监督；有权参加伤亡事故调查和向其他部门提出处理意见，并有权要求追究直接负责的行政领导人和有关责任人员的责任。

3. 对执行工作时间和休息、休假制度的监督

工作时间和休息、休假制度是公民劳动权的重要组成部分，是职工权益的重要体现。工会应该对用人单位有关劳动时间的执行情况进行监督。

4. 对执行社会保险制度的监督

工会有权监督用人单位对社会保险法律制度的执行情况，核查单位社会保险费的缴纳和支付职工社会保险金的情况。

5. 对劳动争议解决的监督

工会有权对贯彻执行劳动法过程中所产生的各种争议问题提供咨询，有权协同有关部门调解争议，参加劳动仲裁。对于企业辞退、处分职工认为不适当的，工会有权提出意见。若用人单位违反法律、法规和有关合同，工会有权要求重新作出处理。

（三）工会监督的程序

工会的劳动监督的程序包括：

1. 现场检查

监督员对用人单位进行检查时，不应少于2人。用人单位应当提供方便，协助监督员了解情况，查阅资料。

2. 如实记录

监督员在现场进行调查时，应当将调查结果如实记录。记录由用人单位有关人员阅读后，由监督员和用人单位有关人员共同签名、盖章；用人单位有关人员拒绝签名、盖章的，应当在记录上注明。

3. 提出整改建议

监督员在调查中发现用人单位有违反劳动法律、法规情形的，应当向用人单位指出，并提出整改建议。

4. 及时上报

监督员在调查中发现用人单位严重违反劳动法律、法规的，应当向上级工会或者劳动行政部门报告，并要求迅速查处。各级监督员应将工作情况、违法案件处理结果、统计资料向上级监督委员会报告或者向劳动行政部门报告。

任务四　综合训练

一、知识巩固

（一）单项选择题

1. 下列既属于行政处分，又属于行政处罚责任形式的是（　　）。

    A. 警告　　　　　　B. 吊销营业执照　　C. 开除　　　　　　D. 责令停止生产

2. 以下不属于劳动保障监察处罚的方式是（　　）。

    A. 警告   B. 罚款

    C. 吊销许可证   D. 撤职

3. 用人单位违法延长劳动者工作时间的，劳动保障行政部门可以按照受侵害劳动者每人（　　）的标准计算处以罚款。

    A. 50 元以上 300 元以下   B. 100 元以上 500 元以下

    C. 200 元以上 800 元以下   D. 500 元以上 1 000 元以下

4. 用人单位（　　）按应付金额 50% 以上 1 倍以下标准向劳动者加付赔偿金。

    A. 克扣或无故拖欠劳动者工资报酬的

    B. 解除劳动合同未依法给予劳动者经济补偿的

    C. 支付劳动者的工资低于当地最低工资标准的

    D. 以上 3 项劳动保障行政部门责令限期支付，用人单位逾期不支付的

5. 因劳动者存在违法情形，致使劳动合同被依法确认无效，由此（　　）的，劳动者应当承担赔偿责任。

    A. 使劳动者解除劳动合同   B. 使劳动合同部分条款无法履行

    C. 使用人单位解除劳动合同   D. 给用人单位造成损害

6. 用人单位制定的劳动规章制度违反法律、法规规定的，由（　　）责令改正。

    A. 工会组织   B. 人民法院

    C. 劳动保障行政部门   D. 公安机关

7. 下列纠纷中，属于劳动争议的是（　　）。

    A. 劳动者与用人单位因支付工资报酬引起的纠纷

    B. 企业不服劳动监察部门因执行劳动法引起的纠纷

    C. 厂长与职工因个人债务引起的纠纷

    D. 企业管理人员与职工思想意识观点不同引起的纠纷

8. 协调劳动关系"三方机制"中的"三方"指的是（　　）。

    A. 仲裁委员会、劳动者、用人单位   B. 政府代表、职工代表、企业组织代表

    C. 劳动行政部门、职工代表、工会   D. 职工代表、工会、企业联合会

9. 《中华人民共和国劳动争议调解仲裁法》规定，企业劳动争议调解委员会主任由（　　）担任。

    A. 工会成员   B. 企业代表

    C. 职工代表   D. 工会成员或者双方推举的人员

    E. 人民法院向债务人送达支付后，债务人拒绝接收

10. 劳动争议仲裁时效期间从（　　）起计算。

    A. 当事人知道或者应当知道其权利被侵害之日

    B. 劳动合同签订之日

    C. 劳动争议发生之日

    D. 劳动关系终止之日

11. 引起仲裁时效中断的原因不包括（　　）。

    A. 因当事人一方向对方当事人主张权利的

B. 向有关部门请求权利救济的

C. 对方当事人同意履行义务的

D. 因不可抗力或有其他正当理由，当事人不能在规定的仲裁时效期间申请仲裁的

12. 下列不属于"一裁终局"的劳动争议的是（　　）。

    A. 追索劳动报酬，未超过当地月最低工资标准 6 个月金额的争议

    B. 追索工伤医疗费，未超过当地月最低工资标准 12 个月金额的争议

    C. 因培训服务期发生的争议

    D. 因执行国家的劳动标准在休息休假方面发生的争议

13. 关于"庭内调解"达成协议后，所作调解书的法律效力。表述正确的是（　　）。

    A. 调解书只是双方的协议，不具有法律效力

    B. 调解书经双方当事人签收后发生法律效力

    C. 调解书经双方当事人签收后 15 日内未向人民法院提起诉讼的，调解书发生法律效力

    D. 调解书经双方当事人签收后，15 日内双方当事人均未反悔的，调解书发生法律效力

14. 劳动保障监察的主体必须严格依据法律进行监察活动，被监察的主体不得以任何方式规避监察执法活动，这就是劳动保障监察的（　　）属性。

    A. 法定性　　　　B. 行政性　　　　C. 专门性　　　　D. 强制性

15. 根据《中华人民共和国劳动法》等法律、法规的规定，劳动保障监察的内容不包括（　　）。

    A. 用人单位与劳动者订立劳动合同的情况

    B. 社会保险经办机构遵守国家有关社会保险经办规定的情况

    C. 职业介绍机构遵守国家有关职业介绍规定的情况

    D. 用人单位参加各项社会保障和缴纳社会保险费的情况

（二）多项选择题

1. 违反劳动法的法律责任，主要包括（　　）等形式。

    A. 民事责任　　　　B. 刑事责任　　　　C. 行政责任

    D. 经济责任　　　　E. 劳动责任

2. 下列属于劳动法律责任形式中行政处罚的有（　　）。

    A. 记过　　　　B. 行政拘留　　　　C. 吊销执照

    D. 责令停止　　　　E. 查封

3. 劳动保障监察机构在进行劳动保障监察时，可采取的行政处罚方式具体有（　　）。

    A. 警告　　　　B. 罚款　　　　C. 刑事拘留

    D. 没收违法所得　　　　E. 吊销许可证

4. 劳动保障监察处罚的方式主要有责令用人单位改正及（　　）等五种。

    A. 警告　　　　B. 罚款　　　　C. 没收违法所得

    D. 吊销许可证　　　　E. 行政拘留

5. 用人单位有下列（　　）情形之一的，由劳动保障行政部门责令改正，按照受侵害的劳动者每人 1 000 元以上 5 000 元以下的标准计算，处于罚款。

    A. 安排怀孕 7 个月以上的女职工延长工作时间的

    B. 安排未成年工从事矿山井下劳动的

    C. 未对未成年工定期进行健康检查的

    D. 安排未成年工从事有毒有害劳动的

    E. 女职工生育享受产假少于 100 天的

6. 下列哪些争议属于我国劳动争议的处理范围？（　　　）

    A. 周某因职业培训与单位发生的争议

    B. 陈某因劳动者与单位因住房制度改革产生的公有住房转让的争议

    C. 高某因续签劳动合同与单位发生的争议

    D. 李某因退休后退休金的发放与单位发生的争议

7. 我国的劳动争议处理机构主要包括（　　　）。

    A. 人民法院   B. 企业工会

    C. 企业劳动争议调解委员会   D. 劳动争议仲裁委员会

8. 用人单位与劳动者发生下列争议，属于劳动争议的是（　　　）。

    A. 因确认劳动关系发生的争议

    B. 因订立、履行、变更、解除和终止劳动合同发生的争议

    C. 因除名、辞退和辞职、离职发生的争议

    D. 因工作时间、休息休假、社会保险、福利、培训以及劳动保护发生的争议

9. 劳动争议仲裁委员会的组成人员有（　　　）。

    A. 职工代表   B. 同级工会代表

    C. 用人单位方面的代表   D. 劳动行政主管部门代表

    E. 用人单位

10. 假设张某与有关单位发生争议，张某想利用法律手段保护自己的权利，请问下列说法正确的是（　　　）？

    A. 张某与单位就工伤医疗费而发生的争议，不属于劳动争议

    B. 张某与单位发生的劳动争议，可以进行协商

    C. 张某与单位发生的劳动争议，必须先经劳动争议调解委员会调解

    D. 张某与单位发生的劳动争议，必须先经仲裁，对裁决不服的，可以向法院提起诉讼

11. 下列关于劳动争议的解决方式的表述哪些是正确的（　　　）？

    A. 调解原则适用于劳动仲裁和诉讼程序

    B. 在劳动仲裁前必须先行调解

    C. 劳动争议仲裁的裁决是终局的

    D. 在当事人提起诉讼之前，必须先进行劳动仲裁

12. 劳动保障监察的属性包括（　　　）。

    A. 法定性   B. 自愿性   C. 协商性

    D. 行政性   E. 专门性

13. 劳动保障监察机构的职责主要有（　　　）。

    A. 受理对违反劳动保障法律、法规或者规章的行为的举报、投诉

B. 宣传劳动保障法律法规，督促用人单位贯彻执行

C. 监督检查用人单位遵守劳动保障法律、法规的情况

D. 检查用人单位制定的劳动规章制度是否违反法律、法规的规定

E. 依法纠正和查处违反劳动保障法律、法规或者规章的行为

14. 下列属于劳动保障监察内容的有（　　）。

A. 用人单位与劳动者订立和解除劳动合同的情况

B. 劳务派遣单位和用工单位遵守劳务派遣有关规定的情况

C. 用人单位参加各项社会保险和缴纳社会保险费的情况

D. 用人单位执行最低工资标准的情况

E. 劳动者个人的工作完成情况

15. 劳动法监督检查的主体是依法享有监督检查权的（　　）。

A. 劳动保障行政部门　　　　　　B. 其他有关行政部门

C. 工会组织　　　　　　　　　　D. 其他群众性组织以及个人

（三）判断题

1. 劳动者不辞而别，给原用人单位造成经济损失，原用人单位不仅可以要求该劳动者承担赔偿责任，也可以依法请求新的用人单位承担连带赔偿责任。　　　　　　（　　）

2. 不服仲裁裁决的劳动者或用人单位，向法院起诉的，应以仲裁机构为被告人。

（　　）

3. 劳动争议的基层调解是劳动争议仲裁的必经程序。　　　　　　　（　　）

4. 劳动争议的仲裁是劳动争议诉讼的必经程序。　　　　　　　　　（　　）

5. 对于大额争议案件，实行"一裁终局"。　　　　　　　　　　　　（　　）

6. 因工作时间、休息休假、社会保险、福利、培训以及劳动保护发生的争议属于《中华人民共和国劳动争议调解仲裁法》内容的适用范围。　　　　　　　　　（　　）

7. 企业劳动争议调解委员会由职工代表和劳动监察机构的代表组成。　（　　）

8. 在对争议案件实行"一裁终局"时，可以不考虑劳动者的诉权。　　（　　）

9. 劳动争议处理的途径有协商、调解、仲裁、诉讼。　　　　　　　（　　）

10. 因支付拖欠劳动报酬、工伤医疗费、经济补偿或者赔偿金事项达成调解协议，用人单位在协议约定期限内不履行的，劳动者可以持调解协议书依法向人民法院申请支付令。人民法院应当依法发出支付令。　　　　　　　　　　　　　　　　　（　　）

（四）简答题

1. 劳动法中的民事法律责任有哪些特征？

2. 请简述劳动争议的概念。

3. 请简述我国劳动争议处理体制。

4. 劳动争议仲裁有哪些特征？

5. 请简述我国劳动保障监察的权限。

二、知识运用与能力提升

（一）案例题

1. 张某于 2015 年 1 月 1 日与某文化公司签订了劳动合同书，约定试用期为 3 个月，从 2015 年 1 月 1 日至 2015 年 3 月 31 日。张某在入职某文化公司之前在另外一家公司工作过，

由于原用人单位在社保费用的扣划上出现了一些问题，造成了张某的社会保险关系未能及时转出，因此，张某2015年1月和2月的社会保险费仍由原单位缴纳。2015年3月15日，某文化公司提出与张某解除劳动关系，理由是使用张某存在双重用工的风险。第二天，某文化公司向张某发出了解除劳动合同通知书。张某不服，认为用人单位是违法解除劳动合同，遂将某文化公司诉至劳动争议仲裁庭。

如果用人单位被裁决是违法解除劳动合同的，应当承担什么样的法律责任呢？

2. 杨林是某城镇集体企业的一名职工，家住厂区内。为了家居安全，自行建起一堵围墙。厂方认为私自建围墙不符合城建规定，多次派人做杨某工作，要求杨某自行拆除围墙，杨某不理。厂方为促使杨某拆除围墙，采取停发工资的措施并多次言明只要杨某自行拆除围墙后，将补发其全部被停发的工资。为此，杨某向当地劳动争议仲裁委员会申诉，要求发还停发的工资。市劳动争议仲裁委员会认为，此案因私建住宅墙而引发的工资争议，不属于劳动争议，不属于受案范围，建议争议当事人直接向人民法院起诉。

① 劳动争议仲裁委员会不受理该案是否正确？为什么？

② 该企业和杨林应如何处理这起纠纷？

（二）实操题

2013年5月30日，刘某入职某服装厂裁剪车间并与该厂签订了一年的劳动合同，约定月工资2 800元。2013年7月1日，服装厂向刘某发出决定与其解除劳动合同的通知书，称其在2013年6月份未完成工作定额，应视为不能胜任工作。刘某收到通知书后于2013年7月1日离开服装厂未再回厂上班。后刘某向劳动人事争议仲裁委员会申请仲裁，要求该厂支付违法解除劳动合同的经济赔偿金。仲裁委支持了刘某的仲裁请求，认为刘某没有完成工作定额，说明其工作能力不强，某服装厂应先对其进行业务培训或调整工作岗位，这是用人单位负有的协助劳动者适应岗位的义务，直接解除劳动合同是违法解除。请你确定服装厂的经济赔偿金数额。

（三）实训题

1. 实训项目：模拟劳动仲裁庭审。

2. 实训目的：通过模拟仲裁庭审，深入了解劳动仲裁的全过程，巩固法律知识，掌握劳动实体法，同时熟悉程序法，培养实际处理劳动纠纷的能力。

3. 实训准备：

① 以直观形式获得直接经验和方法。采用演示法和观摩法。有条件的话，组织学生直接到劳动仲裁庭实地观摩，也可以用教师实录的录像等影像资料，达到观摩目的。

② 通过各种途径搜集相关资料；准备各种庭审相关资料，首先，学习、掌握法律文书的结构、内容和书写方法；其次，准备一整套的材料：劳动争议仲裁申诉书、答辩书、劳动仲裁受理案件通知书、劳动仲裁应诉通知书、劳动合同书等。

4. 实训内容、形式和步骤：

① 分派角色：每组7～8人，组成模拟劳动仲裁庭。

具体分工：首席仲裁员1名、仲裁员2名、书记员1名（可以由1名仲裁员兼任）、申请方2名（申请人1名、可聘请代理人1名），被申请方2名（被申请1人、可聘请代理人1名）。

② 庭审准备：拟订模拟劳动仲裁实施计划、准备材料、选择案例、分析案例等。

③ 仲裁开庭程序：开庭准备、仲裁庭调查、辩论、调解、裁决等。考核成绩评分因素：表达，辩才，临场发挥，案由和焦点、证据、程序、法律文书等的正确性、严谨性和规范性等。模拟劳动仲裁庭考核结束后提交"模拟劳动仲裁庭"总结报告，由教师根据每位学生的个人总结报告、参与情况，结合整体表现，确定学生最终成绩。

参 考 文 献

[1] 贾俊玲. 劳动法学 [M]. 2版. 北京：北京大学出版社，2013.

[2] 徐智华. 劳动法学 [M]. 北京：北京大学出版社，2008.

[3] 李辉，王定云，梁咏. 劳动法 [M]. 上海：格致出版社，2010.

[4] 剧宇宏. 劳动法概论 [M]. 上海：上海交通大学出版社，2012.

[5] 董保华. 劳动法论 [M]. 北京：世界图书出版公司，1999.

[6] 杨思斌，陈步雷. 劳动法案例教程 [M]. 北京：中国法制出版社，2009.

[7] 丁广宇. 最新劳动法律解读与案例精析 [M]. 北京：中国法制出版社，2008.

[8] 黎建飞. 劳动法案例分析 [M]. 北京：中国人民大学出版社，2007.